21世纪高等院校物流专业创新型应用人才培养规划教材

仓 储 管 理

主　编　赵小柠
副主编　刘兰芬

内 容 简 介

为了适应应用型仓储人才培养的需要，让学生较为全面地了解仓储管理的理论知识，本书按需设置内容，基本按照货物入库、保管、出库的作业顺序编写，共分 11 章，包括仓储管理概述、仓库、仓储机械设施与设备、货物入库管理、货物在库管理、货物保管与养护、特种物资的保管、货物出库管理、库存管理、仓储安全管理及仓储成本管理与绩效评价。

本书内容全面、知识新颖、讲究实效、图文并茂、穿插案例、习题配套，主要适用于物流管理专业本科生、物流双学位学生及成教学生日常的课堂教学，也可以作为物流从业人员的培训和自学用书，以及相关人员进行问题研究时的参考用书。

图书在版编目(CIP)数据

仓储管理/赵小柠主编. —北京：北京大学出版社，2015.5
(21 世纪高等院校物流专业创新型应用人才培养规划教材)
ISBN 978-7-301-25760-9

Ⅰ.①仓… Ⅱ.①赵… Ⅲ.①仓库管理—高等学校—教材 Ⅳ.①F253.4

中国版本图书馆 CIP 数据核字（2015）第 089535 号

书　　名	仓储管理
著作责任者	赵小柠　主编
责任编辑	刘　丽
标准书号	ISBN 978-7-301-25760-9
出版发行	北京大学出版社
地　　址	北京市海淀区成府路 205 号　100871
网　　址	http://www.pup.cn　新浪微博：@北京大学出版社
电子邮箱	编辑部 pup6@pup.cn　总编室 zpup@pup.cn
电　　话	邮购部 010-62752015　发行部 010-62750672　编辑部 010-62750667
印刷者	北京虎彩文化传播有限公司
经销者	新华书店
	787 毫米×1092 毫米　16 开本　18.75 印张　434 千字
	2015 年 5 月第 1 版　2024 年 8 月第 6 次印刷
定　　价	49.00 元

未经许可，不得以任何方式复制或抄袭本书之部分或全部内容。
版权所有，侵权必究
举报电话：010-62752024　电子邮箱：fd@pup.cn
图书如有印装质量问题，请与出版部联系，电话：010-62756370

前　言

近年来，随着物流业的蓬勃发展，企业规模的扩大，物资流通量的增加，现代仓储管理将发挥越来越重要的作用。高效、优质的仓储管理是保持物资原有使用价值和合理使用物资的重要手段，是加快资金周转、节约流通费用、降低物流成本、提高企业经济效益的有效途径。因此，有必要通过大学的正规学历教育，直接为企业培养一批既懂管理，又懂专业知识，并且掌握现代化管理方法和手段的高素质的仓储管理人才。

仓储管理作为物流管理专业学生必修的一门核心课程，在培养应用型仓储管理人才方面发挥着重要的作用。结合当前仓储企业发展的现状与趋势，以及应用型人才培养的需要，为了调动学生学习的积极性，提高学生实践能力，使学生牢固地掌握仓储实用知识和操作技能；同时，为了使学生今后走上工作岗位从事具体的仓储管理工作时，能理论联系实际，学有所用，遵循相应原则，做好机械设备的选择、货物的入库验收、储位管理、保养维护、盘点、出库拣选、配送、库存和安全管理等工作，以提高现场作业效率，减少差错率，降低企业仓储成本；此外，为了使到工程局、铁路局工作的物流专业学生，能结合企业自身特点，做好特种物资(钢材、水泥、危险品)的管理工作。本书主要从强化培养学生操作技能角度出发，围绕仓储管理的内容，按照仓储作业的顺序，对仓储管理的实用知识与操作技术详细地展开研究。

本书的主要特点是通过"教学目标与要求"，让学生了解每一章节的内容及学习过程中对知识点的掌握程度；通过"导入案例"引出本章的知识点。正文部分几乎涵盖了仓储管理涉及的所有内容，重点突出教材的实用性；通过图表的方式使知识点更直观化、清晰化，与文字相比易于学生了解；运用恰当的实例解释、说明理论知识，加深学生对所学知识的理解和记忆。总结和延伸部分设置习题，采用选择题、判断题、简述题、计算题等多种题型，作为教学及考试参考，让教师了解学生课堂学习的效率，知识点的掌握程度，从而找到问题所在，不断地改进教学思路。

本书授课建议采用 48 学时，各章学时分配情况见下表。

授课内容	学时	授课内容	学时
第1章 仓储管理概述	4	第7章 特种物资的保管	4
第2章 仓库	6	第8章 货物出库管理	4
第3章 仓储机械设施与设备	6	第9章 库存管理	7
第4章 货物入库管理	4	第10章 仓储安全管理	2
第5章 货物在库管理	5	第11章 仓储成本管理与绩效评价	2
第6章 货物保管与养护	4		

本书由兰州交通大学交通运输学院的赵小柠和刘兰芬编写,赵小柠为主编,刘兰芬为副主编,由赵小柠负责统稿。其中,刘兰芬编写了第1章、第7章、第10章和第11章,同时承担了大量的案例搜集、整理和部分图表的绘制工作;赵小柠编写了第2~6章、第8章和第9章。此外,申莹莹也参与了书稿图表绘制工作,在此表示感谢!

在本书编写过程中,参考和引用了大量有关仓储管理方面的著作和教材中的研究成果,在此,谨向所有专家和学者表示深深的谢意!

由于编者水平有限,对相关问题的认识和研究还有待进一步深入,书中难免有不妥之处,衷心希望广大读者能予以批评指正,并将意见及时反馈。

编 者

2015年1月

目 录

第1章 仓储管理概述.................................1

1.1 仓储活动的产生与发展.................2
- 1.1.1 仓储活动的产生.................2
- 1.1.2 中国仓储业的发展进程.................3
- 1.1.3 中国仓储业的现状分析.................5
- 1.1.4 中国仓储业的发展目标.................6
- 1.1.5 实现仓储业发展目标的具体实施方案.................8

1.2 仓储活动的作用与性质.................9
- 1.2.1 仓储活动的作用.................9
- 1.2.2 仓储活动的性质.................10

1.3 仓储技术作业过程.................11
- 1.3.1 仓储技术作业过程概述.................11
- 1.3.2 仓储技术作业的特点.................12

1.4 仓储组织.................12
- 1.4.1 仓储组织的目标.................12
- 1.4.2 仓储组织的原则.................13
- 1.4.3 仓储组织的形式.................14

1.5 仓储管理概要.................14
- 1.5.1 仓储管理的发展历程.................14
- 1.5.2 仓储管理的内容.................15
- 1.5.3 仓储管理的原则.................15
- 1.5.4 仓储管理人员的基本要求.................16

本章小结.................17
习题.................18

第2章 仓库.................20

2.1 仓库概述.................21
- 2.1.1 仓库的概念.................21
- 2.1.2 仓库的类型.................22

2.2 自动化立体仓库.................25
- 2.2.1 自动化立体仓库的产生与发展.................25
- 2.2.2 自动化立体仓库的组成.................26
- 2.2.3 自动化立体仓库的种类.................28
- 2.2.4 自动化立体仓库的优缺点.................29
- 2.2.5 自动化立体仓库的应用条件.................30
- 2.2.6 自动化立体仓库的设计步骤.................31

2.3 保税仓库.................32
- 2.3.1 保税仓库的概念.................32
- 2.3.2 保税仓库允许存放的货物范围.................33
- 2.3.3 保税货物的运作管理.................33

2.4 仓库的功能.................34

2.5 仓库的选址.................36
- 2.5.1 仓库选址策略.................36
- 2.5.2 仓库选址考虑的因素.................36
- 2.5.3 仓库选址的技术方法.................38

2.6 仓库的布置.................43
- 2.6.1 仓库内部布置的定义.................43
- 2.6.2 仓库内部布置的内容.................43

本章小结.................46
习题.................47

第3章 仓储机械设施与设备.................51

3.1 叉车.................52
- 3.1.1 叉车的基本类型.................52
- 3.1.2 叉车属具.................55
- 3.1.3 叉车的主要技术参数.................55

3.2 托盘.................57
- 3.2.1 托盘的类型.................57
- 3.2.2 托盘的特点.................59
- 3.2.3 托盘标准化.................59

3.3 货架.................60
- 3.3.1 货架的概念和作用.................60
- 3.3.2 货架的类型.................61

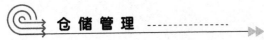

  3.3.3 货架选用时的考虑因素 66
3.4 起重机 67
  3.4.1 龙门起重机和桥式起重机 67
  3.4.2 汽车起重机 68
  3.4.3 巷道式堆垛起重机 69
  3.4.4 垂直提升机械 71
3.5 自动分拣机 72
  3.5.1 自动分拣及自动分拣机的
    概念 72
  3.5.2 自动分拣机的工作过程 72
  3.5.3 分拣信息的输入方法 73
  3.5.4 自动分拣机的类型 74
  3.5.5 自动分拣机的特点 76
  3.5.6 自动分拣机的适用条件 76
3.6 自动导引车 77
  3.6.1 AGV 的导引方式 77
  3.6.2 AGV 的优点 78
3.7 其他设施与设备 79
  3.7.1 牵引车 79
  3.7.2 平板拖车 79
  3.7.3 输送机 80
  3.7.4 手推车 82
  3.7.5 计量设备 83
  3.7.6 条码设备 83
本章小结 85
习题 86

第4章 货物入库管理 88

4.1 仓储合同 89
  4.1.1 仓储合同的概念和类别 89
  4.1.2 仓储合同的主要内容 90
  4.1.3 仓储合同的履行 92
  4.1.4 仓储合同范本 96
4.2 货物入库作业组织 98
  4.2.1 入库前的准备 98
  4.2.2 接运卸货 99
  4.2.3 核对入库凭证 101
  4.2.4 初步检查验收 101
  4.2.5 货物检验 102

  4.2.6 办理交接手续 103
  4.2.7 入库信息处理与组织货物
    入库 104
4.3 货物入库验收管理 104
  4.3.1 货物验收的作用 104
  4.3.2 货物验收的基本要求 105
  4.3.3 货物验收的方式 106
  4.3.4 货物验收中发现问题的
    处理 107
4.4 货账管理 108
  4.4.1 登账 108
  4.4.2 立卡 108
  4.4.3 建档 109
本章小结 110
习题 111

第5章 货物在库管理 113

5.1 货物储存位置安排 115
  5.1.1 货物分类分区的含义和
    原则 115
  5.1.2 货物分类分区的方法 115
  5.1.3 货位规划 116
  5.1.4 货位编号 119
5.2 货物堆垛设计 121
  5.2.1 堆垛的基本要求 121
  5.2.2 货垛占地面积、可堆层数的
    计算 123
  5.2.3 堆垛的方式 124
  5.2.4 堆垛货物的苫垫 127
5.3 货物盘点管理 129
  5.3.1 货物盘点的目的和内容 129
  5.3.2 货物盘点的方法 130
  5.3.3 现货盘点的程序 131
5.4 流通加工业务 133
  5.4.1 流通加工和生产加工的
    区别 134
  5.4.2 流通加工的意义 134
  5.4.3 流通加工的类型 135
  5.4.4 典型的流通加工作业 137

本章小结 139
　　习题 140

第6章　货物保管与养护 143

6.1　货物保管的任务和原则 144
　　6.1.1　货物保管的任务 144
　　6.1.2　货物保管的原则 144
6.2　库存货物的变化及其影响因素 146
　　6.2.1　库存货物的变化类型 146
　　6.2.2　影响库存货物发生变化的
　　　　　因素 149
6.3　货物养护概述 153
　　6.3.1　货物养护的概念及目的 153
　　6.3.2　货物养护的基本措施 153
6.4　仓库温湿度管理与控制 154
　　6.4.1　仓库温湿度管理的
　　　　　基本常识 155
　　6.4.2　仓库温湿度的控制方法 156
6.5　仓库虫害与霉变防治 162
　　6.5.1　仓库害虫的来源 162
　　6.5.2　仓库害虫的特性 163
　　6.5.3　仓库虫害的防治 163
　　6.5.4　仓库霉变的防治 164
　　本章小结 167
　　习题 168

第7章　特种物资的保管 170

7.1　水泥的保管 172
　　7.1.1　水泥受潮变质的形式 172
　　7.1.2　水泥受潮变质的特点 172
　　7.1.3　防止水泥受潮变质的措施 173
　　7.1.4　受潮水泥的处理方法 173
　　7.1.5　散装水泥的保管 174
7.2　危险品的保管 175
　　7.2.1　危险品的特性 176
　　7.2.2　危险品仓库的管理 177
　　7.2.3　火工品的保管 179
7.3　金属及其制品的保管 182
　　7.3.1　金属锈蚀的原因 182
　　7.3.2　金属锈蚀的危害 182
　　7.3.3　金属的防锈措施 182
　　7.3.4　金属的除锈方法 184
7.4　电缆电线的保管 185
　　7.4.1　电缆的保管与保养 185
　　7.4.2　绝缘电线的保管与保养 186
　　本章小结 187
　　习题 188

第8章　货物出库管理 190

8.1　货物出库 191
　　8.1.1　货物出库的依据、要求和
　　　　　方式 191
　　8.1.2　货物出库的业务程序 192
　　8.1.3　拣货作业 195
　　8.1.4　出库单证的流转 198
　　8.1.5　货物出库时存在的问题及
　　　　　处理方法 198
8.2　货物托运 199
　　8.2.1　铁路办理货物托运的方式及
　　　　　办理条件 200
　　8.2.2　整车货物托运程序 200
　　8.2.3　零担和集装箱货物托运
　　　　　程序 202
8.3　货物配送 204
　　8.3.1　配送的特点 204
　　8.3.2　配送的程序 204
　　8.3.3　车辆的配载 205
　　8.3.4　配送路线的选择 206
　　8.3.5　配送信息系统的建立 207
8.4　退货管理 208
　　8.4.1　退货的含义和原因 208
　　8.4.2　退货作业流程 209
　　本章小结 210
　　习题 211

第9章　库存管理 213

9.1　库存管理的基本理论知识 215
　　9.1.1　库存的定义 215
　　9.1.2　库存的类别 215
　　9.1.3　库存的作用与弊端 216

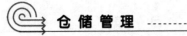

```
9.1.4 库存管理的基本目标 ............ 217
9.1.5 库存总成本的构成 ............ 217
9.2 传统的库存管理方法 ............ 219
    9.2.1 ABC 分类管理法 ............ 219
    9.2.2 定量订货法 ............ 224
    9.2.3 定期订货法 ............ 228
9.3 现代的库存管理方法 ............ 230
    9.3.1 MRP ............ 230
    9.3.2 JIT ............ 238
    9.3.3 DRP ............ 242
本章小结 ............ 246
习题 ............ 247
```

第 10 章 仓储安全管理 252

```
10.1 仓库的防火与灭火 ............ 253
    10.1.1 发生燃烧的条件 ............ 253
    10.1.2 常见的火灾隐患 ............ 254
    10.1.3 消防安全管理措施 ............ 255
    10.1.4 灭火的基本方法 ............ 257
    10.1.5 常用的灭火剂和消防器材 ... 258
    10.1.6 火灾自动报警技术 ............ 259
    10.1.7 消防设施与器材的管理 ............ 261
10.2 仓库的排水与防洪 ............ 262
    10.2.1 仓库排水 ............ 262
    10.2.2 仓库防台防汛 ............ 264
10.3 仓库的安全保卫 ............ 265
```

```
    10.3.1 仓库保卫工作的主要任务 ... 265
    10.3.2 警卫工作的主要任务 ............ 266
    10.3.3 仓库的治安保卫管理措施 ... 266
本章小结 ............ 268
习题 ............ 268
```

第 11 章 仓储成本管理与绩效评价 271

```
11.1 仓储成本的构成 ............ 272
    11.1.1 仓储运作成本 ............ 272
    11.1.2 仓储存货成本 ............ 273
    11.1.3 缺货成本 ............ 273
    11.1.4 在途存货成本 ............ 274
11.2 仓储成本的管理 ............ 274
    11.2.1 降低仓储成本的措施 ............ 274
    11.2.2 降低仓储成本的对策 ............ 276
11.3 仓储管理绩效评价 ............ 277
    11.3.1 仓储管理绩效评价指标
          体系 ............ 277
    11.3.2 仓储管理绩效评价的
          意义 ............ 282
    11.3.3 仓储管理绩效评价指标的
          分析方法 ............ 283
本章小结 ............ 285
习题 ............ 286
```

参考文献 288

第1章 仓储管理概述

【教学目标与要求】
- 理解仓储、仓储管理的含义;
- 了解仓储活动的产生、发展、作用与性质;
- 熟悉目前中国仓储业的现状、发展方向及具体的实施方案;
- 了解仓储技术作业及其特点;
- 了解仓储组织的目标、原则及形式;
- 掌握仓库管理的内容和原则。

导入案例

走出传统的仓储管理

四川某石油设备公司是一家专业从事石油钻采设备研究、设计、制造、成套和服务的大型民营企业。公司总部占地面积400余亩，员工2 000多人，已经具备年产100台石油钻机和500台钻井泵的生产能力。目前该公司总部拥有多个大型仓库，包括原料库、配件库、装备库和劳保用品库，而且随着企业规模的不断发展壮大，仓库也将不断地扩建才能满足企业物资存放需要。

为了能规范仓储物资管理，提高库房管理工作效率，该公司最终选择了精诚 EAS-WMS 仓储物资管理系统来控制整个生产过程，以使企业向生产制造柔性化和管理精细化方向发展，提高市场应对的实时性和灵活性，降低管理成本、改善库房管理水平、提高库房管理工作水平。

北京精诚软件公司凭借多年 WMS 条码系统的开发和实施经验，专业的咨询和软件实施服务团队，与该公司结成战略合作伙伴，是精诚 EAS-WMS 软件在机械加工行业的又一典型案例，双方本着互惠互利的原则，为共同促进民族产业发展而携手前进。

该石油设备公司的仓储管理运作给我们带来的启示是仓储管理要与时俱进，跳出传统管理模式，采用先进手段管理仓储。当今最先进的手段就是运用信息化管理仓储，信息化管理不仅能够达到事倍功半的效果，还能够保证业务的准确性，提高业务效率，为企业节省资金，维持企业的长远发展。

（资料来源：http://www.scetop.com/jpkc/View.aspx?id=005002003004001.）

仓储是商品流通的重要环节之一，也是物流活动的重要支柱。在物流系统中，仓储是一个不可或缺的构成要素。它伴随着剩余产品的产生而产生，又伴随着社会大生产的发展而发展。随着全球经济一体化的深入发展，以信息技术为引导的现代物流发展迅速，仓储的作用与功能已大大超出原有意义上的存储，具有更广泛、更丰富、更深刻的含义。

1.1 仓储活动的产生与发展

1.1.1 仓储活动的产生

"仓"即仓库，为存放物品的建筑物和场地，可以是房屋建筑，也可以是洞穴、大型容器或特定的场所等，具有存放和保护物品的功能；"储"即储存、储备，表示将对象储存起来以备使用，具有收存、保管、交付使用的意思。"仓储"就是指利用仓库对暂时不用的物资进行储存和保管的行为。

人类社会自从有了剩余产品以来，就产生了仓储。仓储是随着物资储存的产生而产生，随着生产力的发展而发展的。在原始社会末期，当某个人或者某个部落捕获的猎物自给有余时，就把多余的储藏起来以备下一次捕不到猎物或捕获的猎物无法满足需求时食用。古代有句警示名言"积谷防饥"说的也是这个意思，就是将丰收年剩余的粮食储存起来以备歉收年食用。为了储存剩余的物品，就必须有专门的储存场所和条件，于是"窑穴"就出现了。在西安半坡村的仰韶文化遗址，人们曾经发现许多这样的"窑穴"密集分布在居住区内，和居民的房屋交错在一起，这可以说是我国最早的仓库雏形。

窖 穴

窖穴就是在陡坡或地上挖个洞用来储存剩余食物和工具,具有冬暖夏凉的特点。该方式在我国 20 世纪 70 年代的城市和现在偏远地区的农村仍在使用,如地窖和窑洞。

随着古代生产的发展,物资的逐渐丰富,仓库建筑形式也趋于多样化。在我国古代,曾经把专门储存粮食的场所称为"仓",储存物品的场所称为"库"。后来,人们逐渐把"仓"和"库"两个概念合用,即把储存和保管各种货物、物资的场所称为"仓库",于是"仓库"一词就出现了。随着商品经济的飞速发展,现代意义上的仓库已不完全是古代意义上的"仓库"了,其内涵已发生了深刻的变化。

1.1.2 中国仓储业的发展进程

仓储业是指从事仓储活动的经营企业的总称。我国仓储业有着悠久的历史,对经济的发展起着重要的保证作用,已成为社会经济发展的重要组成部分,在国民经济体系中占有重要的地位。纵观我国仓储业的发展历史,大致约经历了以下 4 个阶段。

1. 古代仓储业

我国古代商业仓库是随着社会分工和专业化生产的发展而逐渐形成和扩大的。《中国通史》中记载的"邸店"可以说是我国最早的商业仓库,但由于受当时商品经济不发达的局限,它既有商品寄存的性质,又有旅店性质。后期,随着社会分工的进一步发展和物品交换规模的不断扩大,"塌房"从"邸店"中分离出来,成为专门储存商品并带有企业性质的商业仓库。

2. 近代仓储业

随着商品经济的发展和商业活动范围不断扩大,我国近代商业仓储得到了相应的发展。19 世纪的中国把商业仓库称为"堆栈",即指堆存和保管物品的场所和设备。

堆 栈

由于中国近代工业主要集中在东南沿海地区,因此堆栈业也集中在东南沿海地区。例如,上海、天津、广州、福州、厦门、宁波等地区起源最早,也最发达。根据统计,1929 年上海码头仓库总计在 40 家以上,库房总容量达到 90 多万吨,货场总容量达到 70 多万吨。

初期堆栈业,只限于堆存货物,其主要业务是替商人保管货物,货物的所有权属于寄存人。随着堆栈业务的扩大,服务对象的增加,旧中国的堆栈业已经划分为码头堆栈、铁路堆栈、保管堆栈、厂号堆栈、金融堆栈和海关堆栈等。近代堆栈业的显著特点是建立起明确的业务种类、经营范围、责任业务、仓租、进出手续等。当时堆栈业大多是私人经营的,为了商业竞争和垄断的需要,成立了堆栈业协会,并订立了统一的堆栈租价价目表。但是,由于整个社会处于半殖民地半封建的经济状态,民族工业不发达,堆栈业务往往附属于旅馆业,而且随着商业交易和交通运输业的盛衰而起落。

3. 社会主义仓储业

1949年后采取的是"对口接管改造"的策略,即铁路、港口仓库由交通运输部门接管;物资部门的仓库由全国物资清理委员会接管;私营仓库由商业部门对口接管;银行仓库,除中央银行、中国银行、交通银行、农业银行等银行所属仓库实行军管外,其余大都归商业部门接管;外商仓库,按经营的性质不同,分别由港务、外贸、商业等相关部门接管。

随着工农业生产的发展,商品流通规模的扩大,储存量的增加,接收的旧仓库在数量上和经营管理上都已经不能满足社会主义经济发展的需要。为此,在新建仓库的基础上,党和政府采取了一系列措施,改革现有仓库的管理工作。

1953年召开的第一届全国仓储会议作出了《关于改革仓储工作的决定》,进一步明确国营商业仓库实行"集中管理与分散管理相结合"的仓库管理体制。"集中管理"的仓库一般由仓储公司(或储运公司)经营,它是专业化的仓储企业,是一个独立的经营体,实行经济独立经营核算制度,专门对外提供仓储服务;"分散管理"的仓库隶属于某个企业,只为该企业储存保管物品,是企业的一个部门,一般不独立核算。实践证明,"集中与分散管理相结合"的仓库管理体制适合中国国情,也适应了中国社会主义商品流通的客观要求。

同时,根据社会主义计划经济的需要,国家对重要的工业品生产资料,逐步实行与生活资料不同的管理方法,即计划分配制度。1960年以后,在国民经济调整的过程中,国家对物资管理工作也做了整顿和改革,改革的基本原则是进一步加强对物资的计划分配和统一管理,国务院设立物资管理部,建立起全国统一的物资管理机构和经营服务系统。在仓储方面,把中央各部设立中转仓库保管物资的做法,改由物资部门统一设库保管。1962年,成立了国家物资储运局(后改为物资储运总公司),归属于国家物资管理总局,负责全国物资仓库的统管工作。

物资储运总公司

根据1984年统计,国家物资储运总公司在各地设有14个直属储运公司,下属76个仓库,拥有库房和料棚195万 m^2,货场446万 m^2,主要承担国家掌握的机动物资、国务院各部门中转物资,以及其他物资的储运任务,再加上各地物资局下属的储运公司以及仓库,在全国初步形成了一个物资储运网。

截至1981年年底,全国县以上国营通用商业仓库达到5 700多万 m^2,初步形成按专业、按地区设立的仓库网。在这一阶段,无论仓库建筑、装备,还是装卸搬运设施,都有很大发展,是旧中国商业仓库所无法比拟的。

4. 现代仓储业

我国在一段较长时期里,仓库一直是属于劳动密集型企业,即仓库中大量的装卸、搬运、堆码、计量等作业都是由人工来完成的，因此，仓库不仅占用了大量的劳动力，而且劳动强度大、劳动条件差，特别在一些危险品仓库，还极易发生中毒等事故；从劳动效率来看，人工作业的劳动效率低下，库容利用率不高。为迅速改变这种落后状况，我国在这方面下了很大工夫。首先，重视旧式仓库的改造工作，按照现代仓储作业要求，改建旧式仓库，增加设备的投入，配备各种装卸、搬运、堆码等设备，减轻工人的劳动强度，改善劳动条件，提高仓储作业的机械化水平；其次，新建了一批具有先进技术水平的现代化仓库。20世纪60年代以来，随着世界经济发展和现代科学技术的突飞猛进，仓库的性质发生根本性变化，从单纯地进行储存保管货物的静态储存一跃而进入了多功能的动态储存新领域，成为生产、流通的枢纽和服务中心。另外，大型自动化立体仓库的出现，也使仓储技术上了一个新台阶。我国于20世纪70年代开始建设自动化立体仓库，并普遍采用电子计算机辅助仓库管理，使中国仓储业进入了自动化的新阶段。据不完全统计，2012年具有较大规模的立体仓库在建项目有130多座；截至2012年12月，全国自动化立体仓库保有量超过1 200座，每年还在快速增长。

在仓储业硬件设施得到改善的同时，仓储业的管理水平也在不断提高。各高校纷纷开设物流专业，为仓储管理现代化提供了大量人才。各种社会物流培训机构的出现也满足了企业发展对物流人员知识更新的要求。政府管理机构对仓储业的发展也起着重要的作用，颁布的物流技术标准和出台的管理措施为仓储业的发展创造了良好的条件，并为中国物流与国际接轨提供了保证。

1.1.3 中国仓储业的现状分析

总的来说，我国仓储业经过多年的发展与改革，正朝着好的方向发展，势头良好，但仍有一些不容乐观的现状，主要体现在以下几个方面。

1. 具有明显部门仓储业的特征

在高度计划经济体制下的一段时间，我国的生产资料流通完全纳入了计划分配轨道，企业需要的物资只能按照企业的隶属关系进行申请，经过综合平衡以后，再按部门进行计划供应；而各部门为了储存保管好分配来的各种物资，完成本部门的生产建设任务，就需要建立仓库。于是，层层设库、行行设库的现象层出不穷，而且建好的仓库只储存本部门、本行业的物资，对外不提供仓储服务，逐渐形成了部门仓储管理系统。在当时，部门仓储业的建立对于保证本部门的物资供应、完成本部门的生产建设任务起到了积极作用。但是，由于各部门往往从本部门利益出发，很少顾及其他部门或国家的利益，再加上相互间缺乏沟通，又没有一个统一管理部门来进行协调和统筹安排，因此，出现了重复设库，物资流通中转环节多，流通渠道不畅，同种物资库存居高不下，物资损失浪费大，部分地区仓储大量剩余和部分地区仓储能力不足的两极分化局面等问题。

2. 仓库的拥有量大，但管理水平较低

由于层层建库、行行建库，我国仓库拥有量已位居世界前列，但是大多数仓库管理水平不高。究其原因，一方面，某些仓储企业的领导在思想上对仓储管理工作重视不够，这样的领导只知"手中有货，心中不慌"，他们把主要精力放在如何争取货源上，一旦货物到手，往仓库里一放，就以为万事大吉了，至于如何管理好库存物资，就不太关心了；另一方面，我国社会普遍对仓库工作存在一种偏见，认为仓库管理工作简单，不需要知识和技术。于是，不重视仓库人员的培训，致使人员的业务素质水平不高。另外，仓库内配置的仓储机械设备也较少，因而仓储管理水平较低。仓储业的这些弊端在某些行业和地区仍没有得到根本的改善，因为庞大的基础设施不是一朝一夕能建设和改造过来的，仓储业管理水平的提高也需要付出艰苦的努力。

3. 仓储技术发展不平衡

我国目前各仓库拥有的设备状况不一样，有的现代化仓库拥有非常先进的仓储设备，如北京汽车制造厂、南宁拖拉机厂建立了自动化立体仓库，配置了各种先进的装卸搬运设备，采用高层货架存储货物，并利用计算机进行管理，实现了现场作业的机械化、自动化。而有的仓库却还处在以人工作业为主的原始管理状态，仓库作业大部分靠肩扛手抬，只有少量简易的机械设备，当出入库任务较集中时，不得不采用人海战术，仓库管理基本上停留在人工作业阶段，仓库作业效率极低。所以，目前我国仓储企业的仓储技术发展不平衡，仍处于先进与落后并存的状态。

4. 仓库布局不合理

我国的仓库大多分布在经济发达的地区和城市，大部分是平房仓库，占地面积大，储存效率低；而一些边远或落后地区在发展经济急需建立仓库时，又由于资金不足或其他原因，不能及时修建。仓库布局的这种不平衡状况，直接影响了地区经济的发展，进而影响了城市或区域整体发展规划的实施。

5. 仓储管理方面的法规法制不够健全

建立健全以责任制为核心的规章制度是仓储管理的一项基础工作，严格的责任制是现代化大生产的客观要求，也是规范每个岗位职责的依据。1949年以来，我国建立了许多仓储管理方面的规章制度，但随着生产力的发展和科学技术水平的提高，有些规章制度已经不适合当前的情况了，需要进行修改和新建。在仓储管理的法制建设方面，我国起步较晚，至今还没有一部完整的《仓库法》。同时，我国仓储管理人员的法制观念不强，法律意识淡薄，日常工作中不会运用法律手段来维护仓储企业的合法利益。

1.1.4 中国仓储业的发展目标

根据国家的总体部署，借鉴一些发达国家仓储业及物流业的发展经验，当前我国仓储业应朝着"四化"的方向发展，即仓储社会化、仓储产业化、仓储标准化，最终实现仓储现代化的目标。

1. 仓储社会化

我国仓库平均利用率不高，有的仓库利用率还不到40%，但也有些部门的仓库不够用，如遇到农业丰收时粮食、棉花等的仓库就紧张。一方面仓库闲置，一方面还要新建仓库，这种不协调的状况已不能适应现代生产、流通的发展，到了非改不可的地步了。随着改革开放和社会主义市场经济的发展，有不少储运公司及封闭型仓库相继向社会开放，打开大门对外提供仓储服务，逐渐打破了系统内与系统外、生产资料与生活资料的界限，形成了一个分散型储运市场。这种形势可以促使仓库从附属型向半经营型和经营型转化，面向社会开展平等竞争，优胜劣汰，只有这样，我国的仓储业才能获得发展。

2. 仓储产业化

仓储业要想真正同工业、农业一样，成为一个独立的行业，就必须发展自己的产业。虽然仓储企业不能脱离保管业务单纯地进行产品的生产加工，但完全有条件利用自身的优势去发展流通加工业务。因为仓储部门储存着大量的货物，又拥有一定的设备和技术人员，只要再增加一些流通加工设备和工具，对人员进行技能培训，就可从事流通加工业务，形成自己的产业。

流通加工

流通加工是流通企业唯一创造价值的经营方式，所以世界上许多国家和地区的物流中心或仓储经营中都大量存在着流通加工业务。例如，日本的东京、大阪、名古屋等地区的90家物流公司中有一半以上具有流通加工业务，它为企业创造了巨大的经济效益，也产生了较好的社会效益。

3. 仓储标准化

仓储标准化是物流标准化的重要组成部分。为了实现仓储环节与其他环节的密切配合，并与国际接轨，同时为了提高仓库内部作业效率，充分利用仓储设施和设备，开展信息化、机械化、自动化仓储，仓储企业开展仓储活动时必须制定并实施相应的仓储标准。仓储标准的内容很多，例如全国通用性标准(如仓库种类与基本条件标准、仓库技术经济指标及考核办法标准、仓储业标准体系、仓储业服务规范、仓库档案管理标准、仓库单证标准、仓储安全管理标准等)，仓储技术通用标准(如仓库建筑标准、货物出入库标准、货物保管标准、包装标准、货物装卸搬运标准等)，仓库设施标准，仓库信息管理标准，仓库人员标准等。

资料卡

标准是指在一定范围内，为建立最佳秩序，取得最佳效益，对重复性事物和概念所作的统一规定。它以科学技术和实践经验的综合成果为基础，经有关方面协商一致，由主管机构批准，以特定形式发布，作为共同遵守的准则和依据。

标准化是指在经济、技术、科学及管理等社会实践中，对重复性的事物和概念，通过制定、发布和实施标准，达到统一，以获得最佳经济秩序和社会效益的全部活动过程。

4. 仓储现代化

实现仓储业现代化应从以下几个方面做起。

(1) 人员专业化。随着生产力的高度发展，科学技术的进步，仓库中机械设备的数量和品种越来越多，而设备最终是由人操纵完成相应的仓储作业的。因此，人在操纵现代化生产设备中的作用也就越来越大，这就要求仓储企业必须拥有一批既懂管理，又懂专业知识，并掌握现代化管理方法和手段的高素质管理人才。而对仓储业来讲，由于过去受"重商流，轻物流"思想的影响，社会上多少存在着轻视仓储工作的倾向，致使仓储队伍素质不高，技术和管理水平普遍偏低，因此，对仓储人员的培训就显得迫切和重要。仓储企业必须按现代化管理的要求，加强对仓储人员的职业教育，尽快培养出一批专门从事仓储事业、具有现代科学知识和管理技术、责任心强、素质高的仓储专业人员队伍。

(2) 技术现代化。当前，仓储技术是整个物流技术中的薄弱环节，因此加强仓储技术的改造与更新，是仓储现代化的重要内容，应从以下几个方面抓起。

① 实现物资出入库和储存保管的机械化和自动化。从中国的国情出发，重点发展物资存储过程中所需要的各种装卸搬运机械、机具等，例如研制并推广作业效率高、性能好、耗能低的装卸搬运机械；发展自动检测和计量机具；提高分货、加工、配送等作业手段和方法等。

② 存储设备多样化。存储设备朝着省地、省力、多功能方向发展，推行集装化、托盘化，发展各类集合包装及结构先进、实用的货架，实现包装标准化、一体化。

③ 适当发展自动化仓库，加强老仓库的技术改造。根据中国的经济和劳动力状况，有重点地建设一批自动化仓库；同时，注重对老仓库的技术改造，尽快提高老仓库的技术和管理水平，充分发挥老仓库的规模效益。

(3) 管理方法科学化和管理手段自动化。在仓储管理中结合仓储作业和业务的特点，应用先进的科学技术和方法，如经济学、社会学、心理学、数学、物理学、电子技术等科学内容，实现仓储管理的科学化。同时，运用电子计算机辅助仓储管理，进行仓储业务管理、库存控制、作业自动化控制及信息处理等，以达到快速、准确、高效的目的。

1.1.5 实现仓储业发展目标的具体实施方案

为了实现上述"四化"目标，我国提出以下具体实施方案。

1. 摸底调查

用两年时间对我国流通领域(不包括企事业单位的仓库)各类仓库进行全面摸底调查。目的是摸清家底，较正确地掌握我国流通仓库的全面情况(包括各类仓库的分布、占地面积，库房和货场、专用线等的分布及状况，仓储设备配置状况及使用情况等)。具体方法可以通过各仓储主管部门发放调查表，依托全国性的仓储协会，例如全国仓储协会来组织汇总。

2. 评估排队和建制培训

本阶段用两年时间做以下3项工作。

(1) 对所有摸底调查的流通仓库进行评估。评估时先建立一整套经过专家鉴定认可的"仓库评估指标体系"，同时建立具有一定权威性，并有政府部门参与的专家评估领导小组(为了节约时间可组织几个专家小组)，然后组织专家组到各个仓库进行评估，最后由专家组对评估结果作出有权威的结论。根据评估结果，将仓库分为优秀、合格、不合格3个层次，属于优秀的仓库，可作为发展现代化仓库的对象；属于合格的仓库，可以作为改进对象，逐渐创造条件向现代化仓库过渡；对于不合格仓库则逐个进行改革，或停或并。

(2) 修改和新建仓储管理方面的规章制度；建立健全《仓库法》等有关的法律；加强法制教育，提高仓储人员的法制观念。

(3) 强化仓储工作人员的培训工作，提高仓储工作人员的素质，可以通过以下两条途径：一是举办各种培训班，加强在职人员的岗位培训；二是本专科的正规学历教育，培养高层次的仓储管理人员。

3. 建设发展

用五年时间对一些不合格仓库进行技术改造，并引进竞争机制，优胜劣汰；根据各地经济发展的不同特点和对物资资源的不同需求，建立不同类型的现代化流通仓库和物资配送中心，如煤炭、水泥、机电产品等配送中心；建立全国仓储信息网络系统，加强仓储企业信息管理，真正实现物资的就地供应，不断降低物流成本，促使物流合理化。

1.2 仓储活动的作用与性质

1.2.1 仓储活动的作用

1. 搞好仓储活动是实现社会再生产过程顺利进行的必要条件

商品从生产领域向消费领域转移过程中，一般都要经过仓储阶段，这主要是由于商品的生产和消费在时间上、空间上及品种和数量等方面存在着矛盾，尤其是在现代化大生产的条件下，专业化程度不断提高，社会分工越来越细，这些矛盾势必会进一步扩大。而搞好仓储活动，发挥仓储活动连接生产与消费的纽带和桥梁作用，往往可以解决这些矛盾，保证社会再生产的顺利进行。具体来讲，仓储活动主要从以下几个方面保证社会再生产过程的顺利进行。

(1) 克服生产与消费地理上的分离。从空间方面来说，商品生产与消费的矛盾主要表现在生产与消费地理上的分离，如甲地生产，乙地消费。在自给自足的社会，生产者就是消费者，其产品仅供本人和家庭成员消费。随着商品生产的发展，生产者与消费者逐渐分离，生产者生产的产品不再是为了本人消费，而是通过交换满足其他人的消费需要。后期，随着交换范围的扩大，商品生产与消费空间上的矛盾也逐渐扩大。另外，不同地区的自然经济条件和资源不同，一种商品的生产往往趋向于在生产该商品最经济的地区进行，这样使商品的生产在地区间形成了分工。而产品生产出来后，不仅仅满足本地区的需要，许多产品还需要销往其他地区，或者在全国范围内销售，甚至销往国外，于是商品生产与消费空间上的矛盾进一步扩大了，商品运输的距离也就越远了。仓储活动的重要意义之一就是平衡运输的负荷，使运输中的货物在中转时处于储存的状态。

(2) 衔接生产与消费时间上的背离。从时间方面来说，商品的生产与消费之间有一定的时间间隔。在绝大多数情况下，生产的产品不可能马上就全部卖掉，这就需要产生商品的仓储活动。有的产品是季节生产、常年消费，如粮食、水果罐头等；有的产品是常年生产、季节消费，如电暖气、电褥子、羽绒服等；还有的产品是季节生产、季节消费，或常年生产、常年消费。无论哪种情况，在产品从生产过程进入到消费过程之间，都存在一定的时间间隔。在这段时间内，形成了商品的暂时停滞，也就有了商品的储存。同时，为了使商品更加适合消费者的需要，许多商品在最终销售以前，要进行挑选、整理、分装、组配等工作。这样，就有一定量的商品停留在这段时间内，也形成商品储存。此外，在商品运输过程中，在车、船等运输工具的衔接上，由于在时间上不可能完全一致，也产生了在途商品对车站、码头流转性仓库的储存要求。

(3) 调节生产与消费方式上的差别。从方式方面来说，商品生产与消费的矛盾还表现在品种与数量方面。专业化生产将制造企业生产的产品品种限制在比较窄的范围之内。专业化程度越高，企业生产的产品品种就越少。相反，随着生活水平的提高，消费者却要求更广泛的品种和更多样化的商品。另一方面，生产越集中，生产的规模越大，生产的产品数量就越多。而在消费方面，每个消费者需要的数量却较少。因此，就要求在流通过程中，通过仓储活动不断在品种上将商品加以组合，在数量上不断加以分散。

总之，商品生产和消费在空间、时间、品种、数量等各方面都存在矛盾。这些矛盾既不能够在生产领域里解决，也不可能在消费领域里得到解决，所以只能在流通领域通过连接生产与消费的仓储活动加以解决。

2. 搞好仓储活动是保持物资原有使用价值和合理地使用物资的重要手段

任何一种物资，当它生产出来以后至消费之前，由于其本身的性质，所处的条件，以及自然的、社会的、经济的、技术的因素，都可能使物资使用价值在数量上减少、在质量上降低，如果不创造必要的条件，就不可避免地使物资造成损害。因此，必须进行科学管理，加强对物资的养护，搞好仓储活动，以保护好处于暂时停滞状态的物资的使用价值。同时，在物资仓储过程中，努力做到流向合理，加快物资流转速度，注意物资的合理分配，合理供料，不断提高工作效率，使有限的物资能及时发挥最大的效用。

3. 搞好仓储活动，是加快资金周转、节约流通费用、降低物流成本、提高经济效益的有效途径

仓储活动中，为了保证物资的使用价值在时空上的顺利转移，必然要消耗一定的物化劳动和活劳动，尽管这些合理费用的支出是必要的，但由于它不能创造使用价值，因而，在保证物资使用价值得到有效的保护，有利于社会再生产顺利进行的前提下，费用支出得越少越好。那么，搞好物资的仓储活动，就可以减少物资在仓储过程中的物质耗损和劳动消耗，就可以加速物资的流通和资金的周转，从而节省费用支出，降低物流成本，开拓"第三利润源泉"，提高社会的、企业的经济效益。

4. 仓储活动是物资供销管理工作的重要组成部分

仓储活动在物资供销管理工作中有特殊的地位和重要的作用。从物资供销管理工作的全过程来看，它包括供需预测、计划编制、市场采购、订购衔接、货运组织、储存保管、维护保养、配送发料、用料管理、销售发运、货款结算、用户服务等主要环节。各主要环节之间相互依存、相互影响，关系极为密切。其中许多环节(如储存保管、维护保养、配送发料)属于仓储活动，因此，仓储活动直接影响到物资管理工作的质量。

1.2.2　仓储活动的性质

仓储企业开展的仓储活动既具有生产性，又具有非生产性。

1. 生产性

仓储活动的生产性主要体现在以下 3 个方面。

(1) 仓储活动是社会再生产过程中不可缺少的一环。一个完整的社会再生产过程，是从物资投入生产开始，一直将产品送到消费者为止的全部过程。而产品从脱离生产到进入消费，一般情况下都要经过运输和储运。所以，产品的储存和运输一样，都是社会再生产过程的中间环节，是产品的生产过程在流通领域里的继续。没有它，社会再生产就不能进行。

(2) 仓储活动具有生产三要素。仓储活动同物质生产活动一样，具有生产三要素，即劳动力、劳动资料和劳动对象，三者缺一不可。物质生产活动就是劳动力借助于劳动资料，作用于劳动对象的过程，也就是现场的作业人员操纵机器设备，对原材料、零部件进行加工，生产出产品的过程。仓储活动同样具有生产三要素：劳动力是仓库作业人员，劳动资料为各种仓库设施，劳动对象为储存保管的货物。仓储活动就是仓库作业人员借助于各种储存、搬运设备和集装容器等仓储设施，对货物进行收发保管的过程。

(3) 仓储活动中的某些环节实际已构成生产过程的一个组成部分。仓储活动中的流通加工环节，例如卷板的碾平及切割、原木的加工、零部件的配套、机械设备的组装等，实际上是生产过程的一个组成部分，其生产性很明显，但是为了促进销售，提高物流效率及物资利用率，人们把它后置到了流通领域的仓储活动中来。

2. 非生产性

仓储活动与物质生产活动相比较，又是不同的，主要表现在以下几个方面。

(1) 仓储活动中消耗的劳动不改变劳动对象(即库存物资)的功能、性质和使用价值，相反，应尽可能保持和延续其使用价值。

(2) 仓储活动的产品，即仓储劳务，虽无实物形态，却有实际内容。

(3) 仓储活动中劳动消耗、原材料消耗和设备的磨损都转移到库存物资中，构成其价值增值的一部分。

(4) 仓储活动的产品生产过程和消费过程同时进行，不能储存也不能积累。

1.3 仓储技术作业过程

1.3.1 仓储技术作业过程概述

仓储技术作业过程是指以保管活动为中心，从仓库接受商品入库开始，到按需要把商品全部完好地发送出去的全部过程。

由定义可知，仓储技术作业过程主要由入库、保管、出库 3 个阶段组成，每个阶段都有一些具体的作业环节。一般货物从入库到出库按顺序需要依次经过卸车、检验、整理入库、保养保管、捡出与集中、装车、发运 7 个作业环节。

各个作业环节之间并不是孤立的，它们既相互联系，又相互制约。后一环节作业的开始要依赖于前一环节作业的完成，前一环节作业完成的效果也直接影响到后一环节的作业。由于仓储技术作业过程中，各个环节之间存在着内在的联系，并且需要耗费大量的人力、物力，因此必须对作业流程进行深入细致的分析和合理的组织。对于具体的商品来说，作业流程包含的作业环节、各环节的作业内容和它们之间的联系顺序可能都不尽相同。在组织作业时，应当对具体的作业流程进行具体分析。分析的目的是尽可能地减少作业环节，缩短货物的搬运距离和作业时间，从而提高作业效率，降低作业费用。

1.3.2 仓储技术作业的特点

由于仓储活动本身所具有的特殊性，仓储技术作业与物质生产企业的生产作业相比较，有以下几个特点。

1. 作业过程的非连续性

由于受作业场地限制，机械设备、人员繁忙程度影响，仓储技术作业的整个技术作业过程，从物资入库到出库不是连续进行的，而是间断进行的，各个作业环节有着间歇。例如，整车接运的物资，卸车后往往不能马上验收，而是要有一段待验时间；物资分拣包装完毕，需要一段待运时间等。这与一般物质生产企业的流水线作业显然是不同的。

2. 作业量的不均衡性

仓储技术作业每天发生的作业量有很大差别，各月之间的作业量也有很大的不同。这种日、月作业量的不均衡，主要是由于仓库进料和发料时间上的不均衡和批量大小不等造成的。有时，整车装车和卸车数量很大，装卸车任务很重，作业量大；而有时无整车装卸，任务就较轻。因此，仓储技术作业时紧时松，人员和设备时忙时闲。

3. 作业对象的复杂性

一般物质生产企业产品生产的劳动对象较为单一，例如生产制造机床的主要劳动对象是各种钢材；而仓储技术作业的对象是功能、性质和使用价值等各不相同的千万种物资。不同的物资要求不同的作业手段、方法和技术，情况比较复杂。例如，铁路局的材料总厂，其作业对象有钢材、木材、水泥、油脂、配件、机电产品等大类的数万个品种。

4. 作业范围的广泛性

仓储技术的各个作业环节，大部分是在仓库范围内进行的，但也有一部分作业是在库外进行的，例如，物资的发运作业范围相当广泛。

1.4 仓储组织

仓储组织就是按照预定的目标，将仓库作业人员与仓库储存手段有效地结合起来，完成仓储技术作业过程各环节的职责，为货物流通提供良好的储存劳务。

1.4.1 仓储组织的目标

仓储组织的目标是按照仓储活动的客观要求和仓储管理上的需要，把与仓储有直接关系的部门、环节、人和物尽可能地合理组织搭配起来，使他们的工作协调地、有效地进行，加速货物在仓库中的周转，合理地使用人力、物力，以取得最大的经济效益。用一句话来说明，仓储组织的目标就是实现仓储活动的"快进、快出、高效、保质、低成本"。

(1) 快进。物资运抵到港口、车站或企业仓库专用线时，要以最快的速度完成物资的接运、验收和入库作业活动。

(2) 快出。快出包含物资在仓库停留的时间尽可能缩短，也包含物资出库时，快速完成备料、复核、出库和交货清理作业活动。前者可以提高物资的周转率，后者可以加快仓库出库环节的运作效率。

（3）高效。高效包括库存的高效和运作的高效。库存高效是在合理规划库容的基础上，最大限度地利用有效的储存面积和空间，提高单位面积的储存量和面积利用率。运作高效是在一定的物资流通下，使用尽可能少的劳动力。

（4）保质。按照物资的性质和储存条件的要求，合理安排储存场所，采取科学的保管方法，使其在保管期间内质量完好、数量准确。

（5）低成本。物资输入和输出，即物资吞吐运行过程中各作业环节，都要努力节省人力、物力和财力消耗，以最低的仓储成本取得最好的经济效果。

1.4.2 仓储组织的原则

要实现仓储组织的目标，在组织仓储作业过程时，就应该在综合、全面地考虑各作业环节特征及其影响因素的同时，应遵循以下两项原则。

1. 连续性

连续性是指储存的物资在仓储作业过程中流动时，仓储作业各环节在时间上是紧密衔接的、连续的。

储存物资在库期间经常处在不停地运动之中，从物资到库后的卸车、验收、库内搬运、堆码、入位，到出库时的备料、复核、装车等，都是一环紧扣一环，互相衔接的。因此，在组织仓储作业过程时，要求储存物资在各个环节或工序间的流动，在时间上尽可能衔接起来，不发生或少发生各种不必要的停顿或等待时间。保持作业过程的连续性，可以缩短物资在各个环节的停留时间，加快物资周转和提高劳动生产率。

2. 比例性

比例性是指仓储作业过程的各个阶段、各个工序之间在人力、物力的配备和时间的安排上必须保持适当的比例关系。例如，验收场地和保管场地之间、运输力量和搬运力量之间、验收人员与保管人员之间、验收时间和收发货时间之间等，都要有适当的比例。

作业过程的比例性，在很大程度上取决于仓库总平面布置正确与否，特别是各个作业环节之间各种设备能力的比例。因此，在进行仓库总平面布置时，就应该注意这个问题。同时，在物资储存过程中，由于作业技术的改进，工人技术熟练程度的提高，储存物资品种、规格、数量发生变化，会使作业过程的各环节间的比例发生不协调。因此，在组织作业过程中，应充分考虑仓储作业具有不均衡性的特点，要经常了解和掌握各个环节的作业情况，根据具体情况，事先做好各项准备和安排，采取措施，及时调整设备和作业人员，建立新的比例关系，避免某些环节由于缺少人力、设备，延长作业时间，而同时在另外一些环节上由于作业的停顿和等待，造成人员、设备的空闲。保持作业过程比例性，可以充分利用人力和设备，避免和减少物资在各个作业阶段和工序的停滞和等待，从而保证作业过程的连续性。

1.4.3 仓储组织的形式

仓储组织活动从整个仓储活动这个宏观角度来看，具体包括仓储作业过程的空间组织和时间组织。

1. 空间组织

仓储作业过程的空间组织就是正确安排仓库中各种功能区，如收货区、存货区、拣货区、临时存货区、货品检验区等的位置。同时，合理安排不同货品的存放地点、搬运路线，保证货物在空间上的最短运动路线和仓库空间的有效利用。例如，在安排仓储作业路线时，应避免储存货物在作业过程中的迂回和往返运动。

2. 时间组织

仓储作业过程的时间组织就是通过各个环节作业时间的合理安排和衔接，保证作业的连续进行，尽可能消除和减少作业过程中的停顿或等待时间。仓储作业过程的时间组织不仅仅可以减少货物在仓库的停留时间，更重要地是合理利用仓库的设备和人员。

1.5 仓储管理概要

1.5.1 仓储管理的发展历程

现代化阶段，仓储管理是指运用现代化的经济技术方法对仓库和仓库中储存的物资进行管理。我国仓储管理经历了以下3个发展阶段。

1. 简单仓储管理

仓库出现的初期，以及后来相当长的时间内，由于生产力水平低下和发展缓慢，库存数量和品种都很少，仓库结构简单，设备粗陋，因此仓库管理工作也就比较简单，主要负责产品出入库的计量及看管好库存物资使之不受损失。

2. 复杂仓储管理

随着生产力水平的提高，特别是机器生产代替手工生产之后，库存产品数量增多，品种复杂，产品性质各异，对储存条件提出了各自不同的要求；同时，由于社会分工越来越细，许多生产性活动也逐渐转移到流通领域，使得仓库的职能发生了变化，仓库不仅仅是单纯的进行储存和保管物资的场所，还增添了产品的分类、挑选、整理、加工、包装等活动，从而增加了产品的价值。由于储存货物的复杂化和仓储职能的多样化，必然引起仓储建筑结构的变化及技术设备的变化。随着机械进入仓库，机械作业逐渐代替手工作业，仓储活动向复杂化方向发展。

3. 现代化仓储管理

随着科学技术的进步，特别是电子计算机的出现和发展，给仓储业带来了一系列的重大变化。在整个仓储活动过程中，可以使用电子计算机进行控制，增设光电感应系统，利用自动分拣系统进行货物分类整理，让机器人进入仓库等。目前，许多先进国家的仓储活动，已经不是原来意义上的仓储了，而变成一个经济范围巨大的货物配送服务中心，并发展成为现代化的仓储企业。

1.5.2 仓储管理的内容

从定义可知，仓储管理的对象是仓库及库存物资，具体管理内容包括以下几个方面。

1. 仓库的选址与布置问题

如何按照程序确定仓库的数量、规模和位置；如何做好仓库总平面布置，仓储作业区布置及库房内布置工作等。

2. 仓库机械设备的选择与配置问题

如何根据库存货物的种类和特性及仓库作业特点，确定机械设备及配备的数量；如何对这些机械进行管理等。

3. 仓库的业务管理问题

仓库业务管理是仓储管理日常所面对的最基本的管理内容，包括如何组织好物资的入库验收、如何存放物资、如何对在库物资进行保管保养、如何发放出库等。

4. 仓库的库存管理问题

如何根据企业生产及客户需求状况，对库存的物资进行分类，合理确定每类物资的进货量及进货时间。既不致因为物资储存过少引起生产中断造成损失，又不致因为储存过多占用过多的流动资金、增加储存成本等。

5. 仓储成本管理问题

如何选择适用的成本管理措施和手段，对仓储过程每一个环节的作业表现和成本加以控制，来实现仓储管理的目标。

此外，仓库的安全管理问题、仓储管理绩效评价问题等，也都是仓储管理所涉及的内容。

1.5.3 仓储管理的原则

1. 保证质量

仓储管理中的一切活动，都必须以保证在库物品的质量为中心。没有质量的数量是无效的，甚至是有害的，因为这些物品依然占用资金，产生管理费用，占用仓库空间。因此，为了完成仓储管理的基本任务，仓储活动中的各项作业必须有质量标准，并严格按标准执行。

2. 注重效率

仓储成本是物流成本的重要组成部分，而仓储效率的提高关系到整个物流系统的效率和成本。因此，在仓储管理过程中要充分发挥仓储设施设备的作用，提高仓库设施和设备的利用率；充分调动仓库生产人员的积极性，提高劳动生产率；加速在库物品周转，缩短物品在库时间，提高库存周转率。

3. 确保安全

仓储活动中不安全因素很多，有的来自库存物，如有些物品具有毒性、腐蚀性、辐射性、易燃易爆性等；有的来自装卸搬运作业过程，如每一种机械的使用都有其操作规程，违反规程就要出事故；还有的来自人为破坏。因此，特别要加强安全教育，提高认识，制定安全制度，贯彻执行"安全第一，预防为主"的安全生产方针。

4. 讲求经济

仓储活动中所耗费的物化劳动和活劳动的补偿是由社会必要劳动时间决定的。为实现一定的经济效益目标，必须力争以最少的人财物消耗，及时准确地完成最多的储存任务。因此，对仓储生产过程进行计划、控制和评价是仓储管理的主要内容。

5. 提高服务

服务是贯穿仓储活动的一条主线，仓储的定位、仓储具体操作、对储存货物的控制都围绕着服务进行。因此，仓储管理需要围绕服务定位，就如何提供服务、改善服务、提高服务质量开展管理，包括直接的服务管理和以服务为原则的生产管理。

1.5.4 仓储管理人员的基本要求

1. 仓储管理人员的基本素质要求

(1) 具有丰富的商品知识。熟悉所经营的商品，掌握其物理化学性质和保管要求，并能针对性地采取管理措施。

(2) 掌握现代仓储管理技术，并能熟练运用。

(3) 熟悉仓储设备，并能合理、高效地安排和使用。

(4) 办事能力强。能分清轻重缓急，有条不紊地处理。

(5) 具有一定的财务管理能力。能查阅有关财务报表，进行经济核算、成本分析。能正确掌握仓储经济信息，进行成本管理、价格管理及其决策。

2. 仓储管理人员的职责

(1) 认真贯彻仓库保管工作的方针、政策，树立高度的责任感，忠于职守，廉洁奉公，热爱仓库工作，具有敬业精神；树立为客户服务、为生产服务的意识，具有合作精神；树立讲效率、讲效益的思想，关心企业的经营管理。

(2) 严格遵守仓库管理的规章制度和工作规范，严格履行岗位职责，及时做好物资的入库验收、保管保养和出库发运工作；严格各项手续制度，做到收有据、发有凭，登记销账及时准确，手续完备，账物相符，把好收、管、发三关。

(3) 熟悉仓库的结构、布局、技术定额。掌握货物堆码、苫垫技术、堆垛作业要求。在库容使用上做到妥善安排货位，合理高效地利用仓容，堆垛整齐、稳固，间距合理，方便作业、清点、保管、检查、收发。

(4) 熟悉仓储物资的特性、保管要求，能有针对性地进行保管，防止货物损坏，提高仓储质量；熟练地填写账表、制作单证，妥善处理各种单证业务；了解仓储合同的义务约定，完整地履行义务；妥善处理风、雨、热、冻等自然灾害对仓储物资的影响，减少损失。

(5) 重视仓储成本管理，不断降低仓储成本。妥善保管好剩料、废旧包装，收集和处理好地脚货，做好回收工作；妥善保管、细心使用苫垫、货板等用品用具，延长其使用寿命；重视研究物资仓储技术，提高仓储利用率，降低仓储物耗损率，提高仓储的经济效益。

(6) 加强业务学习和训练，熟练掌握计量、衡量、测试用具和仪器仪表的使用方法。掌握分管物资的商品特性、质量标准、保管知识、作业要求、工艺流程；及时掌握仓储管理的新技术、新工艺，适应仓储自动化、现代化、信息化的发展；不断提高仓储管理水平，了解仓库设备设施性能要求，督促设备维护和维修。

(7) 严格执行仓库安全管理的规章制度，时刻保持警惕，做好防火、防盗、防破、防虫害等安全保卫工作，防止各类灾害和人身伤亡事故，确保人身、物资、设备的安全。

本 章 小 结

人类社会自从有了剩余产品，就产生了仓储。纵观我国仓储业的发展历史，大致经历了古代仓储业、近代仓储业、社会主义仓储业、现代化仓储业 4 个阶段。总的来说，我国仓储业朝着良好的方向发展，但还有一些不容乐观的现状存在，如具有明显部门仓储业的特征、仓储技术发展不平衡、仓库布局不合理、仓储管理方面的法规法制不够健全等。针对此现状，我国制定了摸底调查、评估排队和建制培训、建设发展三阶段的实施方案，以实现仓储社会化、仓储产业化、仓储标准化、仓储现代化的"四化"发展目标。

商品从生产领域向消费领域转移过程中，一般都要经过仓储阶段，主要是由于商品的生产和消费在时间上、空间上及品种和数量等方面存在着矛盾。搞好仓储活动，发挥仓储活动连接生产与消费的纽带和桥梁作用，往往可以解决这些矛盾，保证社会再生产的顺利进行。仓储企业开展的仓储活动既具有生产性，又具有非生产性。仓储组织的目标就是实现仓储活动的"快进、快出、高效、保质、低成本"。要实现仓储组织的目标，在组织仓储作业过程时，应该注意连续性和比例性的原则。

仓储技术作业过程主要由入库、保管、出库 3 个阶段组成，每个阶段都有一些具体的作业环节。与物质生产企业的生产作业相比较，仓储技术作业具有作业过程的非连续性、作业量的不均衡性、作业对象的复杂性、作业范围的广泛性等特点。

我国仓储管理经历了简单、复杂、现代化 3 个阶段。仓储管理的内容主要包括仓库的选址与布置问题、仓库机械设备的选择与配置问题、仓库的业务管理问题、仓库的库存管理问题、仓储综合成本控制问题、仓库业务绩效考核问题及仓库的安全与消防问题等。

关键术语

仓储 Storage

仓储业 Storage Industry

仓储技术作业过程 Warehouse Operation Process

仓储组织 Storage Organization

仓储管理 Storage Management

习 题

1. 单项选择题

(1) 我国商业仓库的最初形式是( )。
    A. 塌房　　　　B. 邸店　　　　C. 堆栈　　　　D. 客栈

(2) 为了提高仓库内部作业效率，实现仓储环节与其他环节的密切配合，同时与国际接轨，我国仓储业应实现( )。
    A. 社会化　　　B. 产业化　　　C. 标准化　　　D. 现代化

(3) 仓储技术作业过程主要由入库、( )和出库3个阶段组成。
    A. 保管　　　　B. 运输　　　　C. 生产加工　　D. 销售

(4) 仓储作业组织的目标可以概括成( )。
    A. "多进、多出、高效、保质、低成本"
    B. "快进、快出、高效、保质、低成本"
    C. "快进、慢出、高效、保质、高利润"
    D. "多进、快出、高效、安全、低成本"

(5) 在仓储作业中减少不必要的停顿或等待，反映了仓储组织的( )原则。
    A. 连续性　　　B. 节奏性　　　C. 低成本　　　D. 安全性

(6) 正确安排仓库中各种功能区，如收货区、存货区、拣货区、临时存货区、货品检验区等的位置，这是仓库作业过程的( )。
    A. 人员组织　　B. 空间组织　　C. 时间组织　　D. 作业组织

(7) ( )就是运用现代化的经济技术方法对仓库和仓库中储存的物资进行管理。
    A. 第三方物流　B. 物流管理　　C. 仓储管理　　D. 仓库管理

2. 判断题

(1) 正是因为有了产品剩余，需要将剩余产品收存，所以形成了仓储。( )
(2) 仓储产业化是指仓储企业可以脱离保管业务单纯地进行产品的生产加工。( )
(3) 仓储活动的产品生产过程和消费过程同时进行，不能储存也不能积累。( )
(4) 仓储组织的目标就是实现仓储活动的"快进、快出、多仓储、保管好、费用省"。( )

3. 简述题

(1) 如何发展我国仓储业(从仓储业的现状、发展目标和实施方案3个方面展开简要叙述)？
(2) 仓储活动有什么意义？
(3) 仓储活动具有生产性还是非生产性？为什么？
(4) 简述仓储技术作业的四大特点。
(5) 简述仓储组织的原则和形式。
(6) 仓储管理主要包括哪些内容？
(7) 简述仓储管理人员的职责、应具备的素质和能力。

实务操作

到传统的仓储企业调研，将企业原有的和现在的经营模式、作业流程、作业手段、设备配置情况等进行比较，分析该企业离真正的现代物流企业的标准还有多远，并撰写调研和分析报告。

案例阅读

西南仓储公司向现代物流企业的转变过程

西南仓储公司是一家地处四川省成都市的国有商业储运公司，随着市场经济的深入发展，原有的业务资源逐渐减少，在企业的生存和发展过程中，也经历了由专业储运公司到非专业储运公司再到专业储运公司的发展历程。那么，这家企业是如何发展区域物流的呢？

当仓储资源重新得到充分利用的时候，这家企业并没有得到更多利益。经过市场调查和分析研究，这家企业最后确定了立足自己的老本行，发展以家用电器为主的仓储业务。一方面，在家用电器仓储上，加大投入和加强管理，加强与国内外知名家用电器厂商的联系，向这些客户和潜在客户介绍企业确定的面向家用电器企业的专业化发展方向，吸引家电企业进入；另一方面，与原有的非家用电器企业用户协商，建议其转库，同时将自己的非家用电器用户主动地介绍给同行企业。

在家用电器的运输和使用过程中，不断出现损坏的家用电器。以往，每家生产商都是自己进行维修，办公场所和人力方面的成本很高。经过与用户协商，在得到大多数生产商认可的情况下，这家企业在库内开始了家用电器的维修业务，既解决了生产商的售后服务的实际问题，又节省了维修品往返运输的成本和时间，并分流了企业内部的富余人员，一举两得。

除了为用户提供仓储服务之外，这家企业还为一个最大的客户提供办公服务，向这个客户的市场销售部门提供办公场所，为客户提供了前店后厂的工作环境，大大地提高了客户的满意度。

通过几年的发展，企业经营管理水平不断提高，企业内部的资源得到了充分的挖掘。同样，企业的仓储资源和其他资源也已经处于饱和状态。资源饱和了，收入的增加从何而来？在国内发展现代物流的形势下，这家企业认识到只有走出库区，走向社会，发展物流，才能提高企业的经济效益，提高企业的实力。发展物流从何处做起？经过调查和分析，决定从学习入手，向比自己先进的企业学习，逐步进入现代物流领域。经过多方努力，他们找到一家第三方物流企业，在这个第三方物流企业的指导下，通过与几家当地的运输企业合作(外包运输)，开始了区域内的家用电器物流配送，为一家跨国公司提供物流服务。现在，这家企业的家用电器的物流配送已经覆盖了四川(成都市)、贵州和云南。

(资料来源: http://www.china-b.com.)

思考:
(1) 通过分析西南仓储公司向现代物流企业的转变过程，你认为其转变成功的关键是什么？
(2) 通过分析案例，中国传统物流企业怎样才能实现向现代物流企业的转变？
(3) 举例说明现代物流企业开展延伸服务的好处。

第 2 章 仓 库

【教学目标与要求】
- 了解仓库及其类型和功能;
- 掌握自动化立体仓库及其基本设施类型和优缺点;
- 熟悉自动化立体仓库的应用条件和设计步骤;
- 了解保税仓库的类型、存放的货物范围及运作管理;
- 掌握并会应用单一仓库选址的具体方法,理解需要考虑的影响因素;
- 熟悉仓库总平面、仓储作业区和库房内部如何布置。

 导入案例

自动化立体仓库，雅戈尔现代物流体系的新中枢

在雅戈尔服装城的南侧，有一幢约 5 层楼高的乳白色建筑，与周围厂房不同的是，从这座建筑的外墙窗口看不到一排排整齐通亮的日光灯，也不见有缕缕的蒸汽从屋顶飘出，只是门口停靠的几辆黄黑相间的叉车和整齐堆列的蓝色托盘，还是让人大概猜出了它的角色——2007 年 8 月建成并成功运行的雅戈尔自动化立体仓库，目前在国内整个服装行业中还尚属首个。

"外行人士最明显的一个感觉就是这样的仓库大大提高了空间的利用率，在 5 500m² 的平面范围内，我们达到了以前 25 000m² 平库的仓储能力。当然形成这种能力的不光在于立体空间的利用，更重要的是通过信息化、自动化的现代仓储技术，产品存取的效率和准确率实现了有效的提高，一线人员的数量和工作强度明显下降，同时，用户的好评也使雅戈尔的仓库员工更有自信、更加热爱这个岗位了……"全面负责自动化仓库建设和运营的汪浩博士用较为通俗的语言介绍了仓库的专业功能。

雅戈尔自动化物流系统采用了 27m 高自动化立体仓库、整箱拣选、电子标签拆零拣选和楼层自动输送分拣系统等自动化物流设备，并通过服饰库存管理控制系统与上游生产 ERP 系统、下游销售 DRP 系统的无缝连接，实现了商流、物流、信息流等的高度集成，使物流中心的各个作业环节和作业过程井然有序，高效流畅。

尽管外界对于雅戈尔是否有必要建设自动化立体仓库存在不同意见，但这个智能化的产物已经展示出了它的科技含量及不可忽视的推动作用。作为行业龙头的雅戈尔有信心通过自己的科学尝试，来进一步发挥它在探索现代物流体系变革中的先锋作用，为企业、行业的未来持续发展夯实基础。

(资料来源：http://blog.sina.com.cn/s/blog_50546ce701008ho6.html.)

从社会经济活动看，无论生产领域还是流通领域都离不开仓库，仓库是物流系统不可缺少的部分。通常情况下，作为保存和储藏货物的地方，随着经济的发展和物流体系的进一步完善，仓库的作用也在发生着变化。

2.1 仓库概述

2.1.1 仓库的概念

仓库是保管、储存、流转物品的建筑物和场所的总称。仓库的主体建筑物主要包括库房、货棚和露天货场 3 种。

1. 库房

库房是仓库中用于储存货物的主要建筑物，多采用封闭方式，主要由墙壁、库顶、库门、库窗、站台、雨篷等建筑结构组成，如图 2.1 所示。库房的封闭性强，便于对库存物进行维护保养，适宜存放怕风吹、雨淋、日晒，以及对保管条件要求比较高的物品。

2. 货棚

货棚是一种简易的仓库，为半封闭式建筑，根据围墙建筑情况，可以分为敞棚(仅有支

柱和棚顶构成)和半敞棚(围墙有一面、二面和三面之分)，如图 2.2 所示。其保管条件不如库房，但出入库作业较方便，且建造成本较低，适宜存放那些日晒、雨淋易变质损坏，而温湿度变化对其影响不大的物资。

3. 露天货场

露天货场也叫堆场，无任何固定的遮挡物，对各种自然因素的侵蚀均不起保护作用，主要靠下垫上苫保护物品不受损失，如图 2.3 所示。其最大优点是装卸作业极其方便，建造成本低廉，适宜堆存大宗原材料或不怕风吹、雨淋的物品。

图 2.1　库房

图 2.2　货棚

图 2.3　露天货场

2.1.2　仓库的类型

仓库的种类很多。由于各种仓库所处的地位不同，所承担的储存任务不同，再加上储存物资的品种规格繁多，性能各异，就可以根据不同的分类标志，将仓库分为不同的类型。

1. 按所处领域不同分类

(1) 生产领域仓库。主要是指生产企业为了保证本企业生产正常进行的需要而修建的附属仓库(自用仓库)，一般不实行独立核算。按其在生产中的作用不同分类，又可分为原材料、零部件仓库，半成品仓库及产成品仓库。

(2) 流通领域仓库。主要是指流通企业为社会提供物流服务而修建的公共仓库(公用仓库)，专门从事物资储存和中转运输业务，实行独立经营和核算，如储运公司所属中转仓库。

2. 按用途不同分类

(1) 购销仓库。大多设在生产企业比较集中的大城市、港口、交通发达的物资流通要地，规模较大，主要集中储存生产企业生产的产品和国际进出口货物，大批或少量地向全国供应。

(2) 批发仓库。一般设在商品的需求地即最终消费地的批发市场附近，负责储存从购销仓库或当地购入的商品，然后迅速并有效地供应给同一地区的中小批发商和零售商。

(3) 零售仓库。一般与零售企业设在一起，规模较小，职能是把从批发部门购入的商品进行短期保管，然后销售给消费者。

(4) 中转仓库。一般设在生产地和消费地之间的交通枢纽地，如铁路货运站、公路的中转站和水路运输的港口、码头附近，主要负责运输过程中货物的中转业务。在大规模中转仓库库区内还建有铁路专用线，以提高装卸、保管、运输的效率。

(5) 储备仓库。一般设在城市的周边地区或远离城市的深山地区，规模有大有小，职能是保管国家应急需要的储备物资和战备物资，如粮食、油料、能源、有色金属、淡水、军火弹药等。仓库保管的物资储备时间较长，且需要定期更换。

(6) 加工仓库。一般设在生产企业附近，是货物保管和加工相结合的仓库，主要职能是根据市场需要，对货物进行拣选、分类、整理、更换、加工等。

(7) 保税仓库。为国际贸易的需要，设置在一国国土之上，但在海关关境以外的仓库。外国货物可以免税进出这些仓库而无须办理海关申报手续。此外，经批准后，可在保税仓库内对货物进行加工、存储、包装和整理等业务。

(8) 监管仓库。一般设置在沿海及边境口岸，内地不设，是经海关批准，在海关监管下，存放已按规定领取了出口货物许可证或批件，已对外买断结汇并向海关办完全部出口海关手续货物的专用仓库。

3. 按保管货物的特性不同分类

(1) 通用仓库。一般用来保管没有特殊要求的物资，其设备和构造都比较简单，适用范围较广。这类仓库备有一般性的保管场所和设施，按照通常的物资装卸和搬运方法进行作业。在物资流通行业的仓库中，这种通用仓库所占的比重是最大的。

(2) 专用仓库。专门用于储存某一类(种)物品的仓库。由于该类物品或数量较多，或有特殊性质，或易于对与之共同储存的物品产生不良影响，所以必须专库储存，如粮库、钢材库、木材库、卷烟库等。

(3) 特种仓库。主要用于储存具有特殊性能，要求特别保管条件的物品，如化学危险品仓库、冷冻库、石油库等。该类仓库必须配备有防火、防爆、防虫等专门设备，其建筑构造、安全设施都与一般仓库不同。特种仓库也属于专用仓库。

4. 按仓库设备不同分类

(1) 一般平放仓库。货物直接堆放在地上或衬垫材料上，一层紧压着一层以一定的形状堆码成货垛。没有使用任何固定式料架设备，或者是使用弹性较高的箱形托盘、柱式托盘等来储存货物。

(2) 料架仓库。仓库内设置各种料架(货架)设备，以多层的层与层之间不接触的方式储存货物。

(3) 自动化立体仓库。自动化立体仓库是一种现代化的仓库，主要在高层货架用货箱或托盘储存货物，用电子计算机控制巷道式堆垛机和其他机械进行作业。

5. 按建筑物结构不同分类

(1) 单层仓库。单层仓库也叫平房仓库，是最常见的，且使用很广泛的一种建筑高度最低为 $5\sim 6m$ 的单层建筑式仓库。大型仓库占地面积在 $1\,000m^2$ 以上，小型仓库则在 $500m^2$ 以下，两者之间的是中型仓库。小型仓库的宽度一般为 $10\sim 13m$，中型仓库一般为 $20\sim 25m$，宽度为长度的 $1/8\sim 1/3$。这种仓库没有上层，不设楼梯(如图 2.4 所示)。

其主要特点：结构比较简单，在建造和维修上投资较省；全部仓储作业都在一个层面上进行，货物在库内装卸和搬运方便；各种设备(如通风、供水、供电等)的安装、使用和维护比较方便；仓库地面能承受较重的货物，一般 $1m^2$ 地面承载力为 $2.5\sim 3t$，其次是 $3\sim 3.5t$；

仓库的建筑面积利用率较低，在城市土地使用价格不断上涨的今天，在市内建筑这类仓库，其单位商品的存储成本较高，故一般建在城市的边缘地区。

(2) 多层仓库。简称"楼库"，是一种两层以上的建筑物。多层仓库一般建在人口较稠密、土地使用价格较高的市区，它主要采用垂直提升机械(如货梯或倾斜皮带输送机等)完成不同楼层货物的输送。图 2.5 反映的是一种阶梯形的多层仓库，它通过库外起重机将货物吊运至各层平台。

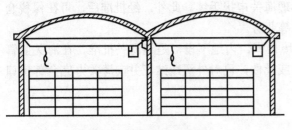

图2.4 单层仓库示意图

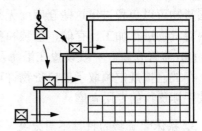

图2.5 阶梯形多层仓库示意图

楼库的主要特点：可适用于各种不同的使用要求，如办公室与库房可分别使用不同的楼面；分层的仓库结构将库区自然分隔，有助于仓库的安全和防火，如火警的发生往往可以被控制在一个层面，而不危及其他层面的货物；现代的仓库建筑技术已能满足较重的货物提升上楼；可以节省土地占用面积，所以被日本等国家和地区所广泛采用；当设地下室时，地下室净空高度不宜小于2.2m；随着层数加高，地面承载负荷能力减少，一层是2.5～3t，二层是2～2.5t，三层是2～2.5t，四层是1.5～2t，五层是1～1.5t，甚至更小；最大的问题是建造和使用中维护的投资较大，故堆存费用较高，一般适用于存放高附加值的货物，如家用电器；楼库通常为3～5层，仓库底层的层高为4～5m，二楼以上的层高为3～4m。分配时应根据各层的保管条件和作业要求合理存放物资，充分发挥各楼层的作用。

资料卡

楼库最底层的承载能力强、净空较高、前后和左右一般都设有库门，有的还有库边站台，收发作业很方便，但底层的地坪易返潮，且容易受到库边道路振动和灰尘的影响。因此，应存放单位体积和重量大或收发作业频繁的物资，如金属材料、机械零部件和机械设备等。

楼库中间层的保管条件比较优越，相比底层较为干燥，通风采光良好，受外界温湿度的影响较小，但楼板的承载能力较差，净空比较低，需要垂直方向搬运，作业不方便。因此，适合存放体积小、重量轻、要求保管条件比较高的物资，如仪器仪表、电子器件、电工器材等。

楼库最顶层的通风采光良好、干燥，但是直接受日光照射，夏天受温度的影响比较大，库内温度高于其他各层，而冬季由于散热面积大，所以库内温度低于其他各层，这些因素对物资保管不利。此外，楼层越高，垂直搬运距离越大，作业越不方便。因此，适合储存收发不太频繁，要求一般保管条件的体积小、重量轻的物品，如化纤及化纤制品、塑料制品等。

(3) 立体仓库。立体仓库又称高架仓库，实质上是一种高度超过 10m 的单层仓库，它利用高层货架堆放货物。采用与之配套的搬运设备进行货物的堆存和搬运。

(4) 筒仓。用于存放散装的小颗粒或粉状物品的封闭式仓库，一般置于高架之上，如存储粮食、水泥和化肥等。

6. 按建筑物空间位置不同分类

(1) 地面仓库。仓库建筑物的整体建在地平面以上。这种仓库是目前使用最为广泛的一种。

(2) 半地下仓库。仓库建筑物的一部分建在地平面以下，一部分建在地平面以上。该类仓库一般适合存放油料等易挥发、怕高温的物品。

(3) 地下仓库。仓库建筑物的整体建于地平面以下和山洞处。这种仓库建筑设计和施工时着重考虑防水、防潮措施。建造该类仓库的成本相对较高，但是其安全性较好，适于存放大多数的危险品。

7. 按仓库作业的机械化程度不同分类

(1) 人力作业仓库。人力作业仓库采用人工作业方式，无装卸机械设备，一般规模较小，常用于储存电子元器件、工具、备品备件等货物。

(2) 半机械化仓库。半机械化仓库是指入库采用机械作业(如叉车等)，出库采用人工作业方式的仓库。一般适合批量入库、零星出库的情况。

(3) 机械化仓库。机械化仓库是指入库和出库均采用机械作业(如叉车、输送机等)的仓库，适合整批入库和出库、长大笨重货物的储存。

(4) 半自动化仓库。半自动化仓库是自动化仓库的过渡形式。它配备有高层货架和输送系统，采用人工操作巷道式堆垛机的方式，多见于备件仓库。

(5) 自动化仓库。自动化仓库是指由电子计算机进行管理和控制，不需要人工搬运作业，而实现收发作业的仓库。

2.2 自动化立体仓库

自动化立体仓库又称自动存取系统(Automated Storage & Retrieval System，AS/RS)，是指采用高层货架以货箱或托盘储存货物，用巷道式堆垛机及其他机械进行作业，由电子计算机进行管理和控制，不需要人工搬运而实现收发作业的仓库。

2.2.1 自动化立体仓库的产生与发展

1. 自动化立体仓库的产生

自动化立体仓库是生产力高度发展和城市化进程不断发展的结果。随着生产力的高度发展，科学技术的突飞猛进，不断有新的技术涌现出来，其中包括电子计算机技术，将该项技术应用于普通仓库，自动化仓库由此产生了。随着城市化进程的高速发展，地价不断上涨，建筑成本不断增加，由此仓储空间开始向立体化方向发展，货位向空间延伸，高层货架和与之配套的巷道式堆垛机及周边设备的出现和应用，立体仓库产生了。将电子计算机技术应用于立体仓库，就有了自动化立体仓库。

2. 国内外发展概况

1) 国外发展概况

自动化立体仓库是第二次世界大战后随着物流与信息技术的发展而出现的一种新的现代化仓库系统。1950年,美国一家公司率先在仓库中使用了高层货架。1959年,美国另一家公司在高层货架仓库中安装了巷道式堆垛机,提高了作业效率和空间利用率。1962年,联邦德国首先将电子计算机技术应用于该类仓库,从而出现了世界上第一座自动化立体仓库。此后,自动化立体仓库在欧美一些发达国家和日本迅速发展起来。特别是日本,20世纪60年代中期开始兴建自动化立体仓库,并且发展速度越来越快,成为当今世界上拥有自动化立体仓库最多的国家之一。20世纪70年代,发达国家大力推广物流自动化、高速化、信息化,各大城市纷纷建设自动化立体仓库。20世纪80年代,自动化立体仓库在世界各国发展迅速,使用范围几乎涉及所有行业。

21世纪的若干年内,自动化立体仓库将朝着智能自动化仓储的方向发展,仓储技术的智能化将具有更为广阔的应用前景。

2) 我国发展概况

我国自动化立体仓库的发展与欧美、日本等发达国家相比,起步较晚。第一座自动化仓库是建于1974年的郑州纺织机械厂冷作二车间的模具库。与此同时,国内的一些科研机构也开始了自动化立体仓库的研究工作。1974年,北京汽车制造厂与北京机械工业自动化研究所合作,兴建了该厂的自动化仓库。随后,北京商业储运公司与河南粮食科研所和中国科学院自动化研究所合作,兴建了该公司的针织品自动化仓库。此后,自动化立体仓库在我国开始快速发展。据不完全统计,截至2012年12月,我国自动化立体仓库保有量已超过1 200座,建设规模也越来越大,很多自动化立体仓库平均货位超过1万个,高度超过20m。自动化立体仓库的系统也越来越复杂,应用范围越来越广,主要集中在机械制造(如三一重工)、汽车(如中国二汽)、烟草(如红河、长沙)、食品加工(如蒙牛、伊利)、服装生产(如雅戈尔公司)、医药生产(如三九制药、扬子江制药)及流通等行业。

随着国家经济的持续发展和对自动化立体仓库需求较高的烟草、医药、机械等行业的持续快速增长,未来自动化立体仓库在我国面临着较大的市场需求。以医药行业为例,据国家统计局数据显示,截至2012年,我国工业总产值在2 000万元以上的企业数量为6 075家,以10%的需求量计算,医药行业对自动化立体仓库的需求量就有607座,而保有量不足200座,发展前景可观。

2.2.2 自动化立体仓库的组成

自动化立体仓库主要由仓库建筑物、高层货架、巷道式堆垛机、周边设备和控制系统等基本设施组成,如图2.6所示。

1. 高层货架

高层货架是自动化立体仓库的主体设施,是用来以立体的方式存放货物的存储设备,一般用钢材或钢筋混凝土制作。按照构造形式不同,货架可划分多种类型,单元货格式货架是自动化立体仓库内使用最广、适用性较强的一种,如图2.7所示。

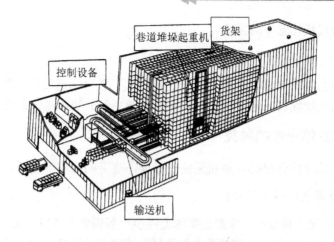

图 2.6　自动化立体仓库示意图

图 2.7　高层货架

2．巷道式堆垛机

巷道式堆垛机是自动化立体仓库中最重要的搬运设备，主要用来存取、堆码或提升货物。其主要用途是在高层货架的巷道内来回运行，将位于巷道口的货品存入货格；或者相反，取出货格内的货品运送到巷道口。巷道式堆垛机可以整体沿货架间的轨道水平方向移动，其载货平台可以沿堆垛机支架上下垂直移动，载货平台的货叉可借助伸缩机构向平台的左右方向移动，实现所存取货品的三维移动。

3．输送机

输送机是仓库中的输送线。它把库内各个入库站台、出库站台和储存区连接起来，货物在库内的移动由输送机完成。在仓库中经常使用的输送机有皮带输送机、辊子输送机和滚轮输送机等。

4．控制系统

在现代化仓库中，以电子计算机为中心形成仓库的控制系统。自动化立体仓库的计算机中心或中央控制室接收到出库或入库信息后，由管理员通过计算机发出出入库指令，巷道式堆垛机及输送设备按指令启动，共同完成出入库作业，管理人员对此过程进行全程监控和管理，保证存取作业按最优方案进行。一般而言，仓库对计算功能的要求比较简单，但需要非常大的容量。国外专门设计和制造了供仓库专用的计算机，这些计算机结构简单，价格便宜,适合现代化仓库的需要。

5. 周边设备

自动化立体仓库的周边设备还有液压升降平台、叉车、自动导引车、托盘、货箱等。这些设备与巷道式堆垛机、输送机相互配合,构成完整的装卸搬运系统。

2.2.3 自动化立体仓库的种类

目前,自动化立体仓库的分类尚无统一标准,常见的有以下几种。

1. 按储存物品的特性不同分类

(1) 常温自动化立体仓库。常温仓库的温湿度一般限制为5℃~40℃,相对湿度限制在90%以下。而室内相对湿度在90%以上的地区,或者冬天产生露凝较为严重的地区,就必须特别注意防患于未然。一般仓库为防止夏天产生高温导致仓储的物品变质,除了必须设有通风系统外,其屋顶、墙壁都需要覆盖隔热及防火材料。

(2) 低温自动化立体仓库。

① 恒温空调仓库。恒温空调仓库对于温湿度的要求是低温、低湿度,依照其存放物品对于温湿度的要求而设计。根据物品特性,可自动调节仓库温、湿度。除了内部空气不与外界直接对流外,其余设计大致与常温仓库相当。由于要求温度均匀,所以其空调配置、管理与分布及其空间的利用,必须妥善规划。

② 冷藏仓库。冷藏仓库的温度必须为0~5℃,主要用作蔬菜和水果的储存。与恒温空调系统相类似,要求较高的相对湿度控制。

③ 冷冻仓库。一般而言,冷冻仓库的温度为-35℃~-2℃。但是由于钢材在-20℃以下会有脆化现象,机械性质会急剧变化,影响货架的稳定性,所以冷冻仓库必须考虑使用耐低温材料及焊材焊接的钢架。当然,高架吊车及周边配电系统也应该考虑环境冷冻因素。另外,其基础除了需要考虑一般冷冻仓库地板所需要的结冻断热因素外,由于必须高负荷承载,所以其地下隔热层的设计也应该慎重考虑。

(3) 防爆型自动仓储系统。该仓库主要以存放具有挥发性或易于燃爆的物品为主,所以其系统中使用的电气、电控、照明等设备,必须考虑其功能,按照不同的防爆等级来设计,因此会有不同的造价。

2. 按建筑物形式不同分类

(1) 自立式(分离式)钢架仓库。货架单独安装在仓库建筑物内,与仓顶和墙壁在结构上是分开独立的,如图2.8所示。通常适用于车间仓库、旧库技术改造和中小型仓库,高度一般为15m以下。由于仓库的结构体与建筑物可以分开施工,且钢架安装都可以在室内进行,不受外部气候影响,所以施工期较短,投资费用较低。根据仓库的规模不同,现场施工试车在3~5个月即可完成。

(2) 一体式(整体式)钢架仓库。货架除储存货物外,还可作为仓库支撑结构,成为建筑物一个组成部分,即货架与仓顶和墙壁形成一个不可分开的整体,货架结构既是存放货物的支架,又是仓库建筑的立柱和仓库侧壁的支撑。货架不仅承受货物重量,还必须承受仓顶重量,以及风力、地震等外力的影响,如图2.9所示。通常适合新建大型的仓库,高度一般为 15m 以上，目前国外已经有 40m 高的。对于高层的一体式仓库需要考虑避雷系统，但是如果仓库外表的材质是铝锌铜板时，避雷系统的铜线必须隔离保护，否则一旦让雨水将铜离子与锌板反应，屋顶会很快被侵蚀而漏水。

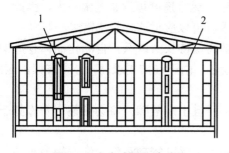 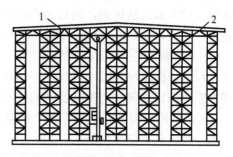

图 2.8　自立式钢架仓库　　　　　　图 2.9　一体式钢架仓库
1—堆垛机；2—高层货架　　　　　　1—堆垛机；2—高层货架

目前，国外自动化立体仓库的发展趋势之一是由一体式向自立式发展，因为一体式自动化立体仓库的建筑物与货架是固定的，一经建成便很难更改，应变能力差，而且投资高、施工周期长。

2.2.4　自动化立体仓库的优缺点

1. 优点

(1) 仓库作业全部实现了机械化、自动化，一方面能够大大节省人力，减少劳动力费用支出；另一方面能够降低人员劳动强度，大大提高作业效率。

(2) 采用高层货架、立体储存，可大幅度地向空间发展，大大提高了仓库空间利用率，减少了占地面积，降低了土地购置费用，增加了单位面积储存量。

> **资料卡**
>
> 一般来说，自动化立体仓库的空间利用率为普通平库的 2～5 倍。当然，也有利用率更高的，如世界上最高的自动化立体仓库的高度已达 50m，其单位面积储存量为 $7.5t/m^2$，是传统普通仓库的 5～10 倍。
>
> 对于一座拥有 6 000 个货位的仓库，如果托盘尺寸为 1 200mm×800mm，则普通的货架仓库高 5.5m，需占地 3 609 m^2，而高 30m 的立体仓库占地面积仅为 399 m^2。

(3) 采用托盘或货箱储存货物，搬运作业安全可靠，货物的破损率显著降低。

(4) 货位集中，便于控制与管理，特别是使用电子计算机，不但能够实现作业过程的自动控制，而且能够对各种信息进行准确无误的储存和管理，减少货物储存和信息处理过程中的差错，从而提高仓库管理水平。

2. 缺点

(1) 结构复杂，配套设备多，基建和设备投资较高。

(2) 货架安装精度要求高，施工比较困难，且周期长。

(3) 储存货物品种受到一定限制，对于长、大、笨重货物或有特殊要求的货物需单独设立存储系统。

(4) 对仓库管理和技术人员要求较高，必须经过专门培训才能胜任。

(5) 工艺要求高，包括建库前的工艺设计和投产使用中按工艺设计进行作业。

(6) 弹性较小，难以应付储存高峰的需求。流通业在实际运作时，常常会有淡旺季或高低峰及顾客紧急的需求，而自动化设备数目固定，运行速度可调整范围不大，因此，其作业弹性不大，而对于传统设备只要采用人海战术就可以应付这种紧急需求。

(7) 必须注意设备的保管保养，并与设备提供商保持长久联系。自动化立体仓库的巷道式堆垛机、自动控制系统等都是先进的技术性设备，由于维护要求高，必须依赖供应商，以便在系统出现故障时能提供及时的技术支援。

(8) 计算机控制系统是仓库的"神经中枢"，一旦出现故障，将会使整个仓库处于瘫痪状态，收发作业就要中断。

(9) 自动化立体仓库要充分发挥其优势，就必须与采购管理系统、配送管理系统、销售管理系统等咨询系统相结合，但是这些管理咨询系统的建设需要大量投资。

基于上述不足，在选择建设自动化立体仓库时，必须综合考虑其在整个企业中的营运策略地位和设置目的，不能为了自动化而自动化，而后再详细斟酌建设自动化立体仓库所带来的正面和负面影响，同时，还要考虑相应采取的补救措施。所以，在实际建设中必须进行详细的方案规划，进行综合测评，最终确定建设方案。

2.2.5 自动化立体仓库的应用条件

建立和使用自动化立体仓库，应考虑以下几个条件。

1. 物资出入库要频繁和均衡

自动化立体仓库具有作业迅速、准确的特点，故一般出入库频繁的货物才适宜使用自动化立体仓库；否则，自动化立体仓库的上述特点便不能得到充分的发挥。另外，自动化立体仓库要求均衡作业，出入库频率不可忽高忽低；否则，仓库作业停顿的时间过长或时紧时松都不利于自动化立体仓库发挥应有的效能。应当看到，影响仓库作业频率和均衡程度的因素并不在仓库本身，主要是受存货、供货和用货部门的支配。因此，在建立和使用自动化立体仓库时应对此有充分的考虑。

2. 要满足仓库建设的一些特殊要求

自动化立体仓库与普通仓库相比，在设计和建造方面都有一些特殊的要求。因为使用高层货架，仓库地面的承载能力要比普通仓库大几倍，这样就必须考虑建库地址的地质状况。自动化立体仓库进行自动化作业，巷道式堆垛机要自动从货格中存取货箱和托盘，因此，对货格的规格尺寸有严格的要求，以保证作业的吻合。同时，巷道式堆垛机前进与后退、上升与下降、水平和垂直的偏差也要求非常严格。从被存放的货物本身来看，则要求外部规格形状不能变化很大。所有这些特殊要求，在建库时都必须考虑到，否则就不能保证仓库作业的正常进行。

3. 资金、材料、设备等方面要能够得到保证

建造一座自动化立体仓库不仅要耗费大量的钢材和其他材料，而且设备费用也很高，

即二次性投资较大。因此，要建造自动化立体仓库，必须慎重考虑资金情况及材料、设备的供应。

4. 要有一支配套的专业技术队伍

自动化立体仓库是一项仓储新技术，从建库到使用都需要一定的专业技术人员。例如，自动化立体仓库的设计，材料、资金的预算，以及对投产后经济活动的分析预测等，这些大量的基础工作必须在建库前安排相关技术人员完成；电子计算机的安装、仓库作业程序的编制、调试到运转及出现故障后的排除，都需要懂得电子技术和计算机理论的专业人员；其他，如机械设备的管理与维修等也需要技术人员。

2.2.6 自动化立体仓库的设计步骤

作为一种现代化仓储设施，自动化立体仓库的设计通常包括以下几个步骤。

(1) 收集原始资料。明确自动化立体仓库所要达到的目标后，搜集的原始资料主要包括自动化立体仓库与上游、下游衔接的工艺过程；上游进入仓库的最大入库量、向下游转运的最大出库量，以及所要求的库容量；物品的规格参数，包括物品的品种数、包装形式、外包装尺寸、重量、保存方式及其他特性；立体仓库的现场条件及环境要求；用户对仓库管理系统的功能要求；其他相关的资料及特殊要求。

(2) 确定自动化立体仓库的主要形式及相关参数。原始资料收集完毕后，可根据这些第一手资料计算出设计时所需的相关参数，包括：①整个库区的出入库总量；②物品单元的外形尺寸及其重量；③仓库储存区(货架区)的仓位数量；④结合上述三点确定储存区(货架区)货架的排数、列数及巷道数等其他相关技术参数。

(3) 合理布置自动化立体仓库的总体布局及物流图。一般而言，自动化立体仓库包括入库暂存区、检验区、码垛区、储存区、出库暂存区、托盘暂存区、不合格品暂存区及杂物区等。规划时，立体仓库内不一定要把上述的每个区都规划进去，可根据用户的工艺特点及要求来合理划分各区域和增减区域。同时，还要合理考虑物料的流程，使物品的流动畅通无阻，这将直接影响到自动化立体仓库的能力和效率。

(4) 选择机械设备类型及相关参数。包括货架、巷道式堆垛机、输送系统和其他辅助设备等具体参数。

(5) 初步设计控制系统及仓库管理系统的各功能模块。根据仓库的工艺流程及用户的要求，合理设计控制系统及仓库管理系统。控制系统及仓库管理系统一般采用模块化设计，便于升级和维护。

(6) 仿真模拟整套系统。在有条件的情况下，对整套系统进行仿真模拟，可以对立体仓库的储运工作进行较为直观的描述，发现其中的一些问题和不足，并作出相应的更正，以优化整个 AS/RS 系统。

(7) 进行设备及控制管理系统的详细设计。

以上所述为设计自动化立体仓库的一般过程，在具体设计工作中，可结合具体情况灵活运用。

案例 2-1

海尔国际自动化物流中心

目前，我国比较有代表性的自动化立体仓库是海尔国际自动化物流中心，该物流中心于 2001 年投入运营。它坐落在海尔开发区工业园，高 22m，相当于 7 层楼高，货区面积 7 200m²，仓储量相当于一个 30 万 m² 的普通平面仓库。设置了 18 056 个托盘货位，其中原材料 9 768 个货位，产成品 8 288 个货位，满足了企业全部原材料和产成品的储存任务。

由于该中心采用世界上最先进的激光导引技术开发的激光导引无人运输车系统、巷道式堆垛机、机器人、穿梭车等，入库和出库等所有活动均在无人操作的情况下进行，全部实现现代物流的机械化、自动化和智能化。

（资料来源：http://www.emkt.com.cn/news/electric/2001-04-09/2432.html）

案例 2-2

蒙牛乳业自动化立体仓库

内蒙古蒙牛乳业(集团)股份有限公司(简称"蒙牛")乳制品自动化立体仓库，是蒙牛的第三座自动化立体仓库。该库后端与泰安分公司乳制品生产线相衔接，库内主要存放成品纯鲜奶和成品瓶酸奶。库区面积 8 323m²，货架最大高度 21m，托盘尺寸 1 200mm×1 000mm，库内货位总数 19 632 个，其中常温区货位数 14 964 个，低温区货位 4 668 个。

入库区由 66 台链式输送机、3 台双工位高速梭车组成，负责将生产线码垛区完成的整盘物品转各入库口，入库能力 150 盘/h。储存区包括高层货架和 17 台巷道式堆垛机，高层货架采用双托盘货位，完成物品的存储功能。出库区设置在出库口外端，分为物品暂存区和装车区，由 34 台出库输送机、叉车和运输车辆组成，出库能力 300 盘/h。出入库采用联机自动。

（资料来源：http://www.soo56.com/news/20130702/62623m2_0.html）

2.3 保税仓库

2.3.1 保税仓库的概念

国际贸易中，如果进口时要征收关税，复出口时再申请退税，手续过于烦琐，必然会提高货物的成本，增加国际贸易的风险，不利于发展对外贸易。建立保税仓库后，可大大降低进口货物的风险，有利于鼓励进口，鼓励外国企业在中国投资，是非常重要的投资环境之一。

保税仓库是经海关批准，在海关监督下，专供存放未办理关税手续的入境或过境货物的场所。保税期一般最长为两年，在这期间，经营者可将货物存放在保税仓库中，寻找最适当的销售时机，一旦实现销售，再办理关税等通关手续。如果两年之内未能销售完毕，则可再运往其他国家，保税仓库所在国不收取关税。

2.3.2 保税仓库允许存放的货物范围

我国规定，保税仓库允许存放以下货物。

1. 缓办纳税手续的进口货物

缓办纳税手续的进口货物主要包括根据进口国工程、生产等需要，由于种种原因而造成的预进口货物，储存在保税仓库内，随需随提，并办理通关手续，剩余的货物免税退运；也包括由于进口国情况变化、市场变化，而暂时无法决定去向的货物，或是无法作出最后处理的进口货物，这些都需要将货物存放一段时间。如果条件发生变化，需要实际进口，再缴纳关税和其他税费，这就使进口商将纳税时间推迟到货物实际内销的时间。

2. 需要做进口技术处理的货物

有些货物到库后，由于不适合在进口国销售，需要包装装潢、改变包装尺寸或做其他加工处理，则可入保税仓库进行这一技术处理。待到符合进口国的要求再内销完税，不符合的则免税退返或运往其他国家。

3. 来料加工后复出口的货物

为鼓励"两头在外"的国际贸易战略的实施，对有些来料加工，又是在保税区或保税仓库完成的，加工后，该货物复出口，则可存放于保税仓库。

4. 不内销而过境转口的货物

当有些货物或内销无望而转口，或在该区域存放有利于转口，或无法向第三国直接进口而需转口，则这类货物可存放于保税仓库中。

2.3.3 保税货物的运作管理

1. 货物存入保税仓库的程序

(1) 向海关申报。货主本人或经授权的代理人填写保税报关单向海关申报，该报关单应写明申报者有关履行法律法规规定的义务和承诺。除公共保税仓库外，存入保税仓库的货物申报均需提供担保。对于存入自有公共保税仓库的货物申报，可由保税仓库经营人提供担保。

(2) 海关检验。海关应对货物履行检验手续，检验后签发并注明"存入××保税仓库"的报关单。

(3) 货物入库。货主或经授权的代理人将货物和海关签发的报关单交给保税仓库，仓库经理核对货物和报关单后，若审核无误，在报关单上签收。

(4) 单据回复。保税仓库经理将入库单和签收的报关单交海关存查。

2. 货物在保税仓库内的存放

(1) 货物在保税仓库中的搬动和简单处理。如进口的货物存入保税仓库时为散装，重新投入市场前需要进一步包装，以提高货物的销售量，处理前应向海关提出申请，并在海关监管之下进行。存入保税仓库的货物可以由存货人将所有权转让给第三方，进行转让时要填写专门的报关单，以保证将出让人的义务转移到受让人身上。存入保税仓库的货物可以进行转仓保管，甚至可以转移到不同类型的保税仓库中，但需办理另一类保税仓库要求的手续。

(2) 货物在保税仓库中的储存保管限制。货物储存在保税仓库期间，海关有权对货物进行各种必要的监管和清点。当海关提出要求时，应将货物交海关检验，如货物数量和质量与原货不符，存货人应承担补税义务，甚至承担相应的法律责任。保税仓库应独立设置，专库专用，保税货物不得与非保税货物混合存放。保税货物在存放期间发生缺少和灭失，除不可抗力外，短少和灭失部分由保税仓库经营人承担缴纳税款的责任，并由海关按照规定予以处理。

(3) 货物在保税仓库中存放的期限。《中华人民共和国海关法》(以下简称《海关法》)规定，存放在保税仓库的货物，其存放期限为一年。如因特殊情况需要延长储存期限，应该向海关提出申请，经海关核准后的延长期限不能超过一年。

3. 保税仓库货物出库

(1) 货物从保税仓库出库。对于从保税仓库提出，并投入国内市场的货物应在出库之日按照货物应税项目进行纳税；对于存储于保税仓库的货物，经过加工，并加入部分国内采购材料的，如申报内销时，其完税价格和重量应为货物从保税仓库提出的价格和重量；有些货物从保税仓库临时出库，需要按海关的监管条件进行监管，并在规定的期限内归还。

(2) 货物不从保税仓库提出。所存货物期满超过 3 个月仍未转为正式进口或复运出口，按《海关法》的规定，由海关提取变卖处理，变卖所得扣除运输、装卸和储存等费用和关税后，仍有余款的，自变卖之日起一年内，经货主申请并办理相关进口手续后予以发还，逾期无人申请的，上缴国库。

2.4 仓库的功能

作为物流服务的节点，仓库在物流作业中发挥着重要的作用。一般来讲，仓库具有以下 5 项功能。

1. 储存和保管功能

储存和保管是仓库最基本的、传统的功能。货物从生产进入到消费过程中，存在一定的时间间隔，在这段时间间隔内，形成了货物的暂时停滞。货物在流通领域中暂时的停滞过程，形成了货物的储存和保管。仓库具有一定的空间，能用于储存货物，并根据储存货物本身的特性及其变化规律配备相应的设施和设备，通过对储存货物进行保管和养护作业，以保持储存货物的完好性能。

2. 整合功能

整合功能是仓储活动的一项经济功能。通过这种安排，仓库可以将来自多个制造商的小批量产品或原材料整合成一个单元，进行一票装运，形成规模运输，使每一个客户都能享受到低于其单独运输成本的服务，也可以减少由多个制造商分别向同一客户进行供货带来的拥挤和不便，如图 2.10 所示。

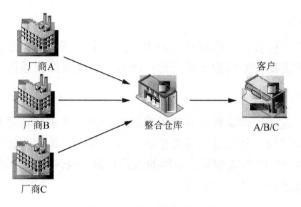

图 2.10　仓库的整合功能

3. 分类和转运功能

分类就是将来自制造商的组合订货分类或分割成个别的订货，然后分别安排适当的运力运送到制造商指定的个别客户处，如图 2.11 所示。

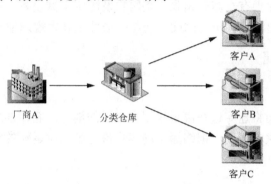

图 2.11　仓库的分类功能

转运(见图 2.12)就是仓库从多个制造商处运来整车的货物后，如果货物有标签，就按客户要求进行分类；如果没有标签，就按地点分类。然后货物不在仓库停留，直接装到运输车辆上，一旦装满了来自多个制造商的组合产品，就被放行转运到指定的客户处。同时，由于货物不需要储存在仓库内，因而降低了仓库的搬运费用，最大限度地发挥了仓库装卸设施的功能。

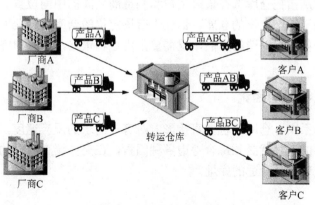

图 2.12　仓库的转运功能

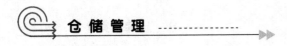

4. 流通加工功能

货物在保管期间，保管人根据存货人或客户的要求对货物的外观、形状、成分构成、尺度等进行加工，使货物发生所期望的变化，即为仓库开展的流通加工业务。

5. 信息处理功能

现代物流仓库一般通过计算机对仓库信息进行处理。先进的计算机技术可以储存有关仓储信息、跟踪仓储过程、处理各类管理信息，为相关部门和客户提供及时与准确的信息服务，如仓库利用水平、进出货频率、仓库的地理位置、仓库的运输情况、顾客需求状况，以及仓库人员的配置等。

2.5 仓库的选址

仓库选址是指在一个具有若干供应点及需求点的经济区域内，选一个或多个地址设置仓库的规划过程。仓库拥有众多建筑物、构筑物及固定机械设备，一旦建成，很难搬迁，如果选址不当，将付出沉重代价。因此，仓库的选址是仓库规划中至关重要的一步。

2.5.1 仓库选址策略

1. 市场定位策略

市场定位策略是指将仓库选在离最终用户最近的地方。仓库的地理定位接近主要的客户，会加长供应商的供货距离，但缩短了向客户进行第二次运输的距离，这样可以提高客户服务水平。

2. 生产定位策略

生产定位策略是指将仓库选择在接近原材料产地或生产加工地的地方。这种选址决策是专门为方便原材料的运输和集结及产成品加工而设定的，它能够给企业带来生产制造方面的便利。

3. 中间定位策略

中间定位策略是指把仓库选在最终用户和制造商之间的中间位置。中间定位仓库的客户服务水平通常高于生产定位的仓库，但低于市场定位的仓库。企业如果必须提供较高的服务水平和由几个供应商制造的产品，就需要采用这种策略，为客户提供库存补充和集运服务。

2.5.2 仓库选址考虑的因素

在现代物流体系中，仓库的位置直接影响对客户需求的反应速度，影响物流过程的成本，所以仓库位置的选择就必须综合考虑各种因素，在充分调查研究的基础上对不同方案进行综合评价，以确定最合适的库址。

1. 经济条件

经济条件是仓库选址考虑的必要条件，如客户分布、物流量增长率情况等。仓库的地理位置一定要和客户接近，越近越好，因为供需两地接近，运输成本减小，会大大降低总成本。仓库是现代物流网络的节点，而物流效益与物流规模有相当大的关系，如果没有足够的货流量，仓库的规模效益便不能发挥，所以仓库的位置一定要选择在物流量较大的区域。

2. 地质条件

根据仓库对于地基的一般技术要求，应该选择地质坚实、平坦、干燥、承载力高的地点。特别是在沿海、沿河选择地点作为仓库的建设用地时，更应该注意其耐压力及稳定性。仓库必须避免建筑在不良地质现象或地质构造不稳定的地段，防止因岩溶、泥石流和滑坡造成的危害。在地震地区建设仓库时，应避开断裂破碎地带和易于滑坡的地段。

3. 水文及水文地质条件

在靠近江河地区选择建设仓库的地址时，要调查和掌握有关的水文资料，特别是汛期洪水的最高水位等情况，防止洪水侵袭。在水文地质条件方面应该主要考虑地下水位等情况。地下水位对工程建设影响较大，水位过高不利于工程的地基。

4. 交通运输条件

交通运输条件是影响物流成本及效率的重要因素之一。交通运输的不便将直接影响配送的进行，因此必须考虑对外交通的运输道路情况，以及未来交通与邻近地区的发展状况等因素。一般仓库应尽量选择在交通方便的高速公路、国道及快速道路附近，如果以铁路及轮船来当做运输工具，则要考虑靠近火车编组站、港口等。

 案例2-3

连云港外贸冷库

> 连云港外贸冷库于1973年由原外经贸部投资兴建，1978年正式投产，是我国外贸系统的大型冷藏库之一，开展的业务主要有冷冻品运输及储存、海运进出口、代理进出口报检清关、保税区物流、国际国内运输、保险业务等。冷库所处区位优越，坐落于风景优美的连云港港区内，门前公路东接码头，西接宁连、连徐、汾灌高速公路，距离连云港民航机场50km，库内有铁路专用线与亚欧大陆桥东桥头堡相连，毗邻公路、铁路客运站，交通十分便捷。
>
> （资料来源：http://www.1688.com/company/detail/intro/wlcsf.html.）

5. 环境条件

仓库应与周围其他建筑物，特别是工厂、居民区保持一定的安全距离，避免各种潜在的危险，并防止一旦发生火灾，火势蔓延。此外，为了方便消防灭火，仓库周围建筑和道路必须保证交通畅通，防止紧急情况下阻塞。由于仓库作业比较繁忙，容易产生许多噪声，所以应远离学校、医院、居民区等建筑物，以免影响居民的正常学习和生活。除考虑仓库对周围环境的影响外，还应该考虑周围环境对仓储货物的安全影响。分析附近工厂的性质后，仓库一般不宜设在工厂下风处或地势低的地段，以避免烟灰和有害气体或污水、污物侵蚀与污染库存的货物。

6. 水、电供应条件

仓库应该选择靠近水源、电源的地方，保证方便和可靠的水、电供应。特别应注意对水源的分析。选择库址时必须了解和掌握仓库供水系统及周围用水单位，调查用水高峰期间消防水源的保证程度，以防在紧急情况下供水不足。

7. 建设成本和将来发展需要

仓库选址过程中，不同的选址所花的土地征用、拆迁、平整等费用是不同的。对我国而言，应尽量选用不适合耕作的土地作为仓储设施的地址，而不去占用农业生产用地和环保用地。施工过程中，应根据地形条件尽可能减少工程中的土石方量，节省基建投资。此外，要充分估计到仓库今后发展的需要，根据仓库发展规划适当留有发展的余地，保证仓库扩建所需要的空间。

8. 政策条件

政策条件是仓库选址评估的重点之一，尤其是现在仓库用地取得比较困难，如果有政府政策的支持，则更有助于仓库的发展。政策条件包括企业优待措施(土地提供与减税)、城市规划(土地开发与道路建设规划)、地区产业政策等。最近，许多交通枢纽城市如深圳、武汉等都在规划现代物流园区，其中除了提供物流用地外，也有关于税方面的减免等优惠条件，这将有助于降低仓库的营运成本。

2.5.3 仓库选址的技术方法

1. 单一仓库的选址方法

仓库选址的方法有基于选址成本因素的盈亏点平衡评价法、重心法、因次分析法、线性规划的表上作业法、启发式算法等，这些方法都是仓库选址的量化分析方法，都有各自的优点与不足。由于篇幅有限，下面主要介绍重心法和因次分析法。

1) 重心法

重心法是单一仓库选址中常用的模型，是一种根据运输费用最小来寻找仓库最佳地址的数学方法。在这种方法中，将仓库的供给点与需求点看成是分布在某一平面范围内的物体系统，各供给点与需求点的物流量可分别看成是物体的重量，物体系统的中心将作为仓库地址的最佳位置。具体包括以下步骤。

设在某计划区域内有 n 个供给点和需求点，各点的供给量或需求量为 $w_j(j=1,2,\cdots,n)$，它们各自的坐标是 $(x_j, y_j)(j=1,2,\cdots,n)$。该网络如图2.13所示。

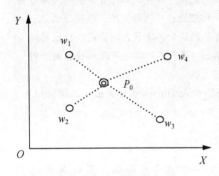

图2.13 重心法选址坐标图

现计划在该区域内设置一个仓库地址 P_0。设该仓库地址的坐标是 (x_0, y_0)，仓库地址至供给点或需求点的运输费率是 a_j。根据求平面中物体重心的方法，可以得

$$\begin{cases} \bar{x} = \sum_{j=1}^{n} a_j w_j x_j \bigg/ \sum_{j=1}^{n} a_j w_j \\ \bar{y} = \sum_{j=1}^{n} a_j w_j y_j \bigg/ \sum_{j=1}^{n} a_j w_j \end{cases} \quad (2\text{-}1)$$

将式(2-1)代入数值，实际求得的 $(\bar{x}, \bar{y})$ 值，即为所求得仓库地址的坐标 (x_0, y_0)。

小贴士

重心法的应用条件包括以下几个方面：①需求集中于某一点；②不同地点仓库的建设费用、营运费用相同；③运输费用跟运输距离成正比；④运输路线为空间直线距离。

【例 2-1】 某物流公司拟建一仓库，该仓库负责 4 个工厂的物料供应及配送，各工厂的具体位置与年物料配送量如表 2-1 所示，试利用重心法确定物流公司的仓库地址位置(设拟建物流公司仓库地址对各工厂的单位运输成本相等)。

表 2-1　各工厂具体位置的地理坐标与年物料配送量

工厂及其地理位置坐标/km	P_1		P_2		P_3		P_4	
	x_1	y_1	x_2	y_2	x_3	y_3	x_4	y_4
	20	70	60	60	20	20	50	20
年物料配送量/t	2 000		1 200		1 000		2 500	

解： 已知各工厂的需求量为 $w_j (j=1,2,3,4)$，各自的坐标为 $(x_j, y_j)(j=1,2,3,4)$，仓库地址至各工厂的运输费率是 $a_j (j=1,2,3,4)$（该例相等，均为 1）。

利用式(2-1)，可以得到仓库地址的地理坐标为

$$x_0 = \sum_{j=1}^{4} a_j w_j x_j \bigg/ \sum_{j=1}^{4} a_j w_j = \frac{20 \times 2\,000 + 60 \times 1\,200 + 20 \times 1\,000 + 50 \times 2\,500}{2\,000 + 1\,200 + 1\,000 + 2\,500} = 38.4 \text{(km)}$$

$$y_0 = \sum_{j=1}^{4} a_j w_j y_j \bigg/ \sum_{j=1}^{4} a_j w_j = \frac{70 \times 2\,000 + 60 \times 1\,200 + 20 \times 1\,000 + 20 \times 2\,500}{2\,000 + 1\,200 + 1\,000 + 2\,500} = 42.1 \text{(km)}$$

则该仓库地址选择在坐标为(38.4，42.1)的位置。

仓库选址涉及多方面的因素，不可能通过简单的数学计算就确定场址。由重心法计算出的场址，不一定是合理的地点。例如，计算出的位置已有建筑物或河流经过，不能建厂等。另一方面，重心法确定的距离是采用直线距离，这在大多数情况下是不合理的。所以，用重心法求出的解比较粗糙，它的实际意义在于能为选址人员提供一定的参考。

2) 因次分析法

这是一种将各候选方案的成本因素和非成本因素同时加权并加以比较的方法，其实施包括以下几个步骤。

(1) 研究要考虑的各种因素，从中确定哪些因素是必要的。如果某一候选方案无法满足某一项必要因素，应将其删除。如饮料厂必须依赖水源，就不能考虑在一个缺乏水源的地方选址。确定必要因素的目的是将不适宜的候选方案排除在外。

(2) 将各种必要因素分为客观因素(成本因素)和主观因素(非成本因素)两大类。同时要决定主观因素和客观因素的比重,用于反映主观因素与客观因素的相对重要性。

客观因素能用货币来评价,主观因素是定性的,不能用货币表示。如主观因素和客观因素同样重要,则比重均为 0.5。如 $X=$ 主观因素的比重值,则 $1-X=$ 客观因素的比重值,$0 \leqslant X \leqslant 1$。当 X 接近 1,表明主观因素比客观因素更重要,反之亦然。X 值可通过征询专家意见决定。

(3) 确定客观量度值。对于每一可行选址方案,可以找到一个客观量度值 OM_i,此值大小受选址的各项成本的影响。其计算公式可表示为

$$OM_i = \left[C_{Ti} \sum_{i=1}^{N} \frac{1}{C_{Ti}} \right]^{-1} \tag{2-2}$$

式中:C_{Ti} 为第 i 项选址方案的总成本;$\sum_{i=1}^{N} \frac{1}{C_{Ti}}$ 为各选址方案总成本的倒数之和;N 为可行选址方案数目。

其中,第 i 项选址方案总成本 C_{Ti} 为各项成本 C_{ij} 之和,即

$$C_{Ti} = \sum_{j=1}^{M} C_{ij} \tag{2-3}$$

式中:C_{ij} 为第 i 项选址方案的第 j 项成本;M 为客观因素的数目。

若将各选址方案的客观量度值相加,总和必等于 1,即

$$\sum_{i=1}^{N} OM_i = 1$$

(4) 确定主观评比值。各主观因素因为没有量化值作为比较,所以用强迫选择法衡量各选址方案优劣。强迫选择法是将每一选址方案和其他选址方案分别作出成对的比较,令较佳的比重值为 1,较差的或相等的比重值为 0 的方法。此后,根据各选址方案所得到的比重与总比重的比值来计算该选址方案的主观评比值 S_{ik}。用公式表示为

$$S_{ik} = \frac{W_{ik}}{\sum_{i=1}^{N} W_{ik}} \tag{2-4}$$

式中:S_{ik} 为第 i 项选址方案 k 因素的主观评比值;W_{ik} 为第 i 项选址方案 k 因素占的比重;$\sum_{i=1}^{N} W_{ik}$ 为 k 因素的总比重值。

主观评比值为一量化的比较值,可以利用此数值来比较各选址方案优劣。此数值的变化为 0~1,愈接近 1,则代表该选址方案比其他选址方案优越。

(5) 确定主观量度值。主观因素常常不止一个,同时各主观因素间的重要性也各不相同,所以首先给各主观因素配上一个重要性指数 I_k,I_k 的分配方法可用步骤(4)中所述的强迫选择法来确定。然后再将每个因素的主观评比值 S_{ik} 与该因素的重要性指数 I_k 相乘,分别计算每一选址方案的主观量度值 SM_i。用公式表示为

$$SM_i = \sum_{k=1}^{M} S_{ik} I_k \tag{2-5}$$

式中：I_k 为主观因素 k 的重要性指数；M 为主观因素的数目。

(6) 确定位置量度值。位置量度值为选址方案的整体评估值，其计算公式为

$$\text{LM}_i = X\text{SM}_i + (1-X)\text{OM}_i \tag{2-6}$$

式中：LM_i 为第 i 项选址方案的位置量度值。

(7) 决策。将各选址方案的位置量度值进行比较，其中，位置量度值 LM_i 最大者为最佳选择方案。

【例 2-2】筹建一农副产品流通加工厂，可供选择的候选厂址有 D、E、F 三处，因地址不同各厂加工成本亦有区别，各厂址每年加工成本费用如表 2-2 所示。此外，为决定厂址还考虑了一些重要的非成本因素，如当地竞争能力、气候变化和周围环境是否适合农副产品流通加工等。对于竞争能力(a)而言，F 地最强，D、E 两地相同；就气候(b)来说，D 比 E 好，F 地最好；至于环境(c)，E 地最优，其次为 F 地、D 地。如果各主观因素 a、b、c 的重要性指数 I_a、I_b、I_c 依次为 0.6、0.3 和 0.1，要求用因次分析法评定最佳厂址。

表 2-2 各候选厂址每年加工成本费用　　　　　　　　　　　单位：元

成本因素 \ 候选厂址	D	E	F
工资	250 000	230 000	248 000
运输费用	181 000	203 000	190 000
租金	75 000	83 000	91 000
其他费用	17 000	9 000	22 000
合计	523 000	525 000	551 000

解：首先计算 D、E、F 三处的位置量度值，然后再比较，计算包括以下步骤。

(1) 客观量度值 OM_i 的计算。根据 $\text{OM}_i = \left[C_{Ti} \sum_{i=1}^{N} \frac{1}{C_{Ti}} \right]^{-1}$ 可计算出各候选厂址方案的客观量度值 OM_i 分别为

$$\text{OM}_D = \left[523 \times \left(\frac{1}{523} + \frac{1}{525} + \frac{1}{551} \right) \right]^{-1} = 0.339\ 5;\ \text{OM}_E = 0.338\ 2;\ \text{OM}_F = 0.322\ 3$$

(2) 主观评比值 S_{ik} 的计算。针对 3 个不同的主观因素，D、E、F 三处厂址方案的主观评比值 S_{ik} 的计算包括以下过程。

① 竞争能力(a)。考虑竞争能力因素，因为 F 地最强，D、E 两地相同，将 D、E、F 三处厂址两两比较，计算主观评比值 S_{ia} 的过程如表 2-3 所示。

表 2-3 主观评比值 S_{ia} 的计算

厂址	D	E	F	W_{ia}	S_{ia}
D		0	0	0	0
E	0		0	0	0
F	1	1		2	1

注：总比重值为 2。

② 气候(b)。考虑气候因素，因为D地比E地好，F地最好，将D、E、F三处厂址两两比较，计算主观评比值S_{ib}的过程如表2-4所示。

表2-4 主观评比值S_{ib}的计算

厂址	D	E	F	W_{ib}	S_{ib}
D		1	0	1	0.33
E	0		0	0	0
F	1	1		2	0.67

注：总比重值为3。

③ 环境(c)。考虑环境因素，因为E地最优，其次为F地、D地，将D、E、F三处厂址两两比较，计算主观评比值S_{ic}的过程如表2-5所示。

表2-5 主观评比值S_{ic}的计算

厂址	D	E	F	W_{ic}	S_{ic}
D		0	0	0	0
E	1		1	2	0.67
F	1	0		1	0.33

注：总比重值为3。

(3) 主观量度值SM_i的计算。根据各主观因素的重要性指数I_k和各厂址方案的主观评比值S_{ik}，计算各候选厂址方案的主观量度值SM_i。现将各主观因素作评比总结，各因素的重要性指数和各厂址方案的主观评比值如表2-6所示。

表2-6 主观因素的重要性指数及厂址方案的主观评比值

主观原因	候选厂址	D	E	F	I_k
a	S_{ia}	0	0	1	0.6
b	S_{ib}	0.33	0	0.67	0.3
c	S_{ic}	0	0.67	0.33	0.1

根据公式$SM_i = \sum_{k=1}^{M} S_{ik} I_k$，计算可得

$SM_D = 0 \times 0.6 + 0.33 \times 0.3 + 0 \times 0.1 = 0.099$

$SM_E = 0 \times 0.6 + 0 \times 0.3 + 0.67 \times 0.1 = 0.067$

$SM_F = 1 \times 0.6 + 0.67 \times 0.3 + 0.33 \times 0.1 = 0.834$

(4) 位置量度值LM_i的计算。由于题中没有给出主观因素与客观因素的相互比重，现假设两者相等即同等重要，故主观因素比重值$X=0.5$。

根据公式$LM_i = X SM_i + (1-X) OM_i$，计算可得

$LM_D = 0.5 \times 0.099 + 0.5 \times 0.339\ 5 = 0.219\ 25$

$LM_E = 0.5 \times 0.067 + 0.5 \times 0.338\ 2 = 0.202\ 6$

$LM_F = 0.5 \times 0.834 + 0.5 \times 0.322\ 3 = 0.578\ 15$

(5) 决策。根据各位置量度值 LM_i 的大小，F 厂址所得位置量度值在 3 个候选地址中最高，故选该地址为建厂厂址。

2. 多仓库的选址方法

多仓库的选址问题可归纳为以下 3 个基本的规划问题。

(1) 物流网络中的仓库数量、规模及位置。即应该建多少仓库？仓库应该建在什么地方？仓库的规模应该建多大？

(2) 仓库负责的用户范围。即哪些客户指定由仓库负责供应？各个工厂的货物应指定由哪些仓库负责储存？

(3) 库存产品种类。即每个仓库中应该存放什么货品？

多仓库选址的方法有很多，如运输规划法、启发法、CFLP 法、鲍姆尔法等。相关方法在《物流中心规划与设计》(赵小柠主编，西南交通大学出版社 2011 年版)中有详细叙述，本文不再赘述。

2.6 仓库的布置

2.6.1 仓库内部布置的定义

货物从入库到出库要经过一系列作业环节。为了保证各个作业环节在仓库内形成合理的相互联系，使货物有次序地经过装卸、搬运、检验、储存保管、挑选、整理、包装、加工、运输等环节完成整个仓储过程，提高各项工作的效率，确保储存货物的安全，就必须进行仓库内部的合理布置。

仓库内部布置是指根据库区场地条件、仓库的业务性质和规模、货物储存要求，以及技术设备的性能和使用特点等因素，对仓库主要和辅助建筑物、货场、站台等固定设施和库内运输线路进行合理安排和配置，以最大限度地提高仓库的储存和作业能力，并降低各项仓储作业费用。

2.6.2 仓库内部布置的内容

1. 仓库总平面布置

仓库总平面布置先是根据仓库各种建筑物性质、使用要求、运输联系，以及安全要求等，将性质相同、功能相近、联系密切、对环境要求一致的建筑物分成若干组，再结合仓库用地内外的具体条件，合理地进行功能分区，在各个区中布置相应的建筑物，形成仓库内部总平面布置图，如图 2.14 所示。

仓库总平面一般可以划分为仓储作业区、辅助作业区、行政生活区，除了上述区域之外，还包括库内道路和铁路专用线与停车场、绿化区等。

(1) 仓储作业区。仓储作业区是仓库的主体。仓库的主要业务，如货物保管、检验、包装、分类、整理等都在该区域进行。该区主要建筑物和构筑物包括库房、货棚、货场、站台，以及加工、整理、包装场所等。

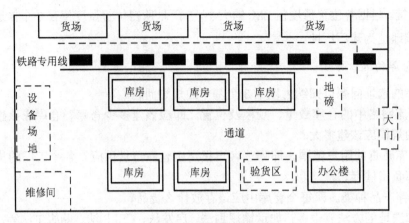

图2.14 仓库总平面布置图

（2）辅助作业区。辅助作业区开展的活动是为仓储作业区的主要业务提供各项服务，如设备维修、充电、各种物料和机械的存放等。辅助作业区的主要建筑物包括设备维修车间、车库、工具设备库、油库、变电室等。辅助作业区与仓储作业区应分开布置，目的是避免辅助作业区发生的灾害事故危及仓储作业区的货物和建筑物的安全。

（3）行政生活区。行政生活区由行政管理机构和职工生活场所组成，具体包括行政办公楼、警卫室、化验室、宿舍、食堂和澡堂等。为了便于业务接洽及职工上下班，行政生活区一般布置在仓库的主要出入口处。另外，行政生活区要与仓储作业区保持一定距离或用隔墙隔开，这样既避免非作业人员对仓库生产作业的影响和干扰，确保仓库的安全保卫工作，又可以保证行政办公和职工生活的安静。

（4）库内道路和铁路专用线。仓库内还需要有库内运输道路，对于大型仓库还要包括铁路专用线。货物出入库和库内搬运要求库内、外交通运输线相互衔接，并与库内各个区域相贯通。运输道路的配置应符合仓库各项业务的要求，应方便货物入库储存和出库发运，还应适应仓库各种机械设备的使用特点，方便装卸、搬运、运输等作业操作。库内铁路专用线应与铁路基地相连接，以便机车直接进入库内区进行货运。库内的铁路专用线最好是贯通式，一般应顺着库长方向铺设，并应使岔线的直线长度达到最大限度，其股数应根据货场和库房宽度及货运量来决定。

（5）停车场、绿化区。规划各区域时，要遵照相应的法律法规，设置停车场和绿化区，并使不同区域所占面积与仓库总面积保持适当的比例，如院内绿化面积不小于30%。

2. 仓储作业区布置

1) 考虑因素

（1）货物吞吐量。在仓储作业区内，各个库房、货场储存的货物品种和数量不同，并且不同货物的周转快慢也不同，这些都直接影响库房、货场的吞吐作业量。进行作业区布置时应根据各个库房和货场的吞吐量确定它们在作业区内的位置。对于吞吐量较大的库房和货场，应使它们尽可能靠近铁路专用线或库内运输干线，以减少搬运和运输距离。但也要避免将这类库房过分集中，造成交通运输相互干扰和组织作业方面的困难。

（2）机械设备使用特点。为了充分发挥不同设备的使用特点，提高作业效率，在布置库房、货场时需要考虑所配置的设备情况。每种设备各有其不同的使用要求和合理的作业半径，因此，必须从合理使用设备出发，确定库房、货场在作业区内，以及与铁路专用线的相对位置。

(3) 库内道路。库内道路的配置与仓库主要建筑设施的布置是相互联系、相互影响的。进行库房、货场和其他作业场地布置的同时，就应该结合对库内运输路线的分析，制定不同方案，通过调整作业场地和道路的配置，尽可能减少运输作业的混杂、交叉和迂回。另外，在布置时还应根据具体要求合理确定干、支线的配置，适当确定道路的宽度，最大限度地减少道路的占地面积，即使不增加仓库面积也可以相应扩大储存面积。

(4) 仓库业务及作业流程。仓库业务流程可以归纳为两种形式：一种形式是整进整出，货物基本按原包装入库和出库，其业务过程比较简单；另一种形式是整进零出、零进整出，货物整批入库，拆零付货或零星入库，成批出库，其业务过程比较复杂。除了接收、保管、发运外，还需要拆包、挑选、编配和再包装等项业务。为了以最少的人力、物力耗费和在最短的时间完成各项作业，就必须按照各个作业环节之间的内在联系对作业场地进行合理布置，使作业环节之间密切衔接，环环相扣。

2) 布局形式

根据仓库出入口位置和所选地段形状的不同，仓储作业区基本布局形式有以下 3 种，分别是直线形布局、U 形布局和 T 形布局。

(1) 直线形布局。当仓库出入口在相对两侧，且所选地段比较狭长时，可将收货区、储存区、拣货区、发货区等区域按作业顺序以直线形式一字排开布置，如图 2.15 所示。

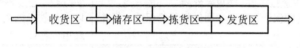

图 2.15 直线形布局

需要注意的是，直线形布局受环境和作业特性限制，有时不适宜采用，如中国北方不适于修建直线形仓库，因为冬季容易形成穿堂风，影响作业。

(2) U 形布局。当仓库出入口在同侧，且比较宽时，如图 2.16 所示布置各区域后，货物从入口进入，按作业顺序依次经历各区域，从出口出去，在仓库内行走的路径为 U 形。

U 形布局是在仓库一侧设置相邻的两个收发货站台，收发货站台可根据需要作为收货站台或发货站台，必要时可以在仓库的两个方向发展。这种布局形式易于控制和安全防范，且环境保护问题也较小。

(3) T 形布局。当仓库出入口在相对两侧，且比较宽时，如图 2.17 所示布置各区域后，货物在仓库内行走的路径为 T 形。当仓库区域多时，仍以 T 形布置，多个 T 形连接即为锯齿形。

T 形布局是在直线形布局基础上增加了存货区域功能，以满足快速流转和储存两项功能，并可根据需要增加储存面积。该种仓库使用的范围较广。

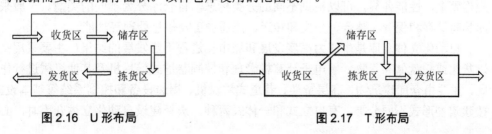

图 2.16 U 形布局　　　　　　　　图 2.17 T 形布局

3) 基本任务

仓储作业区无论采用哪种形式布局，都需要确保完成以下3项基本任务。

(1) 作业路线最短。从整个仓库业务过程来看，始终贯穿着货物、设备和人员的运动，合理布置作业场地可以减少设备和人员在各个设施之间的运动距离，节省作业费用。

(2) 有效地利用时间。不合理的布局必然造成人员、设备的无效作业，增加额外的工作量，从而延长作业时间；而合理的布局可以避免因交通阻塞等原因造成作业的中断，减少各个环节人员和设备的闲置时间，从而利于缩短作业时间，提高作业效率。

(3) 充分利用仓库面积。通过对不同布局方案的比较和选择，使仓库布局尽可能紧凑、合理，从而减少仓库面积的浪费。

3. 库房内部布置

库房是仓储作业区最主要的设施，也是存放货物最主要的场所。因此，库房内部的合理布置在仓储作业区的布置中占有重要地位，必须很好地加以研究。货物保管和出入库作业是在库房内进行的两种基本作业形式。按照库房作业内容不同，库房可以分为储备型库房和流通型库房两大类。这两类库房由于主要作业内容不同，储存货物特点不同，布置目的不同，布置的要求也就不同，如表2-7所示。

表2-7 储备型库房和流通型库房的布置

库房类型	储备型库房	流通型库房
主要作业内容	以货物保管为主，主要做好货物保管、保养工作	以货物收发为主，主要做好货物的验收和出库作业
储存货物特点	整进整出，且周转较为缓慢，如战略储备仓库和储运公司以储运业务为主的库房	货物周转较快，频繁进行出入库作业，如批发、零售、中转和储运公司以组织货物运输业务为主的库房
布置重点	压缩非储存区(检验区、集结区、储存区作业通道、垛距、墙距等)面积，增加储存区面积	压缩储存区面积，增加非储存区面积
布置目的	有效利用库房内部的空间，增加货物储存量	提高库房内作业的效率和灵活性

本 章 小 结

仓库是保管、储存、流转物品的建筑物和场所的总称，主要包括库房、货棚和露天货场3种主体建筑物。由于所处的地位不同，承担的储存任务不同，再加上储存物资的品种、规格繁多，性能各异，可以根据不同的分类标志，将仓库分为不同的类型。一般来讲，仓库具有储存和保管、整合、分类和转运、流通加工及信息处理等功能。

自动化立体仓库是生产力高度发展和城市化进程不断发展的结果，主要采用高层货架以货箱或托盘储存货物，用电子计算机管理和控制巷道式堆垛机及其他机械进行作业，因此，主要由仓库建筑物、高层货架、巷道式堆垛机、周边设备和控制系统等基本设施组成。按建筑物形式不同分类，有自立式和一体式两种。选择建设自动化立体仓库时，必须综合考虑其在整个企业中的营运策略地位和设置目的，而后结合优缺点详细斟酌由于建设所带来的正面和负面影响，最后在考虑应用条件的基础上，按照设计步骤进行详细的方案规划及综合测评，最终确定建设方案。

保税仓库是经海关批准，在海关监督下，专供存放未办理关税手续的入境或过境货物的场所，主要允许存放缓办纳税手续、需要做进口技术处理、来料加工后复出口及不内销而过境转口的货物。

仓库选址是在一个具有若干供应点及需求点的经济区域内，选一个或若干个地址设置仓库的规划过程，有市场定位、生产定位及中间定位3种选址策略。通常，采用重心法、因次分析法、运输规划法、启发法等方法计算得到待建仓库理论位置后，还需综合考虑经济、地质、水文及水文地质、交通运输、环境、水电供应、建设成本和将来发展及政策条件等影响因素，在充分调查研究的基础上综合评价，以确定最合适的库址。

仓库内部布置主要包括仓库总平面、仓储作业区和库房内部布置3项内容。一般仓库总平面可以划分为仓储作业区、辅助作业区、行政生活区，除了上述区域之外，还包括铁路专用线、库内道路和停车场、绿化区等。仓储作业区作为主体区域布置时，应综合考虑货物吞吐量、机械设备使用特点、库内道路、仓库业务及作业流程等因素，采用适宜的布局形式进行合理布置，以完成作业路线最短、有效地利用时间和充分利用仓库面积的布置任务。库房是仓储作业区最主要的设施，也是存放货物最主要的场所，按照作业内容不同分类，有储备型和流通型两大类。这两类库房由于主要作业内容不同，储存货物特点不同，布置目的不同，布置的要求也就不同。

关键术语

仓库 Warehouse
自动化立体仓库 Automatic Stereoscopic Warehouse
保税仓库 Bonded Warehouse
仓库选址 Warehouse Location
仓库内部布置 Inside the Warehouse Layout

习　题

1. 单项选择题

(1) 仓库是保管、(　　)、流转物品的建筑物和场所的总称。
　　A. 储存　　　　B. 收藏　　　　C. 生产　　　　D. 堆放
(2) 按保管货物特性分类的仓库是(　　)。
　　A. 立体仓库　　B. 特种仓库　　C. 批发仓库　　D. 保税仓库
(3) 仓库用于储存物品，并根据储存物品的(　　)配备相应的设备，以保持储存物品的完好性。
　　A. 数量　　　　B. 特性　　　　C. 体积　　　　D. 高度

(4) 在自动化立体仓库中，用于自动存取货物的设备是( )。
　　A. AGV 系统　　　　　　　　B. 巷道式堆垛机
　　C. 输送机系统　　　　　　　D. 库存信息管理系统
(5) 如果新建 15m 以上大型的自动化立体仓库，应选择( )。
　　A. 自立式　　B. 分离式　　C. 整体式　　D. 结合式
(6) 保税货物最多能在保税仓库存放( )年。
　　A. 1　　　　B. 2　　　　C. 3　　　　D. 4
(7) ( )是仓库最基本的、传统的功能。
　　A. 信息处理功能　　　　　　B. 流通加工功能
　　C. 整合功能　　　　　　　　D. 储存和保管功能
(8) 根据重心法，求出的仓库的地址应该是仓库至顾客间( )。
　　A. 运输费用最小的地点　　　B. 运输时间最短的地点
　　C. 运输量最小的地点　　　　D. 运输强度最大的地点
(9) 一个仓库通常由仓储作业区、辅助作业区、( )和停车场、绿化区、运输道路等区域组成。
　　A. 货物装卸区　B. 办公区　　C. 储存区　　D. 行政生活区
(10) 仓库出入口在相对两侧，且比较狭长，进行作业区布局适合( )。
　　A. U 形　　　B. T 形　　　C. 直线形　　D. 锯齿形
(11) 储备型库房的布置特点是突出强调提高( )占库房总面积的比例。
　　A. 收发货区面积　　　　　　B. 货物集结区面积
　　C. 检验区面积　　　　　　　D. 储存区面积

2. 判断题

(1) 料架仓库是按建筑物的结构分类的仓库。　　　　　　　　　　　　( )
(2) 如果新建 15m 以下中小型自动化立体仓库，适合选择分离式(自立式)仓库。
　　　　　　　　　　　　　　　　　　　　　　　　　　　　　　　　( )
(3) 保税仓库与一般仓库相比最突出的特点是，保税仓库及所有的货物受海关的监督管理，非经海关批准，货物不得入库和出库。　　　　　　　　　　　　　( )
(4) 保税货物最多能在保税仓库存放 1 年。　　　　　　　　　　　　　( )
(5) 仓库出入口在相对两侧，且比较狭长，适合采用直线形进行作业区的布局。
　　　　　　　　　　　　　　　　　　　　　　　　　　　　　　　　( )
(6) 流通型库房以收发作业为主，货物储存时间短，频繁出入库，因此应增加收发货区的面积。　　　　　　　　　　　　　　　　　　　　　　　　　　　( )

3. 简述题

(1) 自动化立体仓库的基本设施有哪些？简述其优缺点。
(2) 保税仓库可以存放哪些类型的货物？
(3) 仓库有哪些功能？
(4) 仓库选址需要考虑哪些影响因素？
(5) 多仓库选址需要解决哪些问题？

(6) 仓储作业区布置的形式有哪些？各有什么特点？

(7) 根据各自特点，简述储备型库房和流通型库房如何进行内部布置。

4. 计算题

(1) 某家电企业有两个生产分厂 P_1 和 P_2，分别生产彩电、冰箱两种产品，供应 3 个目标市场 M_1、M_2 和 M_3，地理坐标及各个点的运输总量和运输费率如图 2.18 和表 2-8 所示。现欲设置一个分销仓库，彩电、冰箱两种产品通过该仓库向 3 个市场的客户供货。

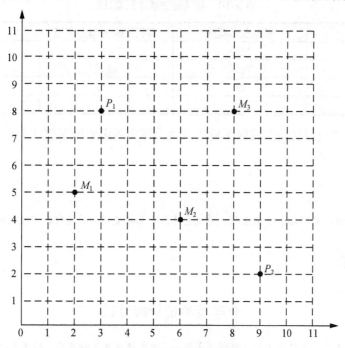

图 2.18 地理坐标示意图(刻度尺 1=10km)

表 2-8 各个点的运输总量及运输费率

节 点	产 品	运输总量/件	运输费率/元/(件/km)	坐标/km	
				x_i	y_i
P_1	彩电	6 000	0.04	3	8
P_2	冰箱	7 000	0.04	9	2
M_1	彩电、冰箱	4 000	0.09	2	5
M_2	彩电、冰箱	4 000	0.09	6	4
M_3	彩电、冰箱	5 000	0.09	8	8

要求：用重心法求出分销仓库的初始选址点。

(2) 某公司根据需要准备建立一个物流仓库，共有 3 处场址可供选择，各场址每年经营费用如表 2-9 所示，3 处场址非成本因素优劣比较和各因素加权指数如表 2-10 所示。

表2-9　各场址每年经营费用　　　　　　　　　　　　　　　　　　单位：万元

场　　址	劳动力费用	运输费用	税　　收	能源费用	其　　他
D	200	140	180	220	180
E	240	100	240	300	100
F	290	80	250	240	140

表2-10　各场址非成本因素比较

场　　址	当地欢迎程度	可利用的劳动力情况	竞争对手
D	很好	好	一般
E	较好	很好	较多
F	好	一般	少
加权指数	0.3	0.3	0.4

要求：假设主观因素与客观因素同等重要，即主观因素比重值 $X=0.5$，试用因次分析法决定物流仓库场址。

实务操作

根据教师的讲授，考察几个仓储企业，绘制仓库总平面布置图，并进行合理性分析。

案例阅读

仓库布局设计的过程

某企业是一家生产工装裤的工厂，规模不是很大，只生产少数几种产品，而产品的主要区别仅在于裤子的尺寸不同。

该企业在进行仓库布局设计的过程中，首先根据产品的特点进行分类分项。先按照工装裤的腰围大小，从最小尺寸到最大尺寸，分为若干类。之后每一类再按裤长尺寸由最小尺寸到最大尺寸，分为若干项。

然后，根据分类分项进行存放。分类分项后，按顺序存放。为了减少订单分拣人员的分拣时间，除了按上述方法将工装裤按尺寸大小分类分项存放外，还可将那些客户最常选购的一般尺寸就近存放在存取较为方便的货位，而将特小和特大、客户不常选购的特殊尺码存放在较远和高层的货位。通过货物在仓库中的合理布局，提高了物流工作效率，实现了物流合理化。

最后，进行其他空间的安排。除了货物入库和出库所需要的库房储存空间以外，进行仓库其他业务活动也需要有一定的场地。如等待装货或卸货的车辆的停车场和员工休息室、入库和出库货物的暂时存放场地、办公室所需场地、管理损坏货物、等待承运商检查确认的场地、开展流通加工业务(如重新包装、贴标签、标价等)所需用地、设备的保管和维护地区、危险品、以及需要冷冻、冷藏等特殊保管的货物所需要的专用储存区等。

采用这样的仓库布局设计使该企业取得了很好的效果。

（资料来源：http://www.pygm.edu.cn）

思考：

(1) 结合案例，在布置仓库总平面时，如何划分区域？仓库总平面可由哪些区域构成？

(2) 布置仓储作业区时，一般要考虑哪些因素？

(3) 该企业在仓库作业管理中是如何满足特殊需求的？

第 3 章 仓储机械设施与设备

【教学目标与要求】
- 熟悉仓储机械设备的种类及每一种设备的类型；
- 掌握每一类型设备的结构特点和作业特点。

导入案例

上千万元的自动分拣系统为何成了摆设

2001年，我国开始全面推广标准信封，国家邮政局专门为全国200多个邮区中心局配备了自动分拣系统，大大提高了邮政系统的工作效率，减轻了操作人员的劳动强度，缩短了信函的时限。银川邮区中心局当年夏天也配备了每小时分拣信函3万件的自动分拣系统，价值超过1 000万元，仅调拨和安装费用就达到75万元。

可好景不长，广大市民在节日来临前，纷纷利用贺卡和信函向亲朋好友表示祝福，由于各种不同规格的贺卡、书写不规范的信封及夹寄物品的信函，上了自动分拣系统后，有的被机器打坏了，有的被卡住导致机器无法工作，有的夹带了其他物品的信函甚至还损坏了机器。分拣科员工为了将信函分清楚，只好用手工重新分类，结果是耗时、耗力，又得重复劳动。

银川邮区中心局分拣科统计员鲁扬无奈地告诉记者，平时分拣科函件班日处理信函量一般为十一二万件，到了节日前夕，函件班日处理信函量就达到十五六万件，如果利用分拣系统，只需要四五个小时就能分拣完。但因为其中有50%左右的"问题信函"，分拣系统根本无法工作。每年冬天，银川邮区中心局自动信函分拣系统都成了摆设。

据分拣科函件班班长王金芳分析，"问题信函"主要有以下三种：一种是信封不标准，有大有小。国家规定印制信封必须持有省级邮政部门核发的准印证，可许多印刷厂为了牟利，无证印制不合标准的信封，一旦碰到自动信函分拣系统就出现问题；一种是邮政编码书写不规范或者书写错误，自动信函分拣系统主要是通过识别编码将信函正确分类，碰到上述类的信函也就束手无策；第三种是在信函中夹寄物品，许多消费者尤其是学生，经常在信函中夹寄"幸运心"和手链等礼物，碰到自动信函分拣系统就被打坏了。

(资料来源：http://www.docin.com/p-715472724.html.)

仓储机械设施与设备是指仓储业务所需的所有技术装置与机具，即仓库进行生产作业或辅助生产作业，以及保证仓库与作业安全所必需的各种机械设备的总称。为了实现作业机械化，提高作业效率，降低劳动强度，提高仓储空间利用率，增加货物储存量，仓库日常作业时必须添置相应的机械设备，如叉车、托盘、货架、起重机、自动分拣机、自动导引车及其他设施与设备。

3.1 叉 车

叉车是指具有各种叉具，能够对货物进行升降和移动及装卸作业的搬运车辆。它能完成成件包装货物的装卸、搬运与堆垛作业，是目前仓库使用最广泛的机械设施。

3.1.1 叉车的基本类型

1. 按动力装置不同分类

(1) 电瓶叉车和内燃机叉车。电瓶叉车(又称电动叉车)以蓄电池的电为动力，而内燃机叉车则以汽油、柴油、天然气等为动力燃料，两种叉车各有优缺点，比较如表3-1所示。

表 3-1 电瓶叉车与内燃机叉车比较表

比较项目	电瓶叉车	内燃机叉车
走行速度	较慢，一般 8~11km/h	较快，一般 16~24 km/h
叉齿提升速度	较慢，一般 10~15m/min	较快，一般 20~27 m/min
起重量	较小，一般 2~3t	大小都有，最大 55t
爬坡能力	较小，一般 10%	较大，一般 20%
动力机构性能	能带载启动和反转	不能
传动系统	构造简单，故障较少	构造复杂，故障较多
操作和维修	操作较容易，维修简单	操作较困难，维修复杂
运营费用	较低	较高，约高 50%
能源供应	电瓶容量小，需要经常充电	燃料供应方便，能够连续作业
配套设备	需要充电设备与设施	不需要配套设备
自重	2~3t 及以下	3t 以上
噪声和污染	噪声较小，无废气污染	噪声较大，有废气污染
对地面要求	较高	较低
耐寒性能	较好，能在-30℃以下工作	较差

由表 3-1 可知，电瓶叉车构造简单，操作灵便，驾驶容易，维修和保养容易，工作噪声小，不排放废气，但采用蓄电池的电作为动力装置，功率小，不能连续运转，起重量小，行驶速度低，爬坡能力低，对路面要求高；内燃机叉车采用汽油、柴油、天然气为动力装置的燃料，功率大，能持续作业，起重量较大，行驶速度快，爬坡能力强，对路面要求低，但结构复杂，不易维修，工作噪声大，排出废气。

🔑 **小贴士**

电瓶叉车常用于室内、短距离和工作量较小的搬运作业。内燃机叉车常用于室外、长距离和工作量较大的搬运作业。

(2) 步行操纵式叉车。步行操纵式叉车以人的体能为动力，用于装载托盘货物，如图 3.1 所示。作业时，货叉插入托盘，上下摇动手柄，使液压千斤顶提升货叉，托盘或容器随之离地，然后用手动驱动行走；货物运到目的地后，踩动踏板，货叉落下，放下托盘。小巧灵活的体型使其几乎适用于任何场合，但由于是人工操作，当人员搬运 2t 或以上重量的物品时相对比较吃力，所以通常用于 15m 左右的短距离频繁作业。

图 3.1 步行操纵式叉车

2. 按结构特点不同分类

(1) 平衡重式叉车。如图 3.2 所示，门架在叉车前轮以外，货叉安装在门架上，提升能力为 2.7~4m。取货和卸货时，门架前倾角度一般为 3°~6°，便于货叉插入和抽出，取货后门架后倾 8°~10°，以便行驶中保持货物的稳定。满载情况下，为保证叉车整体平衡，在车体尾部装有平衡重块。平衡重式叉车操作灵活，工作效率高，是使用最为广泛的叉车，占叉车总量的 80% 左右。一般以燃料为动力来源，尺寸大，需要较宽作业通道，其最小作业宽度为 3.5m。

(2) 前移式叉车。如图3.3所示，在叉车车体底部水平安装两个支腿，支腿前端装有支重轮。支腿较高，支重轮较大，作业时支腿不能插入货物的底部，门架在液压系统推动下，沿着支腿向前、向后移动。由于货物的重心落到叉车的支撑平面内，稳定性很好，因此不必再设平衡重块。前移式叉车一般以蓄电池为动力来源，结构紧凑，尺寸小，通道宽度较小，其最小作业宽度为2.7m。前移式叉车最大提升高度可达到11.5m，载重范围1~2.5t。

平衡重式叉车和前移式叉车的货叉都朝向叉车正前方，也可称为正面式叉车。

(3) 侧载式叉车。如图3.4所示，侧载式叉车是平台运输车和前移式叉车的结合。门架和货叉装在叉车前进方向一侧的U形槽内，位于车体中部，可横向沿着导轨向侧面移动。为了抵抗起重时货物引起的倾翻力矩，在车体U形开口两侧装有两个液压支腿。叉取货物时，液压支腿放下着地，保持车体稳定，门架伸出并取货后，货叉升起至高于货台时，门架缩回，然后货叉下降，将货物自然放置于叉车一侧的前后平台上，然后收起液压支腿，叉车即可行走。

侧载式叉车适合装卸钢管、木材、电线杆、水泥管等细长货物。司机视野比其他好，但门架只能从一侧伸出，需叉取另一侧货物时，叉车必须驶出作业通道，掉头，重新进入通道作业。

 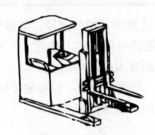 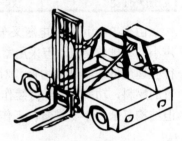

图3.2 平衡重式叉车　　　　图3.3 前移式叉车　　　　图3.4 侧载式叉车

3. 其他类型叉车

叉车的其他类型如图3.5所示。其中，高垛叉车门架宽度相对较大，刚性好，为了提高起升高度，一般采用3节或4节门架。货叉起升高度一般为6m左右，最高可达13m，从而完成较高货垛货物的存取作业；窄通道叉车能够在56英寸(约1.42m)的窄通道里操作，一般主作业通道宽度为2.5~4.0m。

(a) 高垛叉车　　　　　　　　　(b) 窄通道叉车

图3.5 其他类型叉车

(c) 自由通道转臂式叉车　　　　(d) 转叉式叉车　　　　(e) 拣选式叉车

图 3.5　其他类型叉车(续)

3.1.2　叉车属具

叉车属具是叉车的辅助机构，是一种安装在叉车上以满足各种物料搬运和装卸作业特殊要求的专用机械。它使叉车成为具有叉、夹、升、旋转、侧移、推拉或倾翻等多用途、高效能的物料搬运工具，大大丰富了叉车的作业性能。配备多种叉车属具可提高叉车的通用性，以适应不同形状和尺寸的货物搬运。

叉车属具种类繁多，如图 3.6 所示。根据不同行业用户、不同的作业货物，以及货物搬运需求和作业状况，由不同的叉车属具进行相应合理有效的作业。

(a) 旋转式推出器　　　　(b) 纸卷夹　　　　(c) 吊臂

(d) 推出器　　(e) 双桶夹　　(f) 纸箱夹　　(g) 软包夹

图 3.6　各类叉车属具

3.1.3　叉车的主要技术参数

叉车的技术参数是指反映叉车技术性能的基本参数，是选择叉车的主要依据。叉车主要包括以下技术参数。

1. 载荷中心距

载荷中心距是指在货叉上放置标准重量的货物，确保叉车纵向稳定时，其重心至货叉垂直段前壁间的水平距离值。

2. 额定起重量

额定起重量是指货物的重心处于叉车规定的载荷中心距以内,且起升高度为 3m 以内时,允许叉车起升的货物的最大重量。

3. 最大起升高度

最大起升高度是指在地面平坦、坚实,货叉满载,轮胎气压正常,门架直立的条件下,货物升到最高时,货叉上表面至地面的垂直距离。国内各种吨位的叉车一般最大起升高度为 3m,现在也有 4m 及更高的了。

4. 最大起升速度

最大起升速度是指叉车在坚实的地面上满载,门架直立时货叉起升的最大速度。货叉的最大起升速度一般为 15～20m/min,目前,国外内燃机叉车的起升速度已达 40m/min。

5. 最大行驶速度

最大行驶速度是指叉车在平坦、干燥、坚实的路面上满载行驶时所能达到的最大车速。由于叉车主要用于装卸和短途搬运作业,而不是用于货运,因此没有必要具备太高的行驶速度。一般情况下,电瓶叉车最适宜的行驶速度是 13km/h,内燃机叉车最适宜的行驶速度是 20km/h。

6. 最小转弯半径

最小转弯半径是指叉车在无载低速转弯行驶,转向轮处于最大转角时,车体最外侧至转向中心的最小距离。它是衡量叉车机动灵活性的重要指标。

7. 门架倾角

门架倾角是指叉车在平坦、坚实的路面上,门架相对垂直位置向前或向后的最大倾角。门架前倾的目的是便于货叉取货,门架后倾的目的是防止叉车载货行驶时货物从货叉上滑落。一般叉车门架的前倾角为 3°～6°,后倾角为 10°～12°。

8. 最大爬坡度

最大爬坡度是指叉车满载时,在良好的干硬路面上,以低速和等速行驶所能爬上的最大坡度。国产叉车标准中,满载最大爬坡度为 15°～20°。由于叉车一般在比较平坦的场地上作业,所以对最大爬坡度的要求不高。

9. 叉车的制动性能

叉车的制动性能反映叉车的工作安全性。我国的内燃平衡重式叉车标准对于制动性能作了以下规定。

(1) 如果采用脚制动,叉车车速为 20 km/h、空载运行时,紧急制动的距离不大于 6m;叉车在车速为 10 km/h、满载运行时,紧急制动的距离不大于 3m。

(2) 如果采用手制动,空载行驶时能在 20°的下坡处停住;满载行驶时能在 15°的上坡处停住。

10. 其他

如直角通道最小宽度、堆垛通道最小宽度、回转通道最小宽度、叉车的最大高度和宽度、最小离地间隙、叉车的稳定性等。

3.2 托　盘

　　托盘(又称栈板)是用于集装、堆放、搬运和运输单元货物与制品的水平平台装置,是在物流领域中适应装卸机械化而发展起来的一种集装器具。在托盘平台上集装一定数量的单件货物,并按要求捆扎加固,可以组成一个运输单位,便于运输过程中使用机械进行装卸、搬运和堆存,实现仓库作业机械化。

　　托盘是叉车的附属工具(见图3.7),在与叉车共同使用过程中,形成的有效装卸系统大大促进了装卸活动的发展,使装卸机械化水平大幅度提高,使长期以来运输过程中的装卸瓶颈得以解决或改善,所以托盘的发展可以说是与叉车同步的。

图3.7　托盘与叉车配合使用图

3.2.1　托盘的类型

1. 按结构不同分类

　　(1) 平板托盘。平板托盘是目前现场使用最为广泛的一种托盘。其由双层板或单层板另加底脚支撑构成,无上层装置。平板托盘品种最多,按叉车货叉的插入口不同可分为两向进叉托盘和四向进叉托盘;按使用面不同分为单面托盘和双面托盘,如图3.8所示。

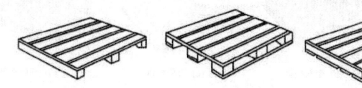

图3.8　平板托盘

　　(2) 箱形托盘。箱形托盘是在平板托盘基础上发展起来的。如图3.9所示,箱形托盘以平板托盘为底,上面有箱形装置,四壁有普通板或网状构造物,顶部可以有盖或无盖,下部可叉装,上部可吊装,空箱可折叠。箱形托盘多用于装载一些不易包装或形状不规则的散件或散状货物,也可装蔬菜、瓜果等农副产品。有盖的箱形托盘常用于装贵重物品。

图3.9　箱形托盘

　　(3) 柱形托盘。如图3.10所示,柱形托盘也以平板托盘为底,4个角安装有4根固定式或可卸式钢制立柱,柱子顶部有定位装置,便于多层堆垛,且上层货物的重量可通过立柱传递，避免将下层货物压坏。为防止托盘上所置货物在运输、装卸等过程中发生塌垛，立柱之间有可以上下移动的横梁，使柱子呈门框状，装货时可按需要调整其高度。

（4）轮式托盘。轮式托盘是在箱形、柱形托盘的下部装有小型轮子，如图3.11所示。这种托盘不但具有一般箱形、柱形托盘的优点，而且还可以利用轮子做小距离运动，可不需搬运机具实现搬运，所以轮式托盘具有很强的搬运性，用途广泛，适用性强。此外，轮式托盘在生产物流系统中，还可以兼做作业车辆。

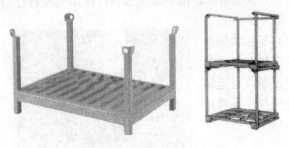
图3.10　柱形托盘

图3.11　轮式托盘

2. 按材质不同分类

按材料不同分类，托盘有木制、塑料、金属、纸质之分，如图3.12所示。

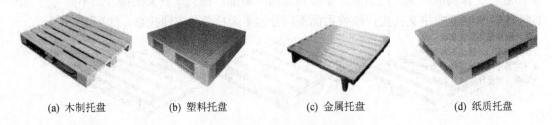

（a）木制托盘　　　（b）塑料托盘　　　（c）金属托盘　　　（d）纸质托盘

图3.12　各种不同材质的托盘

（1）木制托盘。由于便宜，购置成本低，木制托盘是现场最常用的。但自身强度不够，易损坏、受潮、腐烂、虫蛀，所以使用寿命较短。

（2）塑料托盘。塑料托盘与金属托盘、木制托盘相比具有质轻、平稳、美观、整体性好、无钉无刺、无味无毒、耐酸、耐碱、耐腐蚀、易冲洗消毒、不腐烂、不助燃、无静电火花、可回收、可着各种颜色分类区别等优点，使用寿命是木托盘的5～7倍，是现代化运输、包装、仓储的重要工具，是国际上规定的用于食品、水产品、医药、化学品、立体仓库等行业之储存必备器材，但是由于成本较高，使用不普及。

（3）金属托盘。金属托盘的优点是强度高、承重能力强、结构牢靠、不易损坏变形；缺点也是明显的，即自身重量大，容易锈蚀。

（4）纸质托盘。纸质(牛皮纸、蜂窝纸、瓦楞纸、高级牛皮纸)托盘可最大限度地解决以上问题，因无虫害、环保(与传统木制托盘相比可节省木材70%以上，可全回收再生，符合国家的产业结构政策和环保法规)、价格低廉(相当于传统木制托盘价格的60%)及自重较轻(相当于传统木制托盘重量的40%～50%)等优点，目前正成为关注的焦点。其防潮性能差，可以经过浸蜡等处理予以改善。

3.2.2 托盘的特点

1. 托盘的优点

(1) 搬运或出入库都可用机械操作，减少货物堆码作业次数，从而有利于提高运输效率，缩短货运时间，减轻劳动强度。

(2) 以托盘为运输单位，货物件数变少体积重量变大，而且每个托盘所装数量相等，既便于点数、理货交接，又可以减少货损、货差事故。

(3) 投资比较小，收效比较快。

2. 托盘的缺点

(1) 需要购置费用，对于非企业内部运作，一般需要返回。

(2) 托盘本身也占用一定空间，特别是长途运输，会损失一定物品装载空间，浪费一部分运力。

(3) 保护性比集装箱差，露天存放困难，需要有仓库等配套设施。

3.2.3 托盘标准化

设备形状的标准化，在物流领域是一个非常重要的问题，托盘标准化也是如此。托盘如果只在工厂和仓库里使用，是不能充分发挥其效益的，只有全程托盘化，即以货物单位为搬运单位，运输到目的地后又连同托盘一起搬运，才能取得良好的效果。实施全程托盘化，必然涉及托盘回收的问题。将货物装在托盘上送到目的地时，既不能将托盘放下不管，也不能等对方卸下货物再带回空托盘，那样会降低效率，因此，托盘交换系统就显得很重要。货物送到时，或者带回同样数量的空托盘，或者集中起来委托专业回收公司送回。为此，必须做到托盘标准化，这是最基本的条件。

1. ISO 国际托盘标准

1988 年，国际标准化组织托盘委员会(ISO/TC 51)为了防止托盘规格增加，引起世界物流系统的混乱，制定、颁布了国际标准 ISO 6780—1988《联运通用平托盘主要尺寸及公差》，把 1961 年(ISO/R 198)推荐采用的 3 个规格(1200 系列：1 200mm×800mm、1 200 mm×1 000mm 和 1 000mm×800mm)、1963 年(ISO/R 329)增加采用的两个规格(1200 系列：1 200mm×1 600mm、1 200mm×1 800mm)，以及 1971 年(ISO/TC 51)增加的 3 个规格(1100 系列：1 100 mm×800mm、1 100 mm×900mm 和 1 100 mm×1 100mm)整合为 4 个规格，分别是 1 200 mm×800mm、1 200 mm×1 000mm、1 219 mm×1 016mm 和 1 140 mm×1 140mm。

2003 年，在难以协调世界各国物流标准利益的情况下，国际标准化组织对 ISO 6780—1988《联运通用平托盘主要尺寸及公差》标准进行了修订，在保持原有 4 种规格的基础上又增加了两种规格(1 100mm×1 100mm 和 1 067mm×1 067mm)，现在的托盘国际标准共有 6 种规格。其中，欧洲国家采用 1 200mm×800mm 尺寸的较多，而德国、英国和荷兰都采用 1 200mm×800mm、1 200 mm×1 000mm 两种尺寸，北欧各国拥有统一型 1 200mm×800mm 的托盘；美国主要使用的托盘规格为 1 219mm×1 016mm(48in×40in)；大洋洲则以 1 140mm×1 140mm、1 067mm×1 067mm 两种规格为主；在亚洲，以日本、韩国、新加坡等国家和地区为核心,采用 1 100mm×1 100mm 尺寸的比例较大,特别是日本、韩国,分别于 1970 年和 1973 年把 1 100mm×1 100mm(简称 T11)规格托盘作为国家标准托盘大力推广,普及率在逐年升高,并逐渐影响我国,出现应用范围扩大整个亚洲之势。

目前,澳大利亚标准化托盘使用率最高,为 95%;美国为 55%;欧洲为 70%;日本为亚洲之最,使用率为 35%;韩国为 26.7%。

2. 我国的托盘标准

我国于 1982 年就颁布了联运平托盘外形尺寸系列的国家标准。2007 年,我国又新发布了国家标准 GB/T 2934—2007《联运通用平托盘主要尺寸及公差》。该标准结合我国平托盘生产和使用现状,对 GB/T 2934—1996《联运通用平托盘主要尺寸及公差》进行了修订,保留了 GB/T 2934—1996 四种托盘平面尺寸中的一种。该标准实际将 ISO 6780—2003《联运通用平托盘主要尺寸及公差》原有的 6 种规格缩减为 1 200mm×1 000mm 和 1 100mm×1 100mm 两种,其中 1 200mm×1 000mm 为优先推荐使用的规格。这两种托盘近年已在日本、韩国、菲律宾、泰国、马来西亚等地出现了明显增长态势,在我国也呈现出快速上升势头。确定这两种托盘为新的标准规定,既符合国际要求,又顺应了国内发展的需要。

小贴士

GB/T 2934—1996《联运通用平托盘主要尺寸及公差》国家标准中规定了 4 种托盘尺寸规格,即 1 200mm×800mm、1 200mm ×1 000mm、1 219 mm×1 016mm、1 140mm×1 140mm,是等效采用当时的国际标准 ISO 6780—1988《联运通用平托盘主要尺寸及公差》而制定的。

托盘尺寸标准一经制定,就可以决定包装尺寸和容器尺寸的标准,并且反过来又影响运输工具的尺寸选择,也影响仓库建筑、货架和储存空间的尺寸。可见托盘尺寸的选定,往往是确定其他物流参数的依据。因此,如果科学地选用托盘国际标准,就能保证各类企业最大限度地发挥现有物流设备的作业效率和存储空间,最大限度地发挥现有运载工具的载货效率,最大限度地节约物流器具、设备和设施的成本。不仅有利于降低物流成本,而且有利于调动大多数企业参与托盘标准化的积极性,有力地推动托盘标准化的进程。

3.3 货 架

3.3.1 货架的概念和作用

根据国家标准 GB/T 18354—2006《物流术语》,货架是指用立柱、隔板或横梁等组成的立体储存货物的设施。

在我国,长期以来仓库多数采用平面库的形式,很少使用货架,货物储存只是简单地堆放在地面上。改革开放以来,外资企业大量进入,带来了先进的生产设备与管理经验,其中就有仓储技术与设备,部分国内企业在不断向国外企业学习、借鉴的过程中,逐渐认识到货架的重要作用,并引入货架及这种新的仓储方式。但是,国内企业真正开始较多地使用货架,还只有短短几年的时间。近年来,我国企业对货架等仓储设备的需求显著增加,货架在仓储中的使用已经越来越广泛。

货架具有以下作用。

(1) 货架是一种架式结构物,可充分利用空间位置,提高仓库的空间利用率,增大仓库的存储能力。

(2) 货物存放于货架不同层中,利于先进先出,同时存取方便,能提高拣货效率。

(3) 存入货架中的货物,互不挤压,可以方便地采取防尘、防潮等措施,保证货物本身的质量,减少货物的损耗,提高货物的存储质量。

(4) 很多新型货架的结构及功能有利于实现仓库的机械化及自动化管理。

3.3.2 货架的类型

1. 按照结构形式不同分类

1) 单元货格式货架

货架沿仓库宽度方向分为若干排,每两排为一组,每两组中间设有一条 1~1.5m 宽的巷道,供堆垛机或高垛叉车行驶进行存取作业。每排货架沿仓库长度方向分成许多列,沿高度方向分为若干层。于是,整个货架形成用于储存货物的大量货格,货格开口面向巷道,如图 3.13 所示。大多数情况下,每个货格存放一个货物单元(一个托盘或一个货箱)。在某些情况下,例如,货物单元比较小,或者采用钢筋混凝土的货架,则一个货格内往往存放两三个货物单元,以便充分利用货格空间,减少货架投资。

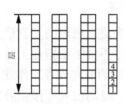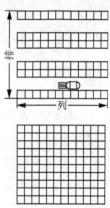

图 3.13 单元货格式货架

单元货格式货架的优点是每一托盘单独存取,不需移动其他货物,存取方便,拣货效率高。其缺点是每两排货架间留一通道,库房利用率低;单排货架以自立的方式安置,承载强度和高度受限制;叉车在通道内作业,宽度受到限制。

2) 贯通式货架

贯通式货架是在单元货格式货架的基础上发展起来的。在单元货格式货架仓库中,巷道占去了 1/3 左右的面积,为了提高仓库的面积利用率,可将货架合并在一起,使同一层的货格相互贯通,形成能依次存放多个货物单元的通道。在通道一端,由一台入库叉车将货物单元装入通道,而在另一端由出库叉车取货,这就是贯通式货架。

根据货物单元在通道内移动方式的不同,贯通式货架又可进一步分为重力式货架和梭式小车式货架两种类型。

(1) 重力式货架。重力式货架的每层通道上，都安装有一定坡度(3°左右)的、带有轨道的导轨。入库的单元货物在重力的作用下，沿着导轨自动地从入库端流向出库端，直至通道的出库端或者碰上已有的货物单元停住为止。当位于通道出库端的第一个单元货物被取走之后，位于它后面的各个单元货物便在重力的作用下依次向出库端移动，如图 3.14 所示。为了使货物下滑至最底端时不致因冲击力过大而倾翻，应在坡道最低处设缓冲装置和取货分隔装置。

(2) 梭式小车式货架。梭式小车式货架是在重力式货架的基础上发展起来的另一种结构形式。它由梭式小车在存货通道内往返穿梭，进行货物的搬运。需要入库的货物送到存货通道的入库端，然后由位于这个通道内的梭式小车将货物运送到出库端或依次排在已有货物单元的后面。出库时，由出库叉车从存货通道的出库端叉取货物。日常作业时，梭式小车会不停地按顺序将货物一一搬运到出库端，如图 3.15 所示。梭式小车也可以从一通道移动到另一通道进行工作。

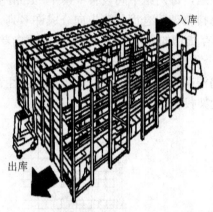
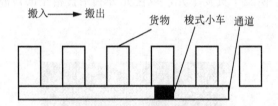

图 3.14　重力式货架　　　　图 3.15　梭式小车式货架示意图

贯通式货架的优点是最先进入通道的货物最先被取走，利于货物先进先出；货架一排紧挨着一排，整体结构较好；不需要给搬运工具单独留有作业通道，库房利用率高，空间利用率可达 85%；叉车在货架两侧完成存取作业，使用没限制；入库作业和出库作业完全分离，搬运工具不相互干扰，提高出入库作业的安全性。

贯通式货架的缺点是由于货架设计、制造、安装难度较大，因此建造费用较高(一般是单元货格式货架成本的 5~7 倍)、施工较慢；日常维修保养要求也高；每一通道一般只存放一种货品；对环境清洁要求较高；高度受限，一般为 6m 以下。

3) 驶入、驶出式货架

(1) 驶入式货架。驶入式货架是一种不以通道分割的、连续性的整体式货架，常用来储存大批量、少品种及不受保管时间限制的货物。如图 3.16(a)所示，在支柱上安装有支撑导轨(也称为悬臂)，大体积的货物或托盘货物直接悬空码放在两侧支柱的悬臂上。叉车从同一侧进出货架内进行存取作业。存放时沿深度方向由里到外一个紧接一个，沿高度方向由上到下一个紧接一个，提取时作业顺序刚好相反，因此具有货物"先存后取，后存先取"的特性。

驶入式货架属于整体式货架，整体结构强度较好；叉车作业通道与货物的储存货位是合一的、共同的，不需要单独设置，所以库房利用率高，高度最大可达 10m，库容利用率可达90%。不足之处是不利于货物的先进先出；对叉车使用有限制，一般要求叉车的宽度和高度较小，行走垂直稳定性较好。

(2) 驶出式货架。驶出式货架与驶入式货架不同之处在于驶出式货架是通的，前后均可安排存取通道，可实现先进先出管理，如图3.16(b)所示。

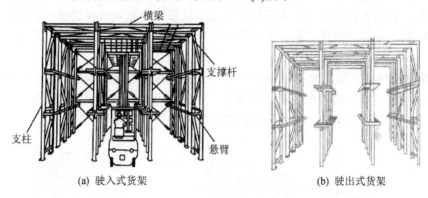

图3.16 驶入、驶出式货架

4) 悬臂式货架

悬臂式货架又称树枝形货架。由中间立柱向单侧或双侧伸出悬臂，悬臂长度为1.5m以内，每臂载重通常为1 000kg以内，货物顺长存放在悬臂上，如图3.17所示。为防止货物损伤，常在悬臂上加垫木质衬垫或橡胶带以起保护作用。一般用于储存长条状或长卷状的货物，如钢管、钢材、木板、线缆和地毯等。高度受限，一般为2.5m以内(如由叉车存取货物则可高达6m)，这使得仓库的空间利用率低，为35%～50%。

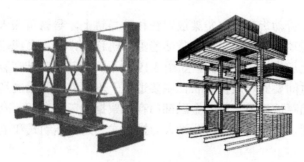

图3.17 悬臂式货架

5) 旋转式货架

旋转式货架又称为回转式货架。存取货物时取货者不动，通过计算机的控制，把货物所在货格编号由控制盘或按钮输入，根据下达的指令，该货格以最近的距离自动旋转至拣选位置时，货架便停止运转。操作人员即可从中拣出货物，然后再给指令，使货架回位。

这种货架的特点是：货架间不设通道，存储密度大，可以节省占地面积30%～50%；存取出入口固定，货品不易丢失；存放的品种多，最多可达1 200种左右；计算机快速检索和寻找储位，拣货线路简捷，拣货效率高，不容易出现差错；取料口高度符合人机学，作业人员可长时间工作；通过货架旋转改变货物的位置来代替拣选人员在仓库内的移动，能够大幅度降低拣选作业的劳动强度；节省人力、操作简单、存取作业迅速，适用于电子零件、精密机件等少批量、多品种、小物品的储存及管理。但这种货架需要使用电源，且维修费用高。

根据货架旋转方式不同，旋转式货架可分为水平旋转式货架和垂直旋转式货架两种。

(1) 水平旋转式货架。如图 3.18(a)所示，沿着固定路径以水平方向旋转的货架为水平旋转式货架。该类型货架又可分为仅用一台电动机带动，而同时将连在一起的上下各货架层予以旋转的水平连动旋转仓储，以及每层各有一台电动机，能各层独立旋转的水平单动旋转仓储。

(2) 垂直旋转式货架。如图 3.18(b)所示，垂直旋转式货架的原理与水平旋转式货架大致相同，不同的是旋转的方向是与地面垂直，充分利用仓库的上部空间，是一种空间节省型的仓储设备，但其移动速度较水平旋转式货架慢，每分钟为 5～10m。

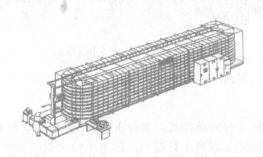
(a) 水平旋转式货架

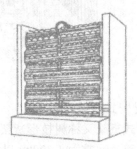
(b) 垂直旋转式货架

图 3.18 旋转式货架

6) 移动式货架

移动式货架又称流动货架。将货架放置在移动导轨上，导轨可嵌入地面或安装于地面之上，货架底部有驱动和传动装置，使货架能沿导轨移动，给人员或搬运设备留有一定的作业通道完成货架上货物的存取作业，如图 3.19 所示。移动式货架在存取货物时需移动货架，所以存取货物时间要比一般货架长，主要适用于出入库不频繁的场合，如应用于办公室存放文档，图书馆存放档案文献，金融部门存放票据，工厂车间、仓库存放工具、物料等。按驱动方式不同，移动式货架可分为人力推动式、摇把驱动式和电动式。

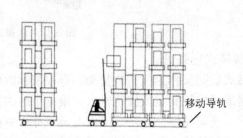

图 3.19 移动式货架

移动式货架的优点是只需要一个作业通道，因而可以提高仓库面积的利用率，地面使用率为 80%；高度可达 12m，单位面积的储存量可达托盘货架的 2 倍左右；可直接存取每一项货品，不受先进先出的限制。缺点是机电装置多，维护困难；成本高，施工慢。

7) 阁楼式货架

阁楼式货架是利用钢梁和金属板将原有储存空间作楼层区隔，隔成上下两层，下层货架结构具有支撑上层楼板的作用，设置有楼梯，如图 3.20 所示。

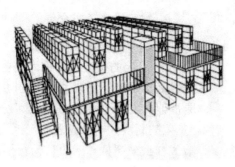

图 3.20　阁楼式货架

阁楼式货架的特点：①提高仓储高度，增加空间使用率，一般用于旧库改造；②上层可用轻型小车或托盘牵引车进行作业，不适合重型搬运设备行走；③搬运至上层的物品必须加装垂直输送设备，如输送机、提升机、电葫芦及升降台等；④上层主要存放储存时间较长的轻量物品，如五金工具、电子器材、机械零配件等小包装散件物品。下层存放托盘货物。

8) 层架

层架由立柱、横梁和层板构成，层间用于存放货物。层架结构简单，适用范围非常广泛，还可以根据需要制作成层格架、抽屉式和橱柜式等形式，以便于存放规格复杂多样的小件货物或较贵重、怕尘土、怕潮湿的小件物品。

层架的种类很多，按存放货物的重量不同分类，可分为轻型、中型(见图 3.21)和重型层架；按层板安装方式不同分类，可分为固定层高及可变层高两种方式。一般轻型层架主要适合人工存取作业，其规格尺寸及承载能力都与人工搬运能力相适应，高度通常为 2.4m 以下，厚度为 0.5m；而中型和重型的货架尺寸则较大，高度可达 4.5m，厚度可达 1.2m，宽度可达 3m。

(a) 轻型层架

(b) 中型层架

图 3.21　层架

9) 组合式货架

有些仓库储存的货物品种、规格、形式、大小经常变化，或者把某些建筑物作为临时性仓库，这都需要组合式货架(见图 3.22)，使货格可根据货物的大小而调整尺寸或根据需要装配和拆除掉货架。

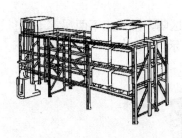

图 3.22　组合式货架

组合式货架的基本构件是带孔型钢的钢立柱,再加以横梁、搁板和其他各种附件,可组成通用性很强的各种货架。它的特点是安装和拆掉快速、简便。

2．按照高度不同分类

货架的高低是相对而言的,一般货架的高度为 2m 左右,4m 以上的货架就可称为高层货架。有人把一般仓库的货架统称为低层货架,而把自动化立体仓库的货架称为高层货架。立体仓库的货架又可分为低层(5m 以下)、中层(5～15m)和高层(15m 以上)3 种。货架的高度并非愈高愈好,因为货架愈高对材料、施工、设备的要求愈高,而且耗能多,收发作业效率低。一般认为货架高 15m 左右是最佳高度。

3．按照载重量不同分类

货架有轻型、中型、重型之分。其中,每层货架载重量在 500kg 以上的为重型货架;每层货架载重量在 150～500kg 的为中型货架;每层货架载重量在 150kg 以下的是轻型货架。

3.3.3　货架选用时的考虑因素

1．货物特性

储存物品的外形、尺寸,直接关系到货架规格的选定。储存物品的重量则直接影响到选用哪种强度的货架。而以哪种单位来储存,托盘、容器或单品均有不同的货架选用类型。

2．存取性

一般存取性与储存密度是相对的。也就是说,为了得到较高的储存密度,则必须相对牺牲物品的存取性。虽然有些形式的货架可得到较佳的储存密度,但相对其储位管理较为复杂,也常无法做到先进先出的管制。唯有自动化立体仓库可往上发展,存取性与储存密度俱佳,但相对投资成本较为昂贵。因此,选用哪种形式的货架,可以说是各种因素的折中,也是一种策略的应用。

3．出入库量

某些形式的货架虽有很好的储存密度,但出入库量却不高,适合于低频率的作业。出入库量高是非常重要的数据,其为货架形式选用的考虑要项。

4．搬运设备

货架的存取作业是以搬运设备来完成,因此选用货架需一并考虑搬运设备。叉车是一般通用的搬运设备,而货架通道宽度,会直接影响到叉车的选用形式是配重式或窄道式。

5．库房结构

货架的选用须考虑梁下有效高度,以决定货架高度,而梁柱位置则会影响货架的配置。地板承受的强度、地面平整度也与货架的设计及安装有关。另外还需考虑防火设施和照明设施的安装位置。

3.4 起重机

起重机适用于装卸大件笨重货物，借助于各种吊索具也可用于装卸其他货物。同时，起重机也是唯一以悬吊方式装卸搬运货物的设备，其吊运能力较大，一般为 3~30t。

3.4.1 龙门起重机和桥式起重机

1. 龙门起重机

龙门起重机又称门式起重机，俗称龙门吊或门吊，是一种在集装箱堆场上进行集装箱堆垛和车辆装卸的机械。其特点是建筑费用低，不影响作业区扩建，能充分利用货位，作业范围大，构造简单，制造方便。

龙门起重机有轮胎式(又称无轨龙门吊)和轨道式(又称有轨龙门吊)两种形式。

(1) 轮胎式龙门起重机。轮胎式龙门起重机的主要特点是机动灵活，通用性强。它不仅能前进、后退，而且还能左右转向，可从一个堆场转向另一个堆场进行作业。轮胎式龙门起重机如图 3.23 所示。

轮胎式龙门起重机的跨距是指两侧行走轮中心线之间的距离。跨距大小取决于所需跨越的集装箱列数。根据集装箱堆场的布置，通常标准的轮胎式龙门吊横向可跨 6 列集装箱和 1 列车道，可堆 3 层或 4 层。

(2) 轨道式龙门起重机。轨道式龙门起重机的门架(大车)由主梁和支腿构成，沿地面轨道纵向行走。起重机构(小车)沿主梁上的轨道横向运行。起重小车下悬挂的吊装装置(如吊钩)在高度方向，上下升降。由于轨道式龙门起重机是沿着场地上铺设的轨道行走的，因此，只能限制在所设轨道的某一场地范围内进行作业。轨道式龙门起重机如图 3.24 所示。

图 3.23 轮胎式龙门起重机

图 3.24 轨道式龙门起重机

轨道式龙门起重机一般比轮胎式龙门起重机跨度大、堆垛层数多。最大的轨道式龙门吊横向可跨 19 列集装箱和 4 条车道，可堆 5 层高。

2. 桥式起重机

桥式起重机又称桥式行车，俗称桥吊或天车。如图 3.25 所示，主梁沿架设在桥墩上的行车梁轨道纵向行走，起重小车在主梁上沿小车轨道横向运行，吊装装置在高度方向上下升降，从而完成堆场货物的吊装、搬运任务。

图 3.25 桥式起重机

桥吊一般根据需要可用于露天堆场,也可用于库房内部。其优点是起重量大、速度快、效率高;缺点是露天堆场设置时,作业场地需建桥墩,水泥、钢材消耗量大,占地大。因此不仅建筑费用高,仓库改建、扩建困难,而且还妨碍汽车进入场地,只能在跨度范围内布置货位。

🗝 小贴士

龙门起重机和桥式起重机的共同点是相应构件可以完成上下、左右、前后3个直线方向运动,实现三维立体空间(纵、横、上、下)范围内吊装、搬运货物,因此堆存场地货垛之间不需要留有装卸机械作业通道。

3. 主要技术参数

(1) 起重量。当大中型起重机的起重量 $Q \geqslant 15t$ 时,起重小车可设置两个起升机构,其中起重量大的为主钩,起重量小的为副钩,吊车起重量可表示为 $Q_{主}/Q_{副}$,通常副钩起重量是主钩的 1/4~1/2。如 20/5t 表示主钩起重量 20t,副钩起重量 5t。

(2) 跨度。跨度是指大车行走轨道或桥墩重心距。门吊最大跨度为 37.5m,桥吊为 34m。龙门起重机的主梁,有的在两端有悬臂,其长度常为跨度的 1/4~1/3。

(3) 起升高度。起升高度是指吊钩起升到最高处至地面距离。一般门吊是 8~15m,桥吊是 7~8m。

(4) 工作速度。大车运行速度是 30~60m/min,小车行走速度是 40~100m/min,吊钩起升速度主钩是 7~20m/min,副钩常为主钩的 2 倍。

3.4.2 汽车起重机

汽车起重机俗称吊车(见图 3.26),是一种通过载重汽车的运行、底盘旋转装置的旋转、起重臂的变幅,以及吊具的升降 4 项运动,完成货物的装卸、搬运、堆垛作业的起重机。

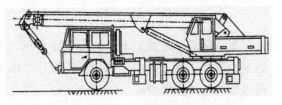

图 3.26 汽车起重机

吊车使用时的注意事项：①作业时，两侧伸出支腿维持车体平衡；②使用于长距离的两个场地间作业；③不同吨数的吊车最大起重量不同；④不能负荷行驶。

3.4.3 巷道式堆垛起重机

巷道式堆垛起重机简称巷道式堆垛机，是自动化立体仓库的关键设备之一，负责将托盘货物送到货架中储存和从货架中取出。

1. 巷道式堆垛机的构成

巷道式堆垛机一般由机架、运行机构、升降机构、取物装置、电气控制设备组成，如图3.27所示。

(1) 机架。机架由上下横梁及立柱(载货平台垂直升降的支撑构件)构成，高度可达30m，起重量为1~2t，行驶速度一般可达80~130m/min。上横梁装有导轨并与架空导轨相接触，下横梁装有起重机的行走轮并与地面轨道相接触。

图3.27 巷道式堆垛机

(2) 运行机构。运行机构是堆垛机水平运动的驱动装置，包括电动机减速器和制动器。电动机有主电动机和微速电动机两台，供堆垛机高速运行和低速对准货位时使用。

(3) 升降机构。升降机构包括载货平台和卷扬机。载货平台是货物单元的承载装置，由卷扬机牵引沿立柱上下升降，升降速度一般为12~30m/min。

(4) 取物装置。取物装置(如伸缩货叉、伸缩平板、取物机械手)装在载货平台上，通过伸缩存取货架上的货物，取货速度一般为15~20m/min。

(5) 电气控制设备。主要包括电力控制、检测和安全保护等装置，以保证堆垛机对准货位和操作人员的安全。如运行中，安装在堆垛机上的认址器可以不断检测货物的位置信息，计算判断是否到位。

2. 巷道式堆垛机的种类

1) 按结构形式不同分类

按结构形式不同分类，巷道式堆垛机有桥式堆垛机和有轨巷道式堆垛机两种。

(1) 桥式堆垛机。桥式堆垛机具有桥式起重机和叉车的双重结构特点，如图3.28所示。既像桥式起重机一样，具有主梁和起重小车，主梁在仓库上方运行，起重小车在主梁上运行，又具有叉车特点，起重小车上悬挂一个固定式或可伸缩式的立柱，立柱上安装有货叉，利用货叉在立柱上的上下运动及立柱的自由旋转运动实现货物的搬运。桥式堆垛机的巷道宽度较大，适于堆码或提升重、长货物，如棒材、型钢、管材等。额定起重量一般为0.5~5t，有的可达20t，主要用于高度在12m以下、跨度在20m以内的仓库。

(2) 有轨巷道式堆垛机。有轨巷道堆垛机沿立体仓库巷道内的轨道运行，使得作业高度提高。按立柱形式的不同可分为单立柱和双立柱堆垛机。

① 单立柱堆垛机的金属结构由一根立柱和上下横梁组成，如图3.29(a)所示。这种堆垛机的自重轻，但刚性差，一般适用于起重量2t以下，起升高度小于16m的仓库。其行走速度最高可达160m/min，载货台的升降速度最高可达60m/min，货叉伸缩速度最高可达48m/min。

② 双立柱堆垛机的金属结构由两根立柱和上下横梁组成，如图 3.29(b)所示。这种堆垛机的自重较大，刚性好，能快速启、制动，起重量可达 5t 或更大，适于各种起升高度的仓库。

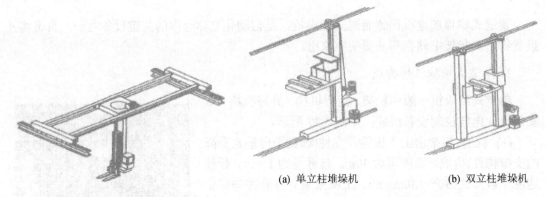

(a) 单立柱堆垛机　　(b) 双立柱堆垛机

图 3.28　桥式堆垛机　　图 3.29　有轨巷道式堆垛机

2) 按起重量不同分类

按起重量不同分类，巷道式堆垛机有轻型堆垛机、中型堆垛机和重型堆垛机 3 种。

(1) 轻型堆垛机。轻型堆垛机的基本参数如下：起重量＜100kg；行走速度为 4～320m/min；提升速度为 4～90m/min。

(2) 中型堆垛机。中型堆垛机的基本参数如下：起重量为 100～1 500kg；行走速度为 4～180m/min；提升速度为 4～60m/min。

(3) 重型堆垛机。重型堆垛机的基本参数如下：起重量＞1 500kg；行走速度为 4～120m/min；提升速度为 4～24m/min。

以上是常见的堆垛机参数，实际使用的堆垛机的参数也有例外。

3. 巷道式堆垛机的控制形式

(1) 手动控制。手动控制是堆垛机最基本的控制方式。这种方式是由操作人员在司机室内，通过手柄或按钮来操纵运行、起升、货叉伸缩等动作，认址、变速、对准等全部靠司机来完成。该种方式控制设备简单、经济，但司机劳动强度较大，作业效率低，适用于出入库频率不高、规模不大的仓库。

(2) 半自动控制。这种方式是手动控制方式的改进。当司机用手柄或按钮发出运行(升降)机构的换速信号后，堆垛机的运行(升降)机构所配置的检测装置自动发出该机构的停车信号。能否自动停准，这是半自动控制方式与手动控制方式的主要区别。自动停准功能可显著提高堆垛机的作业效率，减轻司机的劳动强度。除自动停准功能外，有的堆垛机还有自动换速、自动认址、自动完成货叉伸缩存取货物的动作。这种控制方式，其控制设备除手动操纵盘外，一般还设有简单的继电器或 PLC 控制装置。它具有经济实用、便于维修等优点，适用于出入库比较频繁、规模不大的仓库。

(3) 自动控制。这种方式的主要特点是堆垛机上不需要司机。在机上便于地面操作的部位装有设定器，操作人员站在巷道口的地面，通过机上设定器设定出入库作业方式和地址等数据。机上装有自动认址装置和自动逻辑控制装置，在操作人员设定完并按下"起动"

按钮后,堆垛机开始自动运行、升降、认址、停准及存取货物等动作,实现堆垛机的自动操作。自动控制方式具有操作简单、作业效率高等优点,适用于出入频率高,起重机台数不多且未配置输送机的中小规模(货位一般不超过 2 000 个)仓库。

(4) 远距离集中控制。出入库作业的控制装置和地址设定器安装在地面集中控制室内,操作者通过计算机设定出入库地址和作业方式,并输入到地面或机上的控制装置(包括计算机)中,经过计算和判断后发出堆垛机运行的控制命令,实现堆垛机的远距离集中控制。由于地面控制装置远离巷道和堆垛机,需要配备堆垛机与地面控制室间的信息传递系统,传输方法常用于有较大容量(货格数在 2 000 个以上)的仓库,特别是低温、黑暗、存储有害物料等特殊环境的仓库。远距离集中控制方式可以节省人力,改善劳动条件,提高仓库作业效率,但最初投资和维护费用较高。

3.4.4 垂直提升机械

为了有效地连接楼库或高层建筑各层的运输系统和在不同的装卸作业面装卸货物的需要,往往要采用各种垂直提升机械,如载货电梯和液压升降平台等。

1. 载货电梯

如图 3.30 所示,利用载货电梯作业时,将货物放在轿箱,在钢丝绳、液压缸或链条驱动下,沿垂直(或倾斜)的、固定的导轨运输,从而实现不同楼层、不同高度货物的搬运。

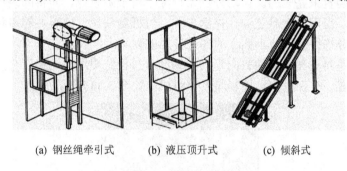

(a) 钢丝绳牵引式　　(b) 液压顶升式　　(c) 倾斜式

图 3.30　载货电梯

2. 液压升降平台

液压升降平台主要由载货平台、剪式支臂、液压油缸和电动油泵等组成,如图 3.31 所示。其升降由液压油缸驱动剪式支臂来完成,载货平台可在起升高度范围内的任意位置停止。

图 3.31　液压升降平台

一般货车在仓库装卸货时,车厢底板与库房的装卸货码头不平齐,有一定高度差。为了能利用手推车、叉车等机械由库房直接进入车厢内装卸货，消除不同高度对操作带来的不利影响，液压升降平台被广泛应用于仓库的装卸货码头。通过平台升降使装卸货码头与车底板相连接，为快速、高效的装卸作业提供可靠的保证，如图 3.32 所示。

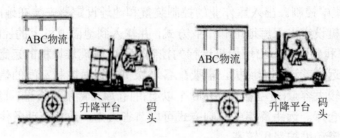

图 3.32　码头升降平台

3.5　自动分拣机

3.5.1　自动分拣及自动分拣机的概念

自动分拣是指从货物进入分拣系统开始到送到指定的分配位置为止，都是按照人们的指令靠自动分拣装置来完成的。自动分拣系统除了用于邮政业，即将邮政局的邮包、信件分到指定位置外，还用于食品工业、化学工业、机械制造业、出版业等多种行业。这些行业广泛使用自动分拣机分拣从小到大的各式各样的物品。

自动分拣机是将混在一起而去向不同的物品，按设定要求自动进行分发配送的设备。它主要由输送装置、分拣机构、控制装置等组成，如图 3.33 所示。

图 3.33　自动分拣机

3.5.2　自动分拣机的工作过程

1. 合流

合流是指通过人工、机械化、自动化搬运方式或通过多条输送机，将从储位挑选出来的货物送入分拣系统，合并于一条汇集输送机上。合流过程中，应将货物在输送机上的方位进行调整，以适应分拣信号输入和分拣的要求。汇集输送机具有自动停止和启动的功能。当前端分拣信号输入装置偶然发生故障，或是货物和货物连接在一起，或输送机上货物已经满载时，汇集输送机就会自动停止，等恢复正常后再自行启动，所以它也起缓冲作用。

2. 分拣信息输入

利用一些方式，如自动识别方式(激光扫描器)将货物分拣信息输入计算机。注意货物之间要保持一个固定的间距，即使是高速分拣机，在各种货物之间也必须有固定的间距。

3. 分拣与分流

货物离开分拣信息输入装置后进入主输送机，随着主输送机的运转向前移动。根据不同货物分拣信息所确定的移动时间，在货物行走到指定分拣道口时，该处的分拣机构按照计算机的指令自动启动，将货物排离主输送机，使货物进入主输送机一侧或两侧的分流滑道。

4. 分运

货物进入分流滑道后，沿着倾斜的道面靠自重滑行到分拣系统终端，由操作人员将货物搬入容器或搬上车辆。

3.5.3 分拣信息的输入方法

在主输送机上输送的货物，向哪个道口分拣，均通过分拣信息的输入发出指令，因此，一般均需输入分拣货物的相关信息，以便进行分拣。在自动分拣系统中，分拣信息的输入大致包括以下 6 种方法。

1. 键盘输入

操作人员通过键盘将各种货物分拣编码，即货物从主输送机上向哪个分拣道口排出的道口编码输入计算机，如图 3.34 所示。这种方式简单易行、费用低、限制条件少，但操作者需精力集中，劳动强度大，易出差错(误差率在 3%以上)，输入速度慢，一般只能达到每小时 1 000～1 500 件。

2. 声音识别输入

预先将操作人员的声音输入控制器的计算机中。当货物经过设定装置时，操作人员按事先规定的语言模式，通过话筒读出每件货物的名称和地点等信息，然后计算机将声音变换为分拣信息，发出指令，控制分拣机构启动，如图 3.35 所示。与键盘输入法相比，操作人员只需动口不用动手，较省力，输入速度快，每小时可达 3 000～4 000 件。但当操作人员偶尔因咳嗽声音嘶哑时，信息输入经常会出现故障。据国外物流企业实际使用情况介绍，声音输入法经常出现故障，使用效果不理想。

3. 条形码和激光扫描器输入

把含有分拣信息的条形码标签粘贴在每件货物上，通过放置在主输送机上的激光扫描器扫描阅读分拣信息。为了保证信息输入正确，条形码标签应粘贴在货物的适当位置，且货物贴有条形码标签的一面应面向扫描器。扫描器从货物上面或侧面扫描，或者同时从上面、侧面扫描，如图 3.36 所示。

这种方法精度较高，即使发生差错，也多是由于条形码印刷不良或有污染等引起的。输入速度快，每小时可达 5 000 件以上。另外，分拣信息输入的同时，条形码上的货物名称、生产厂商、批号、配送商店等信息也被输入主计算机，为仓库实行计算机业务管理提供数据，这是其他方法所不及的。但制作和粘贴条形码标签要花费用和时间。目前许多货物在出厂时已在包装上印刷上或贴好条形码，从而可以减少仓库的工作量。

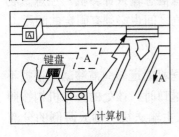 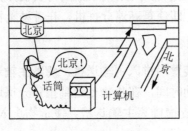 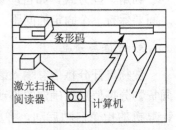

图 3.34　键盘录入方式　　　　图 3.35　声控方式　　　　图 3.36　激光扫描条形码方式

4. 光学文字读取装置(OCR)输入

这种装置能直接阅读文字，将信息输入计算机。但是这种输入方法的拒收率较高，影响信息输入的效率。目前这种方式在分拣邮件的邮政编码上应用较多，而在仓库的分拣系统中应用较少。

5. 主计算机输入

这种方式依靠主计算机，采用"递减计划系统"的方法进行货物分拣。分拣前，预先将配送货物的全部明细表(名称、配送商店和数量等)输入主计算机，然后将第一种货物的条形码或自动识别编码通过分拣信息输入装置输入主计算机，接着将该种货物逐件连续投入分拣机，经确认后由计算机按照该货物品种和应配送商店的次序发出分拣指令，直到该种货物分拣发完为止。在变换分拣第二种货物时，也必须将货物的条形码或自动识别编码输入主计算机，再将该货物连续投入分拣机。因此，这种以主计算机控制的分拣方法，是一种不需对每件货物作输入和粘贴货物标记的自动分拣方法。

6. 无线射频识别输入

无线射频识别(RFID)技术是最新发展起来的正在逐渐应用于物流领域的货物识别技术。无线射频识别方法目前还没有应用到分拣系统上，但随着此技术的逐步推广和使用，将越来越被广泛地应用于分拣系统中。

3.5.4　自动分拣机的类型

自动分拣机的类型有很多，按照分拣机构结构不同分类，常见的主要有以下几种。

1. 挡板型自动分拣机

挡板型自动分拣机利用一个挡板(或挡杆)挡住在主输送机上向前移动的货物，将货物引导到一侧的滑道排出。挡板的一端作为支点固定，另一端可作旋转。挡板运作时，像一堵墙似的挡住货物向前移动，利用主输送机对货物的摩擦推力使货物沿着挡板表面移动，从主输送机上排出至滑道，如图 3.37 所示。平时挡板处于分拣道口相对一侧，可让货物继续前移；如挡板旋转时，则货物就排向滑道。

2. 浮出型自动分拣机

浮出型自动分拣机是利用安装在分拣道口处的一排辊子或皮带的浮出，将货物托起后引导出主输送机的一种分拣机。从引离主输送机的方向看，一种是引出方向与主输送机成直角，另一种是呈一定夹角(通常为30°～45°)，如图3.38所示。一般是前者比后者生产率低，且容易对货物产生较大的冲击力。

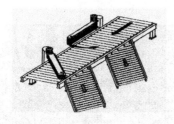

图3.37 挡板型自动分拣机

图3.38 浮出型自动分拣机

3. 倾斜型自动分拣机

(1) 条板型自动分拣机。在主输送机的每个分拣道口处安装有条板，货物装载在条板上，当行走到需要分拣的位置时，条板的一端自动升起，通过倾斜使货物离开主输送机，进入分流滑道，如图3.39(a)所示。货物占用的条板数随长度而定，占用的条板如同一个单元，到分拣位置时同时倾斜。因此，使用这种分拣机时，货物的长度在一定范围内不受限制。

(2) 翻盘型自动分拣机。主输送机表面由一系列的盘子组成，盘子为铰接式结构，可向左或向右倾斜。货物装载在盘子上行走到一定位置时，盘子倾斜，将货物翻倒于旁边的分流滑道中，如图3.39(b)所示。这种分拣机对分拣货物的形状和大小没有限制，但以不超出盘子为限。对于长形货物可以跨越两只盘子放置，倾倒时两只盘子同时倾斜。

(a) 条板型 (b) 翻盘型

图3.39 倾斜型自动分拣机

4. 滑块型自动分拣机

滑块型自动分拣机的表面由许多金属条板或管子构成，如竹席状，而在每个条板或管子上有一枚用硬质材料制成的滑块，能沿条板或管子横向滑动。平时滑块停止在主输送机的侧边，滑块的下部有销子与条板下的导向杆联结，通过计算机控制，滑块能有序地自动向主输送机的对面一侧滑动，因而货物就被引出主输送机，如图3.40所示。这种方式是将货物侧向逐渐推出，并不冲击货物，故货物不易损伤。它适于分拣多种形状和大小的货物，是目前国外一种最新型的高速分拣机。

5. 交叉带式分拣机

交叉带式分拣机的特点是取消了传统的盘面倾翻、利用重力卸落货物的结构，而在主输送机上设置了可双向运转的短传送带(称为交叉带)。分拣的货物被放置在沿主输送机纵向运行的交叉带上，将其牵引运行到相应的分拣道口，再由交叉带横向运转，将货物强制卸落至一侧或两侧的分流滑道中，如图3.41所示。

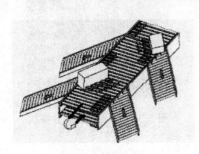

图3.40 滑块型自动分拣机

图3.41 交叉带式分拣机

3.5.5 自动分拣机的特点

1. 能连续、大批量地分拣货物

自动分拣机不受气候、时间、人的体力等限制，可以连续运行，因此自动分拣机的分拣能力具有人力分拣无可比拟的优势。

2. 分拣误差率极低

自动分拣机的分拣误差率主要取决于所输入的分拣信息的准确性，而这又取决于分拣信息的输入方式，如采用条形码扫描输入，除非条形码印刷本身有差错，否则不会出错。目前，自动分拣机主要采用条形码技术来识别货物。

3. 分拣作业基本实现无人化

建立自动分拣系统的目的之一就是为了减少人员的使用，减轻员工的劳动强度，提高工作效率，因此自动分拣机能够最大限度地减少人员的使用，并基本做到无人化。

3.5.6 自动分拣机的适用条件

通常，引进和建设自动分拣系统时一定要考虑以下因素。

1. 一次性投资巨大

自动分拣系统本身需要建设短则40～50m，长则150～200m的机械传输线，还有配套的机电一体化控制系统、计算机网络及通信系统等。该系统不仅占地面积大，动辄在2万m^2以上，而且一般都建在自动化主体仓库中，这就需要建3～4层楼高的立体仓库，库内需要配备各种自动化的搬运设施，这丝毫不亚于建立一个现代化工厂所需要的硬件投资。这种巨额的先期投入要花10～20年才能收回。如果没有可靠的货源作保证，则有可能产生如下结果：系统大都由大型生产企业或大型专业物流公司投资，小企业无力进行此项投资。

2. 对货物外包装要求高

自动分拣机只适于分拣底部平坦且具有刚性的包装规则的货物。包装底部柔软且凹凸不平的袋装货物和包装容易变形、易破损、超长、超薄、超重、超高、不能倾覆的货物不能使用普通的自动分拣机进行分拣。因此，为了使大部分货物都能用机械进行自动分拣，可以采取两项措施：一是推行标准化包装，使大部分货物的包装符合国家标准；二是根据所分拣的大部分货物的统一的包装特性定制特定的分拣机。但是要让所有货物的供应商都执行国家的包装标准是很困难的，定制特定的分拣机又会使硬件成本上升，并且越是特别的其通用性就越差。因此，企业要根据经营货物的包装情况来确定是否建设或建设什么样的自动分拣系统。

3.6 自动导引车

根据国家标准 GB/T 18354—2006《物流术语》的定义，自动导引车(Automatic Guided Vehicle，AGV)是指"具有自动导引装置，能够沿设定的路径行驶，在车体上具有编程和停车选择装置、安全保护装置以及各种物品移载功能的搬运车辆"，如图 3.42 所示。

世界上第一台自动导引车是由美国的 Barrett 电子公司于 20 世纪 50 年代开发成功的，随后在欧洲和日本等国家得到了发展。在我国，自动导引车的应用较晚，但近几年也得到了很快的发展。

图 3.42　自动导引车

案例 3-1

> 1954 年，世界上首台 AGV 在美国的南卡罗来纳州的 Mercury Motor Freight 公司的仓库内投入运营，用于实现出入库货物的自动搬运。目前世界上约有两万台各种各样 AGV 运行在 2 100 座大大小小仓库中。海尔集团于 2001 年投产运行的开发区立体仓库中，9 台 AGV 组成一个柔性的库内自动搬运系统，成功地完成了每天 23 400 件出入库货物和零部件的搬运任务。
>
> （资料来源：http://www.doc88.com/p-117817683805.html。）

3.6.1　AGV 的导引方式

1. 固定路径导引

在行驶的路径上设置导引用的信息媒介物，AGV 通过检测出它的信息而得到导引的方式，如电磁导引、光学导引和磁带导引等。

(1) 电磁导引。这是当前应用最广泛的 AGV 导引方式，大约 90%的 AGV 系统采用该方式。这种导引方式需在路面下 50.8mm 左右敷设一根金属导线，通以几千至几十千赫兹的低压低频电流。该电流以导线为圆心产生一个交变磁场，AGV 上装有两个感应线圈，可以检测到磁场强弱。检测出来的信号经放大整流等环节，并以电压表示出来，当导引轮偏离到导线的右方时，则左方感应到较高的电压，此信号控制导向电机，使 AGV 的导向轮跟踪预定的导引路径。导线一旦埋好，地面上几乎不留痕迹，但更改路线不很方便。

(2) 光学导引。采用涂漆的条带来确定行驶路径的导引方法称为光学导引。AGV 上有一个光学检测系统用于跟踪涂漆的条带，具体有两种导引原理。

① 利用地面颜色与漆带颜色的反差，漆带在明亮的地面上为黑色，在黑暗的地面上为白色。AGV 上的光学检测器上装有两套光敏组件，分别处于漆带的两侧，当 AGV 偏离导引路径时，光敏组件测到的亮度将不等，由此形成信号差值，用来控制 AGV 方向，使其回到导引路径上。

② 采用 25mm 宽含荧光粒子的漆带，来自车上检测系统的紫外光线激励着这些荧光粒子，使其发射出引发光线，而这种引发光线的光谱在周围环境中是不存在的，所以不会受到干扰。AGV 上的一个旋转镜子对导引路径进行扫描，并把引发光线反射到光感受器，从而将信号转发给计算机。根据漆带中心光强最大而两侧光强最小的原理，很容易找出 AGV 偏离的方向，从而修正方向保证跟踪导引路径。

(3) 磁带导引。用铁氧(磁体)与树脂组成的磁带代替漆带，以 AGV 上的磁性感应器代替光敏传感器，就形成了磁带导引方式。

2. 自由路径导引

AGV 上储存着布局上的尺寸坐标，通过识别车体当前方位，自主地决定路径行驶的导引方式。该类导引方式也称为车上软件——编程路径方式。

(1) 行驶路径轨迹推算导向法。在 AGV 的计算机中储存着距离表，通过与测距法所得方位信息比较，AGV 就能推算出从某一参数点出发的移动方向。该种导引方式的最大优点在于改动路径布局时的极好柔度，只需改变软件即可更改路径。

(2) 惯性导航。在 AGV 的导向系统中有一个陀螺仪，用于测量加速度。将陀螺仪的坐标调整成平行于 AGV 的行驶方向，当小车偏离规定路径时产生一个垂直于其运动方向的加速度，该加速度立即为陀螺仪所测得。惯性导引系统的计算机对加速度进行二次积分处理，即可算得位置偏差，从而纠正小车的行驶方向。

(3) 激光导航导引。在导引车顶部安装一个沿 360°按一定频率发射激光的装置，同时在 AGV 四周的一些固定位置上放置反射镜片。当 AGV 运行时，不断接受从 3 个已知位置反射出来的激光束，经过简单的几何运算，就可以确定 AGV 的准确位置，从而实现导航导引。激光导航导引原理参见图 3.43。

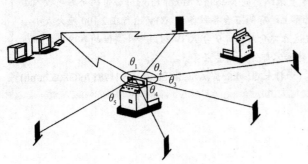

图 3.43　AGV 的激光导航导引原理

3.6.2　AGV 的优点

1. 自动化程度高

AGV 由计算机、电控设备、磁气感应、激光反射板等控制。当车间某一环节需要辅料时，由工作人员向计算机终端输入相关信息，计算机终端再将信息发送到中央控制室，由专业的技术人员向计算机发出指令，在电控设备的合作下，该指令最终被 AGV 接受并执行，将辅料送至相应地点。

2. 充电自动化

当 AGV 的电量即将耗尽时，它会向系统发出请求指令，请求充电，在系统允许后自动到充电的地方"排队"充电。另外，AGV 的电池寿命很长，一般有两年以上，并且每充电 15 分钟可工作 4 小时左右。

3. 美观

提高观赏度，从而提高企业的形象。

4. 方便，减少占地面积

仓库中的 AGV 可以在各个区域穿梭往复。

3.7 其他设施与设备

3.7.1 牵引车

牵引车俗称拖头，是指具有牵引装置，专门用来牵引平板拖车进行水平搬运的电动或机动车辆。牵引车没有载货平台，不能单独搬运货物，如图 3.44 所示。蓄电池驱动时牵引力可达 15t，内燃机牵引可达 75t。当牵引平板拖车与叉车并用时，可使货物装卸、运输、堆码作业完全实现机械化。

3.7.2 平板拖车

平板拖车是一种安装在车轮上的载货平台(见图 3.45)，与牵引车配合使用(见图 3.46)。现有的平板拖车，其尺寸及载货能力有各种规格，轮胎有实心和充气的两种。平板拖车的选择，可根据载货能力、载货大小、牵引车能力，以及路面情况而定。

图 3.44 牵引车

图 3.45 平板拖车

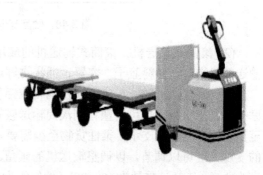

图 3.46 牵引车和平板拖车配合使用

3.7.3 输送机

输送机是一种在固定径路上连续搬运货物的机械,其特点是在工作时连续不断地沿同一方向输送散料或者重量不大的单件物品,装卸过程无须停车,因此生产率很高。常用的输送机有以下两种类型。

1. 无动力式输送机

无动力式输送机不需要动力,货物主要依靠人力或自身重力在倾斜的传送带(坡度为2%～5%)上借助滚动体的滚动从高端移动到低端。因此,这种输送机也被称为重力式输送机。无动力式输送机按滚动体不同可分为滚轮式、滚筒式和滚珠式 3 种,如图 3.47 所示。

　　(a) 滚轮式　　　　　　　　(b) 滚筒式　　　　　　　　(c) 滚珠式

图 3.47　无动力式输送机

(1) 滚轮式输送机。滚轮式输送机适宜输送有一定刚性的、形状不规则的、小于 50kg、底面平坦的货物,对于底面较软的物品也有较好的输送性,但不适宜输送底部挖空的容器。

为了使输送货物平稳,任何时候都要求每件货物至少有分布在 3 根轴上的 5 个滚轮支持,滚轮直径一般为 40mm,通过支承轴安装于输送机框架上,相邻支承轴上的滚轮交错排列,如图 3.48 所示。滚轮与支承轴之间装有滚珠轴承,转动十分灵活。滚轮的材料有钢、铝和塑料 3 种。钢制滚轮的承载能力较大,铝制滚轮次之,塑料滚轮的承载能力较小,适合重量小于 20kg 的货物。

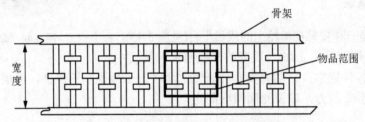

图 3.48　物品至少要有 5 个滚轮支持

(2) 滚筒式输送机。滚筒式输送机的应用范围远大于滚轮式,一般不适合滚轮输送机输送的货物,如塑料篮子、容器、桶状物等均可采用滚筒式进行输送。

滚筒式输送机的滚筒支承在由钢材或铝材制成的框架上,外部可以用塑料包裹以增加摩擦、减少噪声,也可用塑料制滚筒输送较轻货物。为保证输送货物的平稳性,硬底货物至少需要 3 支滚筒支承,柔性货物至少需要 4 支滚筒支承,如图 3.49 所示。滚筒式输送机的支腿高度可以调节,以调整输送机的倾角,控制货物的下滑速度。一般输送托盘的倾斜度为 2.5°～3.5°,重量为 10～20kg 的纸箱为 3°～5°,重量为 0.5～1kg 的纸箱为 10°～13°,袋装货物为 5°～20°。

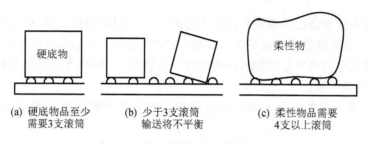

(a) 硬底物品至少　　(b) 少于3支滚筒　　(c) 柔性物品需要
　　需要3支滚筒　　　　输送将不平衡　　　　4支以上滚筒

图 3.49　软硬物的滚筒支撑支数

(3) 滚珠式输送机。滚珠式输送机上的货物可以自由地沿任意方向运动，用于输送底部较硬的货物。这种输送机使用时不需要润滑，但不能在有灰尘的环境中使用。

2. 动力式输送机

在自动化仓库的输送系统中，应用最广的还是动力式输送机。动力式输送机一般由电动机驱动运转，按驱动介质不同可分为辊子式、皮带式、链条式和悬挂式4种，如图3.50所示。

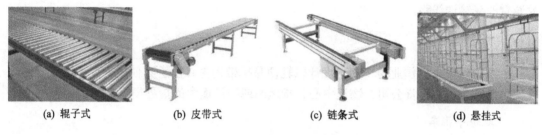

(a) 辊子式　　　　(b) 皮带式　　　　(c) 链条式　　　　(d) 悬挂式

图 3.50　动力式输送机

(1) 辊子式输送机。辊子式输送机是一种广泛使用的输送机械。它由一系列等间距排列的辊子组成，辊子转动呈主动状态，可以严格控制物品的运行状态，按规定速度精确、平稳、可靠地输送物品，便于实现输送过程的自动化。辊子式输送机适用于运输重量较大、形状规则的货物，如货箱、托盘等，对货物支承面的要求与滚筒输送机相同。

(2) 皮带式输送机。皮带式输送机可用来输送各种规则或不规则形状的货物，用在要求精确定位或需要伸缩的场合。皮带式输送机可水平输送，也可倾斜输送，倾斜角度不大于15°。

皮带式输送机按支承方式可分为滑板式和滚筒式。滑板式输送机的输送带下是金属板、塑料板或硬木板，输送带或其上的货物在平板上滑动需要克服较大的摩擦力，通常以中等速度搬运轻质货物；滚筒式输送机的托辊安装在支架上，输送带在其上运行。水平输送时要求每件货物的下面至少有2根托辊支承，倾斜输送时则要求达到3根以上。滚筒式皮带输送机所需的功率较小，输送带寿命较长，输送负载能力较大。

(3) 链条式输送机。链条式输送机的传动元件是链条，链条以导轨为依托，将货物承托输送。根据使用的元件，链条式输送机又分为滑动链条式输送机、滚动链条式输送机、板条式输送机和平顶式输送机。

① 滑动链条式输送机由链条承载货物，链条直接在导轨上滑行，其结构简单，维修容易，但动力消耗大，承载能力小，用于轻物品、短距离的输送。

② 滚动链条式输送机的滚轮直径大于链板高度，被输送物品由托板承托，由停止器控制输送的速度。这种输送机构造简单，易维护，常用于配送中心和仓库的配送、包装区域。

③ 板条式输送机将木板或钢板连接到链条的附件上，构成履带形输送载体，被输送的货物不直接与链条接触。

④ 平顶式输送机的链条本身有平面顶板，它依靠平面顶板沿支承导轨的滑动来输送货物。

(4) 悬挂式输送机。悬挂式输送机由牵引链、滑架、承载小车、架空轨道、回转装置、驱动装置、拉紧装置、安全装置和电控装置等构成，适用于工厂车间、仓库内部成件货物及集装单元货物的悬空输送，具有节省占地面积、缩短输送距离、节约储存空间的特点。

悬挂式输送机有链条牵引式、螺杆驱动式、自行式和积放式之分。链条牵引式的承载小车与牵引链固定连接，由牵引链直接带动；螺杆驱动式的载重小车挂钩是通过螺母与螺杆配合，由螺杆转动推动载重小车行走；自行式电动小车的行走轮由输送机自带的电机驱动，而不是通过链条牵引；积放式输送机牵引链和承载小车分别在各自的轨道上运行，承载小车由牵引链通过推杆推动运行，根据需要可以安装停止器控制小车运行，也可安装道岔装置改变输送线路。

3.7.4 手推车

手推车属于人力作业的车辆，设计以轻便易携带为主。由于其使用方便，故广泛地在仓库、制造工厂、百货公司、物流中心、货运站或配送途中的短程搬运使用。

1. 双轮手推车

双轮手推车俗称老虎车，是现场常用的人力搬运工具。适合重量为 50～100kg(最大不超过 200kg)、体积不超过 $0.4m^3$、运距在 30m 以内的货物搬运。满载时，手柄离地高度为 0.85～0.95m。如图 3.51 所示，为了便于叉取货物，同时防止搬运过程中货物脱落，车架底部有托板。

2. 四轮手推车

四轮手推车又称平板推车。适合重量为 100～500kg，最大可达 1t，运距在 50m 以内货物搬运。平台有一层，也有二层。手推柄可设在一侧或两侧，手推柄一侧采用自动转动轮，另一侧是固定轮，如图 3.52 所示。

图 3.51 双轮手推车

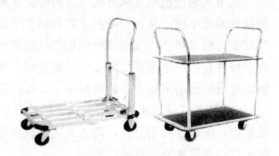

图 3.52 四轮手推车

3.7.5 计量设备

计量设备是用于货物进出时的计量、点数,以及货存期间的盘点、检查等的设备,如地磅、轨道秤、电子计数器、流量仪、皮带秤、天平仪,以及较原始的磅秤、卷尺等。随着仓储管理现代化水平的提高,现代化的自动计量设备将会应用得更加广泛。仓库使用最广泛的是重量计量器,如电子秤(见图3.53)、电子吊秤(见图3.54)。

图 3.53　电子秤

图 3.54　电子吊秤

电子秤是进行质量计量的电子称重设备。与传统的机械秤不同的是它具有以下特点:结构简单、体积小、重量轻、受安置地点限制小,没有机械磨损、稳定可靠、维修方便且寿命长,反应速度快;称重数据可以储存、远距离传输以实现报警和作业自动化;有足够的精度,称重值数码显示,避免人为读数误差等。

电子吊秤是在吊装货物的过程中可以直接进行称重的计量装置。它不仅具有称重准确、计量速度快、数字显示直观,以及可打印称重结果等多项功能,而且还可以提高生产效率、降低计量费用、减轻劳动强度。

3.7.6 条码设备

1. 条码打印机

条码打印机是一种专用的条码打印设备,一般分为热敏型和热转印型,如图 3.55 所示。热敏型需要专用的热敏纸,热转印型使用碳带。打印机一般使用标签纸,标签检测装置可自动检测标签的大小和起始位置,可以标签为单位进行高速打印。条码打印机由于其内置有条码生成功能,因而可以高速地打印条码标签,而普通的打印机则需要专门的条码生成程序来生成条码。

图 3.55　条码打印机

2. 条码扫描器

(1) 手持非接触式扫描器。手持非接触式扫描器是靠手动实现扫描的,其扫描的光束相对于它的物理基座是固定的,如图 3.56 所示。扫描时,扫描器不直接与条码符号接触,而是与条码符号有一定的距离,因而特别适合于对软体物品或表面不平物品上的条码符号进行扫描,同时也能对具有较厚保护膜的条码符号进行扫描。由于这种扫描器受扫描景深的限制,使用时必须与条码符号保持在一定的距离范围内。这种扫描器装有阅读成功指示器、指示微型蜂鸣器等，每次扫描后，操作者都可以通过指示器是否发出提示信号来判断扫描是否成功。

(2) 平台式条码扫描器。平台式条码扫描器又称平板式条码扫描器、台式条码扫描器，是一种安装在某一固定位置的扫描器，一般采用非接触式扫描方式，如图 3.57 所示。它是利用条码符号相对于扫描器的相对运动来实现扫描的。它属于非接触扫描，因而具有一定的工作距离和扫描景深。对于被扫描的符号来说，它必须在有效的扫描景深和距离范围内从扫描窗口前移动，才能有效地实现扫描。其常用于自动流水线上，用来扫描传送带上运动的物品，因此要求首读率高，同时要求物品上的条形码符号印刷质量要高。使用这种扫描器，应调整好扫描距离，并要求条码符号印刷在物品的合适位置，这样才能进行有效的扫描。

图 3.56　手持非接触式扫描器

图 3.57　平台式条码扫描器

3. 便携式数据采集器

便携式数据采集器也被称为手持终端，又因其用于自动识别条形码，故称为便携式条码扫描终端，如图 3.58 所示。它是集激光扫描、汉字显示、数据采集、数据处理、数据通信等功能于一体的高科技产品，相当于一台小型的计算机，将计算机技术与条码技术完美结合，利用物品上的条码作为信息快速采集手段。简单地说，它兼具了掌上电脑、条码扫描器的功能。

图 3.58　便携式数据采集器

便携式数据采集终端在硬件上具有计算机设备的基本配置，如 CPU、内存、依靠电池供电、各种外设接口；软件上能满足计算机运行的基本要求。

本 章 小 结

叉车是指具有各种叉具,能够对货物进行升降和移动,以及装卸作业的搬运车辆。它能完成成件包装货物的装卸、搬运与堆垛作业,是目前仓库使用最广泛的机械设施。叉车按动力不同可划分为电瓶叉车、内燃机叉车和步行操纵式叉车;按结构特点不同可分为平衡重式叉车、前移式叉车、侧载式叉车等。选择叉车时需考虑负载能力、最大起升高度、行走及起升速度、控制方式及操作性、机动性等因素。

托盘(又称栈板)是叉车的附属工具,是一种用于集装、堆放、搬运和运输单元货物与制品的集装器具。按结构不同分为平板、箱形、柱形、轮式托盘;按材质不同分为木质、塑料、金属、纸质托盘。设备形状的标准化,在物流领域是一个非常重要的问题,托盘标准化也是如此。

货架是指用支架、隔板或托架组成的立体储存货物的设施。货架种类很多,选用时需考虑货物特性、存取性、出入库量、搬运设备、库房架构等因素。

起重机适用于装卸大件笨重货物,借助于各种吊索具也可用于装卸其他货物。最常用的起重机有龙门起重机、桥式起重机和汽车起重机等。

自动分拣机是将混在一起而去向不同的物品,按设定要求自动进行分发配送的设备。工作过程大致可分为合流、分拣信息输入、分拣与分流、分运 4 个阶段。自动分拣机具有分拣误差率极低、分拣作业基本实现无人化和能连续、大批量地分拣货物等特点。

自动导引车是指能够自动行驶到指定地点的无轨搬运车辆,有固定路径导引和自由路径导引两种导引方式。

除上述机械设备外,使用在仓库中的还有牵引车、平板拖车、输送机、手推车、计量设备、条码设备等设施与设备。

关键术语

仓储机械设施与设备 Storage Facilities and Equipment
叉车 Forklift
托盘 Pallet
货架 Goods Shelf
起重机 Crane
自动分拣 Automatic Sorting
自动分拣机 Automatic Sorting Machine
自动导引车 Automatic Guided Vehicle

习 题

1. 选择题

(1) (　　)适用于室外、长距离和工作量大的作业。
　　A. 汽油叉车　　　　　　　　B. 步行操纵式叉车
　　C. 前移式叉车　　　　　　　D. 电瓶叉车

(2) 靠人的体能进行作业的是(　　)。
　　A. 内燃机叉车　　　　　　　B. 电瓶叉车
　　C. 步行操纵式叉车　　　　　D. 前移式叉车

(3) 按照结构不同分类,托盘可以分为平板托盘、柱形托盘、(　　)和轮式托盘。
　　A. 圆托盘　　B. 储运托盘　　C. 集装托盘　　D. 箱形托盘

(4) 下列托盘尺寸中,不属于托盘国际标准规定的是(　　)。
　　A. 800mm×600mm　　　　　　B. 1 200mm×1 000mm
　　C. 1 200mm×800mm　　　　　D. 1 100mm×1 100mm

(5) 运往日本、韩国的货物选择托盘的最佳尺寸为(　　)。
　　A. 1 140mm×1 140mm　　　　B. 1 200mm×1 000mm
　　C. 1 200mm×800mm　　　　　D. 1 100mm×1 100mm

(6) (　　)不属于装卸搬运设备。
　　A. 桥式起重机　B. 皮带输送机　C. 托盘　　D. 巷道式堆垛机

(7) 在仓库中可增加空间利用率的设施是(　　)。
　　A. 叉车　　　B. 货架　　　　C. 托盘　　D. 吊车

(8) (　　)不利于货物的"先进先出"。
　　A. 单元货格式货架　　　　　B. 驶入式货架
　　C. 贯通式货架　　　　　　　D. 悬臂式货架

(9) 自动分拣机工作的第一步是(　　)。
　　A. 分拣信号输入　B. 分拣　　C. 合流　　D. 分流

(10) 把货物从主输送机上托起,而将货物引导出主输送机的是(　　)自动分拣机。
　　A. 滑块型　　B. 倾斜型　　C. 浮出型　　D. 挡板型

2. 判断题

(1) 汽油叉车适用于室内、短距离和工作量小作业。　　　　　　　　　　(　　)

(2) 巷道式堆垛机按照控制方法可分为手动控制、自动控制和远距离集中控制 3 种。
　　　　　　　　　　　　　　　　　　　　　　　　　　　　　　　　(　　)

(3) 牵引车和平板拖车是配合使用的设备。　　　　　　　　　　　　　　(　　)

(4) 对于滚轮式输送机,为了使输送货物平稳,任何时候都要求每件货物至少有分布在 3 根轴上的 5 个滚轮支持。　　　　　　　　　　　　　　　　　　　(　　)

3. 简述题

(1) 简述常用叉车的结构和特点。
(2) 货架的作用是什么？选择货架时需要考虑哪些因素？
(3) 简述常用货架的类型及特点。
(4) 简述自动分拣机的工作过程。
(5) 分拣信息的输入方法大致有几种？各有什么特点？
(6) AGV 有哪些优点？

实务操作

(1) 学生通过现场实地调研，掌握所在地仓库机械设施配置情况的第一手资料，之后撰写调研报告。
(2) 学生分组首先进行空车(如步行操纵式叉车)来回驾驶的训练。然后，每组学生再进行取货、载货和定点放货的训练。

案例阅读

托盘标准化

在美国，单元化载货系统十分发达。欧美的标准托盘运输发展很快，他们是采用标准托盘运输的先进国家。而日本早在 1949 年就试验采用托盘，1970 年就制定了日本工业托盘标准(JIS)。但是，到了 20 世纪 90 年代，日本的许多厂家和运输业者还多采用符合自己公司商品和设备规格的托盘。这样，托盘只能在自己公司里使用，无法在工厂和运输业之间进行交流。也就是说，日本二十多年来一直没有采用标准托盘制。在日本，托盘种类有 1 000 种以上，然而符合 JIS 规格的却较少，而且符合 JIS 规格托盘的普及率也只有 30%，使用最多的托盘规格是 1 100mm×1 100mm，其普及率也只有 20%。直到 21 世纪，日本的标准托盘才得到较广泛的使用。

在我国，虽然也多次推广托盘的使用和托盘标准化工作，近年来，食品、百货等行业中也在实行，但始终不能迅速推向社会，尤其是在推广托盘标准化时会遇到很多不好解决的具体问题。

(资料来源：http://www.docin.com/p-574329090.html。)

思考：
(1) 托盘有哪些特点？
(2) 常见的托盘有哪几种类型？
(3) 实施托盘标准化有什么意义？

第4章 货物入库管理

【教学目标与要求】
- 了解仓储合同及其类别,熟悉仓储合同的主要内容;
- 熟悉货物入库的基本作业流程,了解货物接运的方式;
- 理解货物验收的作用、要求和方式;
- 熟悉验收中常见的问题和处理的方法;
- 了解登账、立卡、建档等入库手续。

导入案例

××食品的入库验收

某供应商于 2014 年 2 月 8 日送来一车××食品，送货单上标明××雪饼数量 50 箱，规格 1+20 袋(500 克)，单价 22 元/袋，金额 440 元/箱，生产日期是 2013 年 12 月 6 日；××烧米饼 80 箱，规格 1+20 袋(500 克)，单价 32 元/袋，金额 640 元/箱，生产日期是 2013 年 12 月 10 日。这两种食品的保质期都为 9 个月。作为某仓库的收货员，你打算怎样验收这批货物？如果收货时发现其中有 4 件××雪饼外包装破损，3 件××烧米饼外包装有水渍，你打算怎样处理这批有问题的货物？

(资料来源：http://www.doc88.com/p-3909078616534.html.)

货物入库是指仓库接到货物入库通知单后，经过接运提货、装卸搬运、检查验收、办理入库手续等一系列作业环节构成的作业过程。货物入库管理是仓储作业管理的第一步，也是仓储作业管理关键的环节，直接关系到后面的在库、出库作业管理能否顺畅与方便。

4.1 仓储合同

仓储业务的受理是货物入库业务的开始。仓储业务的受理类型主要有计划委托储存、合同协议储存和临时委托储存，下面主要介绍合同协议储存。

4.1.1 仓储合同的概念和类别

1. 仓储合同的概念

仓储合同也称为仓储保管合同，是指仓储保管人接受存货人交付的仓储物，并进行妥善保管，在仓储期满将仓储物完好地交还，保管人收取保管费的协议。《中华人民共和国合同法》(以下简称《合同法》)将仓储合同规定为"保管人储存存货人交付的仓储物，存货人支付仓储费的合同"。

2. 仓储合同的类别

(1) 一般仓储合同。一般仓储合同是指仓库经营人提供完善的仓储条件，接受存货人的仓储物进行保管，在保管期届满，将原先收保的仓储物原样交还给存货人而订立的仓储保管合同。该仓储合同的仓储物为确定物，保管人需原样返还。保管人严格承担归还原物的责任。

(2) 混藏式仓储合同。混藏式仓储合同是指存货人将一定品质、数量的仓储物交付给保管人，保管人将不同存货人的同样仓储物混合保存，存期满时，保管人只需以相同种类、品质、数量的货物退还给存货人，并不需要原物归还而订立的仓储保管合同。例如粮食、油品、矿石或保鲜期较短的货物的储藏。保管人要严格按照约定数量、质量承担责任。

混藏式仓储合同对于仓储物的品质、数量需要有极为明确的认定，并在合同中完整地描述。当保管人向提货人交还的仓储物与合同描述的不符时，需补偿提货人的损失。

(3) 消费式仓储合同。消费式仓储合同是指存货人在存放仓储物时，就将仓储物的所有权转移给保管人，保管期满时，保管人只需将相同种类、品质、数量的替代物归还给存货人而订立的仓储保管合同。存放期间的仓储物所有权由保管人掌握，保管人可以对仓储物行使所有权。消费式仓储经营人一般要具有仓储物消费能力，如小麦仓储有面粉加工厂、油库仓储有对外加油的加油站等。消费式仓储合同的不同之处是涉及仓储物所有权转移到保管人，自然地保管人需要承担所有人的权利和义务。消费式仓储经营人的收益，除了约定的仓储费(一般较低)外，更重要的是消费仓储物与到期购回仓储物所带来的差价收益。

(4) 仓库租赁合同。仓库租赁合同是指仓库所有人将自己所拥有的仓库以出租的方式进行仓储经营，由存货人取得仓库的使用权后，自行保管货物的仓储经营方式而订立的合同。仓储人只提供基本的仓储条件，进行一般的仓储管理，如环境管理、安全管理等，并不直接对所存放的货物进行管理。仓库租赁合同严格意义上来说不是仓储合同，只是财产租赁合同，但是由于出租方具有部分仓储保管的责任，所以具有仓储合同的一些特性。

4.1.2　仓储合同的主要内容

1. 仓储合同当事人

仓储合同的双方当事人分别为存货人和保管人。

(1) 存货人是指将仓储物交付仓储的一方。存货人可以是仓储物的所有人，也可以是只有仓储权利的占有人，如承运人，或者是受让仓储物但未实际占有仓储物的准所有人，或者有权处分人，如法院、行政机关等。

(2) 保管人为货物仓储保管的一方。根据《合同法》的规定，保管人必须具有仓储设备和专门从事仓储保管业务的资格。也就是说，保管人必须拥有仓储保管设备和设施，具有仓库、场地、货架、装卸搬运设施、安全、消防等基本条件，取得相应的公安、消防部门的许可，进行工商登记，获得工商营业执照。

2. 仓储合同的标的和标的物

仓储合同虽然说约定的是仓储物的保管事项，但仓储合同的标的却是仓储保管行为，即存货人按时交付货物、支付仓储费及其他费用，保管人提供保管的空间和时间给予养护、保管直至期满，完整归还的行为。因此，仓储合同是一种行为合同，一种当事人双方都需要行为的双务合同。

> **资料卡**
>
> 双务合同指双方当事人都享有权利和承担义务的合同，典型的有买卖合同、租赁合同、合伙合同、借贷合同、运输合同，以及财产保险合同等。单务合同为一方当事人只享有权利而不尽义务，另一方则只尽义务而不享有权利的合同，典型的有赠与合同、归还原物的借用合同和无偿保管合同等。

标的物是标的的载体和表现，仓储合同的标的物就是存货人交存的仓储物。仓储物可以是生产资料，也可以是生活资料，但其必须是动产，能够移动到仓储地进行仓储保管，并且是有形的实物动产，有具体的物理形状。不动产不能成为仓储物，货币、知识产权、数据、技术等无形资产和精神产品不能作为仓储物。例如，图书可以作为仓储物，但图书的著作权不能作为仓储物。

3. 仓储物验收的内容、标准、方法和时间

保管人验收仓储物的项目有仓储物的品种、数量、规格、外包装状况，以及无须开箱、拆捆而直观可见的质量情况。货物品名、数量、规格，以外包装或货物上的标记为准；外包装或货物上无标记的，以供货方提供的验收资料为准。散装货物按国家有关规定或合同规定验收。依照惯例的验收期限，国内货物不超过 10 天，国外不超过 30 天，法律另有规定或当事人另有约定的除外。

4. 货物的仓储条件和相关要求

合同双方当事人应根据货物性质、要求的不同，在合同中明确规定保管条件。保管人如因仓库条件所限，不能达到存货人要求，则不能接受。对某些比较特殊的货物，如易燃、易爆、易渗漏或有毒等危险物品，保管人保管时，应当有专门的仓库、设备，并配备有专业技术知识的人负责管理。必要时，存货人应向保管人提供货物储存、保管和运输等方面的技术资料，防止发生货物毁损、仓库毁损和人身伤亡事故。存货人在交存特殊货物时，应当明确告知保管人货物有关保管条件和保管要求；否则，保管人可以拒绝接收存货人所交付的危险货物。

5. 货物的保管期限

货物的保管期限，也就是双方约定的仓储物的储存时间，可以采用期限表示，如储存 3 个月，自货物入库起算；或者以日期的方式表示，如 9 月 10 日～12 月 10 日；或者不约定具体的存放期间，但约定到期方式，如提前一个月通知等。储存时间是保管人计收仓储费的基础，承担责任的期间，也是库容使用计划安排的依据，如存货人不能遵守储存期间条款，保管人有权要求存货人承担违约责任。根据有关规定，储存的货物在临近失效期时，保管人未通知存货人及时处理，因超过有效储存期限所造成的货物损失，保管人负有赔偿责任。保管人通知后，如果存货人不及时处理，以致超过有效储存期限而造成货物损坏、变质的，保管人不负赔偿责任。

6. 货物进出库手续、时间、地点、运输方式

仓储合同的当事人双方，应当重视货物入库环节，防止将来发生纠纷。因此，在合同中，要明确入库应办理的手续和理货方法、入库的时间和地点，以及货物运输、装卸搬运的方式等内容。

出库时间由仓储合同的当事人双方在合同中约定，当事人对储存期间没有约定或者约定不明确的，存货人可以随时提取仓储物，保管人也可以随时要求存货人提取仓储物，但是应当给予必要的准备时间。另外提货时应办理的手续和验收的内容、标准、方式、地点，以及运输方式等也要明确。

7. 仓储物的损耗标准

许多物品在长期存放后，由于挥发、散失、氧化和扬尘等自然原因造成数量减少。对于这类数量短少的责任承担，双方可在合同中采用协议的办法处理，即约定在合理的损耗

标准之内不追究保管人的责任。具体的货物损耗标准可以采用国家标准或行业标准，也可由双方协议约定。

8. 仓储费用及结算方式

仓储计费项目包括保管费、转仓费、出入库装卸搬运费，以及车皮、站台、专用线占用、包装整理和货物养护等费用。此条款中除明确上述费用由哪一方承担外，还应明确各种费用的计算标准、支付方式(如预付、定期支付、即时结算等)、支付时间、地点、开户银行和账号等。

9. 责任划分和违约处理

仓储合同中可以从货物入库、货物验收、货物保管、货物包装和货物出库等方面明确双方当事人的责任。同时应规定违反合同时应承担的违约责任，如存货人未在约定时间交付或提取仓储物的违约责任；保管人不能在约定的时间接受仓储物的违约责任。承担违约责任有支付违约金、损害赔偿，以及采取其他补救措施。

10. 合同变更和解除的条件

合同的订立和履行是合同双方期望发生的结果，但因为客观原因发生重大变化或者双方利益的需要，原合同的继续履行可能对双方都不利，可以采用合同变更或解除的方法防止不利局面出现。仓储合同的当事人如果需要变更或解除合同，必须事先通知另一方，双方一致即可变更或解除合同。变更或解除合同的建议和答复，必须在法律规定或者合同约定的期限内提出。如果发生了法律或合同中规定的可以单方变更或解除合同的情形，那么，拥有权利的一方可以变更或解除合同。

11. 争议处理办法

双方应在合同中约定发生争议时的处理方法，主要是约定仲裁机构，或者约定管辖的法院。

12. 合同签署

合同签署是合同当事人对合同协商一致的表示，意味着合同开始生效。签署合同由企业法人代表签名，注明签署时间，法人或组织还需要盖合同专用章；个人签订合同时只需签署个人完整姓名。

上述内容，一般为通常的仓储合同所应具备的主要条款。但是合同毕竟是当事人双方的合约，因此，基于双方的利益考虑，当事人之间还可以就更多的、更为广泛的事项达成一致，充实仓储合同的具体内容，如争议的解决方式、合同的履行地点、是否允许转仓保管储存等。只要是一方要求必须规定的条款，而又与另一方达成一致意思的，都应当是仓储合同的重要条款。

4.1.3 仓储合同的履行

仓储合同一经成立，即发生法律效力。存货人和保管人都应严格按照合同的约定履行自己的法律义务。

1. 存货人的义务

(1) 告知义务。存货人的告知义务包括两个方面：对仓储物的完整告知和瑕疵告知。

完整告知是在订立合同时存货人要完整细致地告知保管人仓储物的准确名称、数量、包装方式、性质、作业保管要求等涉及验收、仓储保管、交付的资料，特别是危险货物，存货人还要提供详细的说明资料。存货人未明确告知的仓储物属于夹带品，保管人可以拒绝接受。

瑕疵告知是指对仓储物及其包装的不良状态、潜在缺陷、不稳定状态等已存在的缺陷或将会发生损害的缺陷向保管人告知。这便于保管人对有瑕疵的仓储物采取针对性的措施，以避免发生损害和危害。

因存货人未告知仓储物的性质、状态造成的保管人验收错误、作业损害、保管损坏，由存货人承担赔偿责任。

(2) 妥善处理和交存货物。存货人应对仓储物进行妥善处理，是指根据货物性质进行分类、分储，根据合同约定妥善包装，使之适合仓储作业和保管。

存货人应在合同约定的时间内向保管人交存仓储物，并提供验收单证。交存仓储物不是仓储合同生效的条件，而是存货人履行合同的义务。存货人未按照约定交存仓储物则构成违约。

小贴士

仓储合同为诺成性合同，即只要双方达成一致协议，签署合同书，无论仓储物是否交付储存，合同即成立生效，双方当事人必须受合同效力的约束。在仓储合同生效后，发生的存货人未交付仓储物、保管人不能接受仓储物都是仓储合同的未履行，由责任人承担违约责任。

(3) 支付仓储费和其他必要费用。仓储费是保管人订立仓储合同的目的，是对仓储物进行保管所获得的报酬，是保管人的合同权利。存货人应根据合同约定按期支付合同要求的仓储费，否则构成违约。存货人如逾期提取仓储物，应加收仓储费。

仓储物在仓储期间发生的应由存货人承担责任的费用支出或垫支费用，如保险费、有关货损处理、运输搬运费、转仓费等，存货人应按合同及时支付。

(4) 及时提货。存货人应按照合同的约定，按时将仓储物提出。保管人根据合同的约定安排仓库的使用计划，如果存货人未将仓储物提出，会影响保管人下一个仓储合同的履行。

2. 保管人的义务

(1) 具有符合要求的仓储条件。仓储人经营仓储保管的先决条件就是具有合适的仓储保管条件，有拟保管货物的保管设施和设备，包括适合的场地、容器、仓库、货架、搬运设备、计量设备、保管设备、安全保卫设施等。保管人如果不具有仓储保管条件，则构成根本性违约。

(2) 货物验收。保管人应该在接受仓储物时对货物进行理货、计数、查验，在合同约定的期限内检验货物质量，并签发验货单证。验收货物按照合同约定的标准和方法，或者按照习惯的、合理的方法进行。保管人未验收的货物并推定为存货人所交存的货物完好，保管人也要返还完好无损的货物。保管人在验收中发现货物溢短，对溢出部分可以拒收，对于短少的有权向存货人要求赔偿。对于货物存在的不良状况，有权要求存货人更换、修理或拒绝接受，或如实编制记录，以分清责任。

(3) 签发仓单。保管人在接收货物后，根据合同的约定或者存货人的要求，及时向存货人签发仓单。在存期届满，根据仓单的记载向仓单持有人交付货物，并承担仓单所明确的责任。保管人要根据实际收取的货物情况签发仓单。根据合同条款确定仓单的责任事项，避免将来向仓单持有人承担超出仓储合同所约定的责任。

小贴士

《合同法》第三百八十五条规定："存货人交付仓储物的，保管人应当给付仓单。"所谓仓单，是指由保管人在收到仓储物时向存货人签发的表示已经收到一定数量的仓储物的法律文书。

仓单既是存货人已经交付仓储物的凭证，又是存货人或者持单人提取仓储物的凭证，因此，仓单实际上是仓储物所有权的一种凭证。同时，仓单在经过存货人的背书和保管人的签署后可以转让，任何持仓单的人都拥有向保管人请求给付仓储物的权利，因此，仓单实际上又是一种以给付一定物品为标的有价证券。背书是指存货人(即背书人)在仓单的背面或者粘单上记载受让人(即被背书人)的名称或姓名、住所等有关事项的行为。仓单由保管人提供。仓储经营人准备好仓单簿，仓单簿为一式两联，第一联为仓单，在签发后交给存货人；第二联为存根，由保管人保存，以便核对仓单。

《合同法》规定，仓单的内容包括下列事项：①存货人的名称或者姓名、住所；②仓储物的品名、数量、质量、包装、件数和标记；③仓储物的耗损标准；④储存场所；⑤储存期间；⑥仓储费及仓储费的支付与结算事项；⑦仓储物的保险金额、期间，以及保险公司的名称；⑧填发人、填发地和填发日期。

(4) 合理化仓储。保管人应在合同约定的仓储地点存放仓储物，并充分使用先进的技术、科学的方法、严格的制度，高质量地做好仓储管理。使用适合于仓储物保管的仓储设施和设备，从谨慎操作、妥善处理、科学保管和合理维护等各方面做到合理化仓储，由此造成的损失应由保管人承担赔偿责任。

(5) 返还仓储物。保管人应在约定的时间和地点向存货人或仓单持有人交还约定的仓储物。仓储合同没有明确存期和交还地点的，存货人或仓单持有人可以随时要求提取，保管人应在合理的时间内交还仓储物。同样保管人也可以随时要求存货人提取仓储物。

(6) 危险通知义务。当仓储物出现危险时，保管人应及时通知存货人或者仓单持有人，包括在货物验收时发现不良情况、发生不可抗力的损害、仓储物的变质、仓储物的损坏等事故，以及其他涉及仓储物所有权的情况。掌握仓储物的状态是存货人具有所有权的权利体现。对于仓储物的危险涉及仓储物的交易、保险，以及可能造成的进一步损害，存货人及时掌握和采取措施处理，有利于减少损失。

3. 违约责任和违约处理

违约责任是指存货人或者保管人不能履行合同约定的义务或者履行合同义务不符合合同的约定而产生的责任。

1) 仓储合同保管人的主要违约责任

(1) 保管人不能完全按合同约定及时提供仓位，致使货物不能全部入库，或者在合同有效期限内要求存货人退仓的，应当按约定支付违约金。

(2) 保管人未按国家规定或者合同约定的项目、方法等验收储存货物或者验收不准确，应承担由此造成的实际经济损失。验收后发现仓储物的品种、数量、质量不符合规定的，应当承担损害赔偿责任。

(3) 货物在储存保管期间，因未按合同规定的储存条件和保管要求保管货物而造成货物损坏、短少、变质以致灭失的，保管人承担违约责任。因保管或操作不当而使包装发生损毁，由保管人负责修复或折价赔偿，造成损失的，由保管人承担赔偿责任。

(4) 货物保管期满后，保管人没有按照合同规定的时间、数量返还储存保管物的，保管人应承担违约责任。保管人按照约定负责发货而未按约定的时间、地点发货，承担由此而给存货人造成的经济损失。

(5) 合同双方约定的其他违约责任。

2) 仓储合同存货人的主要违约责任

(1) 存货人未按合同约定对仓储物进行必要包装或包装不符合约定要求，造成仓储物毁损、灭失的，应自行承担责任，并承担由此给仓储保管人造成的损失。

(2) 存货人未按合同约定的仓储物的性质交付仓储物，或者超过储存期限，造成仓储物毁损、灭失的，自行承担责任。

(3) 危险有害物品必须在合同中注明，并提供必要的资料，存货人未按合同约定而造成损失，自行承担民事责任和刑事责任，并承担由此给仓储人造成的损失。

(4) 逾期存储，承担加收费用的责任。

(5) 储存期满不提取仓储物，经催告后仍不提取仓储物的承担违约赔偿责任。

3) 违约处理形式

违约责任往往以弥补对方的损失为原则，违约方需对对方直接造成的损失和合理预见的利益损失给予弥补。违约责任的承担方式有支付违约金、赔偿损失、继续履行合同、采取补救措施、定金惩罚等。

(1) 支付违约金。违约金是指当一方违反合同约定时需向另一方支付的金额。从违约金本身来说是一种对违约的惩罚。违约金产生的前提是合同约定和违约行为的发生，包括发生预期违约，而无论是否发生损失。根据我国《合同法》的规定，当事人可以约定一方违约时应当根据违约情况向对方支付一定数额的违约金，也可以约定因违约产生的损失赔偿额的计算方法。同时规定当违约金过高或者过低时，可以要求法院或仲裁予以调整。因而违约金又是一种赔偿处理的方法，具有赔偿性。合同违约金的约定可以按照违约的现象进行约定，如未履行合同的违约金、不完全履行的违约金、延迟违约金等，也可以确定一种违约金的计算方法，当发生违约时通过计算确定具体违约金。

违约金以约定支付的方式进行赔付。对于合同履行中因责任造成对方损失的赔偿，也可以采取违约金支付的方式，这样有利于简化索赔过程。

(2) 赔偿损失。当事人一方由于违反仓储合同的约定，不履行合同义务或者履行合同义务不符合约定使合同对方发生损失的，应该承担对方损失的赔偿责任。违约的赔偿责任既是法定的责任也是约定的责任。

合同中约定违约金时，一方的违约造成超过支付的违约金的损失时，另一方仍有权要求违约方赔偿超额的损失。赔偿损失可以采用支付赔偿金的方式，也可以采取其他方式进行，如实物补偿等。

(3) 继续履行合同。继续履行合同是指发生违约行为后，被违约方要求对方或请求法院强制对方继续履行合同的义务的违约责任承担制度。继续履行合同是一种违约责任的承担方式,而无论违约方是否支付了违约金和承担了对方的损失赔偿。其条件为合同还可以继续履行和违约方还具有履行合同的能力,但继续履行合同不能违背原合同的性质和法律关系。若法律上或者事实上不能履行、继续履行费用过高、被违约方未在合理期限内提出继续履行,违约方可免除继续履行。

(4) 采取补救措施。发生违约后,被违约方有权要求违约方采取合理的补救措施,弥补违约的损失,并减少进一步损失的发生。如对损坏的仓储物进行修理、将仓储物转移到良好的仓库存放、修复仓储设备,或者支付保养费、维修费、运杂费。

(5) 定金惩罚。定金是《中华人民共和国担保法》规定的一种担保方式。在订立合同时,当事人可以约定采用定金来担保合同的履行。在履约前,由一方向另一方先行支付定金,在合同履行完毕,收取定金一方退还定金或者抵作价款。当合同未履行时,支付定金一方违约的,定金不退还;收取定金一方违约的,双倍退还定金。定金不得超过合同总金额的20%。同时有定金和违约金约定的选择其中一种履行。

4. 免责

免责又称为免除民事责任,发生法律规定的免责事项和合同约定的免责事项,违约方可以不承担民事责任。但是因故意或者重大过失造成对方人身伤害、财产损失的不能免责。免责事项包括不可抗力、仓储物自然特性、存货人的过失或隐瞒及合同约定的免责。

4.1.4 仓储合同范本

仓储合同范本如下:

仓 储 合 同

合同编号:＿＿＿＿＿＿＿
存货人(甲方):＿＿＿＿＿＿ 地址:＿＿＿＿＿＿ 联系电话:＿＿＿＿＿＿
保管人(乙方):＿＿＿＿＿＿ 地址:＿＿＿＿＿＿ 联系电话:＿＿＿＿＿＿
合同签订地:＿＿＿＿＿＿＿＿＿＿＿＿＿＿＿＿＿＿＿＿＿＿
存货人和保管人根据《中华人民共和国合同法》,经双方协商一致,签订本合同。双方同意本着友好合作的原则共同信守合同。

第一条 仓储物

品名	规格	性质	数量	质量	包装	件数	标记

第二条 货物验收内容、标准、方法、时间和资料:＿＿＿＿＿＿＿＿＿＿＿＿＿＿。
第三条 货物的保管条件和保管要求:＿＿＿＿＿＿＿＿＿＿＿＿＿＿＿＿＿＿。
第四条 保管期限:从＿＿＿＿年＿＿月＿＿日至＿＿＿＿年＿＿月＿＿日。
第五条 验收项目和验收方法

(1) 存货方应当向保管方提供必要的货物验收资料,如未提供必要的货物验收资料或提供的资料不齐全、不及时,所造成的验收差错及贻误索赔期或者发生货物品种、数量、质量不符合合同规定时，保管方不承担赔偿责任。

(2) 保管方应按照合同规定的包装外观、货物品种、数量和质量对入库货物进行验收，如果发现入库货物与合同规定不符，应及时通知存货方。保管方未按规定的项目、方法和期限验收，或验收不准确而造成的实际经济损失，由保管方负责。

(3) 验收期限：国内货物不超过＿＿＿＿天，国外货物不超过＿＿＿＿＿天。超过验收期限所造成的损失由保管方负责。货物验收期限是指货物和验收资料全部送达保管方之日起，至验收报告送出之日止。日期均以运输或邮电部门的戳记或直接送达的签收日期为准。

第六条　入库和出库手续按照有关入库、出库的规定办理，如无规定，按双方协议办理。入库和出库时，双方代表或经办人都应在场，检验后的记录要由双方代表或经办人签字。该记录就视为合同的有效组成部分，双方当事人各保存一份。

第七条　损耗标准和损耗处理按照有关规定办理，如无规定，按双方协议办理。

第八条　保管费率为＿＿＿元/(天·吨)，不足12小时按半天计算；总保管费为＿＿＿元。费用在货物交存保管的＿＿＿＿＿＿天内交付给保管人，保管到期前交付。结算办法：＿＿＿＿＿＿。

第九条　违约责任

1) 保管方的责任

(1) 由于保管方的责任，造成退仓或不能入库时，应按合同规定赔偿存货方运费和支付违约金＿＿＿＿＿元。

(2) 对危险物品和易腐货物，不按规程操作或妥善保管，造成毁损的，负责赔偿损失。

(3) 货物在储存期间，由于保管不善而发生短少、变质、污染、损坏的，负责赔偿损失。如属包装不符合合同规定或超过有效储存期而造成货物损坏、变质的，不承担赔偿责任。

(4) 由保管方负责发运的货物，不能按期发货，赔偿存货逾期交货的损失；错发到货地点除按合同规定无偿运到规定的到货地点外，并赔偿存货方因此而造成的实际损失。

2) 存货方的责任

(1) 易燃、易爆、有毒等危险物品和易腐物品，必须在合同中注明，并提供必要的资料，否则造成货物毁损或人身伤亡的，由存货方承担赔偿责任直至由司法机关追究刑事责任。

(2) 存货方不能按期存货，应偿付保管方的损失。向保管方支付违约金＿＿＿＿＿＿元。

(3) 逾期不提时，除交纳保管费外，还应偿付违约金＿＿＿＿＿元/(天·吨)。

(4) 包装不符合国家或合同规定，造成货物损坏、变质的，由存货方负责。

3) 违约金和赔偿方法

(1) 违反货物入库和货物出库的规定时，当事人必须向对方交付违约金。违约金的数额为违约所涉及的那一部分货物的＿＿＿＿＿＿个月保管费(或租金)或＿＿＿＿＿倍的劳务费。

(2) 因违约使对方遭受经济损失时，如违约金不足以抵偿实际损失，还应以赔偿金的形式补偿其差额部分。

(3) 前述违约行为给对方造成损失的，一律赔偿实际损失。

(4) 赔偿货物的损失，一律按照进货价或国家批准调整后的价格计算；有残值的，应扣除其残值部分或残件归赔偿方。

第十条 由于不可抗力事故，致使直接影响合同的履行或约定的条件履行时，遇有不可抗力事故的一方，应立即将事故情况通知对方，并应在_____天内，提供事故详情及合同不能履行或者部分不能履行或需要延期履行的理由的有效证明文件，此项证明文件应由事故发生地区的公证机构出具。按照事故对履行合同影响的程度，由双方协商确定是否解除合同，或者部分免除履行合同的责任，或者延期履行合同。

第十一条 解决合同纠纷的方式。

本合同所发生的争议，双方应本着友好协商的方式协商解决，不能协商解决的，双方同意通过仲裁委员会仲裁。

第十二条 其他约定事项：

保管方(章)：　　　　　　　　　　存货方(章)：
地址：　　　　　　　　　　　　　地址：
法定代表人：　　　　　　　　　　法定代表人：
开户行：　　　　　　　　　　　　开户行：
账号：　　　　　　　　　　　　　账号：
电话：　　　　　　　　　　　　　电话：
有效期限：_____年____月____日至_____年____月____日

4.2 货物入库作业组织

入库作业组织是指仓储部门按存货方的要求，合理组织人力、物力等资源，按照入库作业程序，认真履行入库作业各环节的职责，及时完成入库任务的工作过程。

仓库有多种类型，既有制造企业的自备仓库，也有物流企业的营业性仓库，还有车站、码头、机场的公用仓库。由于各种类型仓库的技术装备条件和信息化水平各不相同，入库作业的具体内容也不一样，但所有的入库作业具有共同的运作规律，基本作业流程是一致的。货物入库的基本作业流程如图4.1所示。

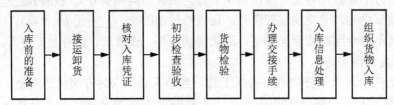

图4.1 货物入库的基本作业流程

4.2.1 入库前的准备

做好入库前的准备工作是保证货物准确、迅速入库的重要环节，也是防止出现差错、缩短入库时间的有效措施。入库前的准备工作，主要包括以下几项内容。

(1) 人员准备。安排好负责质量验收的技术人员或用料单位的专业技术人员，以及配合数量验收的装卸搬运人员,保证货物到达后,人员及时到位。

(2) 资料准备。收集并熟悉和检验货物有关的文件,如技术标准、订货合同、货物性能指标说明书等。

(3) 器具准备。准备好验收用的检验工具,包括地磅、轨道衡、磅秤、电子秤等称量设备;直尺、卷尺、卡钳、线规、游标卡尺、千分尺等量具;测湿仪、拉力机、硬度机、显微镜、光谱仪及光学分析仪器等仪器仪表,并校验准确。

(4) 货位准备。根据货物形状、性质和数量,进行堆垛设计。确定货物验收入库后存放的位置,计算和准备堆码苫垫材料等。

(5) 设备准备。大批量货物的数量验收,必须有装卸搬运机械的配合,应根据货物性质选定相应机械设备。

此外,对于有些特殊货物的验收,如毒害品、腐蚀品、放射品等,出于验收人员自身安全考虑,需要根据货物性质,准备软质、无油污、能防止摩擦冲击起火,能防毒、防腐蚀、防辐射的衣服、鞋帽和手套。

4.2.2 接运卸货

接运卸货是货物入库作业流程的第二道作业环节,是货物入库和保管的前提。由于货物到达仓库的形式不同,除了一小部分由供货单位直接运到仓库交货外,大部分要经过铁路、公路、水运、航空和短途运输等运输方式转运。不管是哪种情况,入库的货物均经过了长短途运输,所以难以避免会发生一些意外的情况,如碰撞、丢失、规格不符等,这些情况只有在接运过程中搞清楚,认真检查,初步确认,才能为货物的验收和保管保养工作创造良好的条件。所以,仓储单位对运输到达的货物,都要经过接运才能验收入库。

按接运地点的不同,接运方式大致上有 4 种类型,无论哪种接运方式,都应注意以下事项。

1. 车站、码头提货

车站、码头提货是针对小型或无专用线,货物由铁路、水运等运输部门转运而来的仓库而言的一种接运方式。采用这种方式接运时要求提货人员对所提取的货物应了解其品名、型号、特性和一般保管知识、装卸搬运注意事项等。在提货前应做好接运货物的准备工作,例如安排装卸运输工具、腾出存放货物的场地等。提货人员在到货前,应主动了解到货时间和交货情况,根据到货多少,组织装卸人员、机具和车辆,按时前往提货。

提货时根据运单和有关资料认真核对货物的品名、规格、数量、收货单位等,并仔细进行货物外观检查,如包装是否完好,有无水渍、油渍、受潮、污损、锈蚀、短件、破损等。如果有疑点,或者与运单记载不相符合,应当会同承运部门共同查清,是承运部门责任,必须填写"货运记录",作为向承运部门进行索赔的依据;是其他部门(如发货单位)责任,由承运部门填写"普通记录",并由铁路货运员签字证明实际情况。

提货后,在短途运输中,要做到不混不乱,避免碰坏损失。危险品应按照危险品搬运规定办理。货物到库后,提货人员应及时将运单连同提取回的货物向保管人员当面点交清楚,然后由双方办理交接手续。

2. 专用线接车

专用线接车是针对有专用线，货物由铁路部门转运的大型仓库而言的一种接运方式。铁路部门将转运的货物直接运送到仓库内部专用线，仓库直接在专用线接运货物即可。

通常，整车货物一车一个货位，车辆进入专用线后，调车组在货运员的指导下对货位，目的是减少设备走行时间，避免作业交叉干扰。对好货位后，为了防止误卸和划清货物运输事故的责任，需要做好卸车前的检查工作，主要检查以下内容：①核对车号；②检查车门、车窗有无异状，铅封是否脱落、破损或印文不清、不符等；③货物名称、件数与货物运单上填写的名称、件数是否相符；④对盖有篷布的敞车，应检查覆盖状况是否严密完好，尤其应查看有无雨水渗漏的痕迹和破损、散捆等情况。

卸车时为了给后期的货物验收和保管提供便利条件，要注意以下几点：①要按车号、品名、规格分别堆码，做到层次分明，便于清点，并标明车号及卸车日期；②注意外包装的指示标志，要正确勾挂，升降轻放，防止包装和货物损坏；③妥善处理苫盖，防止受潮和污损；④对品名不符、包装破损、受潮或损坏的货物，应另外堆放，写明标志，并会同承运部门进行检查，编制记录。

卸车后，检查车内货物是否卸净，关好车门、车窗，通知车站取车。做好卸车记录，如表 4-1 所示，记录清楚卸车货位、货物规格、数量等，连同有关证件和资料尽快向保管人员或验收人员交代清楚，办好内部交接手续。

表 4-1 卸车记录

到货日期		发站			车号		
卸车日期		收货人			运单号		
					运输号		
品名		数量		存放地点		存放单位	
外包装情况				验收动态	配单日期	验完日期	天数

调运员： 卸车班组长： 保管员：

3. 仓库自行接货

仓库接受货主委托直接到供货单位提货时，应将接货与检验工作结合起来同时进行。仓库应根据提货通知，了解所提货物的性能、规格、数量，准备好提货所需的机械、工具、人员，配备保管员在供方当场检验质量、清点数量，并做好验收记录，接货与验收合并一次完成。

4. 库内接货

存货单位或供货单位直接将货物运送到仓库储存时，保管员和送货员直接办理交接手续，当面验收并做好记录。若有差错，应填写记录，送货人签字证明，仓库据此向有关部门提出索赔。

4.2.3 核对入库凭证

货物运抵仓库后,保管人员首先要检验入库凭证,然后按入库凭证所列的收货单位、货物名称、规格及数量等具体内容,与货物各项标志核对。经复核无误后,即可进行下一道程序。通常凡入库货物应该具备以下凭证。

(1) 业务主管部门或货主提供的入库通知单(见表 4-2)和订货合同、协议书等,这是仓库接收货物的主要凭证。

表 4-2 入库通知单

上海××仓库有限公司:

根据贵我双方签署的仓库保管合同,我公司现有一批货物委托上海××货运有限公司运送至贵公司储存,请安排接收。具体情况如下:

品　　名	规　　格	单　　位	数　　量	包　　装
金龙鱼色拉油	1.8L	桶	180	10 桶/箱
雕牌洗衣粉	500g	袋	240	24 袋/箱
黑妹牙膏	180g	支	400	100 支/箱

请在 20××年××月××日前完成入库。联系人:×××,电话:021-××××××××

上海××商贸有限公司

20××年××月××日

(2) 供货单位提供的验收凭证,包括材质证明书、装箱单、磅码单、发货明细表、说明书、保修卡及合格证等。

(3) 承运单位提供的运输单证,包括货物运单、货票和登记货物残损情况的货运记录、普通记录等,作为向责任方进行交涉的依据。

在整理、核实、查对以上凭证时,如果发现证件不齐或不符等情况,要与货主、供货单位、承运单位和有关业务部门及时联系解决。

4.2.4 初步检查验收

初步检查验收主要是对到货情况进行粗略的检查,其工作内容主要包括数量检验和包装检验。

1. 数量检验

数量检验是保证货物数量准确不可缺少的重要步骤,一般在质量检验之前,由仓库保管职能机构组织进行,且多采用全验的方式。按照到库货物计量单位的不同,数量检验分为 3 种形式,即计件、检斤、检尺求积。无论采用哪种方法,都必须做到精确无误。

(1) 计件。以件数为计量单位的货物(计量单位为"件"),如日用百货(烟、酒、饮料等箱装货物)进行数量检验时,应逐一清点件数。对于有固定包装的小件货物,一般以包装施封完好为准,不拆包检查。

(2) 检斤。以重量为计量单位的货物(计量单位为"吨"),如散装货物中的煤炭等进行数量检验时,应用磅秤或轨道衡称重,并填写磅码单,如表 4-3 所示。

表4-3 磅码单

供货单位_____　　　　　　　　　　　　　　年　月　日

品　名		车　号	
型号规格		皮　重	
件　数		毛　重	
收　费		净　重	
备　注	无电脑打印单无效	司　磅	

以理论换算重量为计量单位的货物(计量单位为 t/m³)，如金属材料中的板材、型材等，应先检尺，再按规定的换算方法换算成重量验收。实际换算时可不必逐一计算，通过《五金手册》或《材料手册》等工具书一查便知。

重量验收是否合格，是根据验收磅差率和允许磅差率的比较判断的，若验收磅差率未超过允许磅差率范围，说明该批货物合格；若验收的磅差率超出允许磅差率范围，说明该批货物不合格。验收磅差率的计算公式为

验收磅差率=(验收重量-应收重量)/应收重量×1 000‰

磅差是指由于不同地区地心引力差异、磅秤精度差异及运输装卸损耗等因素造成重量过磅数值的差异。表4-4为金属的允许磅差率范围。此外，水泥重量的允许公差为50kg±1kg；一批玻璃的15%为允许公差范围(按片计算)。

表4-4 金属允许磅差率范围

品种	有色金属	金属制品、电解铜	钢材	生铁、废铁	贵金属
允许磅差率	±1‰	±2‰	±3‰	±5‰	±0‰

(3) 检尺求积。以体积为计量单位的货物(计量单位为 m³)，如木材、沙石、玻璃等，应先检测尺寸，再求体积予以验收。

2. 包装检验

数量检验的同时，对每件货物的包装也要进行仔细地查看，查看包装有无被撬、开缝、破损、水渍、渗漏、污染等异常情况。撬开、开缝、挖洞有可能是被盗的痕迹；污染为配装、堆存不当所致；破损有可能因装卸、搬运作业不当、装载不当造成；水渍和沾湿是由于雨淋、渗透、落水或潮解造成。出现异常情况时，必须单独存放，并打开包装进行详细检查，查看内部货物有无短缺、破损或变质等情况。逐一查看包装标志，目的在于防止不同货物混入，避免差错，并根据标志指示操作，确保货物入库储存安全。

4.2.5　货物检验

进行完初步的检查验收后，仓库管理员对入库的货物还要做进一步的质量检验。货物质量检验主要包括外观质量和内在质量检验。

1. 外观质量检验

外观质量检验又称感官检验，主要通过人的感觉器官(视觉、听觉、味觉、嗅觉、触觉)，直接观察货物包装或货物外形判断质量情况。如在充足光线下，利用视力观察货物的状态、

颜色、结构等表面状况，检查有无变形、破损、变色、结块等损害情况，以判定质量。同时检查货物标签、标志是否具备、完整、清晰等，标签、标志与货物是否一致。通过摇动、轻度敲击货物的声音，或用手感触货物的细度、光滑度、黏度、柔软程度等来判断有无结块、融化、受潮，或通过货物所特有的气味、滋味判定是否新鲜，有无变质。

一般情况下，外观质量检验采用全验方式。但是，在货物批量大，规格和包装整齐，存货单位的信誉较高，或验收条件有限的情况下，可采用抽验的方式。外观质量检验简便易行，大大简化了仓库的质量验收工作，节省了大量的人力、物力和时间，广泛应用于检验物品的外观和表面特征。但是，外观质量检验易受检验人员的经验、检验环境甚至生理状态等因素的影响，主观性太强，且无统一的检验标准，因此必须引起重视。

2. 内在质量检验

内在质量检验主要是对货物的物理、化学性质所进行的检验。由于要求一定的技术知识和检验手段，目前仓库多不具备这些条件，所以一般在库外进行，由仓库取样，委托专门的技术检验机构检验。

经检验确认后的货物，应及时填写检验记录表(见表4-5)。

表4-5 检验记录表

供 货 商		采购订单号		入库通知单号	
运 单 号		合 同 号		车 号	
发货日期		到货日期		验收日期	
序 号	货物名称	货物编码	规格型号	计量单位	应收数量	实际数量	差 额

单位负责人：　　　　　　　复核：　　　　　　　检验员：

4.2.6 办理交接手续

入库货物经过以上几道工序之后，就可以与送货人员办理交接手续。如果在以上工序中无异常情况出现，收货人员在送货单(见表4-6)上盖章签字表示货物收讫；如发现有异常情况，必须在送货单上详细注明并由送货人员签字，或由送货人员出具差错、异常情况记录等书面材料，作为事后处理的依据。

表4-6 送货单

送货单位：_____　日期：____年____月____日　编号：_____

品 名	规 格	单 位	数 量	单 价	金 额	说 明
合 计						

合计金额(人民币大写)____万____仟____佰____拾____元____角____分

收货单位：(盖章)　　　　　制单：　　　　　经手人：

4.2.7 入库信息处理与组织货物入库

办完货物交接手续之后,仓库管理员将有关入库信息及时准确地录入入库管理信息系统,更新库存货物的有关数据。货物信息处理的目的在于为后续作业提供管理和控制的依据。因此,入库信息的处理必须及时、准确、全面。货物的入库信息通常包括:①货物名称、规格型号;②包装单位、包装尺寸、包装容器及单位重量等;③货物的原始条码、内部编码、进货入库单据号码;④货物的储位指派;⑤货物入库数量、入库时间、生产日期、质量状况、货物单价等;⑥供货商名称、编号、合同号等。

入库信息处理完毕,按照打印出的入库单据(见表4-7),根据入库程序办理入库的具体业务,组织货物入库存放,同时办理相应的入库手续。到此为止,入库业务告一段落,进入到在库管理阶段。

表4-7 入库单

送货单位:_____   入库单编号:_____
储存位置:_____   入库日期:_____年_____月_____日

货物编号	品名	规格	单位	应收数量	实收数量	备注

收货人: 会计: 制单人:

4.3 货物入库验收管理

货物入库验收是根据合同或标准的规定要求,对仓储物的品质、数量、包装等进行检查、验收的总称。货物验收工作是一项对时间性、技术性、准确性要求很高的工作。

4.3.1 货物验收的作用

所有到库货物,必须在入库前进行验收,只有在验收合格后才能正式入库。货物验收的作用主要表现在以下几个方面。

(1) 验收是做好货物保管保养的基础。货物验收的必要性体现在以下两个方面:一方面,各种到库货物来源复杂,渠道繁多,从结束其生产过程到进入仓库前,经过运输、搬运、装卸、堆垛等作业,受到雨淋、水湿、沾污或操作不慎,以及运输中振动、撞击的影响,质量和数量可能已发生某种程度的变化;另一方面,各类货物虽然在出厂前都经过了检验,但有时也会出现失误,造成错检或漏检,使一些不合格货物按合格货物交货。所以,只有在货物入库时,通过验收将货物实际状况搞清楚,判明货物的品种、规格、质量等是否符合国家标准或供货合同规定的技术条件,数量上是否与供货单位附来的凭证相符,才能分类分区按品种、规格分别进行堆码存放,才能针对货物的实际情况,采取相应的措施对在库货物进行保管及保养。

(2) 验收记录是仓库提出退货、换货或索赔的依据。验收过程中，若发现货物数量不足，或规格不符，或质量不合格时，仓库检验人员应作出详细的验收记录，据此由业务主管部门向供货单位提出退货、换货或向承运责任方提出索赔等要求。倘若货物入库时未进行严格的验收，或没有作出详细的验收记录，而在保管过程中，甚至在发货时才发现问题，就会使责任不分，丧失理赔权，带来不必要的经济损失。

(3) 验收是避免货物积压，减少经济损失的重要手段。保管不合格品，是一种无效的劳动。对于一批不合格货物，如果不经过检查验收，就按合格货物入库，必然造成货物积压，增加库存成本；对于计重货物，如果不进行检斤验数，就按有关单据的供货数量付款，当实际数量不足时，就会造成经济损失。

(4) 验收有利于维护国家、企业利益。近年来我国经济与世界经济的联系日益紧密，进口货物的数量和品种不断增加。对于进口货物，国别、产地和厂家等情况更为复杂，必须依据进口货物验收工作的程序与制度，严格认真地做好验收工作；否则，数量与质量方面的问题就不能得到及时发现，若超过索赔期，即使发现问题，也难于交涉，这就会给国家、企业带来严重的经济损失。对外提出索赔时，需要有商检部门的证明及验收报告、对外贸易合同、国外发货票、装箱单、质量证明书及运单等。同时，在索赔期内应妥善保管物资，以备商检部门或供货方复验。

> **小贴士**
>
> 材料、燃料等对外索赔期为 10 天，化工产品为 60 天，五金钢材、机器、仪器等为 90 天，成套设备和大型机械设备为一年。

4.3.2 货物验收的基本要求

1. 及时

到库货物必须在规定的期限内完成验收工作，提出验收结果。这是因为，货物虽然到库，但是未经过验收的货物不算入库，不能供应给用料单位。只有及时验收，尽快提出检验报告，才能保证货物尽快入库，满足用料单位需要，加快货物和资金周转。同时，货物的索赔有一定的期限，如果验收时发现货物不合规定要求，要提出退货、换货或赔偿等要求，均应在规定的期限内(一般为 90 天)提出；否则，供方或责任方不再承担责任，银行也将办理拒付手续。

2. 准确

验收的各项数据或检验报告必须准确无误。验收的目的是要弄清货物数量和质量方面的实际情况，验收不准确，就失去了验收的意义。而且，不准确的验收还会给人以假象，造成错误的判断，引起保管工作的混乱，严重者还可以危及营运安全。

3. 严格

仓库有关各方都要严肃认真地对待货物验收工作。验收工作的好坏直接关系到国家和企业利益，也关系到以后各项仓储业务的顺利开展，因此，仓库领导应高度重视验收工作，直接参与人员更要以高度负责的精神来对待这项工作，明确每批货物验收的要求和方法，并严格按照仓库验收入库的业务操作程序办事。

4. 经济

在验收货物时，多数情况下，不但需要检验设备和验收人员，而且需要装卸搬运设备及相应工种工人的配合。这就要求各工种密切协作，合理组织调配人员与设备，以节省作业费用。此外，验收工作中，尽可能保护原包装，减少或避免破坏性试验，也是提高作业经济性的有效手段。

4.3.3 货物验收的方式

货物验收主要有全数检验和抽样检验两种方式，应该由供求双方协商，并在仓储合同或者其他质量协议中明确规定。

所谓全数检验，是指对于批量小、规格尺寸和包装不整齐及要求严格验收的货物，必须对所有货物全部进行检验的一种方式。它需要消耗较多的人力、物力和时间，但是可以保证验收质量，因此原则上货物验收应采用全数检验的方式。

所谓抽样检验，就是借助数理统计方法，从一批货物中，随机地抽取部分货物进行检验，根据这部分货物的质量情况，判断该批货物的质量状况，从而决定该批货物质量是否合格的一种货物检验方式。一般情况下，当货物批量过大、规格尺寸和包装完好、质量信誉较高时，当时间紧迫或是力量不足时，当全数检验所需费用过高时，当检验货物必须破坏被检物或有损于被检物的使用价值时，均可采用抽样检验。特别是进行货物的理化性能检验时多采用这种方式。

1. 抽样检验的必要性

采用抽样检验的方式进行货物质量验收可以节约人力，提高货物入库速度。另外，有些货物包装技术性较强，如使用专用机械打包，或真空压缩包装，拆开验收后，其包装便不能复原，势必会影响货物质量；有些货物经开箱、拆包检验之后，因与外界(如空气、水分、阳光等)接触，会引起质量变化；有些货物经过破坏性的检验便失去其使用价值(如灯泡使用寿命检验)。采取抽检的方式，往往可以使损失控制在合理的范围之内。

2. 抽检比例的确定

抽检比例应首先考虑以合同规定为准，合同没有规定的，一般抽检5%~20%，但也要同时考虑以下因素进行适当调整。

(1) 货物的性质和特点。不同的货物具有不同的特性。例如玻璃器皿、保温瓶胆、瓷器等容易破碎，皮革制品、副食品、果品、海产品等容易霉变，香精、香水等容易挥发，这些货物的验收比例可以大一些；而肥皂、香皂之类外包装完好、内部不易损坏的货物，验收比例可以小一些。

(2) 货物的价值。贵重货物，如价格高的精密仪器、名贵中药材(人参、鹿茸等)，入库时验收比例要大一些，或者全验；而一般价值较低、数量较大的货物可少验。

(3) 货物的生产技术条件。对于生产技术条件好、工艺水平较高、产品质量好而且稳定的货物可以少验；而对于生产技术水平低，或手工操作、产品质量较差而又不稳定的需要多验。

(4) 供货单位的信誉。有的企业历来重视产品质量,并重视产品的售后服务工作,长期以来仓库在接收该厂产品时没有发现质量、数量等问题,消费者对该企业的产品也比较满意,这样的企业供应的货物可以少验或免验;而对于信誉较差的企业提供的产品则要多验。

(5) 包装情况。包装材料差、技术低、结构不牢固,都会直接影响货物质量和运输安全,从而造成散失、短少或损坏。因此,收货时,对包装质量完好的货物可以适当少验,反之则要多验。

(6) 运输工具。货物在运输过程中,使用的运输工具、运距,以及中转环节的不同等,对货物质量、数量都会有不同程度的影响。因此,入库验收时,应视不同情况确定验收比例。如对于汽车运输,且运距较长,由于途中振荡幅度大,损耗会多一些,因此,需要确定较大的验收比例。而水路或航运,由于途中颠簸小,损耗自然会少一些,因此可以少验。

(7) 气候条件。经过长途转运的货物,可能由于气候条件的变化,质量会受到一定的影响。即使同一地区,季节变化对货物质量也会产生影响。所以,对怕热、易熔的货物,夏季要多验;对怕潮、易溶解的货物,在雨季和潮湿地区应多验;怕冻的货物,冬季应多验。

4.3.4　货物验收中发现问题的处理

货物验收中,可能会发现诸如证件不齐、数量不符、规格不符、质量不合格等问题,应区别不同情况,及时处理。

(1) 凡验收中发现问题等待处理的货物,应该单独存放,妥善保管,防止混杂、丢失、损坏。

(2) 证件未到或不齐、不符时,应及时向供货单位索取,到库货物应作为待检验货物堆放在待验区,待证件到齐后再进行验收。证件未到之前,不能验收,不能入库,更不能发料。

(3) 凡"入库通知单"或其他证件已到,在规定的时间未见货物到库时,应及时向主管部门反映,以便查询处理。

(4) 发现货物数量和质量不符合规定,要会同有关人员当场作出详细记录,交接双方应在记录上签字。如果是交货方的问题,仓库应该拒绝接收;如果是承运部门的问题,就应该提出赔偿。

(5) 数量不足在规定磅差范围内的,可按原数入库。凡超过规定磅差范围的,应查对核实,当场做成验收记录和磅码单交主管部门会同货主向供货单位办理交涉。凡实际数量多于原发料量的,可由主管部门向供货单位退回多发数,或补发货款。货物入库验收过程中发生的数量不符情况,原因可能是发货方在发货过程中出现了差错,误发了货物,或者是在运输过程中漏装或丢失了货物等。

(6) 货物规格不符或错发时,应先将规格对的予以入库,规格不对的做好验收记录交给主管部门办理换货。

(7) 质量不合格时,应及时向供货单位办理退货、换货交涉,或征得供货单位同意代为修理,或在不影响使用前提下降价处理。

(8) 凡属承运部门造成的货物数量短少或外观包装严重残损等,应凭接运提货时填写的货运记录在规定期限内及时向承运部门提出索赔要求。

4.4 货账管理

货物一经验收入库,就必须办理登账、立卡、建档等一系列入库手续。

4.4.1 登账

登账,即建立货物明细料账。货物明细料账,即根据货物入库验收单和有关凭证建立的货物保管明细账,并按照入库货物的类别、品名、规格、批次等,分别立账。它是反映在库储存货物进库、出库、结存详细情况的账目。按照账目管理分工,企业的财务部门负责总账的管理,一般只分货物大类记账,并凭此进行财务核算。货物保管部门负责建立详细反映库存货物进出和结存的保管明细账(见表4-8),并凭此进行货物进、出业务活动。明细账除有货物的品名、规格、数量之外,还要标明货物存放的具体位置、货物单价和金额等。

表4-8 货物保管明细账

时间	货物名称	规格型号	计量单位	包装单位	入库数量	出库数量	结存数量	单价	金额	储存位置

1. 登账规范

登账应遵循以下原则。
(1) 登账必须以正式合法的凭证为依据,如货物入库单和出库单、领料单等。
(2) 一律使用蓝、黑色墨水笔登账,用红墨水笔冲账。
(3) 记账应连续、完整,依日期顺序记,不能隔行、跳页,账页应依次编号,年末结存后转入新账,旧账页入档妥为保管。
(4) 记账时,其数字书写应占空格的2/3空间,便于改错。

2. 账目的更改办法

当发现账目有错误的记载时,不得刮擦、挖补、涂抹或用其他药水更改字迹。应在错误的文字处或数字处划一红线,标示注销;然后在其上方填上正确的文字或数字;在更改处加盖更改者的印章;红线划过后的原来字迹必须仍可辨认。

4.4.2 立卡

货物入库或上架后,将货物名称、规格、数量或出入状态等内容填在料卡上,称为立卡。料卡也称货卡、货牌、料签,由负责该种货物保管的人负责填制,应一物一卡、一垛一卡,一般插放在货物下方的货架支架上或摆放在货垛正面明显位置。货卡按其作用不同可分为货物状态卡和货物保管卡。

1. 货物状态卡

货物状态卡是用于表明货物所处业务状态或阶段的标识,根据ISO 9000国际质量体系认证的要求，在仓库中应根据货物的状态，按可追溯性要求，分别设置待检、待处理、合格和不合格等状态标识。

2. 货物保管卡

货物保管卡包括标识卡和储存卡等。

(1) 货物标识卡是用于表明货物的名称、规格、供应商和批次等的标识。根据 ISO 9000 国际质量体系认证的要求，在仓库中应根据货物的不同供应商和不同入库批次，按可追溯性要求，分别设置标识卡。

(2) 货物储存卡是用于表明货物的入库、出库与库存动态的标识(见表 4-9)。

表 4-9　储存卡

存货单位：_____　品名：_____　规格：_____　单位：_____

年		入库数量	出库数量	结存数量	经手人
月	日				

卡片应按"入库通知单"所列内容逐项填写。货物入库堆码完毕，应立即建立卡片，一垛一卡。对于卡片的处理，通常有两种方式：一是由保管员集中保存管理。该种方式有利于责任制的贯彻，即专人专责管理。但是如果有进出业务而该保管员缺勤时就难以及时进行。二是将填制的储存卡直接挂在货垛上。挂放位置要明显、牢固。该种方式的优点是便于随时与实物核对，有利于货物进、出业务的及时进行，可以提高保管人员作业活动的工作效率。

4.4.3　建档

货物验收入库后，在记账、立卡的同时，需建立物资档案。建立物资档案就是对货物出入库凭证和技术资料进行分类归档保存，其目的是更好地管理货物的凭证和资料，防止散失，方便查阅，同时便于了解货物入库前后的活动全貌，有助于总结和积累仓库保管经验，研究管理规律，提高科学管理水平。

1. 档案资料的范围

(1) 货物出厂时的各种凭证和技术资料，如货物技术证明、合格证、装箱单、发货明细表等。

(2) 货物运输单据、普通记录或货运记录、公路运输交接单等。

(3) 货物验收的入库通知单、验收记录、磅码单、技术验收报告等。

(4) 货物入库保管期间的检查、保养、损溢、变动等情况的记录。

(5) 库内外温、湿度的记载及对货物的影响情况。

(6) 货物出库凭证、交接签单、送货单等。

(7) 其他有关该货物仓储保管的特别文件和报告记录。

2. 建档工作的具体要求

(1) 应一物一档。建立的货物档案应该是一物(一票)一档。

(2) 应统一编号。货物档案应进行统一编号,并在档案上注明货位号。同时,在"货物保管明细账"上注明档案号,以便查阅。

(3) 应妥善保管。货物档案应存放在专用的柜子里,由专人负责保管。

3. 档案资料的保管

某种货物全部出库后,除必要的技术资料必须随货同行外,其余均应留在档案内,并将货物出库证件、动态记录等整理好一并归档。货物档案资料的保管期限,根据实际情况酌定。其中有些资料,如库内气候资料、货物储存保管的试验资料,应长期保留。一旦认定某货物档案确无保存价值时,则可决定销毁,但必须经仓库主管领导批准。

本 章 小 结

货物入库管理是仓储作业管理的第一步,也是仓储作业管理的关键环节,直接关系到在库、出库作业管理能否顺畅与方便。

仓储合同是保管人储存存货人交付的仓储物,存货人支付仓储费的合同,有一般仓储合同、混藏式仓储合同、消费式仓储合同和仓库租赁合同 4 种类别。仓储合同一经成立,即发生法律效力,存货人和保管人都应严格按照合同的约定履行自己的法律义务。

货物入库的基本作业流程就是按顺序依次经历入库前的准备、接运卸货、核对入库凭证、初步检查验收、办理交接手续、货物检验、入库信息处理及组织货物入库等环节。货物入库前需要着重做好人员、资料、器具、货位、设备、防护用品等的准备工作;货物接运时有车站和码头提货、专用线接车、仓库自行接货、库内接货 4 种方式;初步检查验收主要是对到货情况进行粗略的检查,主要包括数量检验和包装检验。其中,数量检验按照到库货物计量单位的不同有计件、检斤、检尺求积 3 种方法;办完货物交接手续之后,仓库管理员对入库的货物还要做进一步的检验,主要包括对货物外观质量和内在质量的检验。

货物验收有及时、准确、严格、经济 4 项基本要求。验收主要有全数检验和抽样检验两种方式,应该由供求双方协商,并在仓储合同或者其他质量协议中明确规定。货物验收中,可能会发现诸如证件不齐、数量不符、规格不符、质量不合格等问题,应区别不同情况,及时处理。货物一经验收入库,就必须办理登账、立卡、建档等一系列入库手续。

 关键术语

货物入库 Storage of Goods

仓储合同 Warehousing Contract

仓单 Warehouse Receipt

入库作业组织 Warehousing Operation Organization

货物入库验收 Checking Incoming Goods

习 题

1. 单项选择题

(1) 下列不属于入库作业的基本业务流程的是(　　)。
　　A. 组织入库　　B. 货品检验　　C. 接运卸货　　D. 发货检查
(2) 下列属于入库前准备工作的是(　　)。
　　A. 货物验收　　B. 货位准备　　C. 转货作业　　D. 手续交接
(3) 货物入库验收的基本要求不包括(　　)。
　　A. 及时　　　　B. 快速　　　　C. 严格　　　　D. 准确
(4) 验收中证件未到或不齐时,应该(　　)。
　　A. 及时向供货单位索取　　　　B. 先验收再核对单证
　　C. 办理退货　　　　　　　　　D. 等待证件到达
(5) (　　)不是入库作业中常见的问题。
　　A. 操作不熟练　B. 单证不全　　C. 数量不符　　D. 质量问题
(6) 货物入库或上架后,将货物名称、规格、数量或出入状态等内容填在料卡上,称为(　　)。
　　A. 标签　　　　B. 立卡　　　　C. 货牌　　　　D. 货卡
(7) 存货档案应(　　),将该货物入库、保管、交付的相应单证、报表、记录等资料归档保存。
　　A. 一物多档　　B. 一物三档　　C. 一物两档　　D. 一物一档

2. 判断题

(1) 无形资产可以作为仓储物。　　　　　　　　　　　　　　　　　　(　　)
(2) 仓储对象既可以是生产资料,也可以是生活资料;既可以是实物,也可以是非实物。　　　　　　　　　　　　　　　　　　　　　　　　　　　　(　　)
(3) 入库验收是货物入库作业流程的第一道作业环节。　　　　　　　　(　　)
(4) "货运记录"是表明承运单位负有事故责任,收货单位据此索赔的基本文件。
　　　　　　　　　　　　　　　　　　　　　　　　　　　　　　　　(　　)

3. 简述题

(1) 仓储保管合同的种类有哪些?
(2) 仓储保管合同有哪些主要内容?
(3) 简述货物入库作业的流程及存在的问题。
(4) 货物接运的方式有哪些?
(5) 货物验收有什么作用?
(6) 抽检比例确定时需要考虑哪些因素?

实务操作

(1) 条件具备情况下，操作仓储管理实验软件，进行仓单编制和其他入库操作，熟悉入库作业。

(2) 利用业余时间进入仓储企业调研，分析企业现有的入库作业流程，提出再造流程，并撰写调研分析报告。

案例阅读

仓储合同与合同违约

某汽车装配厂从国外进口一批汽车零件，准备在国内组装、销售。2013年3月5日，该厂与某仓储公司签订了一份仓储合同。合同约定，仓储公司提供仓库保管汽车配件，期限共为10个月，从2013年4月15日起到2014年2月15日止，保管仓储费为7万元。双方对储存物品的数量、种类、验收方式、入库、出库的时间和具体方式、手续等作了约定，还约定任何一方有违约行为，要承担违约责任，违约金为总金额的20%。

合同签订后，仓储公司开始为履行合同做准备，清理了合同约定的仓库，并且此后拒绝了其他人的仓储要求。2013年3月27日，仓储公司通知装配厂已经清理好仓库，可以开始送货入库。但装配厂表示已找到更便宜的仓库，如果仓储公司能降低仓储费，就送货仓储；仓储公司不同意，装配厂明确表示不需要对方的仓库。4月2日，仓储公司再次要求装配厂履行合同，装配厂再次拒绝。

4月5日，仓储公司向法院起诉，要求汽车装配厂承担违约责任，支付违约金，并且支付仓储费。汽车装配厂辩称合同未履行，因而不存在违约的问题。

（资料来源：http://www.docin.com.）

思考：
(1) 该仓储合同是否生效？为什么？
(2) 仓储公司的要求是否合理？为什么？
(3) 能否在4月5日起诉，法院能否受理？可能会有怎样的判决？

第 5 章 货物在库管理

【教学目标与要求】
➢ 掌握货位分配的方法,熟悉货位分配原则,理解货位编号的要求和方法;
➢ 熟悉堆垛的基本要求和形式,堆垛货物的苫垫目的和方法;
➢ 掌握计算货垛的可堆层数及占地面积的方法;
➢ 熟悉货物盘点的目的、内容和程序;
➢ 掌握货物盘点的方法;
➢ 了解流通加工的意义和类型。

导入案例

药品的在库管理

对于药品经营企业来说,仓储药品品种繁多,批量不一,性能各异,在仓储作业过程中,有着不同的工作内容。仓储管理人员如果能够对药品储存货位进行科学规划,不仅能有效防止药品在储存过程中的污染和混淆,而且能为药品在库养护工作的开展打好基础。

1. 货位的区分

药品经营企业的仓库通常将储存的物品分为药品、器械、辅料、试剂四大类。这四大类物品中需要特殊保管条件的药品应单独分出,以便存放于各自专设的库房区,如需冷藏、防冻、控湿的药品和危险品、特殊药品、贵重药品等。药品按照剂型不同分类,如粉、片、针、酊、水等;器械按照制造材料的性质不同分类,如金属、玻璃、搪瓷、塑料、橡胶等。每一类医药商品要规定统一的排列顺序,如药品一般先按药物学上的用途排列,同种用途的再按拉丁名称字母顺序排列,同种药品按批号先后排列等。器械按医疗器械目录或样本编号排列。但这种排列顺序只是一般性的。具体排列货位时,还要考虑药品的数量、性质、垛位条件、库房面积等因素。

储存药品分区分类要适度。如果分类过细,就是给每种药品都留出货位,却往往由于存放不满而浪费仓容。某种药品数量增加,而原货位存不下时,发生"见空就塞"的弊病,结果等于没有分类;如果分类过粗,就是在一个货区内存放多种药品,势必造成管理上的混乱。

货位的区分还要切合实际,随时调整,做到"专而不死,活而不乱"。在各类药品货位基本固定的情况下,当分区范围划定的品种在数量上有较大的变化时,尽量在同一大类其他分类货区内调剂储存,必要时可调整分区分类。这样可使分类储存的药品既有相对的稳定性,又有可调剂的灵活性。此外,为应付特殊情况,库房还要预留一定的机动货位,以避免固定货区因超额储存不能安排而到处乱放的问题,能够随时接收计划外入库,还可作为药品待检、整理等场地之用。

2. 货位编号

药品仓库大多采用"四号定位"法,即将库房号、区号、层次号、货位号,或库房号、货架号、层次号、货位号这四者统一编号。编号可以用英文、罗马及阿拉伯数字来表示,例如:以3-8-2-3来表示3号库房8区2段3货位,以4-5-3-15来表示4号库房5号货架3层15格。货位编号可标记在地坪或柱子上,也可在通道上方悬挂标牌。货架可直接在架上标记。规模较大的仓库要求建立货位卡片制度,即将仓库所有药品的存放位置记入卡片,发放时即可将位置标记在出库凭证上,使保管人员迅速找到货物。

3. 堆垛

堆垛工作的合理与否对仓储药品的质量有较大影响。药品应按批号堆垛,如果批量比较小,也可按出厂日期堆垛。药品堆垛总的要求是根据药品性质、包装形式及库房条件(如荷重定额和面积大小)而定,尽量做到合理、牢固、定量、整齐与节省。

(1) 安全:主要包括人身、药品和设备三方面的安全。堆垛时,要做到"三不倒置",即轻重不倒置、软硬不倒置、标志不倒置;要留足"五距",使储存药品做到"五不靠",即四周不靠墙、柱、垛,顶不靠顶棚和灯;要保持"三条线",即上下垂直,左右、前后成线,使货垛稳固、整齐、美观。

(2) 方便:堆垛要保持药品进出库和检查盘点等作业方便。要保持走道、支道畅通,不能有阻塞现象。垛位编号要利于及时找到货物。要垛垛分清,尽量避免货垛之间相互占用货位。要垛垛成活(一货垛不被另一货垛围成"死垛"),以利于先进先出、快进快出,有利于盘点养护等作业。

(3) 节约:药品堆垛必须在安全的前提下,尽量做到"三个用足",即面积用足、高度用足、荷重定额用足,充分发挥仓库储存能力。但实际上,不可能所有货垛同时都达到"三个用足",因此,堆垛时一定要权衡得失,侧重考虑面积与高度或面积与荷重。堆垛前一定要正确选择货位,合理安排垛脚,堆垛方法和操作技术也要不断改进和提高。

(资料来源:张旭凤. 采购与仓储管理[M]. 北京:中国财政经济出版社,2007.)

货物经过验收入库后,便进入在库管理阶段。货物在库管理主要是指对在库货物进行合理的保存和经济的管理。合理的保存就是将货物存放在适宜的场所和位置;经济的管理就是对货物实体和货物仓储信息进行科学的管理,包括对货物进行科学的保养和维护,对与库存货物有关的各种技术证件、单据、凭证、账卡等进行信息化管理。总的来说,货物在库管理的内容主要包括货物储存位置安排、货物堆垛设计、货物保管与养护、货物盘点管理及流通加工业务等,其中货物保管与养护将在第6章做重点、详细地介绍。

5.1 货物储存位置安排

货物入库后,需要安排合适的储存位置存放符合仓储要求的合格货物。在确定货物储存位置时,应根据货物的类别、特性、存期和数量,并结合仓库保管场所的建筑结构特点、容量、装卸设备等条件,将库房、货棚、货场等划分为若干储存区域,从而对货物进行分类分区和定位存放,以确保货物的储存安全,同时,也有利于检查、保管、养护和存取货物。

5.1.1 货物分类分区的含义和原则

1. 货物分类分区的含义

货物分类分区就是对储存货物在"四一致"(性能一致、养护措施一致、作业手段一致、消防方法一致)的前提下,把货物储存区划分为若干保管区域,根据货物大类和性能不同划分为若干类别,以便分类集中保管。

2. 货物分类分区的原则

(1) 存放在同一货区的货物必须具有互容性。也就是说,性质互有影响和相互抵触的货物(如粉尘材料同精密仪器仪表,腐蚀性物品同各种易被腐蚀的物资等)不能同库保存。

(2) 保管条件不同的货物不应混存。对温度、湿度等保管条件要求不同的货物,如怕潮湿与干燥的物资,怕高温(或低温)与一般物资,不宜把它们存放在一起。因为在一个保管空间同时满足两个或多个保管条件是不经济的,更是不可能的。

(3) 作业手段不同的货物不能混存。这是指当存放在同一场所中的货物体积和重量悬殊时,将严重影响该货区所配置设备的利用率,同时还增加了作业组合的复杂性和作业难度,使作业风险增加。所以,需要用不同的装卸搬运手段的货物,不宜在同一库区存放,如海绵、泡沫塑料与大型、重型机床不宜同库存放。

(4) 灭火措施不同的货物不能混存。灭火方法不同的货物存放在一起,不仅使安全隐患大大增加,而且还增加了火灾控制和扑救的难度和危险性。例如油漆、橡胶制品燃烧时,需要用泡沫灭火器灭火;而精密仪器失火时,则用二氧化碳灭火器灭火,这两类货物就不宜混存在同一库区。

5.1.2 货物分类分区的方法

1. 货物分类的方法

货物分类的依据很多,现场可以根据实际需要选择适宜的方法进行货物的合理分类,如按货物的自然属性、货物的流向等划分。

(1) 按货物自然属性不同划分。进行货物分类时，一般按货物自然属性不同划分，这是大多数仓库采用的方法。根据不同货物对温度、湿度、气味、光照、虫蛀等的适应程度，将货物划分为几大类(如金属材料、非金属材料、机电产品等)，对每一类物资划定一个储存保管区。如此分类的目的主要是为了将不同性能的货物分别储存在不同保管条件的库房或货场，以便在储存过程中针对某类物资的特性，采取相应的保管措施，有针对性地进行保管与养护。

(2) 按货物流向不同划分。对于货物储存期较短、吞吐量较大的中转仓库或以运输业务为主的仓库，主要是按货物流向不同分类。通常先按运输方式(如铁路、公路、水运等)划分，再按到达站、点、港的线路划分，最后按货主划分。但需要注意，性质不相容、运价不同的货物，仍应分开存放。按照货物流向不同分类的目的主要是为了在组织货物出库过程中，使货物直接在各个货位备货，以减少拣货时人员和设备行走行驶的距离，缩短拣货时间，提高拣货效率。

2. 仓库分区的方法

仓库分区是根据仓库建筑形式，面积大小，库房、货场、库内道路分布情况，货物分类情况和各类货物的储存量，将仓库划分为若干个区域，之后确定每类货物储存的区域。

5.1.3 货位规划

货位是指货物在仓库中具体存放的位置，也被称为储位。货位规划就是给货物在仓库内分配合理的存放位置，并做好货物的堆存工作。

1. 货位分配的方法

货位分配时所采用的方法也称为储存策略，良好的储存策略可以减少出入库移动的距离，缩短作业时间，甚至能够充分利用储存空间。一般常见的包括以下储存策略。

(1) 定位储放。每一种货品都有自己固定的储位，货品之间不能互用储位，即使某个货品的储位空着也不能存放其他货品，常称"对号入座"。定位储放的优缺点如表5-1所示。定位储放较适用于厂房空间大的仓库及品种多数量少的货品。

表 5-1 定位储放的优缺点

序 号	优 点	缺 点
①	每个货品的存放位置固定不变，便于出入库管理及盘点和拣货，提高作业效率	储位容量必须按货品的最高在库量设计，因此储区空间平时使用率较低
②	储位可按货品的周转率大小安排，以缩短出入库搬运距离	定位储放容易管理，所需的总搬运时间较少，但却需要较多的储存空间
③	可针对各种货品的特性作储位的安排调整，将不同特性货品间的相互影响减至最小	易出现一部分储位空闲不用，而需要入库的货物又不能入库的不合理现象

(2) 随机储放。每一种货品的存放位置是随机产生的，可以经常改变，只要货位空闲，入库的各品种货物都可以存入，常称"见缝插针"。也就是说，任何品种可以被存放在任何可利用的位置。采用随机储放时，由于储位共用，能充分利用每一个储位，储区空间利

用率高。由模拟研究显示，随机储放与定位储放比较，可节省 35%的移动库存时间及增加 30%的储存空间。但其不足之处是每种货品没有固定的存放位置，出入库及盘点时寻找货品比较困难，影响工作效率；周转率高的货品可能被存放在离出入口较远的位置，增加出入库搬运距离；有些可能发生物理、化学影响的货品相邻存放，造成货品的损坏、变质或发生危险。

随机储放较适用于厂房空间有限，尽量利用储存空间及种类少或体积较大的货品。

如果能运用计算机协助随机储存的记忆管理，将仓库中每项货品的储存位置交由计算机记录，则不仅进出货查询储区位置时可使用，也能借助计算机来调配进货储存的位置空间，依计算机所显示的各储区各储位剩余空间来配合进货品种作安排，必要时也能调整货品储放位置作移仓的动作规划。随机储放计算机储存记录如表 5-2 所示。

表 5-2　随机储放计算机储存记录表

储位号码：　　　　　　　储位空间：

存取日期	货品名称	货品代号	进货量	出货量	库存量	储位剩余空间

(3) 分类储放。先将货物按照一定特性分类，再给每一类安排一个固定的存放区域。每一区域内每一种货品都有自己固定的储位，不能互用。

分类储放便于按周转率高低来安排存取，具有定位储放的各项优点；各分类储存区域可根据货品特性重新设计，有助于货品的储存管理。但是储位必须按各类货品的最大在库量设计，因此储区空间的平均使用效率低于随机储放。

(4) 分类随机储放。先将货物分类，再给每一类安排一个固定的存放区域。每一区域内每一种货品的存放位置是随机产生的，可以经常改变。分类随机储放具备分类储放的部分优点，又可节省储位数量，提高储区利用率。但货品出入库管理及盘点工作难度较高。

(5) 共同储放。在确定知道各货品进出库时间的前提下，提前制订计划安排各货品的货位。这种储存方式前期工作较复杂，但不同货品可共用相同储位，储存空间更经济。货品货位固定，便于出入库管理及盘点工作。

2. 货位分配的原则

储存策略的选定是储存区规划的一项重要工作，因此还必须配合货位分配原则才能决定储存作业实际运作的模式。跟随储存策略产生的货位分配原则，可归纳为以下几项。

(1) 以周转率为基础原则。按照货物在仓库的周转率(销售量除以存货量)来排定储位。首先依周转率由大至小排一个序列，再将此序列分为若干段，通常分为 3~5 段。同属于一段中的货品列为同一级，按照定位或分类储放法的原则，指定储存区域给每一级的货品，周转率越高应离出入口越近。

另外，当进货口与出货口不相邻时，可依进、出仓次数来进行存货空间的调整。如表 5-3 所示，为 A、B、C、D、…、H 共八种货品进出仓库的情况，当出入口分别在仓库的两端时，可依货品进仓及出仓的次数比率，来指定其储存位置。

表5-3 8种货品进出仓的情况

货　　品	进仓次数	出仓次数	进出比率
A	40	40	1.0
B	67	67	1.0
C	250	125	2.0
D	30	43	0.7
E	10	100	0.1
F	100	250	0.4
G	200	400	0.5
H	250	250	1.0

图5.1为此8种货品的配置图，由图可知，进出比率越大的货物离进口越近，进出比率越小的货物离出口越近。

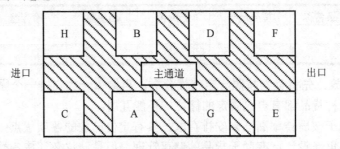

图5.1 货品配置图

(2) 产品相关性原则。相关性大的货物在订购时经常被同时订购，所以应尽可能存放在相邻位置，这样可以缩短提取路程，减轻工作人员疲劳，简化清点工作。产品相关性大小可以利用历史订单数据做分析。

(3) 产品同一性原则。所谓同一性原则，是指把同一货品储放于同一保管位置的原则。当同一货品散布于仓库内多个位置时，货品在储存、取出等作业的不便可想而知，就是在盘点及作业员对货架货品掌握程度等方面都可能造成困难。因而同一性原则是任何仓库都应遵循的重点原则。

(4) 产品类似性原则。所谓类似性原则，是指将类似品比邻保管的原则，该原则系根据与同一性原则同样的观点而来。

(5) 产品互补性原则。互补性高的货品也应存放于邻近位置，以便缺货时可迅速以另一品种替代。

(6) 产品兼容性原则。兼容性低的货品绝不可放置在一起，以免损害品质，如香烟、香皂、茶叶不可放在一起。

(7) 先进先出的原则。"先进先出"是仓储保管的重要原则，能避免货物超期变质。在货位安排时要避免后进货物围堵先进货物，存期较长的货物围堵存期短的货物，先保管的货物应先出库。该原则一般适用于寿命周期短的货物，如感光纸、食品等。

(8) 叠高原则。所谓叠高原则，即像堆积木似的将货物叠高。以仓库整体有效保管的观点来看，提高保管效率非常重要，而利用托盘等工具将货物堆高的容积效率要比平置方式来得高。但需注意的是，如果在诸如一定要先入先出等库存管理限制条件很严时，一味地往上叠高并非最佳的选择，应要考虑使用合适的货架保管设备，以使叠高原则不至影响出货效率。

(9) 面对通道的原则。所谓面对通道原则，就是将货物面对通道来保管，使作业人员容易、简单地辨识可识别的标号、名称，以便使货物的储存、取出能够容易且有效率地进行，这是使仓库内部流畅作业及活性化的基本原则。

(10) 产品尺寸原则。在布置仓库时，要同时考虑货品单位大小及由于相同的一群货品所造成的整批形状，以便能供应适当的空间满足某一特定需要。一旦未考虑储存货品单位大小将可能造成储存空间太大而浪费空间或储存空间太小而无法存放；未考虑储存货品整批形状也可能造成整批形状太大无法同处存放(数量太多)或浪费储存空间(数量太少)。一般将体积大的货品存放于进出较方便的位置。

(11) 重量特性原则。所谓重量特性原则，就是按照货品重量的不同来决定储放货品于保管场所的高低位置上。一般而言，重物应保管于地面上或货架的下层位置，而重量轻的货品则保管于货架的上层位置；如果是以人工进行搬运作业时，人腰部以下的高度用于保管重物或大型货品，而腰部以上的高度则用来保管重量轻的货品或小型货品。该原则的应用可显著提高货架的安全性及人工搬运的灵活性。

(12) 产品特性原则。货品特性不仅涉及货品本身的危险及易腐性质，同时也可能影响其他货品，因此在仓库布置设计时必须考虑。采用该原则的优势在于不仅能随货品特性而有适当的储存设备保护，且容易管理与维护。下面列举5种有关货品特性的基本储存方法。

① 易燃品的储存：须在具有高度防护作用的建筑物内安装适当防火设备。
② 易窃品的储存：必须装在有加锁的笼子、箱、柜或房间内。
③ 易腐品的储存：要储存在冷冻、冷藏或其他特殊的设备内。
④ 易污损品的储存：可使用帆布套等覆盖。
⑤ 一般货品的储存：要储存在干燥及管理良善的库房，根据客户需要随时提取。

(13) 储位表示原则。所谓储位表示原则，是指对保管货品的位置给予明确标志的原则。该原则主要目的在于将存取单纯化，并能减少其间的错误。尤其在临时人员、高龄人员不少的仓库中，该原则更为必要。

5.1.4　货位编号

规划好各储存区货位后，为了方便记忆与记录，用货位编号对其进行标志就显得非常重要。货位编号就是将货物存放场所按照位置的顺序，采用统一标记编上顺序号码，并作出明显标志，如图5.2所示。实际上，货位编号就如同住址，而货物编号就如同姓名一般，一封信在住址、姓名都写清楚的条件下，才能迅速准确地送到收信人手中。在货物收发作业过程中，同样按照货位编号可以迅速、方便地进行查找，确定某种货物具体存放的位置，不仅提高了作业效率，而且有利于减少差错。在计算机管理的仓库中货位编号显得尤为重要。

图 5.2 货位编号

1. 货位编号的要求

(1) 标志设置要适宜。货位编号的标志设置,要因地制宜,采用适当的方法,选择适当的地方。如无货架的库房内,走道、支道、货位的标志,一般都印刷在地坪上或柱子上,也可在通道上方悬挂标志牌;有货架库房内,货位标志一般设置在货架上等。

(2) 标志制作要规范。目前,仓库货位编号的标志制作很不规范,可谓多种多样。例如有以甲乙丙丁为标志的,有以 ABCD 为标志的,也有以东西南北为标志的。这样很容易造成单据串库,货物错收、错发等事故。如果统一使用英文字母、阿拉伯数字制作标志,就可以避免以上弊病。另外,为了将库房及走道、支道、货位等加以区别,可在字母大小、颜色上进行区分,也可在字母外加上括号、圆圈等符号加以区分。

(3) 编号顺序要一致。整个仓库范围内的库房和货场内的走道、支道、货位的编号,一般都以进门的方向左单右双或自左向右顺序编号的规则进行。

(4) 货位间隔要恰当。货位间隔的宽窄,应取决于货种及批量的大小。

同时应注意的是,走道、支道不宜经常变更位置,变更编号,因为这样不仅会打乱原来的货位编号,而且会使保管员不能迅速收发货。

2. 货位编号的方法

(1) 储存场所的编号。整个仓库内的储存场所如果有库房、货棚、货场,则可以按一定的顺序(自左向右或自右向左),各自连续编号,如图 5.3 所示。库房的编号一般写在库房的外墙或库门上,字体要统一、端正、色彩鲜艳、清晰醒目、易于辨认;货场的编号一般写在场地上,书写的材料要耐摩擦、耐雨淋、耐日晒;货棚编号书写的地方,则可根据具体情况而定,总之应让人一目了然,易于查找。

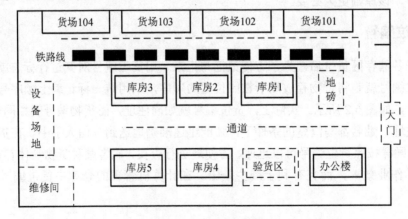

图 5.3 储存场所编号

(2) 货位的编号。对库房、货棚、货场齐备的仓库,货位编号一般采用"四号定位"法。所谓"四号定位",就是将库房号、货架号、层号及位号四者统一编号(货场或货棚为场号或棚号、区号、排号、垛号),并与账页统一的一种编号方法,如图 5.4 所示。为了防止库房、货棚、货场编号重复或造成错觉,尤其是用计算机管理账册的仓库,可在第一位数字后面加一个"库""棚""场"字,为书写方便,可用该字拼音的第一个字母表示,即用"K""P""C"表示。 例如,库房号是 1,货架号是 2,层号是 3,位号是 5,四号定位编号即是 1K235。再以货场编号为例,货场号是 1,区号是 3,排号是 3,垛号是 2,则四号定位编号是 1C332。

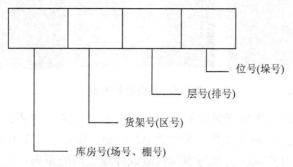

图 5.4 "四号定位"编号方式

对于多层库房货位的编号,常采用"三组数""四组数"或"五组数"的方法。"三组数"是用 3 个数字或字母依次表示库房、层次和仓间,如 131 编号表示 1 号库房、3 层楼、1 号仓间;"四组数"是用 4 个数字或字母依次表示库房、层次、仓间和货架,如 1331 编号表示 1 号库房、3 层楼、3 号仓间、1 号货架;"五组数"是用 5 个数字或字母依次表示库房、层次、仓间、货架、货格,如 13311 编号表示 1 号库房、3 层楼、3 号仓间、1 号货架、1 号货格。

5.2 货物堆垛设计

货物验收入库,根据储存规划确定货位后,即应进行堆垛。货物堆垛就是根据货物的包装形状、重量和性能特点,结合地面负荷、储存时间,将货物分别堆码成各种形状的货垛。

5.2.1 堆垛的基本要求

1. 对货物的要求

(1) 货物经过验收,数量、质量已经彻底查清。
(2) 货物已根据物流的需要进行编码。
(3) 货物的外包装完好,标志清楚。
(4) 部分发生某些质变(如受潮、锈蚀、外表沾污等)的不合格货物,经过处理已恢复原状或已剔除。
(5) 为便于机械化操作,货物该捆扎就捆扎,该装箱就装箱。

2. 对堆垛场地的要求

1) 库房

库房属于全封闭型的建筑物，受外界雨雪水的影响相对小，所以需要着重做好"五距"的设置工作，包括垛距、墙距、柱距、顶距、灯距。也就是说，堆叠的货垛不能依墙、靠柱、碰顶、贴灯；不能紧挨旁边的货垛，必须留有一定的间距。不合理的堆垛如图5.5所示。

图5.5 不合理的堆垛

(1) 垛距，即货垛与货垛或货架与货架之间的必要距离。主要起通风、散热作用，便于存取、检查货物，方便消防工作。库房为0.5～1m，货场不少于0.7m。

(2) 墙距，即库内货垛或货架与库房内墙或外墙之间的距离。主要为了防止库房墙壁上的潮气对货物产生影响，也为了开窗通风、消防工作、收发作业、建筑安全。内墙是指墙外还有建筑物相连，因而潮气相对少些；外墙则是指墙外没有建筑物相连，所以墙上的湿度相对大些。通常库房内墙距0.1～0.3m，外墙距0.3～0.5m。

(3) 柱距，即货垛或货架与库房内支撑柱子之间的距离。主要防潮气，考虑建筑安全。当库房梁的长度超过25m时，建立无柱库房有困难，则可在开间方向上每隔5～10m设一根梁间柱，使库房成为有柱结构。柱距一般为0.1～0.3m。

(4) 顶距，即货垛或货架的顶部与库房屋顶的距离。主要通风散热，便于装卸搬运、收发、盘点，利于消防工作。顶距一般规定为：平房库房0.2～0.5m；多层库房的底层与中层为0.2～0.5m，顶层不得小于0.5m；人字形屋架的库房，以屋架下弦(横梁)为货垛的可堆高度，即垛顶不可以触梁。

(5) 灯距，即货垛与照明灯之间的距离。主要防止照明灯发出的热量长期积热不散引起靠近货物的燃烧而发生火灾。灯距必须严格规定不少于0.5m。但对危险货物应按其性质，另行规定。

除了有"五距"要求，此外，库房内垛底需要垫高0.2m左右，地坪、墙体和屋顶应具有良好的隔潮性能，库房门窗应有较好的密封性能，墙体和门窗要有足够的坚固性。用于承受货物堆码的库房地坪，要求平坦、坚固、耐摩擦，一般要求$1m^2$的地面承载能力为5～10t。

2) 货棚

货棚属于半封闭型建筑物，受外界雨雪水的影响大，所以需要做好防止雨雪渗透的工作。货棚两侧或四周必须有排水沟或管道，货棚内部地坪要高于外部地面，且铺垫沙石并夯实。堆垛时要垫垛，一般垛底垫高0.3～0.4m。货棚只有外墙距，一般为0.8～3m。

3) 露天堆场

露天堆场没有任何遮挡物，受外界雨雪水的影响更大，所以与货棚的要求基本相同，主要考虑排水问题，垛底需垫高0.4～0.5m。此外，应远离储灰场、储煤场、储沙场、工厂、锅炉房和烟囱等，以防烟尘、粉尘对货物的影响。

3. 对货垛的要求

(1) 合理。根据货物特性选择合适垛形，不同性能、规格、尺寸的货物应采用不同的垛形。不同品种、等级、批次、产地、单价的货物均应分开堆垛，以便合理保管。要合理地确定货垛之间的距离和通道宽度(垛距一般为 0.5～0.8m，主要通道为 2.5～3m)，便于装卸、搬运和检查。要求堆码货垛时做到大不压小，重不压轻，缓不压急。

(2) 牢固。货垛必须不偏不斜，不歪不倒，稳定结实，必要时采用衬垫物料固定。层数适宜，不压坏底层的货物和地坪，与屋顶、梁柱、墙壁保持一定距离。必要时使用绳索、绳网对货垛进行绑扎固定，确保堆码的货垛牢固安全，以免倒塌伤人、摔坏货物。图 5.6 中的货垛不满足牢固的要求，歪歪斜斜，稳定性差，易倒塌。

(3) 定量。货垛每层货物的数量力求成整数且相等，如采用"五五化"堆码方法，便于盘点或清点发货。

(4) 整齐。货垛的层次分明，货物包装标志一律朝外，各个货垛排列整齐有序，货垛横成行、纵成列，垛形、垛高、垛距标准化、统一化。图 5.7 中的货垛不满足整齐的要求，层次不分明，稳定性差，易倒塌。

图 5.6　不牢固的货垛　　　　　　　　图 5.7　不整齐的货垛

(5) 节约。坚持一次堆码，减少重复作业；爱护苫垫物，节约备品用料，降低消耗；根据货垛占地面积(一般情况下，每垛占地面积不宜大于 $100m^2$)、可堆层数的计算，合理确定货物堆存时所占用的货位数，以提高仓容利用率。

5.2.2　货垛占地面积、可堆层数的计算

对于包装规格整齐、形状一致的货物，货垛占地面积计算公式为

货垛占地面积=(堆存货物总件数/可堆层数)×单件货物底面积　　　　(5-1)

可堆层数计算方法，按货物存储方式不同划分，有以下两种情况。

1. 不用货架

一般平放仓库不用货架储存货物，可堆层数按不同要求有以下 3 种计算方法。

(1) 地坪不超重。地坪不超重是指货物堆垛的重量，必须在建筑部门核定的库房地坪安全负载范围内，不得超重。地坪的负荷能力是由保管货物的重量、所使用的装卸机械的总重量、楼板骨架的跨度等所决定的。相关计算公式为

$$可堆层数 = \frac{地坪单位面积最高负荷量}{货物单位面积重量} \tag{5-2}$$

$$货物单位面积重量 = \frac{单件货物毛重}{该件货物底面积} \tag{5-3}$$

(2) 货垛不超高。货垛不超高是指货垛高度不能超过库房的可用高度。相关计算公式为

$$可堆层数 = \frac{库房可用高度}{单件货物高度} \tag{5-4}$$

(3) 最底层货物承载力不超重。最底层货物承载力不超重是指在底层货物所能允许的最大承载重力范围内(货物外包装有标志显示)进行堆垛。

$$可堆层数 = \frac{底层货物允许承载的最大重量}{单件货物重量} + 1 \tag{5-5}$$

为了同时满足上述3个条件，取3个数值中最小值为货垛的最终可堆层数即可。

2. 采用货架

料架仓库采用货架储存货物，层与层之间货物不接触，彼此没有挤压，不涉及底层货物会被压坏的情况，因此可堆层数确定时只考虑前两个条件。

【例5-1】 某仓库进了一批木箱装的罐头食品120箱。每箱毛重30kg，箱底面积为0.3m²，箱高0.25m，木箱上标志显示允许承受的最大重量为120kg，地坪承载能力为5t/m²，库房可用高度为4.5m。如果仓库不采用货架储存，求该批货物的可堆层数和货垛占地面积。

解：货物单位面积重量 = $\frac{30}{0.3}$ = 100(kg/m²) = 0.1(t/m²)

地坪不超重时，可堆层数 = $\frac{5}{0.1}$ = 50(层)

货垛不超高时，可堆层数 = $\frac{4.5}{0.25}$ = 18(层)

最底层货物承载力不超重时，可堆层数 = $\frac{120}{30}$ + 1 = 5(层)

货垛最大允许可堆层数 = min{50, 18, 5} = 5(层)

货垛占地面积 = $\frac{120}{5}$ × 0.3 = 7.2(m²)

如果该仓库采用货架堆放货物，货垛最多可堆高18层。

5.2.3 堆垛的方式

1. 散堆方式

散堆方式适用于露天存放的没有包装的大宗散货(如煤炭、矿石、黄沙、散粮和散化肥等)，也可适用于库内少量存放的谷物、碎料等散装货物。该种方式应用时，直接用堆扬机或者铲车从确定的货位后端起，直接将货物堆高，在达到预定的高度时逐步后退堆货，后端先形成立体梯形，最后成垛，整个垛形呈立体梯形状，如图5.8所示。这种堆码方式简便，便于采用现代化的大型机械设备，节省包装费用，提高仓容的利用率，降低运费。因此，散堆方式是目前货场堆存的一种趋势。

图 5.8　散堆方式

2. 货堆方式

对于有包装(如箱、桶)的货物，包括裸装的长、大、笨重计件货物，根据货物的基本性能、外形等不同，堆垛有各种方式。下面介绍若干较为常用的方式。

(1) 重叠式堆垛。重叠式堆垛的特点是由下往上逐层向上重叠堆码，每层货物件数和方向相同，上一层货物码放在下一层货物的正上方，如图 5.9 所示。其优点是操作简单、计数容易；缺点为货垛的稳定性较差、易倒塌，需要绳子、打包带、绳网等辅助材料防塌。该种方式适合包装规则的箱装和袋装货物，以及平板、片式货物，如中厚钢板。

(2) 纵横交错式堆垛。纵横交错式堆垛的特点是要求货物长短一致，每层件数相同，但方向改变，一层纵向堆码，一层横向堆码，上一层货物码放在下一层两个货物的接缝处，如图 5.10 所示。货垛的稳定性较好，但操作不便，需要考虑方向的转换。该种方式适用于管材、长箱装的货物。

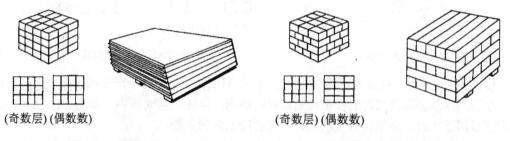

(奇数层)(偶数数)　　　　　　　　　　　　(奇数层)(偶数数)

图 5.9　重叠式堆垛　　　　　　　　图 5.10　纵横交错式堆垛

(3) 正反交错式堆垛。同一层中，不同列的货物以 90°垂直码放，相邻两层货物堆码时一层的码放形式是另一层旋转 180°的形式，如图 5.11 所示。该种码垛方式不同层间咬合强度高，相邻层之间不重缝，因而码放后稳定性高，但操作较为麻烦。

(4) 仰伏相间式堆垛。对于凹凸状的货物，如钢轨、槽钢、角钢、工字钢等，可以一层(多层)仰放，一层(多层)伏放，仰伏相间相扣，如图 5.12 所示。其优点是货垛的稳定性较好，但操作不便。如果在露天存放，应该一头稍高，一头稍低，以利于排水。

(5) 压缝式堆垛。将货垛底层的货物码成正方形、长方形或圆形，上一层货物码在下一层两个货物的接缝上。如每层不改变方向，货垛逐层缩小，纵断截面为"人"字形或梯形形状，如图 5.13 所示。该种方式适用于阀门、缸、建筑卫生陶瓷、桶形货物。

(奇数层)　(偶数层)

图 5.11　正反交错式堆垛

(a) 槽钢仰伏相间扣码

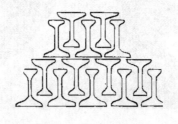
(b) 钢轨仰伏相间扣码

图 5.12 仰伏相间式堆垛

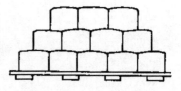

图 5.13 压缝式堆垛

(6) 宝塔式堆垛。宝塔式堆垛与压缝式堆垛类似,但压缝式堆垛是在两件货物之间压缝上码,宝塔式堆垛则在 4 件货物之中心上码,货垛逐层缩小,如图 5.14 所示。电线电缆、桶装货物等适合采用该种方式堆码。

(7) 通风式堆垛。通风式堆垛适用于需要通风散热的货物。堆垛时,层与层之间采用压缝式或纵横交错式,每层货物与货物之间留有空隙,以便通风,如图 5.15 所示。其优点是有利于通风、透气,适宜货物的保管养护,但是空间利用率较低。

图 5.14 宝塔式堆垛

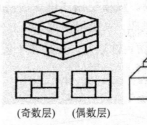
(奇数层) (偶数层)

图 5.15 通风式堆垛

(8) 栽柱式堆垛。在货垛两侧栽上两排木桩或钢棒,将货物顺长平码在柱桩之间。码放几层后用铁丝将两侧相对的柱桩拉紧,以防倒塌,再往上摆放货物,如图 5.16 所示。该种方式多用于木材及金属材料中的棒材、管材等长条状货物。

(9) 衬垫式堆垛。对于形状不规则且体积大、较重的无包装货物,如变压器、水泵、电机,以多层的形式码放时,隔层或隔几层需要铺放衬垫物,使货垛横断面平整,增加稳固性,如图 5.17 所示。衬垫物需要视货物的形状而定。

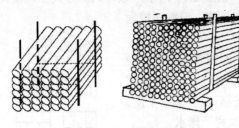

图 5.16 栽柱式堆垛

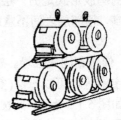

图 5.17 衬垫式堆垛

(10) 直立式堆垛。这是货物保持垂直方向码放的方式,多用于油毡、平板玻璃和缠绕在辊筒上的货物(如钢丝绳、电缆、纸张等)的储放,如图 5.18 所示。直立式堆码的目的是防止油毡层与层之间的粘连或避免平面受力而使玻璃破碎。

(11) 鱼鳞式堆垛。将圆圈物资(如轮胎、钢圈、电缆、电线、盘条等)半卧，其一小半压在另一圈物资上，顺序排列，第一件和最后一件直立作柱或另放柱子，码第二层时，方法与第一层相同，但排列方向相反。该种堆垛方式稳固，花纹形状像鱼鳞一般，故称鱼鳞式堆垛，如图 5.19 所示。

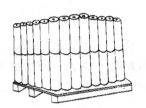

图 5.18　直立式堆垛

图 5.19　鱼鳞式堆垛

(12) 五五化式堆垛。"五五化"堆垛就是以五为基本计数单位，堆码成各种总数为五的倍数的货垛，即大的货物堆码成五五成方；小的货物堆码成五五成包；长的货物堆码成五五成行；短的货物堆码成五五成堆；带眼的货物堆码成五五成串，如图 5.20 所示。该种堆垛方式清点货物方便，数量准确，不易于出现差错，收发快、效率高，适用于按件计量的货物。

(13) 架式堆垛。直接使用通用或专用的货架进行货物堆码，如图 5.21 所示。该种方式适用于存放不宜就地堆码，需要特殊保管的小件、高值、包装脆弱或易损的货物，如小百货、小五金、医药品等。

(14) 托盘式堆垛。托盘式堆垛就是将货物直接逐层堆码在托盘上，组合成若干个较大的集装单元，然后以单层或多层形式码放，如图 5.22 所示。这样就可使原来不能用机械作业的货物采用机械作业，对加快堆垛、装卸、运输速度，提高仓容利用率等具有重要的意义。平板托盘适合包装整齐又不怕压货物，箱式托盘适合散装或零星货物，柱式托盘适合怕压或形状不规则货物。

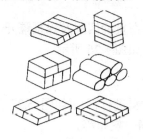

图 5.20　五五化式堆垛

图 5.21　架式堆垛

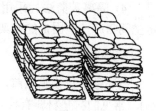

图 5.22　托盘式堆垛

5.2.4　堆垛货物的苫垫

货物堆垛后，在堆场进行苫垫，是防止各种自然条件影响，保证储存货物质量的一项安全措施。苫垫可分为苫盖和垫底。

1. 苫盖

苫盖是指用苫盖材料，如帆布、芦席、竹席、塑料膜、塑料瓦等对货垛进行遮盖，以减少自然环境中阳光、雨雪、刮风、尘土等对货物的侵蚀、损害，保护货物在储存期的质量。

苫盖的基本要求是货垛顶面必须倾斜，避免雨雪后积水渗入货垛。苫盖物不能苫到地面，苫盖物的下端应离开地面1cm以上，以避免阻碍货垛通风和对地面雨雪积水产生虹吸现象。苫盖物必须捆扎牢固，防止被风刮落。

苫盖包括以下几种方法。

(1) 苫布苫盖法。也称就垛苫盖法。采用该种方法时，直接将一整张大面积苫盖材料(如帆布、油布、塑料膜等)覆盖在货垛上，四周用加固材料(如绳子)加固，防止被风刮掉，如图5.23所示。该种方法操作便利，花费时间短，但货垛不具备通风条件，不利于货物的通风散热。

(2) 席片苫盖法。也称鱼鳞苫盖法。采用该种方法时，从货垛底部开始，将许多张小面积的苫盖材料(如席、瓦)自下而上呈鱼鳞式逐层交叠围盖到货垛顶部，如图5.24所示。该种方法具有较好的通风条件，可将席子下部反卷起来隔离货垛。但是，每件苫盖材料都需要固定(如席间可用铁丝针、竹签别牢)，操作比较烦琐复杂，花费时间长。

图5.23 就垛苫盖

图5.24 鱼鳞苫盖

(3) 竹架苫盖法。也称活动棚苫盖法。采用该种方法时，根据垛形用苫盖材料(如竹片)制成一定形状的棚架，棚架下装有滑轮可推动。货物堆码完毕后，移动棚架到货垛加以遮盖，如图5.25所示。由于棚架与货物之间隔开一段距离，所以货垛的通风性好，但棚架不用时本身占用仓库位置，且购置成本较高。

(4) 隔离苫盖法。采用该种方法时，用竹竿、钢管、旧苇席在货垛四周及垛顶隔开一定空间搭起一个固定的棚架进行苫盖，原理与竹架苫盖法相同，如图5.26所示。

2. 垫底

垫底是指货物码垛前，在预定的货位地面位置，使用衬垫材料进行铺垫(如图5.27所示)。常见的衬垫材料有枕木、水泥块、木板、石墩、钢板、芦席、帆布等。

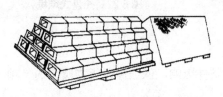

图5.25 活动棚苫盖

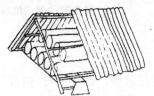

图5.26 隔离苫盖

图5.27 货物垫底

1) 垫底的目的

(1) 使地面平整，保证货垛稳定性。

(2) 使货物与地面隔离，防止地面潮气和积水浸湿货物。

(3) 通过强度较大衬垫物使重物压力分散，避免损害地坪。

(4) 使垛底通风透气，利于散热排湿，防止货物受潮、霉变。

2) 垫底的要求

(1) 衬垫物与堆存货物不会发生不良影响，并具有足够的抗压强度。

(2) 地面要平整坚实，衬垫物要摆平放正，并保持方向一致，同时受力，且受力均匀。

(3) 衬垫物间距适当，面积尽可能大，但不伸出货垛外，以防雨水顺沿渗入货垛内。

(4) 要有足够高度，露天堆场要达到 0.4～0.5m，库房内 0.2m 即可。

5.3 货物盘点管理

仓库中的货物始终处于不断的进、存、出动态中，在作业过程中产生的误差经过一段时间的积累会使库存资料反映的数据与实际数据不相符。有些货物则因存放时间太长或保管不当，会发生数量和质量的变化，难以满足客户需求。为了对库存货物的数量进行有效控制，并查清其在库存中的质量状况，必须定期或不定期地对各储存场所的货物进行全部或部分清点、查核，该过程称为盘点作业。

5.3.1 货物盘点的目的和内容

1. 货物盘点的目的

(1) 查清实际库存数量。盘点可以查清实际库存数量，并确认其与库存账面数量的差异。如发现盘点的实际库存数量与库存账面数量不符时，应及时查清问题原因，并作出适当的处理，通过盈亏调整使二者一致。

(2) 帮助企业计算资产损益。对货主企业来讲，库存物品总金额直接反映企业流动资产的使用情况，而库存金额又与库存量及其单价成正比，库存量过高，流动资金的正常运转将受到威胁。因此，为了能准确地计算出企业实际损益，必须通过盘点。一旦发觉库存太多，即表示企业的经营受到压制。

(3) 发现货物质量问题。通过盘点，可以发现呆品和废品及其呆废品处理情况、存货周转率，以及货物保管、养护、维修情况，从而采取相应的改善措施。

2. 货物盘点的内容

(1) 查数量。检查货物的数量是否准确，检查账卡的记载是否准确，核对账、卡、物是否一致，这些是盘点的主要内容。

(2) 查质量。检查库存货物的质量是盘点的另一项主要内容。主要检查在库货物质量有无变化，包括受潮、沾污、锈蚀、发霉、干裂、虫蛀、鼠咬，甚至变质等情况；检查有无超过保管期限和长期积压现象；检查技术证件是否齐全，是否证物相符，必要时还要进行技术检验。

(3) 查保管条件。检查保管条件是否与货物要求的保存条件相符合，这是保证在库货物使用价值的一个基本条件。例如检查货物堆码是否合理稳固，苫垫是否严密；库房是否漏水，场地是否积水，门窗通风是否良好；温湿度是否符合要求；库房内外是否清洁卫生；

通道是否通畅；储区标志是否清楚、正确，有无脱落或不明显等。

(4) 查设备。检查各种设备使用和养护是否合理；计量器具和工具，如钢卷尺、磅秤等是否准确，检查时要用标准件校验；储位、货架标志是否清楚明确，有无混乱；储位或货架是否充分利用等。

(5) 查安全。检查各种安全措施和消防设备、器材是否符合安全要求；检查建筑物是否损坏而影响货物储存；对于地震、水灾、台风等自然灾害有无紧急处理对策等。

5.3.2 货物盘点的方法

货物盘点有"账面盘点"和"现货盘点"两种方法，平常采取"账面盘点法"和"现货盘点法"相结合的方法进行盘点。

1. 账面盘点法

账面盘点法是指在账簿或电脑上给每种货物分别设立"存货账卡"，然后将每一种货物每天出入库的数量及单价记录在账卡上，最后汇总出账面上的库存结余数量及库存金额的方法。

账面盘点法是仓库的财务人员在没有见到实物的情况下，根据出入库单，通过在账本的存货账卡表上做账而进行的盘点方法。存货账卡表的形式如表5-4所示。

表5-4 存货账卡表

货品编号：					货品名称：					
订货点：					经济订货批量：					
日	期	入		库	出		库		现	存
月	日	数量	单价	金额	数量	单价	金额		数量	金额

2. 现货盘点法

现货盘点法也称实地盘点法，就是盘点人员实际到储存现场清点货物数量，再依据货物单价计算出实际库存金额，然后将盘点结果输入盘点表的方法。

现货盘点法是盘点人员根据实物进行的盘点。盘点时，将实物根据存货价值的高低分为价值高重要的A类，价值一般比较重要的B类和价值低不重要的C类。其中，A类采用循环盘点法，B类、C类采用期末盘点法。

(1) 循环盘点法，即每天或每周清点一部分货物，一个循环周期将每种货物至少清点一次。循环盘点法通常是对价值高或重要的货物进行盘点的一种方法。因为这些货物属于重要物品，对库存条件的要求比较高，一旦出现差错，不但会大大影响仓库的经济效益，而且有损企业的形象。因此，在仓储管理过程中，要对货物按其重要程度进行科学的分类，对重要的物品进行重点管理，加强盘点，防止出现差错。由于循环盘点法只对少量货物盘点，所以通常只需保管人员自行对库存资料进行盘点即可，发现问题及时处理。

(2) 期末盘点法，即在会计计算期期末统一清点所有货物。采用期末盘点法时，由于盘点数量大、工作量大，通常采用"分区分组"方式进行。将货物分为若干个区域，盘点人员分为若干个小组(至少要三人,其中第一人初盘,第二人复盘,第三人核对),一个小组负责一个区域货物的盘点,最后将所有小组的盘点结果汇总即可。

采用"循环盘点法"时,日常业务照常进行,按照顺序每天盘点一部分,所需的时间和人员都比较少,发现差错也可及时分析和修正,人员不用加班,可以节约经费。

采用"期末盘点法"时,必须关闭仓库做全面性的货物清点,因此,对货物的核对十分准确,可减少盘点中不少错误,简化存货的日常核算工作。缺点是关闭仓库,停止业务会造成损失,并且动员大批员工从事盘点工作,加大了期末的工作量;不能随时反映存货收入、发出和结存的动态,不便于管理人员掌握情况;容易掩盖存货管理中存在的自然和人为的损失等。

5.3.3 现货盘点的程序

1. 盘点前准备

盘点前的准备工作是否充分,关系到盘点作业能否顺利进行。准备工作主要包括确定盘点的作业程序,配合财务会计做好盘点准备;由于盘点作业必须动用大批人力,通常盘点当日应停止任何休假,并于一周前安排好人员的出勤计划;进行环境整理,清除不良品和作业场地死角,将各种设备、备品及工具存放整齐;准备好盘点工具,如果使用盘点机(如盘点枪)盘点,须先检查盘点机是否能正常操作。如采用人员填写方式,则须准备盘点表(见表5-5)及红、蓝色圆珠笔。其中存料状态可分为良品、不良品和呆料等。

表 5-5 盘点表

初盘日期: 复盘日期: 盘点单号码:

货物编号	货物品名	货物规格	计量单位	储存位置	存料状态	初盘数	复盘数	差异数

初盘人: 复盘人:

🔑 **小贴士**

盘点机是一种便携式移动智能终端,具有条码数据采集、条码数据处理、条码数据反馈给后台 ERP 数据库等功能。一台便携式盘点机就如同屏幕小巧、可以拿到手上、能识别条码、能上传数据的小计算机。盘点机需要安装一定的软件才能实现一定的功能,如盘点机安装了进销存对接的软件就可以进行入库、出库、盘点等操作了。

2. 确定盘点时间

从理论上讲,在条件允许的情况下,为保证货账相符,盘点的次数越多越好。但每一次盘点,都要消耗大量的人力、物力和财力,成本很大,故很难经常进行盘点。因此,应根据实际情况确定盘点的时间。对于实施 ABC 分类法进行货物管理的仓库,重要的 A 类货物每天或每周盘点一次,一般的 B 类货物则每 2~3 周盘点一次,不重要的 C 类每月甚至更长时间盘点一次即可。而未实施 ABC 分类法进行货物管理的仓库,至少也应对较容易损耗、毁坏及高价值的货品增加其盘点次数,其他货物的盘点次数可以少一些。

另外需注意的是，当实施盘点作业时，时间应尽可能缩短，以2～3日内完成为宜。至于日期一般会选择在以下时段。

(1) 财务决算前夕。因便于决算损益及查清财务状况。

(2) 淡季进行。因淡季储货量少盘点容易，需要的人力较少，且调动人力较为便利。

3. 确定盘点方法

不同的储存场所对盘点的要求不尽相同，盘点方法也会有所差异。为了尽可能快速、准确地完成盘点作业，必须根据实际需要确定盘点的方法。

4. 盘点人员的组织与培训

进行盘点工作时，货品管理人员不宜自行盘点，但由于品种繁多，差异性大，不熟识货品的人员进行盘点难免会出现差错，所以在初盘时，最好还是由管理该类货品的从业人员来实施盘点，然后再由后勤人员及部门主管进行交叉的复盘及抽盘工作。

为使盘点工作得以顺利进行，盘点时必须增派人员协助，对于由各部门增援的人员必须施以短期训练，使每位参与盘点的人员能充分发挥其作用。人员的培训必须分为以下两部分。

(1) 针对所有人员进行盘点方法训练。其中对盘点的程序、表格的填写必须充分了解，工作才能得心应手。

(2) 针对复盘与抽盘人员进行认识货品的训练。因为复盘与抽盘人员对大多数货品并不熟悉，故而应加强货品的认识，以利于盘点工作的顺利进行。

5. 清理盘点现场

盘点工作开始时，首先要对储存场所及库存货物进行一次清理。储存场所的清理内容包括：①在盘点前，必须明确已验收应当入库的和未验收不需进行盘点的货品，以划分清楚避免混淆；②盘点场所在关闭前应通知各部门预先需要领取的物项；③盘点场所整理、整顿完成，以便计数盘点；④预先鉴定呆料、废品、不良品，以便盘点时的鉴定；⑤账卡、单据、资料均应整理后加以结清；储存场所的管理人员在盘点前应自行预盘，以便提早发现问题并加以预防。

6. 整理库存资料

为了尽快获得盘点结果(盘损或盘盈)，盘点前应将进货单据、进货退回单据、变价单据、销货单据、报废品单据、赠品单据、移库货物单据及前期盘点单据等整理好。

7. 实物盘点

实物盘点可分为3种，即初盘、复盘和抽盘。

(1) 初盘。盘点货架时要依序由左而右、由上而下进行盘点。最好两人一组进行盘点，一人点，一人记；盘点单上的数据应填写清楚，以免混淆；不同特性货物的盘点应注意计量单位的不同；盘点时应顺便观察货物的有效期，过期货物应随即取下，并作记录。

(2) 复盘。复盘可在初盘进行一段时间后再进行，复盘人员应手持初盘的盘点表，依序检查，把差异值用红色圆珠笔记入"差异"栏。

(3) 抽盘。抽盘办法可参照复盘办法。抽盘的货物可选择仓库内死角，或不易清点的货物,或单价高、金额大的货物;对初盘与复盘差异较大的货物要加以实地确认。

8. 查清差异原因

当盘点结束后,如果发现有盘点数与账面数不符的现象,应立即追查其原因,并填写盘点盈亏汇总表(见表5-6)。盘点数大于账面数即为盈,盘点数小于账面数即为亏。导致盈亏现象出现的原因大致有以下几点:①保管员错发、串发货;②财会人员错记、漏记、多记账;③盘点员错盘、漏盘、重盘货;④信息系统信息采集、处理错误;⑤其他原因(如计量器具不准或使用不当、包装容器破损漏失等)。

表5-6 盘点盈亏汇总表

盈亏理由	①登记账卡看错数字 ②单据遗失,收发时未过账 ③计算差误 ④盘点时计数错误	⑤运输途中损耗 ⑥自然因素而增减重量 ⑦气候影响发生的锈蚀、变质 ⑧液体容器破损漏失	⑨衡器不准或使用不当 ⑩累积磅差 ⑪遗失 ⑫其他		

序号	品名	规格	账面资料		实盘资料		盘盈		盘亏		盈亏原因	对策
			数量	金额	数量	金额	数量	金额	数量	金额		

9. 盈亏处理

账货差异原因查清后,应针对主因进行适当的调整与处理,至于呆废品、不良品减损的部分需与盘亏一并处理。货物除了盘点时产生数量的盈亏外,有些货品在价格上也会产生增减,这些变化经主管审核后必须利用货物盘点盈亏及价格增减调整表进行修改(见表5-7),如采用虚拟出入库的方式,进行账面数量的增减,以使盘点实数与财务人员账卡上的账面数相符。

表5-7 货物盘点盈亏及价格增减调整表

年 月 日

序号	品名	规格	账面资料			实盘资料			数量盈亏				数量增减				盈亏原因	负责人	备注
									盘盈		盘亏		增加		减少				
			数量	单价	金额	数量	单价	金额	数量	金额	数量	金额	数量	金额	数量	金额			

5.4 流通加工业务

流通加工是流通领域的辅助加工活动。在国家标准中,流通加工是指"根据顾客的需要,在流通过程中对产品实施的简单加工作业活动(如包装、分割、计量、分拣、刷标志、拴标签、组装等)的总称"。

5.4.1 流通加工和生产加工的区别

流通加工是流通主体(即流通当事人)为了完善流通服务功能、增加附加价值、满足客户需求、促进销售和提高物流效益而开展的一项活动。从形式和性质上看,流通加工和生产加工无明显区别,其技术、方法和组织管理也与生产加工大体上相同(或相似)。但是,在很多方面,流通加工又与生产加工不完全相同。两者主要具有以下差别。

(1) 加工对象的属性不尽相同。流通加工的对象是进入流通过程的产品,它具有商品的属性;生产加工的对象不是最终产品,而是原材料、零配件、半成品。

(2) 加工的复杂程度和深度不同。生产加工与流通加工相比,不但作业范围广,而且加工的技术、程序也很复杂,加工的深度很强,并且常常形成系列化的操作。而一般性的流通加工多为简单的初级加工活动,其复杂程度和加工的深度都远远不及生产加工。在一般情况下,流通加工常常是作为生产加工的外延或补充形式而存在和开展起来的。从这个意义上说,流通加工不是对生产加工的否定和完全取代。

(3) 加工的主体各异。生产加工的组织者是生产者,流通加工的当事人是从事流通加工的经营者。在我国,从事流通加工活动的单位是物流企业和商业企业,而生产加工是由生产企业组织完成的。

(4) 加工的目的不完全一致。在商品经济条件下,无论是生产加工还是流通加工,其目的都是为了方便生产和满足市场需要。在这一点上,二者是有共同之处的。但是,除此之外,流通加工的目的在于完善产品的使用价值,并在不做大改变的情况下提高其价值;生产加工的目的则在于创造产品的价值及使用价值。

5.4.2 流通加工的意义

1. 流通加工完善和强化了流通功能

实践证明,在流通体制科学合理的条件下,只有当流通当事人(流通企业)能够向社会提供多种类、系列化的服务时,流通的现代化程度才能相应提高,从而流通的功能和作用才能充分发挥出来。实践同时证明,在货物流转过程中,兼营加工作业(即开展流通加工),恰恰是达到上述要求和目的的有效措施。因为在流通领域内开展加工活动,一方面可以省去消费者(特别是生产资料消费者)在消耗或使用物资时所进行的烦琐劳动,从而可以起到方便消费者和促进消费的作用;另一方面,对于生产者来说,则有利于扩大其产品销路。从这个意义上说,流通加工完善和强化了流通的功能。

2. 流通加工是形成流通利润的新的源泉

流通加工(特别是集中化的流通加工)是一种低投入、高产出的加工作业,通过简单的加工能够充分实现流通对象的价值和剩余价值。据有关资料介绍,有些货物(如服装、玩具、纺织品)只改变其装潢和外包装(流通加工的一种作业)就可使该产品的档次跃升数级,仅此一项就曾把产品的售价提高了20%。有些流通中的货物,经过加工以后,由于利用率明显提高,也相对提高了其价值和使用价值,进而给流通企业带来了可观的利润。据称,近几年,仅就向流通企业提供的利润这一点进行比较,流通加工的成效并不亚于运输和仓储等活动。这表明,流通加工是流通利润的重要源泉。

3. 流通加工可提高原材料的利用率

在特殊的领域内(如生产资料流通领域内),加工原料则是流通加工的主要内容。加工原材料,就是将生产者发运来的规格简单或粗糙的原始产品,在统一各个用户的要求的基础上使用专用设备集中下料(如集中剪切钢板、集中套裁玻璃等)。统筹安排、集中下料的结果,一方面,在销售或供应物资时可以做到小材大用、优裁优用,做到物尽其用;另一方面,可以大大提高原材料的利用率。有关资料指出,我国部分城市的物流企业对平板玻璃统一进行加工(集中套裁)后,曾使玻璃的利用率由原来的 60%左右提高到 85%~95%。另据有关资料介绍,在美国、日本等发达国家,由于流通加工十分普遍,使其材料利用率达到了很高的水平。以钢材为例,日本的钢材利用率一般能达到 97%。

4. 流通加工有益于合理运输

从物流的角度来看,流通中穿插着加工环节,实际上等于将货物的实物形态运动分割成了两个阶段,即货物由生产厂家流转到加工点(加工中心)阶段和由加工点运转到用户阶段。由于流通中心的作业点一般设在消费区域,因此,相对而言,前一个阶段的货物运输距离常常大于后一个阶段的运输距离。面对这种情况,人们在制定运输方案和选择运输工具时,便可因地制宜。具体而言,就是在运输距离较长的物流阶段,可采用火车、轮船等大型运输工具流转产品,而在运输距离较短的物流阶段,则可采用汽车、小型专用车辆等运输工具运送经过初加工的多规格产品。显然,这样的结果,不但可以合理调配运输工具,而且还可以大大提高运输效率。此外,货物加工前一般体积较小,加工后体积较大,因而可节省运力。据此,可以说,流通加工有利于物流中的运输活动高效化和合理化。

5.4.3 流通加工的类型

从本质上看,各类产品及各种形式的流通加工是没有多大区别的。也就是说,各式各样的流通加工都是生产行为,都是"生产过程在流通领域内的继续"。但是,从加工技术、加工方法和加工目的来观察,不同产品和不同形式的加工又存在一定的差别。根据存在的差别,可以把流通加工细分为以下几种类型。

1. 延续性的加工

在社会化大生产的条件下,有很多产品,因受到种种因素的制约,其生产加工(即在生产领域内进行的加工作业)只能完成到一定程度,从而其产品只能以粗加工产品(或者是半成品)的形态进入到流通领域或消费领域。这样的产品往往不能充分满足复杂的消费需求。为了解决产需之间的矛盾,一些流通组织进而承担起了加工初级产品(或者是半成品)的任务(如根据实际情况,将原木锯成方材、板材;将大规格的钢材剪切成各种尺寸的小规格钢材;把散件、零部件组装成产品等)。这种旨在完善生产加工作业不足,并作为生产加工后续作业的流通加工即属于延续性的流通加工。

案例 5-1

把货物配套安装作业放到仓储过程中

某公司生产的产品主要是装食物的塑料容器,该容器由两个组件组成,即盒和盖。公司原来的作业方式是先生产盒和盖,然后将盒与盖在生产线上配套成一对包装,再送入仓库。随着业务的发展,产品品种的翻倍增长,客户需求多样化程度的提高,如果依照传统的操作过程已无法满足顾客的订单需要,仓库操作人员经常需要打开仓库现有包装,拿出产品重新配装,致使工作效率降低。对此,公司采取的策略是先不进行盒与盖的配套,将它们单独包装送入仓库配套装配区,然后根据顾客订单需要将盒与盖放入包装线压缩包装在一起打上标签运走。这种把配套安装作业放到仓储过程中完成的策略减少了库存,加速了资金周转,提高了工作效率,便于仓储管理。

(资料来源:丁立言.仓储规划与技术[M].北京:清华大学出版社,2002.)

2. 后勤服务性的加工

在现代社会,为了提高生产效率和效益,生产者除了采用批量方式从事生产活动以外,在工艺方面,都尽量缩短生产流程,集中力量从事复杂的技术性较强的劳动。与此相关,在原料供应和使用方面,则要求采购适用性强的成品或半成品,以此省去因预处置原料而花费的劳动。在流通实践中,为了满足企业用户的这种要求,不少专业性的流通组织承担了预处置原材料的工作,按照生产工艺要求加工生产资料。此外,有的流通企业从方便消费者消费出发,加工粮、油、副食品等生活资料。以上这类流通加工,带有明显的后勤性质,属于后勤服务性的流通加工。

3. 保护产品的加工

在物流过程中,直到用户投入使用前都存在产品的保护问题,只有防止产品在运输、储存、装卸、搬运、包装等过程中遭到损失,才能使其使用价值顺利实现。与前两种加工不同,该种加工并不改变进入流通领域的"物"的外形及性质。这种加工主要采用稳固、改装、冷冻保鲜、涂油等方式。

4. 提高物流效率、方便物流的加工

一些产品的形态使其难以进行物流操作,如鲜鱼的装卸、储存操作困难;过大设备搬运、装卸困难;气体运输、装卸困难等。进行流通加工,可以使物流各环节易于操作,如鲜鱼冷冻、过大设备解体、气体液化等。该种加工往往能改变"物"的物理状态,但并不能改变其化学特性,并最终仍能恢复原物理状态。

5. 促进销售的加工

流通加工可以从若干方面起到促进销售的作用。例如,将过大包装或散装物分装成适合一次销售的小包装的分装加工;将原以保护产品为主的运输包装改换成以促进销售为主的销售包装,以起到吸引消费者、指导消费的作用;将零配件组装成用具、车辆以便于直接销售;将蔬菜、肉类洗净切块以满足消费者要求等。这种流通加工可能是不改变"物"的本体,只进行简单改装的加工,也有许多可能是组装、分块等深加工。

案例 5-2

将包装作业后置到仓储过程中

> 某公司是一家生产各类果汁和一些水果的企业。10 年前，该公司的产品还是瓶装果汁和罐装水果的独立包装，所有标签都相同。但在以后 10 年中发生许多变化，主要表现为顾客范围扩大，不仅局限于英语语种的消费者，消费习惯要求容器大小有一个可变的空间，个性化品牌包装需求呈上升趋势等。在这种趋势下，单一的包装形式已无法适应多元化的市场需要，于是公司采取策略将未包装的货物和各种相关的包装容器及标签一起送入仓库储存，然后按照顾客订单的要求安排仓库包装线进行包装再发运。这种将包装作业后置到仓储过程中完成的策略可缓解生产与需求矛盾，解决库存不均匀问题，从而更好地为顾客服务。
>
> （资料来源：丁立言. 仓储规划与技术[M]. 北京：清华大学出版社，2002.）

6. 提高加工效率的加工

许多生产企业的初级加工由于数量有限、加工效率不高，难以投入先进的科学技术；而流通加工以集中加工的形式，解决单个企业加工效率不高的问题，以一家企业的流通加工代替了若干生产企业的初级加工工序，促使生产水平有了一个新的发展。

7. 提高原材料利用率的加工

流通加工利用其综合性强、用户多的特点，可以采用合理规划、合理套裁、集中下料的办法，有效提高原材料的利用率，减少损失和浪费。

8. 以提高经济效益、追求企业利润为目的的加工

流通加工的一系列优点，可以形成一种"利润中心"的经营形态，这种类型的流通加工是经营的一环，能在满足生产和消费要求的基础上取得利润，同时也能在市场和利润的引导下使流通加工在各个领域中得到有效的发展。

9. 生产—流通一体化的加工

依靠生产企业与流通企业的联合(或者生产企业涉足流通，或者流通企业涉足生产)而形成的对生产与流通加工进行的合理分工、规划和组织，对生产与流通加工进行的统筹安排，就是生产—流通一体化的流通加工形式。这种形式可以促成产品结构及产业结构的调整，可以充分发挥企业集团的经济技术优势，是目前流通加工领域的新形式。

5.4.4 典型的流通加工作业

1. 钢材的流通加工

钢材是使用范围最广泛、消耗量最大的一种原材料。按其形状不同划分，钢材包括型材、板材、管材和钢丝 4 大种类。在批量生产的条件下，由于某些钢材的加工深度有限，因此，在使用这些钢材之前，一般要根据具体情况，采用先进的技术和使用专门的加工设备进行延伸性加工。归纳起来，钢材的流通加工大体上包括对圆钢、角钢、扁钢、方钢等小型钢和部分管材的切割、线材的冷拉加工，薄钢板的剪切加工和卷材的开卷、裁切加工，

专用钢管的涂油和涂漆加工。

2. 木材的流通加工

流通领域内的木材加工主要有破开原木和制材两项内容。所谓破开原木，是指在加工中心将供方发运来的大规格的原木截锯成各种小规模的方材或板材；制材是与截锯原木作业紧密衔接的一种加工作业，它是将碎木、木屑压制成各种规格的板材(如刨花板)的一种操作，甚至还可进行打眼、凿孔等初级加工。过去，这个项目的加工作业是在生产领域内，由生产企业(木材厂)完成的，这些年才开始将它延伸到流通领域。

3. 煤炭的流通加工

煤炭的流通加工主要是掺配热值不同的煤炭和去除混杂在煤炭中的杂质。

(1) 除矸加工。除矸加工是以提高煤炭纯度为目的的加工形式。一般煤炭中混入的矸石有一定发热量，混入一些矸石是允许的，也是较经济的。但是，在运力十分紧张的地区要求充分利用运力、降低成本，多运"纯物质"，少运矸石，在这种情况下是不允许煤炭中混入矸石的，因此可以采用除矸的流通加工方法排除矸石。除矸加工可提高煤炭运输效益和经济效益，减少运输能力的浪费。

(2) 煤浆加工。用运输工具直接载运煤炭，运输中损失浪费比较大，又容易发生火灾。采用管道运输是近代兴起的一种先进技术。在流通的起始环节将煤炭磨成细粉，本身便有了一定的流动性，再用水调和成浆状，则具备了流动性，可以像其他液体一样进行管道输送。管道运输方式运输煤浆，能减少煤炭消耗，提高煤炭利用率。目前，某些发达国家已经开始投入运行，有些企业内部也采用该方法进行燃料输送。

(3) 配煤加工。在使用(或消耗)煤炭比较集中的地区设置加工点，按照一定的配方(比例)将不同产地、不同质量的煤炭掺合在一起，从而向用户供应发热量适中的混合煤炭，这种作业称为配煤加工。配煤加工可以按需要发热量生产和供应燃料，防止热能浪费和"大材小用"，也防止发热量过小，不能满足使用要求。

4. 水泥的流通加工

水泥的流通加工主要有两项作业：一项作业是在搅拌站(流通加工点)按照一定比例把粉末状水泥和沙、石等材料搅和在一起，制成混凝土。这是水泥加工的重要内容；另一项作业是磨细熟料，并根据水泥使用地区的资源情况和需要情况掺入混合材料与外加剂，制成不同标号、不同品种的水泥。

5. 机电产品的零配件加工

有些机电产品(如电动自行车)，采用整装(整体包装)、整运的办法流转和储备有一定的困难。即便能够做到，也很不经济。主要原因是包装成本大、运输效率低(满装不能满载)、流通中损失严重。为了解决这方面的问题，在实践中，人们采用了生产散件(零配件)和包装、运输散件，在消费地点组装零件、配件的办法来组织机电产品流通。

6. 食品的流通加工

(1) 冷冻食品。为了保鲜和便于装卸、运输，将鲜鱼、鲜肉等食品放置在低温环境中(如冷冻库)，使之迅速冻结的加工作业。

(2) 分选农副产品。农副产品(如谷物、瓜果和一些经济作物等)的规格、品质差异很大，为了分出产品的等级达到优质优价的目的，常常需要在产品流通的过程中按品质挑选和划分产品。

(3) 分装食品。有些生鲜食品和副食品，其出厂时包装的规格、尺寸很大，但是，其零售起点却很低。为了便于销售，流通企业(或零售商)常常按照起点要求重新包装(改换包装)食品。具体而言，就是将大包装改变成小包装，将散装物品改成小包装物品。

(4) 精致食品。所谓精致食品，就是在食品和副食品的产地或销售区设置加工点，按照方便消费者的要求去除其无用的部分(如鱼的内脏、蔬菜的老叶和根须等)，并将其洗净和分装的加工作业。该类加工活动不但大大方便了消费者，而且提高了加工对象的价值和价格，进而会给经营者带来一定的影响。

本 章 小 结

货位规划就是给货物在仓库内分配合理的存放位置，并做好货物的堆存工作。货位分配时所采用的储存策略有定位储放、随机储放、分类储放、分类随机储放和共同储放 5 种，各自有一定的优缺点。良好的储存策略与以周转率为基础、产品同一性、先进先出、叠高、面对通道、重量特性等货位分配原则相配合，往往可以大量减少拣取货物所需移动的距离。规划好各储存区货位后，为了方便记忆与记录，需要进行货位编号。对库房、货棚、货场齐备的仓库，货位编号一般采用"四号定位"法。

根据货位规划确定货位后，即应进行货物堆垛。堆垛时，对货物、堆垛场地及堆码好的货垛都有一定的要求，如货垛要合理、牢固、定量、整齐、节约。堆垛方式有散堆、货堆两种，其中对于有包装及裸装的长、大、笨重计件货物，根据货物的基本性能、外形等不同有重叠式、纵横交错式、正反交错式、仰伏相间式、压缝式、宝塔式、通风式、栽柱式、衬垫式、直立式、鱼鳞式、五五化式、架式、托盘式等多种堆垛方式。货物堆垛后，为了防止各种自然条件影响，保证储存货物的质量和数量，在堆场还需做好货物的苫盖和垫底工作，其中，苫盖时有苫布苫盖法、席片苫盖法、竹架苫盖法、隔离苫盖法可供选择。

为了对库存货物的数量进行有效控制，并查清其在库存中的质量状况，必须定期或不定期地对各储存场所的货物进行全部或部分的盘点。平常采取账面盘点法和现货盘点法相结合的方法进行盘点。账面盘点法是仓库财务人员在没有见到实物的情况下，根据出入库单，通过在账本的存货账卡表上做账而进行的盘点。现货盘点法是盘点人员根据实物进行的盘点，其中，价值高重要的 A 类采用循环盘点法，价值一般比较重要的 B 类和价值低不重要的 C 类采用期末盘点法。

物品从生产地到使用地的过程中，为了完善和强化流通功能、形成流通利润新的源泉、提高原材料的利用率、有利于合理运输，在库期间需要进行延续性的、后勤服务性的，以及出于保护产品、方便物流、促进销售、提高加工效率等目的的流通加工作业。如对钢材、木材、水泥、煤炭、机电产品、食品等进行分割、组装、套裁、分拣、再包装等。

关键术语

货物在库管理 Goods in the Warehouse Management
货位 Goods Position
货位规划 Goods Position Planning
货位编号 Goods Position Numbers
货物堆垛 Goods Stacking
盘点作业 Check Operation
流通加工 Circulation Processing

习 题

1. 单项选择题

(1) 在确定知道各货品进出库时间的前提下，提前制订计划安排各货品的货位。这是(　　)的货位分配法。

　　A. 定位储放　　B. 随机储放　　C. 分类储放　　D. 共同储放

(2) 先将货品分类，再给每一类安排一个固定的存放区域。每一区域内每一种货品都有自己固定储位，不能互用。这是(　　)的货位分配法。

　　A. 定位储放　　B. 随机储放　　C. 分类储放　　D. 分类随机储放

(3) 货位分配时，烟、香皂、茶不可放在一起，遵循的是产品(　　)原则。

　　A. 相关性　　B. 同一性　　C. 互补性　　D. 兼容性

(4) 货垛的"五距"指垛距、墙距、柱距、顶距和灯距。库内照明灯要安装防爆灯，灯头与货物的垂直距离不少于(　　)。

　　A. 30cm　　B. 40cm　　C. 50cm　　D. 60cm

(5) 在垫垛的基本要求中，衬垫物要有足够的高度，露天堆场要达到0.4～0.5m，库房内要达到(　　)。

　　A. 0.1m　　B. 0.2m　　C. 0.3m　　D. 0.4m

(6) 堆垛方式中，(　　)堆垛适用于露天存放的没有包装的大宗货物，如煤炭、矿石、河沙等，也可适用于库内的少量存放的谷物、碎料等散装货物。

　　A. 成组堆码式　　B. 货堆式　　C. 货架式　　D. 散堆式

(7) 逐层向上重叠堆码，每层货物件数相同，但方向不同，是(　　)堆垛。

　　A. 重叠式　　B. 纵横交错式　　C. 压缝式　　D. 通风式

(8) (　　)堆垛适用于存放不宜堆高，需要特殊保管的小件、高值、包装脆弱或易损的货物。

　　A. 成组堆码式　　B. 垛堆式　　C. 货架式　　D. 散堆式

(9) 当账面库存数与实际库存数发生差异时，仓库可采取(　　)。

　　A. 账面盘点　　　　　　B. 现货盘点

C. 期末盘点　　　　　　　　　D. 账面与现货盘点相结合

(10) (　　)一般每天或每周盘点一次。

A. A 类货物　　B. B 类货物　　C. C 类货物　　D. B 和 C 类货物

2. 判断题

(1) 逐层向上重叠堆码，每层货物件数和方向完全相同，是压缝式堆垛形式。(　　)

(2) 先将货品分类，再给每一类安排一个固定的存放区域。每一区域内每一种货品的储位随机产生，经常发生变化。这是随机储存的货位分配法。(　　)

(3) 价值高的 A 类物品盘点时采用的是循环盘点法。(　　)

(4) 将蔬菜的老叶和根须等去掉，并将其洗净和分装，属于超市开展的延续性加工作业。(　　)

3. 简述题

(1) 简述货位分配的方法，并说明各种方法的优缺点。

(2) 在一般平放仓库计算货垛可堆层数时需要同时考虑哪些条件？

(3) 简述货物堆垛的基本形式。

(4) 堆垛货物苫垫的目的是什么？主要有哪些苫盖方法？

(5) 简述货物盘点的目的、内容和方法。

(6) 现货盘点的作业流程是怎样的？

(7) 在日常仓储管理中出现账物不符的原因是什么？

(8) 与生产加工相比，流通加工有哪些特点？

(9) 仓库流通加工的类型有哪些？

4. 计算题

某仓库进了一批木箱装的罐头食品 150 箱。每箱毛重 40kg，箱底面积为 $0.4m^2$，箱高 0.3m，木箱上标志显示允许承受的最大载重压力为 160kg，地坪承载能力为 $6t/m^2$，库房可用高度为 6m。仓库在不采用货架储存货物和采用货架储存货物两种情况下，该批货物的可堆层数和货垛占地面积各是多少？

实务操作

(1) 条件具备的情况下，操作仓储管理实验软件，进行货位安排和其他在库操作。

(2) 条件具备的情况下，学生两人一组，分别对不同尺寸的纸箱进行直接堆垛训练，并运用绳索、绑扎带、胶带、收缩薄膜等器具完成对托盘货物的紧固操作。

(3) 利用业余时间进入仓储企业调研，对货物进行清查盘点，编写、填制盘点盈亏报告表和相关记录。

案例阅读

远成物流仓库货物盘点管理

远成物流仓库盘点的目的是确保库存产品的品名、规格、批号、数量和货位号与系统一致，确保正常

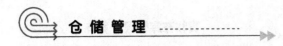

的营运质量。盘点时采用的方式有明盘和盲盘两种,明盘是指系统打出库存数据和实物核对,一般用于周盘;盲盘是指系统不打出库存数据,盘点实物后再和系统核对,工作量较大,一般用于月盘或年盘。

1. 明盘流程

(1) 系统员根据盘点要求在系统中打印出需要盘点的盘点报告(包括指定仓库中所有货品的信息),将报告交给盘点人员。

(2) 盘点人员根据盘点报告进行明盘:根据报告上的货位号提示,到达该货位,检查货位上的实际产品的批号、品名、数量与报告是否一致,检查该货位上的产品有无外箱包装损坏和产品残损。

(3) 如发现报告与实际不符:实际货位无产品,确认是否因产品上错货位造成;数量不符,确认是否有产品残损和外箱损坏而系统未及时调整;产品批号不符,与当班主管和系统员确认,并及时调整。

(4) 如发现货位上的产品包装外箱损坏,但内部完好,将该产品转移到换箱区域;如发现货位上的产品有内部残损,将该产品转移到残损区域。

(5) 如盘点的产品不为整箱时,应清楚记录实际的箱数与盒/支数(如 2 箱 10 盒/支)。

(6) 盘点结束后在盘点表上签字确认并交给当班主管,主管审查盘点结果后交给系统员。

(7) 系统员收到盘点报告,在系统中进行比对后,将盘点差异上报领导,等领导批复后在系统中进行相应的调整,操作人员对实物进行调整。

2. 盲盘流程

(1) 系统员根据盘点要求在系统中打印出需要盘点的盘点报告(只指定仓库,没有货品的信息),将报告交给盘点人员。

(2) 盘点人员根据盘点报告进行盲盘,需要盘点的内容有:仓库中每一个货位上货品的品名、规格、数量、批号及质量状态,有无外箱包装损坏和产品残损。

(3) 盘点结束后,盘点员将盘点表交给当班主管,当班主管审查后交给系统员。

(4) 系统员接到盘点报告后,对报表信息进行输入后与系统比对,将差异列出后交给当班主管。

(5) 当班主管马上安排盘点员进行二次盘点,确认差异后直接交给系统员。

(6) 系统员将最终差异上报领导,等领导批复后在系统中进行相应调整,操作员对实物进行调整。

(资料来源:黄中鼎.仓储管理实务[M].武汉:华中科技大学出版社,2009.)

思考:

(1) 对在库物资进行管理时,盘点的目的有哪些?

(2) 案例中的明盘和盲盘分别针对什么类型的货物而言的?如何做好各类货物的盘点工作?

(3) 结合案例,分析现货盘点的流程。

第6章 货物保管与养护

【教学目标与要求】
> 熟悉货物保管的任务,做好物资保管工作;
> 理解货物保管的具体原则,并能熟练地应用于作业现场;
> 理解库存货物的各种变化形式及影响因素;
> 熟悉货物养护的目的及基本措施;
> 掌握仓库温湿度管理与控制的方法;
> 了解仓库虫害与霉变的防治方法。

> **GXL 连锁超市集团的货物保管现状**
>
> GXL 连锁超市集团租用了 XY 公司的库房放方便面、饼干等纸箱装干货,货物存储现状描述如下:货物外包装箱上有灰尘;温度控制表记录的温度最高为 45℃,最低为-7℃;湿度计显示记录为 75%左右;仓库日常检查中发现一些小虫子,并发现老鼠痕迹;仓库的窗户很多,阳光能够直接照射到存储的货物上面。根据以上描述,说明该仓库中影响库存货物质量的因素。
>
> (资料来源:http://www.doc88.com/p-6486710199014.html。)

仓储管理的基本任务是为客户提供优质的货物储存服务,除包括收、发作业活动外,更主要的是货物的保管与养护作业活动。货物保管与养护的目的就是认识货物在储存期间发生质量劣化的内外因素和变化规律,研究采取相应的控制技术,以维护其使用价值不变,避免受到损失,保障仓库经济效益的实现。"预防为主,防治结合"是货物保管与养护的基本方针。

6.1 货物保管的任务和原则

6.1.1 货物保管的任务

任何一种货物在储存期间,表面上处于静止状态,实际上每时每刻都发生着各种理化和生物变化。只不过变化初期,凭借人的感觉是觉察不到的,等变化发展到一定程度被发现时,除了极少数外,大部分货物的使用价值已发生变化,如金属锈蚀、木材腐蚀、水泥结块硬化等。由此可见,受货物本身固有特性,以及所处的环境和各种人为因素的影响,货物变化不是瞬间完成的,而有一定的时间积累过程。

货物保管的任务就是在认识和掌握各种库存货物变化规律的基础上,科学地运用这些规律,采取相应的措施和手段,根据货物性能和特点,有效地抑制内外界因素的影响,为库存货物提供适宜的保管环境和良好的保管条件,最大限度地减缓或控制有损于货物使用价值的变化,以保证库存货物数量正确,质量完好,并充分利用现有仓储设施,为经济合理地组织物资供应打下良好基础。

由此可见,货物保管包含两个方面的内容:一是根据各种货物不同的性能特点,结合具体条件,将货物存放在合理的场所和位置,为在库货物提供适宜的保管环境;二是对货物进行必要的保养和维护,为货物创造良好的保管条件。二者是相互联系、相互依赖、不可分割的有机体,其主要目的都在于保持仓库货物的原有使用价值,最大限度地减少货物损耗。

6.1.2 货物保管的原则

货物在保管时,有几个重要原则必须要特别注意,否则作业效率与库存货物的保管质量都要受到严重的影响。

1. 先进先出

在仓库保管中,先进先出是一项非常重要的原则,尤其是有时间性要求的货物。货物在仓库内储存的时间越长,越容易造成过期或者是变质,以致影响整个仓库的保管效益。所以,应尽可能缩短货物的储存时间,确保先进的货物优先出库。

2. 零数先出

在仓库中,货物出入库形式有整进整出、零进整出、整进零出等。因为零星货物要比整件货物更难于管理,所以出货时,必须优先考虑让零数或者已经拆箱为零的货物出库,除非整箱订货。

3. 重下轻上

任何情况下,储存货物时都要确保重的货物码放在下方,轻的货物码放在上方。如果是多层楼库,应该考虑较重的货物存放在楼下,而较轻的货物存放在楼上,这主要出于建筑物的安全和提高机械设备的作业效率考虑。如果是使用货架多层存放或者是直接平放地面堆叠,出于货架的稳定性和避免较轻的货物被较重的货物压坏考虑,较重的货物应该存放在下层,而较轻的货物存放在上层的位置。

4. A、B、C 分类布置

规划储存位置时,首先应该按畅销程度(出货频率)将货物划分为 A、B、C 三类,然后在不同的堆垛场地存放在不同的位置。在一般平放仓库直接堆放时,应该把畅销(出货频率高)的 A 类货物规划靠近门口或者是通道旁边,把最不畅销(出货频率低)的 C 类货物规划在角落或者是离门口较远的地方,而 B 类货物则堆放在 A 类与 C 类货物之间。在料架仓库使用货架时,主要基于设备和人员存取货物方便考虑,如果以叉车作业为主,则 A 类货物存放于货架底层叉车容易存取的地方,C 类货物存放于最上层比较不容易存取的地方,而 B 类货物则存放在货架的中层;如果以人工作业为主,则必须考虑人体学,即 A 类货物存放在人站立时两手很容易存取的中层位置,C 类货物存放于需要使用梯子或者是椅子才能存取得到的上层位置,而 B 类货物则存放于需要蹲下时才能存取的下层位置。

5. 特性不同的货物不要存放在一起

在仓库保管中,往往会有许多种类的货物存放在一起,但是每一种货物的特性大都不一样,有时存放在一起会相互影响产生变质的情形。例如,有些货物会散发气味(如香皂、香水等),有些货物则会吸收气味(如茶叶、卷纸等),甚至有些货物散发、吸收气味都有(如香烟等)。如果把散发气味与吸收气味的货物存放在一起,则会使货物的质量产生变化,甚至造成退货的情形。因此,在仓库保管中,一定要特别注意应遵循该项原则。

6.2 库存货物的变化及其影响因素

6.2.1 库存货物的变化类型

库存货物变化的类型很多,但归纳起来主要有物理变化、化学变化、生理生化变化及生态变化等。

1. 物理变化

物理变化是指只改变货物本身外表形态,不改变本质,没有新物质生成,并且有可能反复进行的变化现象。物理变化的结果不是使货物数量损失,就是质量降低,甚至使货物失去使用价值。物理变化有以下几种常见形式。

(1) 挥发。挥发是指低沸点的液态物质在空气中经汽化而变成气体散发到空气中的现象。常见易挥发的物质如酒精、乙醚、汽油、花露水、香水等。各种液体挥发的难易程度有很大差别,这主要取决于液体分子之间吸引力的大小,具体表现为液体的密度、黏度、沸点等的不同。同一种液体的挥发速度主要与温度的高低、液面的大小、液面上压力的大小、液体或空气流动的快慢等有关。温度越高、液面越大、液面上的压力越小、液体或空气流动的速度越快,液体挥发的速度也就越快;反之,液体挥发的速度就越慢。

易挥发物应存储在严格密封且包装材料透气性较差的包装内,并放在阴凉干燥的密封库房内。要尽可能放在温度较低又便于通风的地方,还要能够及时通风以排除挥发的气体。

(2) 溶化。溶化是指某些固态物质,吸收空气或环境中的水分达到一定程度时,变成液体的现象。常见易溶化的物质有火碱、食糖、食盐、洗衣粉、氯化钠、氯化钙等。固体物质的溶化,是由于其本身同时具有吸湿性和水溶性两个物理性质。吸湿性是指固体吸着水分的性质;水溶性是指固体吸收水分后,逐渐溶解在所吸收的水分中而成为液体的性能。吸湿性与水溶性是固体物质溶化的必要条件,二者缺一不可。只有吸湿性而无水溶性的固体物质不会溶化。例如水泥、电石、硅胶等都有较强的吸湿性,但它们不具有水溶性,所以它们虽然也吸收水分,但是并不会溶化。固体溶化后,随着水分的蒸发,会逐渐失去水分,最后仍还原为固体物质,其性质不变。固体溶化的速度主要与空气的湿度、温度以及固体的表面积等有关。湿度越大、温度越高、固体的表面积越大,固体溶化的速度就越快;反之,固体溶化的速度就越慢。

易溶物应储存在建筑条件好、干燥的密封库内,并应使用隔潮能力较强的塑料薄膜,将包装或货垛密封隔潮。含水量大的货物要分库储存。要了解不同品种货物在不同温度下的吸湿点,以便控制和调节温湿度。可使用空气去湿机或使用氯化钙、石灰、硅胶等吸湿剂吸湿以降低库内湿度。库内相对湿度不宜超过75%。

(3) 熔化。熔化是指低熔点固态物质受热变软以至变成液态的现象。例如松香、石蜡、润滑脂受热会熔化,沥青、油毡受热会变软。固体的熔化主要受到温度的影响。固体物质从周围空气中吸收并积蓄热量达到一定程度时,即达到固体的熔点温度时,就开始熔化、变软或成为液体。除受温度高低的影响外,固体的熔化还与其本身的熔点、所含杂质的种类和含量的高低密切相关。熔点愈低,愈易熔化;杂质含量越高,越易熔化。

对于易熔物，应根据其熔点储存在建筑条件较好、阴凉通风的库房，最好能储存在气温较低的地下库房中。库房应保持经常密封，在气温较高时，可使用空调机降温，或在库内墙四周以及顶棚加贴一层阻燃性聚苯乙烯泡沫塑料板来隔热。

(4) 渗漏。渗漏是指易挥发的液态物质，由于包装封闭不严，或因包装质量差，接缝处有裂隙或受潮生锈成孔，或因气温上升使包装内货物发生体积膨胀将包装胀裂，或因搬运操作振动、撞击，使包装受损等原因影响，使货物从包装容器里冒、漏、滴、渗出来的现象。

包装如果已经发生渗漏现象，可根据包装条件以及渗漏情况分别采取措施。对渗漏严重的应更换新包装，如果渗漏不严重或对某些货物不便更换包装的，可临时使用一些粘补剂，将渗漏处堵严。粘补剂种类很多，分别适用于不同性质的包装和货物。

(5) 串味。串味是指吸附性较强货物吸附其他货物散发出的气体、异味，而改变本来气味的现象。常见易被串味的货物有大米、面粉、饼干、卷烟、茶叶等；易引起其他货物串味的货物有汽油、柴油、樟脑、肥皂、农药、化妆品等。货物串味与其表面状况、与异味货物接触面积的大小、接触时间的多少以及环境中的异味浓度有关。预防货物串味，应对易被串味的货物尽量采取密封包装，在储存和运输中不得与有强烈气味的货物同时储运，同时还要注意仓储环境的清洁卫生。

(6) 沉淀。沉淀是指含有胶质和易挥发成分的货物，受低温或高温影响，部分物质凝固，进而发生沉淀的现象。例如墨汁、墨水、饮料、酒等货物在储存过程中发生纤细絮状物质的析出，而出现混浊、沉淀的现象。预防沉淀，应根据不同货物的特点，防止振动、阳光照射，并保持库房温度不要过低或过高。

(7) 沾污。沾污是指货物表面沾有其他脏物，染有其他污秽物的现象。货物沾污主要是由于在运输、储存过程中卫生条件差及包装不严所致。对一些外观质量要求较高的货物，如针织品、精密仪器、仪表等要特别注意。

(8) 破碎与变形。破碎与变形也叫机械变化，是指由于受外力的作用或本身产生的内应力，使某些固体货物形态发生变化，降低其使用价值的现象。一些脆性和塑性较大的货物，如玻璃、陶瓷、搪瓷制品、铝制品、塑料制品等因包装不良及搬运过程中受到碰、撞、挤、压和抛掷，会发生破碎、变形、掉瓷等情况。对于容易发生破碎和变形的货物，主要注意包装质量，搬运过程要轻拿轻放，堆放高度不能超过一定的压力限制。

2. 化学变化

化学变化是指不仅改变货物外表形态，而且改变货物的本质，并有新物质生成，不能恢复原状的变化现象。化学变化是货物的质变过程，严重时会使货物失去使用价值。化学变化主要有以下几种常见形式。

(1) 氧化。氧化是指某些货物与空气中的氧或其他能放出氧的物质接触，发生了与氧相结合的化学变化。例如棉、麻、丝、毛等纤维织品，长期受日光照射发生变色的现象，就是由于织品中纤维被氧化的结果。

货物发生氧化，不仅会降低其质量，有的还会在氧化过程中，产生热量。如果产生的热量不易散失，就能加速其氧化过程，从而使反应的温度迅速升高，当达到货物自燃点，就会发生自燃现象，有的甚至会发生爆炸事故。例如桐油布、油布伞和油纸等桐油制品，在还没有干透的情况下就进行打包储存，就容易发生自燃。这是由于在桐油中含有不饱和脂肪酸，发生氧化时放出的热量不易尽快散失时，便会促使其温度升高，当达到纤维和纸的燃点时，就会引起自燃事故。所以，该类货物要储存在干燥、通风、散热和温度比较低的库房，才能保证其质量安全。

(2) 分解。分解是指某些性质不稳定的货物，在光、热、电、酸、碱及潮湿空气作用下，由一种物质生成两种或两种以上物质的现象。货物发生分解反应后，不仅使其数量减少、质量降低，有的还会在反应过程中产生一定的热量和可燃气体，而引发事故。例如过氧化氢(俗称双氧水)是一种不稳定的强氧化剂和杀菌剂，在常温下会逐渐分解，如遇高温能迅速分解，生成水和氧气，并能放出一定的热量；电石(碳化钙)遇潮气会分解成乙炔和氢氧化钙，同时放出一定热量。乙炔气体易于氧化而燃烧，要特别引起注意。所以，此类货物的储存要注意包装的密封性，库房中要保持干燥和通风，尤其不宜与酸性货物或碱性货物混放。

(3) 水解。水解是指某些货物在一定条件下，遇水发生分解的现象。例如硅酸盐和肥皂与水接触后，水解产物是酸和碱，同原来具有不同的性质。货物的品种不同，在酸或碱的催化作用下，所发生的水解情况也是不相同的。例如蛋白质在碱性溶液中容易水解，但在酸性溶液中却比较稳定，这就是羊毛等蛋白质纤维怕碱不怕酸的原因；棉纤维在酸性溶液中，尤其是在强酸的催化作用下，容易发生水解，能使纤维的大部分链节断裂，分子量降低，被分解成单个的纤维分子，这样就大大地降低了纤维的强度，而棉纤维在碱性溶液中却比较稳定，这就是棉纤维怕酸而耐碱的原因。该类货物在包装、储存的过程中要注意包装材料的酸碱性，同时注意哪些货物可以或不能同库储存，以便防止货物的人为损失。

(4) 锈蚀。锈蚀是指金属或金属制品本身化学性质不稳定，又同周围介质(水和二氧化硫)接触，相互发生了某种反应，而逐渐遭到破坏，表面出现锈蚀物的现象。

(5) 风化。风化是指含有结晶水的化合物，在一定温度和干燥空气中，失去结晶水，变成非结晶状态的无水物质，本身重量减轻的现象。例如块状的煤存放在露天堆场，长期日光照射，失去结晶水变成粉末状，就是一种风化现象。

(6) 老化。老化是指含有高分子化合物的货物，如橡胶、塑料、合成纤维等，在日光、氧气、高温等因素作用下，使其物理和机械性能降低，出现变硬发脆，变软发黏的现象。

高分子老化是不可逆反应，因此，一旦发生老化就不能复原，只能采取措施，使老化速度减缓。防老化措施是将这类货物在气温较高季节，储存在温度较低、阴凉、干燥的库房，不得储存在露天货场或简易货棚内。库房窗户玻璃应涂白色，以防日光直射。库房内要加强温、湿度控制与调节，库温不超过30℃，可以利用自然通风降温，也可以使用空调机降温。乳胶制品、聚丙烯、聚氯乙烯制品在冬季库温不宜低于 0℃，以防受到低温影响变硬、变脆，在搬运操作、堆码装卸过程中受到撞击、振动发生破碎。堆垛高度应根据包装条件适当掌握，堆码过高易使底层货物受重压而发生破裂、变形或粘连。

除上述几种形式外，裂解、聚合、化合、曝光等也是货物的化学变化形式，此处就不再赘述。

3. 生理生化变化

生理生化变化是指有生命活动的有机体物品，在生长发育过程中，为了维持其生命，本身进行的一系列生理变化。例如粮食、水果、蔬菜、鲜鱼、鲜肉、鲜蛋等有机体物品，在储存过程中，受到外界条件的影响，往往会发生这样或那样的变化，这些变化主要有呼吸作用、发芽、胚胎发育、后熟等。

(1) 呼吸作用。呼吸作用是指有机体物品在生命活动过程中，不断地进行呼吸，分解体内有机物质，产生热量，维持其本身生命活动的现象。呼吸作用可分为有氧呼吸和无氧呼吸两种类型。不论是有氧呼吸还是无氧呼吸，都要消耗营养物质，降低食品的质量。有氧呼吸中热量的产生和积累，往往使食品腐败变质。特别是粮食的呼吸作用，产生的热不易散失，如积累过多，会使粮食变质。同时，由于呼吸作用，有机体分解出来的水分，又有利于有害微生物的生长繁殖，加速物品的霉变；无氧呼吸则会产生酒精积累，引起有机体细胞中毒，造成生理病害，缩短储存时间。对于一些鲜活物品，无氧呼吸往往比有氧呼吸要消耗更多的营养物质。

(2) 发芽。发芽是指有机体物品在适宜条件下，冲破"休眠"状态，发生的发芽、萌发现象。常见易发芽的物品有洋芋、蒜、黄豆等。发芽的结果会使有机体物品的营养物质转化为可溶性物质，供给有机体本身的需要，从而降低有机体物品的质量。在发芽过程中，通常伴有发热、生霉等情况，不仅增加损耗，而且降低质量。因此，对于能够发芽的物品必须控制它们的水分，并加强温、湿度管理，防止发芽现象的发生。

(3) 胚胎发育。胚胎发育主要指鲜蛋在保管过程中，当温度和供氧条件适宜时，胚胎会发育从而变成血丝蛋、血坯蛋的现象。经过胚胎发育的禽蛋新鲜度和食用价值会大大降低。因此，为抑制鲜蛋的胚胎发育，应加强温、湿度控制，最好是低温储藏，也可采用石灰水浸泡或表面涂层，减少供氧的储藏方法。

(4) 后熟。后熟是指瓜果、蔬菜等类食品在脱离母株后继续其成熟过程的现象。后熟往往能改进瓜果、蔬菜等的色、香、味以及适口的硬脆度等食用性能。但后熟作用完成后，食品易发生腐烂变质，难以继续储藏甚至失去食用价值，因此，要求储存期短，及时出库。

4. 生态变化

生态变化是指在生物、微生物作用下，货物发生形态上的变化。

(1) 霉腐。霉腐是指在气温高、湿度大的情况下，由于霉腐微生物(如细菌、霉菌、酵母菌等)作用，物品发生霉变和腐败的现象。在气温高、湿度大的季节，如果仓库的温、湿度控制不好，储存的针棉织品、皮革制品、鞋帽、纸张、香烟以及中药材等货物就会生霉；肉、鱼、蛋类就会腐败发臭；水果、蔬菜就会腐烂。无论哪种货物发生霉腐后，都会受到不同程度的破坏，甚至完全失去使用价值。如果食品发生霉腐还会产生能引起人、畜中毒的有毒物质。因此，在储存易霉腐的货物时必须严格控制温、湿度，并做好货物防霉和除霉工作。

(2) 虫蛀。虫蛀是指货物在储存期间被害虫蛀蚀了。虫蛀不仅破坏货物的组织结构，使其发生破碎和孔洞，而且害虫的排泄物还污染货物，影响其外观质量，降低货物的使用价值，因此害虫对货物危害性也是很大的。凡是含有有机成分的货物，都容易遭受害虫蛀蚀。

6.2.2 影响库存货物发生变化的因素

货物发生变化，是多种因素综合作用的结果。了解和掌握库存货物发生变化的影响因素，才能针对各类货物的特性，进行科学的保管，以达到防止、延缓或减少库存货物变化，减少或避免货物损失和损耗的目的。通常，引起货物变化的因素有内因和外因两种，内因决定了货物变化的可能性和程度，是变化的根据，外因是促进这些变化的条件。

1. 内在因素

自身的特性是货物发生变化的内因，主要包括货物的化学成分、物理形态、理化性质、机械及工艺性质等。

(1) 化学成分。不同货物具有不同的化学成分，不同的化学成分及其不同的含量，既能够影响货物的基本性质，又能够影响货物抵抗外界侵蚀的能力。例如高分子材料容易发霉；普通低碳素钢中加入少量的铜和磷的成分，就能有效地提高其抗腐蚀性能等。

(2) 物理形态。货物的形态分为固态、液态、气态。不同的形态具有不同的特性，要求相应的保管条件。货物的 3 种形态在一定的条件下可以相互转化，对于库存货物来说，这是应当避免的。

(3) 理化性质。理化性质是由货物的化学成分和组织结构决定的。物理性质主要是指货物的挥发性、吸湿性、水溶性、导热性、耐热性、透气性、透水性等；化学性质主要是指货物的化学稳定性、燃烧性、爆炸性、腐蚀性、毒害性等。货物的理化性质是使其发生变化的最主要的内在因素。不同的货物具有不同的理化性质，必须根据货物的不同理化性质采取相应的保管措施和技术，防止变化的发生。

(4) 机械及工艺性质。机械性质是指货物的形态和结构在外力作用下的反应，包括货物的弹性、塑性、韧性、脆性、强度、硬度等，这些机械性质对货物的外形及结构变化有很大的影响；工艺性质是指货物的加工程度(如毛坯、半成品、成品等)和加工精度(光洁度、垂直度、水平度等)。一般来说，强度高、韧性好、加工精密的货物不易发生变化；反之，则较容易发生变化。

2. 外在因素

货物储存期间的变化虽然是其内部活动的结果，但与储存的外界因素有密切关系。这些外界因素主要包括自然因素、储存时间、社会因素和人为因素等。

1) 自然因素

(1) 温度。温度即大气的冷热程度，是货物发生物理、化学、生理生化及生态变化的必要条件，货物发生任何变化都与温度有关。所以，温度是影响货物变化的第一大自然因素。

温度过高、过低或剧烈变化，都会对某些货物产生不利影响。易燃品、自燃品和爆炸品，如汽油、黄磷、烈性炸药等，温度过高容易引起燃烧爆炸；石油产品、液体化工产品，如汽油、酒精、乙醚、清漆等，在高温下易挥发，损耗大，并且不安全；橡胶和沥青制品，如橡胶带、胶管、油毛毡等，受热后易软化发黏，在受压的情况下会发生变形，温度过低又会变硬发脆，影响强度；大部分有机绝缘材料、橡胶、塑料和化纤制品，温度过高容易老化变质，温度过低又会失去弹性，容易断裂损坏；钢丝绳、轴承等金属制品为了保持表面润滑性及防止生锈，表面涂防护油脂，在较高温度下，油脂熔化，失去保护作用；生物及微生物生长繁殖需要一定的温度等。

(2) 湿度。湿度即大气的干湿程度。大气的干湿程度取决于大气中的水汽含量。湿度对库存货物的影响也大。

大部分货物怕潮湿，但也有少数货物怕干燥。过分潮湿或干燥，都会促使货物发生变化。例如电石、水泥、石棉粉、炸药、焊接材料等，在潮湿的环境中易于变质失效；金属材料、金属制品、金属配件、机械设备、仪器仪表等，受潮后易于锈蚀；化工材料，如盐类、碱类、颜料等，在湿度大的情况下很容易吸附空气中的水蒸气，发生潮解、溶化或结块，以致失效的现象；绝缘材料、电气设备，受潮后绝缘性能下降，影响使用；木材及木制品，受潮后容易发霉、腐朽，强度降低；竹材与竹材制品，在过于干燥的环境中，易于干裂变形；含有结晶水的化工材料，在干燥的环境下，易于失去结晶水而风化等。

(3) 大气。大气主要由干洁空气、水汽和固体杂质3种成分组成。

所谓干洁空气，是指由氮气、氧气、二氧化碳，以及其他气体所组成的混合气体。虽然其中氮气所占的比重最大，但是，由于氮气属于惰性气体，所以对于库存货物不产生影响。大气中约含有21%的氧气，氧非常活泼，能和许多货物发生作用，对货物质量变化影响很大。例如加速金属锈蚀，加速仓库虫害以及霉菌的繁殖，促使带有还原剂的化工产品氧化变质，使某些油脂氧化，促使高分子材料老化，促成燃烧爆炸等。二氧化碳遇水能产生碳酸，对货物有一定的腐蚀性。大气中除了氧气、二氧化碳对库存货物有影响外，还有其他一些有害气体，如二氧化硫、二氧化氮、氯化氢等，这些气体与空气中的水蒸气相遇，形成碳酸、亚硫酸等物质，附着在金属表面形成电解质溶液，使金属发生电化学腐蚀。

大气中的固体杂质，主要是灰尘、烟尘和其他粉尘，是一些微小的固体颗粒，带有电荷。当固体杂质与带有异性电荷的物质接触时，会产生静电吸附，影响货物表面的光泽和清洁度。精密仪器、仪表落上灰尘，会影响可动部件的机械性能，使用时增加机械磨耗，降低灵敏度，缩短使用寿命；绝缘材料落上灰尘，会增加吸湿性，降低绝缘性能；化工原料落入灰尘，影响其纯度和性能；金属材料及其制品落上灰尘，会增加其吸湿性，加速锈蚀，特别是烟尘危害更大；尘土杂物存在库房内，会加速微生物的繁殖，危害货物。

(4) 日光。日光中含有热量、紫外线、红外线等，适度的日光对于库存货物有时是有利的，如可以利用其热力蒸发库内和货物多余的水分，辐射的紫外线杀死、杀伤微生物和害虫，一定程度保护库存的货物。但是某些货物在日光的直接照射下，又发生破坏作用，如日光能够促使许多高分子化合物(如橡胶及其制品)的分子链裂解，发生老化、龟裂现象；着色纤维制品、纸张及纸制品，经日照会发脆褪色；润滑油脂、油漆等在日光照射下易于分解；竹材及其制品在日光曝晒下易于变形开裂；某些化学药品和感光胶片、感光纸等，见光后会失效，丧失使用价值等。

(5) 卫生条件。卫生条件是保证货物免于变质腐败的重要条件之一。卫生条件不良，不仅使灰尘、油垢、垃圾、腥臭等污染货物造成某些外观疵点和感染异味，而且还为微生物、害虫等创造了活动场所。因此，货物在储存过程中，一定要搞好储存环境卫生，保持货物本身的卫生，防止货物之间的感染。

(6) 生物和微生物。在仓库，生物以及微生物对在库货物也有很大影响。这里所说的生物主要是指仓库害虫，如白蚁、老鼠等，其中以虫蛀、鼠咬危害最大。各种有机货物，如纤维及其制品、皮草及其皮革制品等，都容易受到虫鼠的破坏。虫鼠不仅损害货物本身，包装物、供电线路、电器产品的绝缘材料等也均有遭受虫鼠袭击的可能。

影响库存货物的微生物主要是霉菌和木腐菌。霉菌会使很多有机物(如纤维制品、橡胶塑料制品、皮革制品等)发霉，直接影响货物质量；木腐菌会使木材和木制品腐朽，降低其强度，影响使用。

2) 储存时间

除自然因素外，储存时间对任何货物都具有一定的影响，只是程度不同而已。一般来说，储存时间越长，货物受到上述自然因素影响的可能性就越大，越容易发生变化，变化的程度也越深。另外，储存时间过长，货物会因其内部的物质运动而加速老化，甚至失去其使用价值，如食用植物油的变质、茶叶的陈化。货物会因储存时间过长，而形成精神损失，即因社会技术进步的加快，新产品的层出不穷而使原有的、陈旧的同类货物失去销售市场。因此，仓库要坚持先进先出的发货原则，并加强货物盘点和在库检查的管理工作，将接近保存期限的货物及时处理。

3) 社会因素

自然因素对库存货物的变化产生直接的影响，而社会因素对库存货物的变化产生间接的影响。社会因素是多方面的，主要包括国家的宏观经济政策、国民经济景气或波动、生产力布局、交通运输条件、经济管理体制、企业管理水平、仓库设施条件与管理水平等。上述因素对货物的储存量、储存时间和仓储设施的改善都会构成影响，进而也会影响到货物的变化，增大货物变化的可能性。例如，企业或仓库管理水平低下，可能造成某些货物经常超储；国民经济紧缩时期，企业库存增加，货物在库时间相对延长；由于计划不周，引起库存货物品种、规格、结构不对路，同样也会延长库存时间。

4) 人为因素

人为因素是指人们未按货物自身特性的要求或未认真按有关规定和要求作业，甚至违反操作规程而使货物受到损害和损失的情况。这些情况主要包括以下几个方面。

(1) 保管场所选择不合理。由于货物自身理化性质决定了不同库存物在储存期要求的保管条件不同，因此，对不同库存物应结合当地的自然条件选择合理的保管场所。一般条件下，普通的黑色金属材料、大部分建筑材料和集装箱可在露天货场储存；怕雨雪侵蚀、阳光照射的货物应放在普通库房及货棚中储存；要求一定温湿度条件的货物应相应存放在冷藏、冷冻、恒温、恒湿库房中；易燃、易爆、有毒、有腐蚀性危险的货物必须存放在特种仓库中。

(2) 包装不合理。为了防止货物在储运过程中受到冲击、压缩等外力而被破坏，应对库存物进行适当的捆扎和包装，如果没捆扎或捆扎不牢，将会造成倒垛或散包，使货物丢失、损坏。某些包装材料或包装形式选择不当不仅不能起到保护的作用，还会加速库存物受潮变质或受污染霉烂。

(3) 装卸搬运不合理。装卸搬运活动贯穿于仓储作业过程的始终，是一项技术性很强的工作。各种货物的装卸搬运均有严格规定，如平板玻璃必须立放、挤紧、捆牢，大件设备必须在重心点吊装，胶合板不可直接用钢丝绳吊装等。实际工作表明，装卸搬运不合理，不仅会给储存物造成不同程度的损害，而且还会给劳动者的生命安全带来威胁。

(4) 堆码苫垫不合理。垛形选择不当，堆码超高、超重，不同货物混码，需苫盖而没有苫盖或苫盖方式不对等，都会导致库存物损坏变质。

(5) 违章作业。在库内或库区违章明火作业、烧荒、吸烟，会引起火灾，造成更大的损失，带来更大的危害。

综上所述，影响库存货物变化的因素很多，其中内在因素(即货物本身的特性)是仓储过程中无法改变的，而外在因素(即自然因素、储存时间、社会因素、人为因素)是在仓储过程中能够加以控制的。因此，在货物保管养护过程中，应对影响库存货物变化的各种外在因素进行控制，以消除其对货物不利影响。

6.3 货物养护概述

6.3.1 货物养护的概念及目的

在储存过程中对货物所进行的保养和维护工作，称为货物养护。货物养护的目的就是针对货物的不同特性积极创造适宜的储存条件，采取适当的措施，以保证货物储运的安全，保证货物质量和品质，减少货物的损耗，节约费用开支，为企业创造经济效益和社会效益。

6.3.2 货物养护的基本措施

1. 严格验收入库货物

货物入库前可能已有受潮、沾污、锈蚀、生霉、损坏等现象，所以，要防止货物在储存期间发生各种不应有的变化，首先在入库时要严格验收，弄清货物及其包装的质量状况。对吸湿性货物要检测其含水量是否超过安全水分，对其他有异常情况的货物要查清原因，针对具体情况进行处理和采取救治措施，做到防微杜渐。

2. 合理安排储存场所

由于不同货物性能不同，对储存场所、保管条件的要求也不同，安排得不合理就会使货物受损变质，甚至报废。所以，必须根据货物本身的性能特点选择存放场所。例如怕潮湿和易霉变、易生锈的货物，应存放在较干燥的库房里；怕热易溶化、发黏、挥发、变质或易发生燃烧、爆炸的货物，应存放在温度较低的阴凉场所；一些既怕热又怕冻且需要较大湿度的货物，应存放在冬暖夏凉的地下库房或地窖里。此外，性能相互抵触或易串味的货物不能在同一库房混存，以免相互产生不良影响。对于化学危险品，尤其要严格按照有关部门的规定，分区分类安排储存地点。

3. 妥善进行堆垛苫垫

入库货物应根据其性质、包装条件、安全要求采用适当的堆垛方式，达到安全牢固、便于堆垛且节约库容的目的。为了方便检查、通风、防火和库房建筑安全，应适当地留出垛距、墙距、柱距、顶距、灯距，以及一定宽度的主通道和支通道。为了防止货物受潮和满足防汛需要，货垛垛底应适当垫高，对怕潮货物垛底还需要加垫隔潮层。露天货垛必须苫盖严密，达到风吹不开、雨淋不湿的要求，垛底地面应稍高，货垛四周应无杂草，并有排水沟以防积水。

4. 控制好仓库温湿度

各种货物由于其本身特性不同，对温湿度的适应有一定范围，超过这个范围，货物质量就会发生不同程度的变化。因此，应根据库存货物的性能要求，适时采取密封、通风、吸湿和其他措施，使库房内的温度和湿度得到控制与调节，力求把仓库温湿度保持在适应货物储存的范围内，以确保货物质量安全。

5. 坚持在库货物检查

货物在储存期间受到各种因素的影响，在质量上可能发生变化，如未能及时发现，就可能造成损失，因此需要根据其性质、储存条件、储存时间以及季节气候变化分别确定检查周期、检查比例、检查内容，分别按期进行检查或进行巡回检查。检查时应特别注意货物温度、水分、气味、包装物的外观以及货垛状态是否有异常。在检查中发现异状，要扩大检查比例，并根据问题情况及时采取适当的技术措施，及时处理，防止货物受到损失。

6. 搞好仓库清洁卫生

储存环境不清洁，易引起微生物和虫类寄生繁殖，危害货物。因此，应经常清扫仓库内外环境，彻底铲除仓库周围的杂草及垃圾等物，必要时使用药剂杀灭微生物和潜伏的害虫。对容易遭受虫蛀及鼠咬的货物，要根据货物性能和虫鼠生活习性及危害途径，及时采取有效的防治措施。

案例 6-1

茶叶的保管保养措施

首先，茶叶必须储存在干燥、阴凉、通风良好、无日光照射，具备防潮、避光、隔热、防尘、防污染等防护措施的库房内，并要求进行密封。

其次，茶叶应专库储存，不得与其他物品混存，尤其严禁与药品、化妆品等有异味、有毒、有粉尘和含水量大的物品混存。库房周围也要求无异味。

最后，一般库房温度应保持在15℃以下，相对湿度不超过65%。

(资料来源：http://doc.mbalib.com/view/6f5e34770c9d175859b2cef7daf09d05.html.)

案例 6-2

啤酒的保管保养措施

首先，啤酒入库验收时外包装要求完好无损、封口严密，商标清晰；啤酒的色泽清亮，不能有沉淀物；内瓶壁无附着物；抽样检查具有正常的酒花香气，无酸、霉等异味。

其次，鲜啤酒适宜储存温度为0℃～15℃，熟啤酒适宜储存温度为5℃～25℃，高级啤酒适宜储存温度为10℃～25℃，库房相对湿度要求在80%以下。

再次，瓶装酒堆码高度为5～7层，不同出厂日期的啤酒不能混合堆码，严禁倒置。

最后，严禁阳光暴晒，冬季还应采取相应的防冻措施。

(资料来源：http://doc.mbalib.com/view/6f5e34770c9d175859b2cef7daf09d05.html.)

6.4 仓库温湿度管理与控制

影响库存货物质量变化的自然因素有很多，其中影响最广泛、最重要的是仓库内的温度和湿度。货物在仓库储存过程中出现的霉变、锈蚀、溶化、虫蛀、挥发等变化，几乎都与温度、湿度有直接或间接的关系。因此，了解自然气候的变化规律和气候对不同仓库温、湿度的影响，加强仓库温湿度管理与控制，创造适合货物安全储存的温、湿度条件，是货物保管与养护的一项重要工作。

6.4.1 仓库温湿度管理的基本常识

1. 仓库温度和仓库湿度

(1) 仓库温度。温度是指大气的冷热程度，又叫气温。温度按其所表示的方法不同，有摄氏温度，用℃表示；华氏温度，用°F表示；绝对温度，用K表示。它们之间有一定的换算关系：

$$℃=\frac{5}{9}×(°F-32)；°F=\frac{9}{5}×℃+32；K=273.16+℃$$

仓库空间的温度称为仓库温度。仓库的温度和货物的温度多用摄氏温度表示。摄氏温度是瑞典天文学家摄尔修斯提出的一种标示温度的方法。该方法规定一个大气压下水的冰点为0℃，沸点为100℃，中间分100等分，每等分标示为1℃。

(2) 仓库湿度。湿度是指空气中水蒸气含量的多少或空气的潮湿程度。空气中水蒸气含量越多，则空气湿度越大。空气湿度常用绝对湿度、饱和湿度、相对湿度等方法表示。

① 绝对湿度(e)。绝对湿度是指单位容积空气里实际所含的水汽量，用 g/m^3 表示。温度对绝对湿度有着直接影响。通常情况下，温度越高，水汽蒸发得越多，绝对湿度就越大；相反，绝对湿度就小。

② 饱和湿度(E)。饱和湿度是指在一定气压、温度下，单位容积空气中所能容纳的水汽量的最大限度，也用 g/m^3 表示。如果空气中的水汽量超过这个限度，多余水汽就会凝结，变成水滴。饱和湿度不是固定不变的，它随着温度的变化而变化。温度越高，单位容积空气中能容纳的水蒸气量就越多，饱和湿度也就越大；反之，愈小。

③ 相对湿度(r)。相对湿度是指在一定的气压、温度下，单位容积空气中实际含有的水汽量距离饱和状态程度的百分比。

由定义可知，绝对湿度、饱和湿度和相对湿度的关系，可表示为

$$r=\frac{e}{E}×100\%$$

相对湿度表示的是空气的潮湿程度，是仓库湿度管理中的常用标度。相对湿度越接近100%，说明绝对湿度越接近饱和湿度，空气越潮湿；反之，空气越干燥。当绝对湿度不变时，相对湿度随着气温的升高而变小，随着气温的降低而增大。所以，一天中，日出前气温最低时，相对湿度最大；日出后逐渐变小，到14:00~15:00时达到最小，以后随着气温下降而逐渐增大。

2. 库内温湿度的变化规律

除特殊仓库外，库内温湿度的变化主要受库外温湿度变化的影响，因而其变化规律是基本一致的，但变化的程度不同。

1) 库内温度的变化规律

(1) 库内温度主要随库外气温变化而变化，气温逐渐升降时，库内温度也随着逐渐升降。

(2) 库内温度变化的时间，总是落在气温变化之后 1～2 小时。例如，气温以 5:00 为最低，14:00 为最高；而库内温度则以 6:00 为最低，15:00 为最高。

(3) 库内温度变化的幅度比气温变化的幅度小。例如气温变化的幅度为 9℃，则库内温度变化的幅度仅为 5℃，所以，库内温度的最高值比气温的最高值低，库内温度的最低值则比气温的最低值高。

(4) 库内温度与库外气温相比，夜间库内温度高于气温，白天库内温度低于气温。

(5) 库内温度还受库房建筑结构、材料、外表面颜色等多种因素的影响。一般来说，铁皮库房比木板房受外界温度的影响要大些，石墙和砖墙受的影响要小些；库房的墙壁越厚，越光滑，受库外的影响就越小；库内的方位不同，库温也不相同，一般向阳一面，温度偏高，背阳面，温度偏低；垛顶温度偏高，垛底温度偏低；靠近门窗处易受外界温度影响，而库内深处温度又较稳定等。

2) 库内湿度的变化规律

(1) 库房内湿度的变化随着大气湿度的变化而变化。

(2) 库房内日变化的时间迟于库房外，幅度也较小。

(3) 密闭条件较好的库房受大气湿度影响较小。

(4) 库房内各部位的湿度也因情况不同而异。库内四角，空气淤积不流通，湿度通常偏高。库内向阳一面，因气温高，相对湿度相对偏低，背阳一面则相反。库内上、下部位的湿度也有明显的差别，尤其在夏季气温较高的季节更为明显。上部因空气的温度较高而相对湿度较小，下部因靠近地面气温较低，相对湿度则较高。据实验，库内上部相对湿度平均为 65%～80%；接近地面和垛底的相对湿度平均达 85%～100%。此外，靠近门窗的货物易受潮。水泥地面和沥青地面，在温湿条件变化或通风不当时，常会在上面结露，产生水膜，增加库内底层的湿度。货垛顶部、四周与内部，因通风情况不同，也会产生湿度上的很大差异。

6.4.2 仓库温湿度的控制方法

日常，货物储存时对温湿度都有一定的要求，如表 6-1 所示。

表 6-1 几种货物的温湿度要求

种 类	温度/℃	相对湿度/%	种 类	温度/℃	相对湿度/%
金属及其制品	5～30	≤75	纺织品	5～35	40～60
粉末合金	0～30	≤75	火药	0～30	60
塑料制品	5～30	50～70	电线、电缆	0～30	45～60
压层纤维塑料	0～35	45～75	工具	10～25	50～60
树脂、油漆	0～30	≤75	仪表、电器	10～30	70
汽油、煤油、轻质油	≤30	≤75	轴承、钢珠	5～35	60

当库内温度不适宜货物储存时，就要及时采取有效措施调节库内的温湿度。控制和调节库房温湿度一般用的方法是密封、通风、吸湿等。将密封、通风、吸湿结合运用，在库存货物防变质、防损耗方面可取得良好效果。

1. 密封

密封是指采用一定的方法，将储存货物尽可能严密地封闭起来，以防止和减弱外界自然因素对货物的影响，达到安全储存的目的。密封措施是仓库内温湿度控制和调节的基础，没有密封措施，就无法利用通风、吸湿、降温、升温等方法调节温湿度。

1) 密封的方法

(1) 单件密封。对于数量少、无包装或包装损坏、形状复杂、要求严格的货物，可按单件密封。最简便且经济的方法是用塑料袋套封，也可用蜡纸、防潮纸或硬纸盒封装。

(2) 整箱密封。对数量少、动态不大，需要特殊条件下保管，且具有硬包装或容器的货物，如精密仪器仪表，可按原包装或容器进行密封。可封严包装箱或容器的缝隙，也可将货物放入塑料袋内，然后用热合和黏合的方法将塑料袋封口，放入包装箱中。

(3) 货垛密封。对于存放在露天货场的易锈货物或库内要求保管条件较高的货物，用油毡纸等密封材料，将货垛上、下及四周都封闭起来。货垛密封所用的密封材料，除应具有良好的防潮、保温性能外，还应有足够的韧性和强度。

(4) 小室密封。对于储存数量不大、保管周期长，要求特定保管条件的货物，可采用小室密封。即在库内单独隔离出一个小的房间，将需要封存的货物存入小室内，然后将小室密封起来。

(5) 整库密封。对储存批量大、保管周期长、出入不频繁的物资仓库，如战备物资仓库可进行整库密封，将库房全部密封起来。它能在较大的范围内隔离库外空气的影响。整库密封主要是关闭库房门、窗及通风口，用密封材料(如棉布条、橡胶条、毡条、腻子等)密封仓库门窗缝隙和其他通风孔道。为了减少湿空气的侵入，适宜安装两道库门，或在大门上安一个小门(最好挂上棉门帘)，有条件的可采用密闭门。密闭门主要由门板、门框、密封条、压紧装置和小门五部分组成。

上述各种密封方法，可单独使用，也可结合起来使用。

2) 密封时应注意事项

(1) 货物在密封前应先行对其质量进行鉴定，如发现有锈蚀、发黏、生霉等现象，必须经过处理，待货物处于良好状态后才能进行密封。

(2) 密封时，最有利的时机是在春末夏初，潮湿季节到来之前，空气比较干燥的时节。一日之内，一般要求在相对湿度和绝对湿度都比较低的情况下进行。

(3) 密封材料的选择，要适应货物的性质和密封方式的要求。由于密封方式不同，所需要的密封材料也不同。按其作用可分为两大类：一是主体材料，包括油毛毡、防潮纸、牛皮纸、塑料薄膜等；二是涂敷黏结材料，如沥青、清漆、胶粘剂等。在选用上述材料时应注意其是否性能良好、料源充足、使用方便、价格低廉。

(4) 因为一切密封都是相对的，不可能达到绝对严密。密封后，外界因素对封存货物自然会产生一定的影响，仍有发生变质的可能。因此，货物密封后要加强管理，定期检查、观察和记录密封内的温湿度变化情况及货物出现的某种异状，及时发现问题，分析原因，并采取相应的措施进行处理。

(5) 密封不能孤立地进行，为了达到防潮的目的，必须与通风、吸湿结合运用。在一般情况下，应尽可能利用通风降潮，当不适合通风时，才进行密封，利用吸湿剂吸湿。密封能保持通风和吸湿的效果，吸湿为密封创造适宜的环境。

2. 通风

通风就是根据空气流动的规律，有计划地使库内外的空气对流与交换，以达到调节库内温湿度的方法。这种方法是调节库内温湿度的简便易行的有效方法。

1) 通风方法

按通风动力的不同，仓库通风可分为自然通风和机械通风两种方式。

(1) 自然通风。自然通风主要利用风压和热压的作用，通过库房门窗、通风洞等的开启，使库内外空气自然交换。

库房有风时，主要利用风的自然压力实现库内外空气的交换。在库房门、窗开启时，应先开背风面，后开迎风面。在停止通风时，应先关迎风面，后关背风面。开启门窗，要抓紧进行，最好采用手摇连动开、关窗装置，捕捉通风的有利时机。但风力过大时不宜采用(5级以下为宜)，因为风力超过5级灰尘较多，会引起仓库和货物的污染现象。

库房无风时，因为空气总是从压力大的地方向压力小的地方流动，可以利用库内外气温不同而形成的压力差进行空气自然交换。由库内外温差所造成的压力差，称为热压差，简称为热压。一般库内温度高，空气密度小，其气压也小；库外温度低，空气密度大，其气压就大，如果此时开启库房的门窗和通风口，便会引起库内外不同气压差的空气自然对流，库外空气就会自然流入库内，降低库内温度。库内外温差愈大，气压差也愈大，空气流动速度也就愈快。

在实际情况中，仓库通风通常是在风压和热压同时作用下进行的，有时是以风压通风为主，有时则以热压通风为主。为了更有效地利用自然通风，库房建筑本身应为自然通风提供良好的条件。例如，库房的主要进风面，一般应与本地区的夏季主导风向成60°～90°角，最小不宜小于45°；库房的门窗应对称设置，并保证足够的进风口面积；库房的进风口应尽量低，排风口应尽量高，或设天窗等。

(2) 机械通风。机械通风是利用通风机械工作时所产生的正压力或负压力，使库内外空气形成压力差，从而强迫库内空气发生循环、交换，达到通风目的。机械通风可分为3种方式，即排出式通风、吸入式通风和混合式通风。

① 排出式通风是在库墙的上部或库顶安装排风机械，利用机械产生的推压力，将库内空气经库房上方的通风孔道压迫到库外，从而使库内气压降低，库外空气便从库房下部乘虚而入，形成库内外空气的对流与循环。

② 吸入式通风是在库墙的下部安装抽风机械，利用其工作时产生的负压力，将库外空气吸入库内，充塞仓库的下部空间，压迫库内空气上升，经库房上部的排气口排出，形成库内外空气的对流和交换。

③ 混合式通风是将上述两种方式结合起来运用，通过安装排风和抽风机械，同时吸入库外空气并排出库内空气，对库内空气起到一拉一推的作用，使通风的速度更快，效果更好。

2) 通风时机

对库房进行通风，一般是由于库房内温度高、湿度大，不适宜于货物的保管。但是如果通风时机不当，不但不能达到通风的预期目的，而且有时甚至会出现相反的结果。例如，想通过通风降低库内湿度，但由于通风时机不对，可能反而会增大库内湿度。因此，必须根据通风的目的确定适宜的通风时机。

(1) 通风降温。对于库存物资怕热而对大气湿度要求不高的仓库，可利用库内外的温差，选择适宜的时机进行通风，只要库外的温度低于库内，如夜间或清晨 6 点左右就可以通风。对于怕热又怕潮的物资，在通风降温时，除了满足库外温度低于库内温度的条件外，还必须同时考虑库内外湿度的情况，只有库外的绝对湿度低于库内时，才能进行通风。由于一日内早晨日出前库外气温最低，绝对湿度也最低，所以是通风降温的有利时机。

(2) 通风降湿。仓库通风的目的，多数情况下是为了降低库内湿度。降湿的通风时机不易掌握，必须对库内外的绝对湿度、相对湿度和温度进行综合分析。最后通风的结果应使库内的相对湿度降低，但相对湿度是绝对湿度和温度的函数，只要绝对湿度和温度有一个因素发生变化，相对湿度就随之发生变化。如果绝对湿度和温度同时发生变化，情况就比较复杂。在温度一定的情况下，绝对温度上升，相对湿度也随着上升，若温度也同时上升，则饱和湿度上升，相对湿度又会下降，这时上升和下降的趋势有可能互相抵消。如果因温度关系引起相对湿度的变化，大于因绝对湿度关系而引起的相对湿度的变化，其最终结果相对湿度将随着温度的变化而变化。反之，相对湿度将随着绝对湿度的变化而变化。

一般情况下，库房在确定是否可以通风时，也可参考表 6-2 所示的通风降湿条件。

表 6-2 通风降湿条件参考表

温　　度		相对湿度		绝对湿度		通风与否
库外	库内	库外	库内	库外	库内	
低	高	低	高	低	高	可以
高	低	低	高	低	高	可以
低	高	相等	相等	低	高	可以
高	低	低	高	相等	相等	可以
相等	相等	低	高	低	高	可以
低	高	高	低	低	高	可以
高	低	高	低	高	低	不可
低	高	高	低	高	低	不可
高	低	相等	相等	高	低	不可
相等	相等	高	低	高	低	不可

注：通风条件中，库外温度高于库内温度一般不能大于 3℃。否则，不宜进行通风。

3) 通风时应注意事项

为达到通风目的和避免不合理的通风给储存物品带来不利，通风时应注意以下几点。

(1) 一般情况下，应尽可能利用自然通风，只有当自然通风不能满足要求时，才考虑机械通风。一般仓库不需要机械通风；但有些仓库，如化工危险品仓库，必须考虑机械通风，因库内的有害气体不及时排除，就有发生燃烧或爆炸的危险，有的会引起人身中毒，酿成重大事故。

(2) 在利用自然通风降湿过程中，应注意避免因通风产生的副作用，如依靠风压通风时，一些灰尘杂物容易随着气流进入库内，对库存物资造成不良影响，所以风力超过5级时不宜进行通风。

(3) 机械通风多采用排出式，即在排气口安装排风扇。但对于产生易燃、易爆气体的仓库和产生腐蚀性气体的仓库，则应采用吸入式通风方式。因为易燃、易爆气体经排风口向外排放时，如排风扇电机产生火花，就有引起燃烧爆炸的危险，而腐蚀性气体经排风扇向外排放时，易腐蚀排风机械，降低机械寿命。若采用吸入式通风方式，可使上述问题得到解决。

(4) 通风机械的选型，应根据实际需要与可能，并要考虑经济实用。通风机械分为轴流式和离心式两种。一般仓库可采用轴流式通风机，因为它通风量较大，动力能源消耗少，其缺点是产生的空气压力差小，适用于阻力较小的情况下进行通风。离心式通风机产生的空气压力差大，但消耗能量多，适用于阻力大的情况下进行通风。

(5) 通风必须与仓库密封相结合。当通风进行到一定的时间，达到通风目的时，应及时关闭门窗和通风孔，使仓库处于相对的密封状态，以保持通风的效果。所以不但开始通风时应掌握好时机，而且停止通风时应掌握好时机。另外，遇到大风沙天气、梅雨天、雪天，应尽量不要通风，将仓库门窗紧闭。

3. 吸湿

利用机械或吸湿剂除湿，将空气中的水分除去，是降低库内空气湿度的一种有效方法。尤其在梅雨季节或阴雨天，当库内湿度过大，而库外湿度更高，不宜进行通风散湿时，可以在密封库内用吸湿方法来降低库内湿度。常用的吸湿手段有以下两种。

1) 机械吸湿

机械吸湿就是采用空气去湿机(见图6.1)吸湿。其工作原理是把库内的湿空气通过抽风机，吸入空气去湿机的冷却器内，经过冷却使它凝结为水，经过水管排出。机械除湿比较适合于大中型仓库在湿度较大的情况下采用。

目前，国内使用的空气去湿机，多为上海生产的KQF-5型空气去湿机。该型号空气去湿机在温度27℃，相对湿度70%时，一般1h可吸水3~6kg。有的空气去湿机还装有自控装置，只要将库内所需相对湿度的上限或下限事先选定，当库内相对湿度超过上限时，自控装置能自动关机。

图6.1 吸湿机

使用空气去湿机吸湿，不仅效率高，去湿快，而且成本低，无污染，体积小，重量轻，机底还装有胶轮，可以自动移动，管理、操作十分方便，接上电源即可工作。吸湿机一般适宜于储存棉布、针棉织品、贵重百货、医药、仪器、电工器材和烟糖类的仓库吸湿散潮。

2) 吸湿剂吸湿

用吸湿剂吸湿也是仓库常用的一种方法。吸湿剂具有较强的吸湿性，能够迅速吸收库内空气中的水分，从而降低仓库内的相对湿度。可用作吸湿剂的物质很多，一般有生石灰、氯化钙、硅胶、木炭、炉灰和干谷壳等。几种主要吸湿剂具有以下性质和使用方法。

(1) 生石灰。生石灰又名氧化钙(CaO)，是一种块状的吸湿剂，吸湿性较强，每千克可吸水 0.2～0.25kg，吸湿速度也较快，价格便宜。但吸水后会变成熟石灰[$Ca(OH)_2$]，无法恢复原有状态，所以只能使用一次，且放出大量的热量，提高仓内温度，最好用于空仓库吸湿。

使用生石灰时应该注意以下事项。

① 生石灰为碱性物质，且有一定腐蚀性，耐碱弱的货物，如毛织品、铝制品、皮革制品等，不适宜使用。

② 将生石灰捣成拳头大小的块，以增加吸湿面积。把它们盛装于木箱或者竹篓内，由于吸湿后会膨胀粉化，所以容器不能装得过满。把容器放置于垛底、沿墙四周或者是靠近出入库门处，不能直接接触货物。

③ 生石灰吸湿变粉状(熟石灰)后，应及时进行撤换，以免熟石灰吸收空气中的二氧化碳后，散发出部分水汽，增加库房湿度。

(2) 氯化钙。氯化钙($CaCl_2$)分为无水氯化钙和含有结晶水的氯化钙。前者为白色多孔无定型晶体，呈块粒状，吸湿能力很强，每千克可吸水 1～1.2kg；后者为白色半透明结晶体，吸湿性略差，每千克吸水 0.7～0.8kg。氯化钙吸水达到饱和状态后即溶化为液体，因此，使用氯化钙吸温时，应放在筛上，下放容器盛装吸湿后的液体。将吸湿溶化后的氯化钙液体放在铁锅内煮，溶液中水分蒸发后浓缩成晶体，冷却后仍可用于吸湿。但氯化钙价格较高，溶液有腐蚀性，不能接触货物和包装。理论上氯化钙溶液可以还原，但在实际工作中比较麻烦，在没有还原条件的仓库，不适宜推广使用。

(3) 硅胶。硅胶($mSiO_2·nH_2O$)又称矽胶、硅酸凝胶，分为原色硅胶和变色硅胶两种。原色硅胶是一种无色透明或乳白色的颗粒状固体，变色硅胶是原色硅胶经氯化钴、溴化铜等处理，呈蓝绿色、深蓝色、黑褐色或赭黄色。变色硅胶吸湿后视其颜色的变化，判断是否达到饱和程度。例如，深蓝色硅胶吸湿后，逐渐变为浅蓝色，最后吸湿饱和时，变为粉红色。

硅胶吸湿性较强，每千克可吸水 0.4～0.5kg。吸湿后仍为固体，不溶化，没有腐蚀性，在高温(130℃～150℃)下烘干，干燥器内冷却至室温仍可使用。但价格比较高，适用于保管贵重货物，例如仪器、电讯器材、照相器材、钟表等。

库房内各种吸湿剂的投放量如表 6-3 所示。

表 6-3　库房吸湿剂的投放量

绝对湿度	单位容积最少投放量/(g/m^2)			
	生石灰	无水氯化钙	含水氯化钙	硅胶
4～6	15	4	5	5
6～8	20	5	8	8
8～10	30	7	10	12
10～12	40	8.5	12	14
12～14	50	10	13	16
14～16	60	11	16	18
16～18	65	12	20	20
18～20	70	14	22	22
20～22	80	15	23	26
22～24	90	17	25	29
24～26	95	20	28	32

续表

绝对湿度	单位容积最少投放量/(g/m²)			
	生石灰	无水氯化钙	含水氯化钙	硅胶
26~28	100	21	30	35
28~30	105	22	33	38
30~32	115	24	35	40
32~34	120	25	38	43
34~36	130	27	40	46
36~38	135	29	43	49
38~40	140	30	45	50
40~42	150	31	48	55
42~44	160	33	50	58
44~46	170	35	53	60
46~48	175	37	55	63
48~50	180	39	58	66

(4) 木炭。木炭(C)具有多孔性毛细管结构,有很强的表面吸附性能,若精制成活性炭,还可以大大提高其吸湿性能。普通木炭的吸湿能力不如上述几种吸湿剂,但其性能稳定,吸湿后不粉化、不液化、不放热、无污染、无腐蚀性。吸湿后经干燥可反复使用,而且价格比较便宜,所以仍有一定的实用价值。

除了利用空气去湿机和吸湿剂吸湿外,还可采用其他方法。如对于粮仓内的吸湿,可用异种粮装袋压盖法。具体操作是将吸湿性较强的粮种,例如甘薯干装入布袋中,压盖于受潮的粮面上。当薯干变软后,证明吸湿即将饱和。把薯干袋移出仓外,在日光下晒干,再放回粮仓内。这样反复几次,可大大降低仓内湿度。

6.5 仓库虫害与霉变防治

我国害虫有五百多种,常见仓库害虫有六十多种,严重危害货物的有三十多种,以危害粮食、油料、饲料为最严重,比较严重的还有畜产品、水产品、中药材、烟叶、竹木制品、皮革制品、毛、丝、麻、棉织品及制品、纸张及制品、农副产品,甚至还能危害化纤织品及塑料制品。储运部门每年为防虫治虫要花费巨大人力和物力。

6.5.1 仓库害虫的来源

仓库害虫的来源包括以下几个方面。

(1) 货物入库前已有害虫潜伏在货物之中。

(2) 货物包装材料内隐藏害虫。

(3) 运输工具带来害虫。车船等运输工具如果装运过带有害虫的粮食、皮毛等,害虫就可能潜伏在运输工具之中,再感染到货物上。

(4) 仓库内本身隐藏有害虫。

(5) 仓库环境不够清洁,库内杂物、垃圾等未及时清理干净,潜有并滋生害虫。

(6) 邻近仓间或邻近货垛储存的生虫货物，感染了没有生虫的仓间或货物。

(7) 储存地点的环境影响。如仓库地处郊外，常有麻雀飞入、老鼠窜入，它们身上常常带有虫卵或虫体。田野中、树木上的害虫也会进入仓间，感染货物。

6.5.2 仓库害虫的特性

1. 适应性强

仓库害虫一般既耐热、耐寒、耐干、耐饥，又具有一定的抗药性。仓库害虫生长繁殖的适宜温度范围一般为18℃～35℃，但在5～8月生长繁殖最为旺盛，一般能耐38℃～45℃的高温。在10℃以下，大多数仓库害虫停止发育，0℃左右处于休眠状态，但不易冻死。大多数仓库害虫能生活于含水量很少的货物中。大部分仓库害虫能耐长时期的饥饿而不死，如黑皮蠹能耐饥5年。

2. 食性广杂

仓库害虫的口器发达，能咬食质地坚硬的食物，大多数仓库害虫具有多食性或杂食性。仓库内品种繁多的货物及仓储设施设备给害虫提供了各种丰富的食物来源。

3. 繁殖力强

由于仓库环境气候变化小、天敌少、食物丰富、活动范围有限、雌雄相遇机会多等原因，仓库害虫繁殖力极强。例如一对玉米象或米象在适宜的条件下，一年内可以繁殖80万只以上的后代。

4. 活动隐蔽

大多数仓库害虫体形很小，体色较深，最大的不过几寸长，最小的肉眼也不容易看到。有些害虫隐藏于阴暗角落或在货物中蛀成"隧道"危害货物，寒冬季节常在板墙缝隙中潜伏过冬，人们难以发现。由于体形小，害虫可用少量的食料完成它的一生。

6.5.3 仓库虫害的防治

1. 杜绝仓库害虫来源

要杜绝仓库害虫来源和传播途径，必须做好以下几点。

(1) 货物原材料的杀虫、防虫处理。特别是食品生产的原材料，如糖、水果、谷物、肉类等物品，在流通过程中要进行严格检疫，发现检疫对象时禁止调运或采取措施，彻底消灭检疫对象。像粮食这样一些货物入库前，一定要晒干，控制含水量；入库后要严格执行检查制度，查虫情，查温湿度，查粮质。新入库的1个月内3天查一次，待仓库内湿度正常后一般10～15天查一次。对那些质量差、水分高、近墙边、近底部和上面的粮食和食品要勤查、细查，发现问题要及时处理。在寒冷的冬季把储藏物品放在室外摊晾可冻死大部分害虫，这就是低温杀虫。在夏季炎热的中午，把储藏物晒在水泥地上也可杀死害虫，这是因为一般害虫在38℃～40℃就失去活动能力，45℃以上经两小时就死亡，而此时水泥地上的温度可达50℃左右。

(2) 入库货物的虫害检查和处理。进行货物入库验收时，首先要检查货物包装周围的缝隙处有无虫茧形成的絮状物、害虫排泄物和蛀粉等，然后开包检查；也可通过翻动敲打货物，观察有无蛾类飞动。检查中如发现包装或货物本身已生虫，应隔离存放，进行杀虫处理，不得入库堆垛。

(3) 仓库的环境卫生及器材、用具的消毒卫生。仓房周围的建筑物、包装材料和垃圾中都潜藏有大量的害虫，因此货物入库前仓库及周边环境一定要彻底清洁或消毒，做到仓内面面光，仓外不留杂草、垃圾、砖石瓦砾、污水等，使害虫无藏身之地；根据不同季节对包装器材、用具、垫盖物等采用日晒、冷冻、开水烫、药剂消毒等方法加以处理，经常保持清洁卫生。

2. 物理防治

物理防治是利用物理因素破坏害虫的生理结构，使其无法生存或繁殖，进而起到杀灭害虫的目的。物理防治的方法很多，其原理主要是根据仓库害虫的习性，采取适当措施使环境变为不适于害虫生活，从而杀灭害虫。

(1) 高低温杀虫法。高温杀虫法是利用日光曝晒(夏季日光直射货物，温度可达50℃)、烘烤(温度为65℃～110℃)、蒸汽(温度为80℃)等方式产生的高温使害虫致死。因为仓库害虫是变温动物，其最适宜的温度是22℃～30℃，48℃～52℃就达到了致死温度。

低温杀虫法是降低环境温度使害虫体内酶的活性受到抑制，生理活动减缓，进入半休眠状态，不食不动不能繁殖，一定时间后因体内营养物质过度消耗而亡。一般仓库害虫停育的温度是8℃～15℃，低于0℃就会死亡。

(2) 射线杀虫法。射线杀虫法是利用伽马射线照射虫体，使害虫立即死亡(高剂量射线)或引起害虫生殖细胞突变导致不育(低剂量射线)。这种方法使用方便，对环境没有污染，也不会使害虫产生抗药性。

(3) 微波杀虫法。微波杀虫法是利用微波的高频电磁场使害虫体内的分子产生振动，分子间剧烈摩擦产生大量热能，使虫体温度达到60℃以上而死亡。这种方法的优点是杀虫时间短、效力高、对环境无污染，但微波对人体健康有影响，因此在使用时应注意安全。

(4) 远红外杀虫法。远红外杀虫法的原理与微波杀虫法类似，主要是利用远红外线的光辐射产生高温(温度可达150℃)，直接杀死害虫。

(5) 气调杀虫法。气调杀虫法是在货物包装内或整库充入氮气，降低密封环境内氧气的浓度，使害虫缺乏赖以生存的氧气而导致死亡。

3. 药物防治

药物防治就是使用各种化学杀虫剂，通过胃毒、触杀或熏蒸等作用杀灭害虫，是当前防治仓库害虫的主要措施。用药应选择在害虫繁殖旺盛、气温较高的情况下进行，一般每年要杀3遍，分别在5月、7月和10月进行，每月喷洒2～3次，每次间隔一周左右。目前，常用的防虫、杀虫药剂有驱避剂(如精萘、对位二氯化苯、樟脑精合成樟脑等)、杀虫剂(如敌杀死、敌敌畏、敌百虫、六六六等)、熏蒸剂(如氯化苦、溴甲烷、磷化铝、环氧乙烷、硫磺和硫酰氟等)。

6.5.4 仓库霉变的防治

货物储存期间发生霉变的原因有两个：一是有霉腐微生物存在，如细菌、霉菌、酵母菌;二是有适宜其生长繁殖的环境因素,如温度、湿度、氧、酸碱度等。防治工作主要是创造不利于霉腐微生物生长的条件以达到货物不发生霉腐变质的目的。

1. 防止货物霉腐的措施

1) 加强仓库管理

(1) 加强货物的入库验收。易霉货物入库,应首先检验其包装是否洁净、潮湿;货物的含水量是否符合安全标准。符合条件者可依规定码垛;不符合条件者,经清污、晾晒、干燥之后可另行堆码,并勤加检查和防护。

(2) 加强仓库温、湿度管理。根据货物的不同性能,正确地运用密封、吸湿及通风相结合的方法,控制好库内温、湿度。特别是在梅雨季节,要将相对湿度控制在不适宜霉菌生长的范围内,一般是控制相对湿度保持在75%以下。多数微生物生存的相对湿度是80%~90%,在95%时,生长非常旺盛;相对湿度低于75%时,多数货物不易霉腐。

(3) 选择合理的储存场所。易霉腐货物不宜放置在阴处储存,也不应靠近墙柱,须放置在通风、干燥、光线较强处保管。垛位下部应有隔板防潮,并应避免与含水量大的货物同储在一起。

(4) 厉行检查制度和保持好清洁卫生。定期或不定期地检查库存货物,尤其是阴雨季节,以便发现问题并采取措施,防止霉变的发生。此外,尘土、杂物既容易集聚水分,又能促进微生物的滋生,因此保持好储存环境的清洁、卫生也是防霉的措施之一。

2) 药剂防霉腐

这是一种把对霉腐微生物有抑制和杀灭作用的化学药剂洒在易霉腐货物上的一种治腐办法。仓库防治霉腐的药剂较多,要选用高效、低毒、无副作用的药物,如常用的药物有五氯酚钠、水杨酰苯胺、多聚甲醛等。

3) 气调防霉腐

气调防霉腐是利用好氧性微生物需氧代谢的特性,通过调节密闭环境中气体的组成部分,降低其中氧的浓度,抑制霉腐微生物的生理活动,达到防止霉腐的目的。当空气中二氧化碳的浓度为10%~14%时,对霉菌有抑制作用;若浓度超过40%时,即可杀死多数霉菌。

气调防霉腐的方法有两种:一种是自发气调,就是利用货物(主要是鲜活食品)本身的呼吸作用,增加了包装袋内的二氧化碳,降低了袋内氧气的浓度,从而起到防霉腐的作用;另一种是机械气调,把货垛用塑料薄膜进行密封,用气泵把其中的空气抽空,再充入二氧化碳或氮气,然后封闭达到防霉腐的目的。

4) 气相防霉腐

气相防霉腐是利用药剂挥发出的气体渗透到货物中,杀死或抑制霉腐微生物,从而防止货物霉腐的方法。气相防霉腐的效果与挥发的气体浓度有关,必须保证货物周围的气体具有相当的浓度,因此应与密封仓库、密封包装、密封货垛等配合使用才能取得理想效果。

气相防霉腐操作简单而且对货物没有污染,因此被广泛应用于工业品的防霉中。目前工业品防霉使用的防霉剂主要有多聚甲醛、环氧乙烷两种。使用气相防霉腐需要注意的是严防毒气对人体的伤害,因为甲醛、环氧乙烷等药剂均为对人体有毒害性的气体,使用时必须注意安全。

5) 高温或低温防霉腐

霉腐微生物的生长和繁殖都需要一定的温度,如细菌适宜生长温度是30℃～37℃,霉菌是25℃～32℃,酵母菌是25℃～28℃,如果把仓库温度控制在微生物生长适宜温度之外,可抑制其生长,如酵母菌在50℃～60℃时,5分钟就会死亡;许多细菌在60℃条件下,10分钟就会死亡。

低温对霉腐微生物的生命活动有抑制作用,能使其休眠或死亡;高温能破坏菌体细胞的组织和酶的活动,使蛋白质凝固,微生物失去生命活动能力。因此,采用高温或低温是储存物养护中经常使用的方法,当然实际使用中要根据货物的性质来选择高温还是低温。使用高温防霉腐可以用晾晒、加热消毒、烘烤等方法。低温防霉腐有冷却法和冷冻法两种。冷却法是将温度控制在0℃～10℃,此时物品不结冰,适用于不耐冰冻的物品,如水果、蔬菜;冷冻法是先在短时间内使温度降到-30℃～-25℃,物品深层温度达到-10℃左右,再移至-18℃左右温度下存放,如鱼、肉物品,采取速冻方法,在-28℃～-16℃时,可以较长期储存。

6) 干燥防霉腐

根据霉腐微生物的性质,在相对湿度低于75%时,多数霉菌不能正常生长发育,因此在储存环境的空气相对湿度低于75%时,多数货物不易发生霉腐。干燥防霉腐就是通过各种措施降低和控制仓库中的水分含量,抑制霉腐微生物的生命活动,达到防霉腐的目的。干燥防霉腐的方法有两种,一种是自然干燥,就是通过日晒、风吹和阴晾等自然手段使货物含水量降低或通过通风换气使仓库的湿度降低;另一种是人工干燥,就是利用各种仪器设备使货物本身的含水量降低或使仓库里的水分减少,较常用的如热风、远红外和微波等手段。两种方法相比,前者比较经济,操作方便,因此应用较广泛;后者由于须使用设备,操作也需要一定技术,又要消耗能源,因此应用受到限制。

7) 辐射防霉腐

辐射防霉腐是利用具有极强穿透力的射线照射货物,破坏微生物的酶的活性,杀灭细菌从而达到防霉腐的目的。辐射防霉腐有自然和人工两种方法,自然法就是利用日光照射,日光对多数微生物的生长都有影响,多数霉腐微生物在日光直射下1～4个小时即能死亡,这主要是因为日光中的紫外线能强烈破坏细菌细胞和酶组织,因此,可以对一些不怕日晒的粮食、农副产品、中药材、棉麻制品等进行曝晒,既能杀灭其表面上的霉菌,又可以通过日光辐射热将其所含的过多水分蒸发以抑制霉菌生长;人工法是利用放射性元素产生的射线,一般是钴-60产生的γ射线,这是一种波长极短的电磁波,能穿透数米厚的固体,使微生物中的各种成分电离化。辐射防霉腐可以应用于多种物品,但目前对于辐射处理过的食品的安全问题还有争论。

2. 货物霉腐后的救治

货物霉腐如发生在早期,只要采取适当的方法是可以挽救的,以免霉腐继续发展,造成严重损失。根据货物性质可选用晾晒、加热消毒、烘烤、熏蒸等办法。

(1) 晾晒。对于不怕阳光暴晒的发霉货物,可选择干燥的场所直接在太阳光下曝晒,使货物中的水分蒸发,霉菌在高温、干燥的环境下死亡;对于不宜曝晒的货物可拆垛摊晾,并通风,使货物水分蒸发,慢慢干燥,也可使霉菌在缺水的情况下死亡。曝晒货物待其温度降低后可重新堆垛；摊晾货物待其温度降至室温后，可用毛刷刷去黏附其上的霉菌残体，再行入库保管。

(2) 加热消毒。怕潮湿而不怕高温的货物，可在电热干燥箱中加热消毒，一般加热到 62℃，持续 30 分钟即可。

(3) 烘烤。烘烤一般是在密闭的烘箱或烘房内进行的。对含水量大不宜晾晒的货物，如烟叶、茶叶及某些干果，可在烘箱中用低火烘烤，以除去其水分，达到杀灭霉菌之目的。

(4) 熏蒸。将货物密封后，用环氧乙烷、溴甲烷等药物进行熏蒸，之后待货物晾晒，刷去霉菌残体后，再入库保管。

本 章 小 结

货物保管的任务就是在认识和掌握各种库存货物变化规律的基础上，根据货物性能和特点，有效地抑制内外界因素的影响，为库存货物提供适宜的保管环境和良好的保管条件，以保证货物数量正确、质量完好，并充分利用现有仓储设施，为经济合理地组织物资供应打下良好基础。为了完成上述任务，现场作业时必须遵循先进先出、零数先出、重下轻上、特性不同的货物不要存放在一起和 A、B、C 分类布置的原则。

货物在储存期间，由于本身的成分、结构和理化性质的特点，以及受到日光、温度、湿度、空气、微生物、储存时间、社会因素、人为因素等客观外界条件的影响，会发生物理变化(如挥发、溶化、渗漏、串味等)、化学变化(如氧化、分解、锈蚀、老化等)、生理生化变化(如发芽、胚胎发育、后熟等)及生态变化(如霉腐、虫蛀等)等类型变化。

影响库存货物质量变化的自然因素中最广泛、最重要的是仓库内的温度和湿度，因此，加强仓库温湿度管理与控制，创造适合货物安全储存的温湿度条件，是货物保管与养护的一项重要工作。控制和调节库房温湿度一般用的方法是密封、通风、吸湿等。将密封、通风、吸湿结合运用，在库存货物防变质、防损耗方面可取得良好效果。同时，货物养护还应采取严格验收入库货物、合理安排储存场所、妥善进行堆垛苫垫、坚持在库货物检查及搞好仓库清洁卫生等基本措施。

仓库害虫具有适应性强、食性广杂、繁殖力强、活动隐蔽的特性。一般虫害的防治工作包括杜绝仓库害虫来源，进行物理和药物防治。仓库防治霉变工作主要是通过加强仓库管理，采用药剂、气调、气相、高温或低温、干燥、辐射等防霉腐方法，创造不利于霉腐微生物生长的条件以达到货物不发生霉腐变质的目的。货物霉腐初期，可根据货物性质选用晾晒、加热消毒、烘烤、熏蒸等办法进行救治。

物理变化 Physical Change
化学变化 Chemical Change
生理生化变化 Physiological and Biochemical Changes
生态变化 Ecological Change
货物养护 Maintenance of Goods

摄氏温度 Centigrade Degree
相对湿度 Relative Humidity

习　题

1. 单项选择题

(1) (　　)是仓储保管的重要原则，能避免货物超期变质。在货位安排时要避免后进货物围堵先进货物。存期较长的货物，不能围堵存期短的货物。
　　A. 重近轻远　　B. 大不围小　　C. 先进后出　　D. 先进先出

(2) 储存位置规划时，将货物分为A、B、C三类的依据是(　　)。
　　A. 出货频率　　B. 库存总量　　C. 资金占用　　D. 包装形式

(3) (　　)是货物受热后发生软化以致化为液体的现象。
　　A. 挥发　　　　B. 熔化　　　　C. 溶化　　　　D. 变形

(4) 棉、麻、丝、毛等纤维织物，长期同日光接触，发生变色现象，这是由于(　　)。
　　A. 氧化　　　　B. 分解　　　　C. 老化　　　　D. 风化

(5) 自然因素中，对货物变化影响最大的因素是(　　)。
　　A. 温度　　　　B. 湿度　　　　C. 大气　　　　D. 日光

(6) 糖、盐等易溶性物品的结块、膨胀以及进一步的溶化，主要原因是(　　)。
　　A. 湿度升高　　B. 分解反应　　C. 温度升高　　D. 水解反应

(7) 日光照射对货物养护起着(　　)。
　　A. 正向作用　　　　　　　　　B. 反向作用
　　C. 正反两方面的作用　　　　　D. 没有作用

(8) 引起货物发生质量变化的内在因素是(　　)。
　　A. 保管人员的素质　　　　　　B. 货物的理化性质
　　C. 储存时间长短　　　　　　　D. 环境的污染程度

(9) (　　)是指空气中实际含有的水蒸气量距离饱和状态程度的百分比。
　　A. 绝对湿度　　B. 饱和湿度　　C. 相对湿度　　D. 露点温度

(10) 应贯彻"以防为主、防重于治、防治结合"的方针，要求做好以下工作：严格验收入库货物、适当安排储存场所、(　　)、搞好仓库清洁卫生。
　　A. 妥善进行堆码苫垫　　　　　B. 控制好仓库温湿度
　　C. 认真对货物进行在库检查　　D. 以上全是

(11) 仓库内害虫的特征包括适应性强、(　　)、繁殖力强、活动隐蔽。
　　A. 体积小　　　B. 数量多　　　C. 食性广杂　　D. 具有很强的抗药性

2. 判断题

(1) 为货物创造良好的保管条件，就是将货物存放在合理的场所和位置。(　　)

(2) 化学变化是指不仅改变物质的外表形态，也改变物质的本质，并生成新物质，且不能恢复原状的变化现象。(　　)

(3) 引起货物发生质量变化的内在因素是货物的自身特性。(　　)

(4) 自然因素中，对货物变化影响最大的因素是温度。（ ）

(5) 库内温度与库外气温相比，则夜间库内温度低于气温，白天库内温度高于气温。
（ ）

(6) 外部温度高于库内、库内外相对湿度一样时，可以通风，反之不能。（ ）

3. 简述题

(1) 仓库货物保管中应遵循哪些原则？
(2) 货物在仓库中会发生哪些变化？
(3) 影响货物质量变化的外在因素有哪些？
(4) 控制与调节仓库温湿度的方法有哪些？
(5) 试述仓库害虫的来源和防治方法。
(6) 防止货物霉变的方法有哪些？

实务操作

(1) 针对某仓储企业的现状，查找货物养护过程中出现的问题，并分析原因，提出自己的养护措施。

(2) 对于温湿度要求高的仓库(如药品仓库)，在生产实习过程中，学生根据管理要求检查库房温湿度，对于温湿度超标的情况，提出管理与控制的措施，并观察采取措施后温湿度是否回到要求范围。

案例阅读

药物保存三原则：密闭、低温、避光

药物都有一定的使用期限，超过期限的药物会失去疗效，甚至变成对身体有害的物质，不能再用。但如果药物保存不善，虽然在有效期内也会失效、变质，故药物的保存非常重要。不同药物的保存方法不同，但亦有共同原则，那就是密闭、低温、避光保存。

密闭不仅可以避免药物因吸潮而变质(如胶丸、胶囊等吸潮后易崩解)，也可以避免药物与空气中的二氧化碳或氧气发生反应而变质(如氨茶碱、水杨酸钠、巴比妥钠等与二氧化碳发生反应，鱼肝油则可以氧化变质)，还可以防止药物因挥发和风化而失效(如薄荷油、各种香精、酒精、碘制剂易挥发，而硫酸亚铁、阿托品等则易风化)。密闭保存要求将药物用干燥玻璃瓶装好后用橡皮塞盖紧或蜡封，开启后要随时盖紧，及时将药物使用完；对于用气泡眼包装的药品则需要保护好外面的铝箔，以免破损。

低温不仅可以避免胰岛素、乙肝疫苗、丙种球蛋白等生物制品类药物因受热而变质，也可以避免甘油栓等药物受热变形，还可以避免乙醚、无水酒精等药物受热挥发甚至爆炸。低温一般是指40℃。

避光可以避免硝酸银、硝普钠等药物见光分解。避光保存要求将药物放在有色瓶内或能够避光的纸盒或容器内，或瓶外用黑色的纸或布包扎。需避光的药物一般在出厂时都具有这些避光措施，病人和家属注意的是不要随便更换包装或撕毁外面的包装纸。

大多数药物按上述方法保存都可以保证疗效，有些特殊保存的药物，则须按说明书作特殊处理。此外，药物还需要放在孩子够不着的地方，以免孩子误服而中毒。

(资料来源：金汉信. 仓储与库存管理[M]. 重庆：重庆大学出版社，2008.)

思考：

(1) 药物保存期间，质量发生变化的主要形式有哪些？
(2) 导致药物质量发生变化的主要因素是什么？
(3) 针对上述主要因素，通常可以采用哪些措施来有效地保管药物？

第7章 特种物资的保管

【教学目标与要求】
- 了解水泥受潮变质的形式、特点，熟悉防止袋装水泥受潮变质的措施；
- 了解散装水泥的优点、储存设施和保管技术；
- 了解各类危险品的特性，熟悉如何做好危险品仓库的管理工作；
- 了解金属锈蚀的原因和危害，熟悉如何做好金属及其制品的防锈和除锈工作；
- 了解电缆电线的储存条件、码垛及养护方法。

 导入案例

机电产品的保管

机电产品泛指机械产品及电工产品,大都由金属材料及绝缘材料构成,因此对机电产品的保管养护必须针对这两种材料的特性来进行。

1. 保管场所的选择

(1) 仪器、仪表及其他精密小型产品应存入保温、防潮、防尘及通风性能好的库房储存。

(2) 轴承、医疗器械、电瓶等怕冻物品应存入保温性能较好的库房。

(3) 怕雨淋、怕潮湿的物品,如轿车、电机、车床及压缩机等,应存入普通库房或货棚之内。

(4) 大型机电产品可以存放在露天货场,如推土机、挖掘机、卡车等,但必须加苫盖,起到防雨、防潮、防锈及防尘的作用;加苫垫有困难时也可单纯地苫盖在司机室之上。

2. 防锈蚀

对机电产品来说则应注意储存场所的湿度,一般保持在 70%以下就可以,但工具、轴承及其他精密制品则应保持在 60%以下,电气设备、仪器、仪表的湿度要求则应更低些。进口物品如在海运中已被海水侵蚀,则应将其洗净,涂抹防锈油。注意修补、更换损坏包装,对其衬垫物(如纸条、塑料垫包屑等)干燥处理后才能垫入,以防雨水、潮气侵入。

3. 防高温和防冷冻

这是根据机电设备中某些绝缘材料的特性和水箱、缸体储水怕冻时而提出的措施。储存环境的最宜温度应保持为 0~35℃,而且要避免日晒。机动设备应放干净水后储存,并在冬季到来之前进行放水检查。温差急剧变化对机电产品也会造成有害影响。箱装设备在寒冷季节入库后不宜立即开箱检验,应放置一段时间之后再开启。

4. 防机械性损伤和变形

应按标记、标志装卸和搬运,尤其是不能倒放、斜放;要轻拿轻放,防止发生碰撞和振动。用起重机装卸机电产品时,其吊挂位置及起高或下降方法必须符合安全操作的要求。堆垛应按规定要求进行,箱装或小件物品重叠堆码时,必须保证不压坏下部物品。机电产品不宜与金属材料共存一处,以防止被碰伤撞损。

5. 成套性保管

机电产品具有成套性,它们有的因设备庞大而分箱装载,更有的附有工具箱、配件箱,因此这些物品应成套性储存。当然也不排除某些设备中的部分零部件,如机动车电瓶、收音机等需取出单独保管。这些应造册、编号,在机体上或箱上注明,以防止错乱、短缺。

(资料来源:赵玉国. 仓储管理[M]. 北京:冶金工业出版社,2012.)

工程企业生产和基建所消耗的物资数量大、种类多、规格复杂,如果在频繁的进出库作业和较长时间的储存过程中,不注意对物资的保管保养,就会使库存物资造成大量的损耗,有时还会发生安全事故,造成人身伤亡和财产损失。因此,做好常用的、耗用量大的和某些有特殊要求的物资的保管保养工作,对工程企业显得尤为重要。

7.1 水泥的保管

水泥是重要的建筑材料之一，也是仓库保管中遇到的数量最大的主要建筑材料，素有"建筑工业的粮食"之称。常见的水泥一般有硅酸盐水泥、火山灰质硅酸盐水泥、矿渣硅酸盐水泥以及混合硅酸盐水泥等，这些水泥被广泛应用在国防、铁道、交通、港口、水利、工业以及民用建筑等工程。随着我国社会主义现代化建设的发展，对水泥的需要量也就越来越多，对于水泥的质量要求也越来越高。

水泥是水硬性胶凝材料，遇水凝结是各种水泥的共同特性。根据一般估计，水泥由于严重受潮而结块变质，轻微受潮造成的活性及标号下降，以及受潮引起包装袋破损等因素所造成的损失占水泥总量的5%～10%，因此，水泥保管主要应该注意的就是防水和防潮，防止水泥遇水结硬块、降级或失效。

7.1.1 水泥受潮变质的形式

水泥在使用前，由于水及水蒸气的作用发生水化反应，而部分结块或降低活性称为受潮变质。水泥受潮有两种形式：一种是直接受潮；另一种是间接受潮。

1. 直接受潮

直接受潮是水泥和水直接接触而发生水化、凝结和硬化反应的结果。

2. 间接受潮

间接受潮是水泥和空气中水蒸气以及二氧化碳接触受到联合作用的结果。间接受潮变质反应分两步完成：第一步，水泥与空气中的水分发生水化反应；第二步，空气中二氧化碳与第一步反应后的水化产物之一 $Ca(OH)_2$(熟石灰)发生碳化反应，生成 $CaCO_3$(石灰石)包裹在水泥表面使其活性降低或失去，同时释放出一定量的水汽。间接受潮反应过程为

$$CaO+H_2O \longrightarrow Ca(OH)_2+CO_2 \longrightarrow CaCO_3+ H_2O$$

值得注意的是，由于空气无处不有，所以，即使储运条件很好，防止了水泥的直接受潮，也很难防止间接受潮。水泥间接受潮变质没有明显剧烈的变化，而被忽视。所以，水泥储存时间越长，发生间接受潮损失越严重，甚至会使水泥结成硬块而不能使用。

7.1.2 水泥受潮变质的特点

水泥受潮时的水化反应类似于拌制砂浆、混凝土时的反应，但又有以下区别。

(1) 水泥受潮是在不进行任何搅拌的情况下发生的，所以，无论是直接受潮或间接受潮，水分与水泥都不可能像搅拌砂浆、混凝土那样充分接触。水泥受潮时，大量水不可能长期和水泥接触，所以参与反应的水泥百分比更小，真正损失的水泥也并不多。但是，由于化学反应是在水泥颗粒表面进行的，所以，少量的水化产物就在水泥颗粒表面结成了一层甲壳。这层甲壳在水泥使用时，阻止了水泥颗粒内部未水化部分和水接触，从而大大降低了水泥的活性。

(2) 水泥受潮时，尤其是间接受潮，水泥颗粒暴露在空气中的表面部分，随即和空气

中的二氧化碳发生反应。所以，二氧化碳的影响比制取混凝土大得多。生成的碳酸钙不溶解于水，它阻止水分和未水化水泥接触比其他水化产物更要严重。所以，对活性的下降有较大的影响。

(3) 在一般的保管条件下，水泥经过3个月储存要损失10%～20%的活性，以后的损失速度就变慢了。

(4) 水泥的受潮变质速度和水泥种类有很大关系。在几种常见水泥中，硅酸盐水泥变质速度较慢，而3种混合材料的水泥比硅酸盐水泥更容易发生受潮变质。

7.1.3 防止水泥受潮变质的措施

防止水泥受潮变质的措施包括以下几个方面。

(1) 严格执行"先进先出"原则，最大限度地缩短水泥库存保管时间。储存期越短，水泥间接受潮程度越轻，水泥直接受潮的机会也就会越少，这是解决水泥活性下降的主要措施。在正常储存条件下，一般水泥每天强度损失率大致为0.2%～0.3%，储存3个月强度降低15%～25%，储存6个月会降低25%～40%。因此，水泥在库保管时间不宜过久，一般水泥的储存期不宜超过3个月；高级水泥、快硬水泥不宜超过1个月；矾土水泥不宜超过2个月。水泥从出厂到使用不宜超过6个月。

(2) 到库水泥应尽量存入库房保管，并迅速验收入库，不得在露天条件下暂存、隔夜，以防吸湿。只有在受到库房储存能力的限制，或在干燥季节短时间保管时，才允许暂存于货棚或露天，但要做好苫垫工作，并勤于检查。

(3) 水泥库房应设置在地势高、排水良好、干燥地点。库内采用防潮混凝土地面，应高出库外地面30cm以上。

(4) 水泥库房应有良好的密封性能，库内要保持干燥，相对湿度不得超过50%，要综合考虑采用通风、密封、吸湿等措施。库房不能漏雨。

(5) 水泥应该单独设库存放，一方面避免受含水量较大、易散湿的货物影响，另一方面水泥细小的颗粒(粒径一般都小于40μm)易飞扬，避免影响其他货物。

(6) 存放水泥时，按生产厂、品种、标号分别设区堆垛储存，严禁混存。堆垛高度一般以10袋为宜，垛宽以5～10袋为宜。货垛与墙之间距离不能少于50cm，垛底设置垫木板或油毡，离地面高为20～30cm为宜。

(7) 袋装水泥一定要保证在搬、装、运、倒垛时，轻拿轻放，严禁扔摔，防止水泥纸袋破裂而导致水泥受潮变质。

(8) 要对库存水泥经常检查，发现问题(如硬化结块、破袋散落)，及时处理，并记录备查。

(9) 对于库内破袋散落水泥，应及时打扫收集装入空袋内，并作出标记，另行处理。

7.1.4 受潮水泥的处理方法

受潮水泥的处理方法包括以下几个方面。

(1) 受潮或储存期较长的水泥，在重要工程或关键工程部位使用时，应做水泥物理检验，按判定的实际标号使用。

(2) 水泥受潮后，如90%未发生水化反应，只有少量的水化产物在其表面结成一层硬壳，为了恢复水泥的活性，可将这层外壳打碎，然后将水泥适当降低标号使用或用在不重要的工程或受力小的部位。

(3) 凡受潮严重结成硬块，重击不碎者，已完全失去胶结能力，不能再使用，应作为废料处理。

7.1.5 散装水泥的保管

随着水泥工业生产的不断发展和对水泥需用量的迅速增加，我国大力提倡和积极推广散装水泥。散装水泥就是水泥从出厂到使用，不用纸袋或其他容器包装，直接利用专用运输工具和仓储设施完成储运作业。

1. 散装水泥的主要优点

(1) 节约包装费用。使用纸袋包装水泥，每年要消耗大量的包装纸，包装 1t 水泥大约需要 6kg 左右的包装纸，而生产 1t 包装纸则需要 5.5m^3 优质木材。如果 1 000 万 t 水泥实行散装，可节约包装纸 6 万 t，折合木材为 33 万 m^3。可见散装水泥对节约木材的重要意义。若从包装费用的角度来看，每吨袋装水泥的包装费约为 8 元，占水泥生产成本的 20%，占水泥销售价格的 1/6，若推广使用散装水泥 1 000 万 t，仅包装费用一项就能节约 8 000 万元，其经济效果是非常可观的。

(2) 减少水泥损失。袋装水泥从生产单位到使用单位，中间往往需经过多次中转，纸袋破损率一般为 10%左右，水泥的损失率高达 2.5%~5%。另外，袋装水泥在使用时，每个袋内残存水泥约 150g，每吨水泥约损失 6kg。散装水泥是用密闭的容器运输和储存，可大大降低水泥的损失量，其损失率可降到 0.5%。如推广使用散装水泥 1 000 万 t，可节约水泥 10 万 t。特别是在水泥生产不能满足需求的情况下，减少水泥损失更具有现实意义。

(3) 确保水泥质量。袋装水泥虽然有包装，但纸袋的密封性不良，水泥在运输储存过程中，空气中的水蒸气和二氧化碳可穿透纸袋与水泥接触，促使水泥结块硬化，降低水泥标号，影响使用。特别是在发生破袋的情况下，水泥更容易吸湿变质、造成损失。而散装水泥是在密封的容器内运输和储存，与空气接触面小，不易受潮，较长时间的储存，仍能保持质量良好。

(4) 改善劳动条件。袋装水泥的装卸搬运不便于实现机械化，大部分靠人工作业。人工装卸搬运水泥，劳动条件差，劳动强度大，劳动效率低，占用劳动力多。推广散装水泥，可利用机械输送、风动输送或气力输送，多是在密闭的条件下进行的，因而可大大改善劳动条件，消灭了繁重的体力劳动。同时能大幅度地提高劳动生产率，缩短装卸车时间，加速车辆和货物周转。

2. 散装水泥的储存设施

推广使用散装水泥，必须使运输工具、储存设施与之相适应。一般通用库房不适合储存散装水泥，必须根据散装水泥收、发、保管的特点，建造专用的水泥库，即各种水泥贮仓。

水泥贮仓的结构比较简单，主要由基础部分、支承结构、筒仓底板、仓壁、仓顶板等组成，如图 7.1 所示。

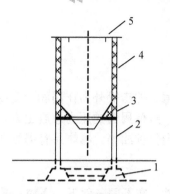

图 7.1 水泥贮仓结构图
1—基础；2—支承结构；3—仓底板；4—仓壁；5—仓顶板

水泥贮仓可单独设置，也可集中设置。当几个水泥筒仓集中设置时，多排布成双列。水泥筒仓除仓体外，还必须安装喂料(装料)和卸料装置。

3. 散装水泥的保管技术

散装水泥的收、发是在一个封闭的系统内进行的，这为水泥的保管提供了极为有利的条件，创造了良好的保管环境。在仓储设施完好的状态下，一般都能确保水泥的质量。但在思想上不能放松，还必须注意以下几个问题。

(1) 对新建筒仓必须经过严格验收。对筒仓的密封性能、防水防潮性能、上料排料装置等进行全面检查，待确认一切正常后，经过有关人员的鉴定合格方可投入使用。同时，装料必须在筒仓完全干燥的情况下进行。

(2) 散装水泥应按品种、标号分别储存，不同品种、标号的水泥不得混装，最好是各仓专用，并作出明显标记。因此，水泥仓必须有一定的数量，以适应多品种、多标号的需要。

(3) 对筒仓内的水泥质量要经常检查。一般可从排料口取样，观察其有无结块、硬化等异状。必要时还应通过试验，根据测定的烧失量、凝结时间和强度等指标，判定水泥是否受潮和受潮程度。

(4) 加快水泥的周转，尽量缩短水泥储存时间，使水泥尽快投入使用。因为在一般情况下，水泥每天强度的损失率为 0.2%～0.3%。水泥从出厂到使用不宜超过 6 个月。当几个水泥筒仓同存一个品种一个标号的水泥时，应执行先进先出的原则。

7.2 危险品的保管

危险品是指在流通中，由于本身具有燃烧、爆炸、腐蚀、毒害及放射性等性能，或因摩擦、振动、撞击、暴晒或温湿度等外界因素的影响，能够发生燃烧、爆炸或人畜、表皮灼伤，以致危及生命，造成财产损失等危险性的货物。由于危险品在运输、装卸和储存过程中容易造成人身伤亡和财产损失，所以需要特别防护。

根据理化特性及危险性划分，危险品共分为 10 类：爆炸品、氧化剂、压缩(液化、溶解)气体、自燃物品、遇水燃烧物品、易燃液体、易燃固体、毒害品、腐蚀品及放射性物品。这 10 类危险品虽然各有特点，但是也有共同的危险性。总体上说，大都具有怕热、怕摩擦、怕水及有腐蚀性等危险特性。

7.2.1 危险品的特性

1. 爆炸品

爆炸品是指受到高热、摩擦、冲击等外力作用和一定物质的激发,可发生剧烈化学反应,瞬间产生大量气体和热量,致使周围的压力急剧上升,产生巨大冲击力,对周围环境造成破坏的物资。如黑火药、硝化甘油等。爆炸品有爆炸性、吸湿性、条件性等特性。

2. 氧化剂

氧化剂是指具有强烈氧化性,在不同条件下,遇酸、遇碱、受热、受潮或接触有机物、还原剂即能分解放氧,发生氧化还原反应,引起燃烧的物资。如过氧化钠、氯酸钾、高锰酸钾等。氧化剂有氧化性、遇热分解、吸水性、化学敏感性、遇酸分解、一定的毒性和腐蚀性的特性。

3. 压缩气体、液化气体和溶解气体

压缩气体、液化气体或溶解气体储存于耐压容器中,在具备一定的受热、撞击或剧烈振动的条件下,容器容易膨胀引起介质泄漏,甚至是容器破裂爆炸,从而导致燃烧、爆炸、中毒、窒息等事故。如一氧化碳,甲烷等。压缩气体、液化气体和溶解气体具有巨毒性、易燃性、助燃性、爆破性等特性。

4. 自燃物品

自燃物品是指不需要外界火源作用,本身与空气氧化或受外界温度、湿度的影响而发热并积热不散达到自燃点而发生自燃的物资。如胶片、油布、油纸等。自燃物品的特点是具有自燃性和条件性。

5. 遇水燃烧物品

遇水燃烧物品是指能与水发生剧烈反应,而放出可燃气体,同时产生一定热量,当达到自燃点或遇到明火、火花时,会立即燃烧爆炸的物资。如碱金属(钠、钾、锂等)、碳化物(碳化钙、碳化铝等)等。它的特点是具有条件性,不能接触水、水蒸气。

6. 易燃液体

易燃液体是指闪点在45℃以下,遇火容易引起燃烧的液体物资。如汽油、酒精、花生油等。它的特点是具有易燃性、挥发性和爆炸性。

7. 易燃固体

易燃固体是指燃点较低,在遇火、受热、撞击、摩擦或与某些物资(氧化剂)接触后,会引起强烈燃烧的固体物资。如红磷、硫磺等。易燃固体的特点是具有燃烧性。

8. 毒害品

毒害品是指少量进入人、畜体内后能与躯体组织发生作用,破坏正常生理机能,引起躯体暂时或永久性病理状态,甚至导致死亡的液体和固体物资。毒害品的特点是具有毒性、挥发性、燃烧性、溶解性。

9. 腐蚀品

腐蚀品是指对人体、动植物体、纤维制品、金属等具有强烈腐蚀性的物资。如硫酸、硝酸等。腐蚀品具有腐蚀性、毒害性、易燃性、氧化性、遇水分解性等特性。

10. 放射性物品

放射性物品是指能够自发的、不间断地放出人体感觉器官不能觉察到的射线(α 射线、β 射线、γ 射线中子流)，具有不同的穿透能力，能杀伤细胞，破坏人体组织，长时间或大剂量照射，会引起伤残甚至死亡的物资。特点是具有杀伤性。

以上是对各种危险品的简单介绍，我们必须了解它们各自不同方面的特点和危险性，采取相应有效的措施，才能在储存过程中保证安全。

7.2.2 危险品仓库的管理

1. 出入库管理

(1) 危险品出库时，提货车辆和人员一般不得进入存货区，由搬运人员将应发货物送到货区外的发货场。无安全装置或装有与危险品相抵触货物的车辆不能进入库区。出库货物应包装完整、重量正确，并标有品名和危险性的标记。

(2) 危险品入库时，必须防止不合格和不符合安全储存条件的货物混运进库，这是把住危险货物储存安全关的第一步。货物入库要检查包装、衬垫、封口等，符合安全储存要求的，才准许搬运入库。

2. 储存管理

爆炸品、易燃物、助燃物、有毒品、腐蚀品、放射性物品等类危险品性质各异，互相影响或抵触，此外各类危险品对仓库温湿度要求也不同(见表 7-1)，因此必须分类分库隔离储存，并根据各危险品特性，加强温湿度的控制与调节。即使同类危险品，如自燃物品和易燃固体，有一、二级之分，虽性质不抵触，但危险性大小和剧缓程度不同，也应分级分区存储。

表 7-1 各类危险品的温湿度数据表

危险品名称	最低温度/℃	最高温度/℃	适宜相对湿度/%	最高相对湿度/%
爆炸品	-10(胶质)	30	75 以下	80
氧化剂		35	80 以下	85
压缩(液化)气体		32	80 以下	
自燃品(一级)		28	80 以下	
自燃品(二级)		32	85 以下	
遇水燃烧品			75 以下	80
易燃液体		26	沸点 50℃、闪点 0℃	
		30	沸点 51℃、闪点 1℃	
易燃固体(一级)		30	80 以下	
易燃固体(二级)		35	80 以下	

续表

危险品名称	最低温度/°C	最高温度/°C	适宜相对湿度/%	最高相对湿度/%
毒害品		32	80以下	
腐蚀品		30(低沸点及易燃品) 1～15(怕冻)	85以下	
			70以下(吸湿性强)	
放射性物品	对库内温湿度无特殊要求，但防止湿度过大损坏包装			

3. 堆码苫垫管理

危险品应以库房储存为主，与库壁间距应大于0.7m。堆码不宜过高过大，一般液体危险品不超过2m，固体危险品不超过3m。垛距和墙距应较宽。怕水、怕潮的危险品，垛底应垫高。同时，根据性质选择适宜苫盖材料，如硫磺等腐蚀性货物应用芦席盖，不宜用苫布盖。使用过的化工危险品苫垫物料，需要再次调剂使用时，要经刷洗干净后再用。

4. 装运管理

装卸、搬运化工危险品时，必须轻装轻卸，使用不发生火花的工具(如用铜制的或包铜的器具)，禁止滚、摔、碰、撞、重压、振动、摩擦和倾斜。对怕热、怕潮的危险品，装运时应采取必要安全措施。装卸场地和道路必须平坦、畅通。如夜间装卸，必须有足够光度的安全照明设备。在装卸、搬运时，应根据货物性质和操作要求，穿戴相应合适的防护服具。腐蚀性货物仓库附近应设水池或冲洗设备，以预防在操作中万一包装破裂、人身沾染时，迅速浸水及冲洗解救。

5. 消防安全管理

危险品仓库的消防工作有其特殊的要求，各类危险品适宜的灭火剂和消防器材如表7-2所示。

表7-2 各类危险品适宜的灭火剂和消防器材

序号	危险品类别	灭火剂和消防器材
1	爆炸品	主要用水
2	氧化剂	可用雾状水，也可用二氧化碳灭火器、泡沫灭火器和沙土
3	压缩(液化、溶液)气体	用沙土、泡沫灭火器、二氧化碳灭火器
4	自燃物品	用大量水或其他灭火器
5	遇水燃烧物品	用干沙土、二氧化碳灭火器
6	易燃液体	用泡沫灭火器最有效，也可用干粉灭火器、沙土、二氧化碳灭火器，不能用水(大部分比水轻，不溶于水)
7	易燃固体	用水、沙土、泡沫灭火器、二氧化碳灭火器
8	毒害品	用大量水，液体有毒宜用雾状水、沙土、二氧化碳灭火器
9	腐蚀品	酸类和碱类的水溶液可用雾状水，遇水分解的发烟硫酸、氯磺酸等绝不能用水，只能用二氧化碳灭火器

7.2.3 火工品的保管

火工品亦称爆破器材，主要包括各种炸药、起爆器材和点火器材等，是用于各种爆破工程的主要材料，在工程部门消耗较多。火工品有极大的危险性，如在储运过程中装卸或保管不善，就有引起爆炸的危险。因此，对火工品的保管不同于一般危险品，必须加倍小心谨慎，做到万无一失。

1. 火工品仓库选址

火工品仓库因为有发生爆炸的危险性，最好设在人烟稀少，依山隐蔽和偏僻空旷之处。如设在市郊，应与人口集中的企事业单位、居民区、主要建筑物、交通干线、高压输电线等保持一定的安全距离。在人口比较稠密、比较重要的地区，炸药库与其他建筑物的最小安全距离可参考表 7-3。

表 7-3 炸药库与其他建筑物的最小安全距离

建筑物类别	与炸药库最小安全距离/m
村落、工厂及住宅区	1 500
10 万人口以上的城市	5 000
铁路、公路干线、通航河流	400
车站、码头、居民点	1 500
飞机场(不准在飞机起飞方向)	5 000

2. 库房建筑物的要求

对火工品库房建筑物来说，应把确保安全放在首位。所以，在有条件的情况下，应尽量采取地下或半地下建筑。火工品库房建筑的耐火等级应为 1 级，建筑材料均为非燃烧体，多采取钢筋混凝土框架结构。地坪应为不发生火花的细石水泥混凝土或沥青混凝土。库墙、库顶应有良好的隔热保温和防水防潮性能。库墙和库顶应设一定大小的泄压面。

3. 火工品保管的一般要求

(1) 炸药、起爆器材和点火器材，虽然都属于火工品，但有其不同的特性，不能同库混存。例如雷管是敏感度极高的起爆器材，若与各种炸药混存，势必增加危险性，给安全保管带来困难。另外，由于各种炸药的敏感度有很大不同，所以不同品种的炸药也不宜存入同一库房。例如硝化甘油类炸药敏感度高，对摇动、摩擦、撞击都有很高的敏感性，所以危险性比较大。而相比之下，黑火药和硝铵类炸药安定性比较好，危险性比较小。这两类炸药如果同硝化甘油类炸药混存，危险性也会增大。火工品必须按照表 7-4 的规定，分别隔离保管。

表7-4 火工品能否混存的规定

火工品名称	硝化甘油类炸药	硝铵类炸药	芳香族硝化物类炸药	黑火药	雷管	导爆索	导火索
硝化甘油类炸药	+	-	-	-	-	-	-
硝铵类炸药	-	+	+	-	-	-	+
芳香族硝化物类炸药	-	+	+	-	-	-	+
黑火药	-	-	-	+	-	-	+
雷管	-	-	-	-	+	+	+
导爆索	-	-	-	-	+	+	+
导火索	-	+	+	+	+	+	+

注：-表示不可；+表示可以。

小贴士

导爆索也叫导爆线，是用来传递爆轰波，并直接引爆炸药的爆破器材。它本身需要雷管引爆，能使大量炸药同时起爆。它的药芯由黑索金、泰安等高威力爆药制成，外覆包覆层和防潮层或外覆塑料管。导爆索的直径为5.7～6.2mm，爆速为6 500～7 200m/s。

导火索又称导火线，是一种在爆破工程中用于传导火焰、引爆雷管的索状起爆器材。将棉线或麻线包缠黑火药和心线，并将防湿剂涂在表面而制成，通常用火柴或拉火管点燃。导火索的直径为5.2～5.8mm，燃速为100～125 m/s，喷火舌长度不小于40mm，燃烧时不应有断火、透火现象。

在特殊情况下经总工程师批准，可以将不同性质的炸药储存在同一库房内，但应符合以下规定。

① 库房内用不燃性材料隔开，隔墙厚度不小于25cm，不同性质的炸药存放在不同的隔间内。各单间都有单独的出入口，收发料应在套间内进行。

② 库房内存放的各种炸药总量不超过3t；雷管不得超过1 000发。

③ 雷管和炸药要在不同的套间内收发。

(2) 所有炸药应上架存放，如在地板上堆码货垛时，则必须有垛基。货架和货垛必须牢固可靠，一般货架高不得超过1.8m，垛高不得超过1.5m，每个垛的长、宽均不得超过5m，垛与垛之间的距离应不小于1.0m～1.3m。通常，炸药、雷管存放间距应遵循表7-5的规定。

表7-5 炸药、雷管间的安全存放距离

存放雷管最大数量/个	到堆放炸药的安全距离/m	存放雷管最大数量/个	到堆放炸药的安全距离/m
1 000	2.0	100 000	19.0
5 000	4.5	150 000	24.0
10 000	6.0	200 000	27.0
15 000	7.5	300 000	33.0
20 000	8.5	400 000	38.0
30 000	10.5	500 000	43.0
50 000	13.5	1 000 000	60.0
75 000	16.5		

(3) 为使空气流畅，火药垛箱与箱之间应留出不小于 50cm 的间距，垛或货架与墙柱之间至少要保持 50cm 的间距。

(4) 火工品对温度都有比较强的敏感性。温度升高会加速火药的分解，容易导致爆炸事故，温度过低对某些炸药的储存又会带来不利影响，可见温度过高或过低对火工品的保管都是不利的。库内温度一般不得超过 30℃ 或低于 10℃。库内采暖只可用水暖、汽暖。

(5) 各种火工品都有比较强的吸湿性，吸湿后会影响其敏感度和爆炸力，甚至完全失效。如硝铵类炸药受潮后，不仅会使性能降低，起爆不良，而且易释放出有毒气体。火工品含水量超过 3%，就可能失效。如果地下或半地下仓库湿度比较大，这就必须采取各种有效措施降低库内湿度，使库内相对湿度保持在 75% 以下，最高也不要超过 80%。

(6) 日光直射火工品，不仅可使其温度升高，更重要的是能激发炸药的活性，加速分解和氧化还原反应的进行。炸药分解时放热，又会加速化学反应过程，当热量积累到一定程度时就会引起燃烧爆炸。日光主要是通过门窗进入库内，所以门窗应安装不透明的玻璃或用白色涂料涂刷，还可悬挂窗帘、门帘。特别需要注意的是严防火工品在露天曝晒。

(7) 仓库场地内的土堤、道路和水沟等，要保持清洁并定期检查。在库内作业的人员应穿胶底鞋，工作服一律用棉布料，不得用化纤料。库内的作业工具，如锤子、起子、撬杠等一律是铜质的或外包铜质的。作业前对作业人员进行防爆安全和操作规程的教育，作业时应轻拿轻放，严禁拖拉、抛掷、翻倒等。

(8) 在火工品仓库以内任何人不得点火、吸烟，任何人进入仓库不得携带火柴、打火机等点火物品。除警卫人员外，任何人不得携带武器进入仓库。仓库围墙内不得有枯草、干树皮、树叶和其他易燃物品，仓库周围 5m 以内的树木必须砍掉。

(9) 库房内的门、窗、地板、墙壁和货架，如果需用钉子，则必须是铜质的，如果采用铁钉，则钉入埋头至少 5mm 且用油灰填实抹平。

(10) 为了及时扑灭可能发生的火灾，火工品库应按规定设置消防器材，并经常检查使之处于良好状态。每个火工品库都必须有消防用的储水池，永久性储水池的容量最小为 $50m^3$。储存爆破材料在 500t 以下的仓库，储水池最小容量为 $100m^3$，储存爆破材料超过 500t 的仓库，则应在两个库房中间设置 $50m^3$ 的储水池，且总的储水容量不得小于 $100m^3$。

(11) 炸药、雷管严格执行先进先出原则，不超过有效使用期限。对于超过有效期的火药、雷管，须经检验合格方可发出使用。

4. 火工品的销毁

当火工品变质失效后，应及时采取措施加以销毁，以防发生危险。火工品的销毁工作必须由专人负责，有计划、有组织地进行。应选定好时间、地点，确定销毁方法，制定安全措施。火工品的销毁方法有爆炸、烧毁、沉水和溶解等方法。

(1) 爆炸法。失效的炸药、雷管、导爆索等，均可用此法销毁。销毁地点应距仓库、交通线路、居民区不少于 500m。每次销毁炸药的数量不得超过 10kg，雷管不得超过 1 000 个。

(2) 烧毁法。黑火药、导火索和点火绳等，均可采用此法。销毁地点距建筑物的距离同爆炸法。应选择晴朗的天气进行。销毁黑火药可散布成条状，自上风向点火。

(3) 沉水法。用沉水法销毁火工品，应沉入深海海底，硝铵类炸药经有关部门同意后，也可沉入江、河、湖泊中销毁。

(4) 溶解法。硝铵类炸药和黑火药的销毁可采用此法。每次用水 400～500kg，溶解炸药 15kg。未溶解的残渣应收集起来，进行爆炸或烧毁。

7.3 金属及其制品的保管

7.3.1 金属锈蚀的原因

所谓金属锈蚀，是指通常所说的金属及其制品的生锈和腐蚀。这是由于金属表面受到周围介质的化学作用或电化学作用而引起的破坏现象。在金属制品中，最容易被锈蚀的是以钢铁为原料的制品。就金属锈蚀的原因分析，既有金属本身的原因，也有大气中各种因素的影响。

(1) 金属材料本身的原因。金属材料在组织、成分、物理状态等方面存在着各种各样的不均匀性以及因冷、热加工而产生的不均匀性，从而引起电极电位不均而造成或加速锈蚀。

(2) 外界因素。金属制品锈蚀与外界因素有直接关系，如受温度、湿度、氧、有害气体、货物包装、灰尘的影响等。

7.3.2 金属锈蚀的危害

一般来说，绝大多数的金属锈蚀生成物不具有防护作用，并不能阻止有害介质从表面逐渐向内继续渗透侵入的破坏。所以，金属制品的锈蚀不仅破坏了外形，还可由表及里，使其结晶组织遭破坏，机械性能降低，使用价值受到影响。有时影响是很大的，带来的损失也是很惊人的。有人统计，全世界每年因锈蚀而导致不能使用的金属制品重量约占当年产量的 1/3，若其中有 2/3 回炉重新冶炼，每年还有相当于年产量 1/9 以上的产品流失掉。

金属锈蚀带给人们的危害，不仅仅表现在净损失的价值高得多，还有因锈蚀造成的设备维修、零部件更换、停工减产的损失，为预防锈蚀花费的大量人力、物力和财力，在金属结构的设计中为防止过早的锈蚀所采用的增大安全系数而损耗机械功能的损失，由于锈蚀造成的产品报废或降低使用的损失，以及由于锈蚀造成的各种事故损失等。这些损失是难以估计的。所以，研究和掌握金属制品的锈蚀机理以及预防措施，及时有效地进行防锈、除锈，防止或减缓金属制品的锈蚀是十分必要的。

7.3.3 金属的防锈措施

金属及其制品防锈的根本途径就是设法隔离或阻止外界因素对金属制品的接触和影响，从而达到防锈的目的，为此要采取以下防锈措施。

1. 提供适宜的储存场所

(1) 凡因风吹日晒雨淋和温湿度变化，对其无显著影响者，均可存放在露天堆场。如生铁锭块、毛坯、钢轨、大型钢材、铸铁管、中厚钢板、大型粗制配件等。

(2) 凡受日晒雨淋易变质损坏，而温湿度的变化对其影响不大者，可存入货棚保管。如中型钢材、钢轨配件等。

(3) 凡受雨雪侵袭、风吹日晒及湿度的影响，易造成损害者，应存入普通库房。如小型钢材、优质钢材、金属制品、有色金属材料、车辆配件、机械设备等。

(4) 凡受风吹日晒雨淋和温湿度变化的影响容易损坏的金属制品,特别是对温度变化比较敏感者,应存入保温库房。如精密仪器仪表、电子器件、高精度量具、轴承等。

2. 创造良好的储存条件

(1) 露天货场要尽可能远离工厂区,特别要远离化工厂,地势要高,不积水,要干燥通风,垛底垫高30～40cm。库房要求通风、干燥、门窗严密,易于控制和调节库内温湿度。

(2) 要建立气象报告制度,利用自然通风和机械通风,或安放吸湿剂(常用氯化钙或硅胶)来调节、控制温湿度。搞好排水系统,用砾石、煤渣或石块沫垫平地层,增加透水性。

(3) 保持库内外清洁,清除货垛周围杂草,不使金属材料受到沾污和附着尘土。

(4) 不得与酸、碱、盐类以及气体、粉末等物资混存,做到分类存放,间隔明显,防止发生接触腐蚀。

3. 采用有效的防锈方法

此外,仓库还可采取一种暂时性的保护措施,即在金属的表面涂覆防锈材料,形成一层保护层,使金属表面与环境隔开。这种方法是一种短期的防锈法。它随着时间的推移,防锈材料会逐渐失效,金属还会生锈。另外,使用这种喷涂防锈法,也只能适用于数量较少、保管要求较高的金属及其制品的防锈。金属防锈的主要方法有以下几种。

1) 涂油防锈

涂油是一种广泛应用的防锈方法。涂油防锈就是在金属表面喷涂一层具有缓蚀作用的防锈油脂,借助油层的隔离作用,可使水分和大气中的氧及其他有害气体不易接触金属制品表面,从而防止金属锈蚀或减缓金属锈蚀速度。防锈油是由油脂或树脂类物质(如凡士林、石蜡、沥青、桐油、松香及合成树脂等)和油溶性缓蚀剂(如石油磺酸钡、硬脂酸铝、环烷酸锌及其羊毛脂等)组成。常用的防锈油配方有多种,如凡士林、硬脂酸铝,应用于刀具、板牙、轴承及汽车、自行车零件等。

大部分金属材料及其制品都可以涂油防锈,但也有一些特殊的金属材料不允许涂油,否则会影响其使用效果。如建筑用钢筋不宜涂油,因涂油后会降低钢筋与混凝土之间的握裹力,影响工程质量。

2) 涂漆防锈

对于一些瓦木工具、农具、炊具等不便进行涂油防锈时,可用脂胶清漆或酚醛清漆添加等量稀释剂,然后用来浸沾或涂刷,使金属表面附着一薄层漆膜,干燥后即可防锈。但因漆膜较薄,还可以透过氧及水汽,因此,只能在短期内有防锈作用。如果储存条件比较干燥,环境又比较清洁,则防锈时间可以得到适当地延长。反之,如果储存条件湿度较大,环境卫生条件又较差,则防锈时间就会缩短。

3) 造膜防锈

造膜与涂油一样,也是以密封原理防锈。这种方法是以一定量的溶剂溶解一定量的树脂,并加入填充剂,再喷涂到金属制品表面,形成干固的薄膜,使金属制品与大气隔离,以达到防锈的目的。

4) 气相防锈

气相防锈是利用气相缓蚀剂(如亚硝酸二环己胺、碳酸环己胺、亚硝酸二异丙胺等),

在密封的包装或容器内对金属零配件进行防锈的方法。气相缓蚀剂在常温下具有一定的挥发性能，在很短的时间内，挥发的气体就能充满包装或容器内的每个角落和缝隙，对体积小、要求高、形状和结构复杂的金属制品及仪器仪表具有良好防锈作用，又不会污染包装，且防锈效果好，时间长。一般有以下两种方法。

(1) 缓蚀剂法。这种方法包括将气相缓蚀剂粉末直接均匀撒布在金属的表面上，密封包装；或将粉末盛于具有透气性的纸带、布袋中，或将粉末压成片剂，放在包装内金属的周围。缓蚀剂距离金属不超过其作用有效半径(一般不超过 30cm)。其用量主要根据缓蚀剂的种类、性质和包装条件、封存期长短等来确定。一般情况下，每立方米的包装容积，需要缓蚀剂 0.5～1g。但需考虑漏损量和保险系数。

(2) 防锈纸法。将气相缓蚀剂溶于有机溶剂或水中，然后涂刷在包装纸上，烘干后使用，即用防锈纸包装代替普通包装。气相缓蚀剂在纸上的涂刷量一般为 5～30g/m³。使用防锈纸代替金属制品包装，简便易行，效果显著。但因纸张牢固较差，且有吸湿性，因此在防锈纸包装外加一层塑料袋，然后放入纸箱或木箱中，则因挥发出的蒸汽不易散发，使防锈效果增加，防锈时间也得到延长。

7.3.4　金属的除锈方法

金属及其制品在储存期间，除了采用相应防锈措施外，还必须对已经发生锈蚀的金属及其制品进行必要的养护处理，也就是除锈。对于入库储存前已经发生的锈蚀，或者是在储存过程中防锈措施失效出现锈蚀，都应及时地进行除锈，除锈后在金属制品表面涂敷防锈剂。除锈的方法应该根据锈蚀程度，即锈蚀分布面积大小、深浅、色泽、形状以及锈蚀制品的数量而定。一般金属制品的除锈方法，大致可以分为手工除锈、机械除锈和化学药剂除锈 3 种方法。

1. 手工除锈

手工除锈只用简单的除锈工具，如粗质的砂布、棕刷、钢丝刷、砂纸、刮刀等，通过人的手工操作来将金属制品上的锈斑、锈痕除去的一种方法。

(1) 用抹布和棕刷除锈。这种方法适用于擦除各类金属材料上的尘土、水渍、污垢和一般的轻、中锈。抹布用破布、麻袋片或帆布均可。为了便于操作，可将布扎成拖把状来使用。棕刷用来擦除一般的中锈较为适宜，锈擦净后，再用干净的抹布擦拭，须将锈末除净。用抹布除锈，使用两次后不能再用。

(2) 用木屑除锈。此法用以除去钢板上的轻、中锈效果较好。把清洁干燥的木屑撒在板材上，然后用旧布盖住进行擦拭。锈擦拭干净后，将木屑扫净，再用干净抹布擦一次即可。

对于有油垢的钢板，可先将细沙加温至 70℃～80℃，盖在钢板上，待油垢受热后熔化，即可用抹布将油垢擦下来。然后，再用木屑除锈，效果较好。

2. 机械除锈

机械除锈是利用某种机械设备将锈层从金属及其制品表面除掉。

(1) 旋转摩擦轮除锈法。它是利用电动机带动摩擦轮高速旋转，使被除锈物件与轮缘接触，靠摩擦力将锈蚀物除掉。应根据不同情况选用相应的摩擦轮。对于严重锈蚀的非加工面，可使用砂轮除锈。一般大中型钢材可采用钢丝轮或铜丝轮除锈。除锈时要注意压力不能太大，以避免损坏摩擦轮或擦伤金属制品表面。同时使用碳酸钠溶液润滑，以降低摩擦面温度。对锈蚀不太严重的中小型钢材或管材，可使用棕轮或软质的布轮除锈；对表面有镀层或经抛光的金属条材或管材，可利用布轮加抛光膏除锈。

(2) 滚筒除锈法。它是利用一个木制或钢制的六棱或八棱的带轴滚筒，将滚筒安装在木架或钢架上，把需要除锈的物件放入筒中，并加入一定数量的干锯末或碳酸钙细粉，由电动机驱动滚筒旋转，靠锈蚀物件之间的相互撞击、摩擦除掉锈层。这种除锈方法设备简单，操作方便，效率高，适用于体积小、形状简单、表面精度要求不高的金属制品，如钉栓、螺母等。

(3) 喷砂除锈法。其原理是利用压缩空气将石英砂或钢砂通过喷嘴喷射到预先经过干燥的金属材料表面，靠一定粒度的砂粒对锈蚀物件表面的锈层进行冲击摩擦去掉锈层。这种除锈方法需要的主要设备是空气压缩机。它适用于大批量、形状比较复杂的大型钢材和大型配件的除锈，如螺纹钢、工字钢等。

3. 化学药剂除锈

化学药剂除锈是利用酸溶液，与金属表面锈蚀物发生化学反应，将锈蚀物溶解、除掉的方法。金属的锈蚀物主要是金属氧化物，而化学药剂除锈就是酸溶液与这些金属氧化物发生反应，使其溶解在酸溶液中，达到将锈蚀物从金属表面除去的目的。除锈液由两部分组成：一部分是能溶解锈蚀物的化学品，大多采用无机酸(如盐酸、硫酸、磷酸、硝酸、氢氟酸等)，磷酸使用最多，腐蚀性弱，在金属表面能形成具有一定防护作用的钝化薄膜；另一部分起保护作用的，如铬酐(别名铬酸、铬酸酐)。

采用机械除锈虽然比用手工除锈要快，并可减少体力劳动，但对金属表面损伤很大，两种方法都可能影响金属外观和质量，与化学药剂除锈法相比效率低，除锈不净。利用化学药剂除锈不仅速度快，效果好，且不影响金属的尺寸和精度，但对金属有微量溶解现象。尽管化学除锈法有上述优点，但是，有些金属由于结构和外部形状等原因，不允许使用化学药剂除锈法。

7.4 电缆电线的保管

7.4.1 电缆的保管与保养

1. 电缆的储存条件

电缆最怕曝晒，其保护层被曝晒后，沥青熔化，橡胶发黏变形，易使钢带钢丝生锈，经曝晒后的电缆会缩短寿命。同时，电缆又怕冷，气温过冷(如在-10℃时)橡皮绝缘容易老化发脆。电缆最适宜以下储存条件。

(1) 电缆应放入库房内或四周有遮蔽的货棚里，并应防止日晒、雨淋、过冷、过热。
(2) 对温湿度的要求与绝缘电线相同。
(3) 必须与酸类、矿物油等有腐蚀性的货物隔离存放。

2. 电缆的码垛方法

(1) 电缆一般是用铁、木盘卷绕包装，可以重叠堆码，垛形为立放压缝，不得平放，垛高以两盘为宜。

(2) 垛底要根据地面防潮情况，适当垫高，以通风和不受地潮为宜。

(3) 电缆不论搬运或码垛，应一律按着铁、木盘上的箭头方向滚动，严禁反滚，防止电线在盘内松动。

3. 电缆的养护方法

(1) 在保管时应随时注意温湿度的变化，发现不合要求时，应立即采取措施。如库内温度超过30℃应立即采取降温措施。如相对湿度连续3日达到75%时，应使用干燥剂或采取其他措施吸潮降湿。

(2) 在保管期间要经常检查，如发现油浸电缆漏油应及时封焊；如发现有麻保护层的电缆或无麻保护层的电缆沥青熔化、钢带生锈，应用"5"号沥青涂上，防止钢带继续腐蚀。

(3) 电缆在零星切割发货时，应先在切割点两端各距 60~80mm 的地方用铁丝扎紧，方可切割，以免电缆防护层松散。铅包电缆切割后，应立即将端头用铅皮妥善包好，严密封焊，以免漏油并防止水分和灰尘侵入。其他种类电缆，必须用绝缘胶布、胶带严密包扎封口。

(4) 电缆在保管中应定期转动(夏季3个月，其他季节可根据情况延长时间)，以免底面受潮腐烂，并使其内部的绝缘液体分布均匀。

4. 电缆的保管期限

电缆的保管期最好不要超过1年半。

7.4.2 绝缘电线的保管与保养

1. 绝缘电线的储存条件

绝缘电线的保管要求是电线的绝缘层不因受潮、受热、受凉、受光作用变质而降低其绝缘性能，同时也要防止金属线芯受腐蚀。绝缘电线适宜以下储存条件。

(1) 电线应存入阴凉、干燥、通风、防潮、防尘、宽敞、高大的库房内，库内的适宜温度为0~30℃，最高不可超过35℃，最低不得低于-10℃。相对湿度不得超过80%。

(2) 库房向阳方向的玻璃，应涂上白漆，防止日光直射。

(3) 电线不能与酸碱物品及矿物油类接触，库内不能有破坏绝缘及金属的有害气体存在。

2. 绝缘电线的码垛方法

(1) 小型、小批的橡皮绝缘电线、塑料线等可在货架内堆放，垛高以5~10卷高为宜，不可过高。

(2) 大型、大批的电线，可码成梅花式的通风圆形垛，层层交差压缝，循环向上堆码。垛边应垂直码齐，防止倾倒。单芯的可以码高，多芯的不宜多码；春、冬季节可以码 2m 高，而夏季只准码1.5m高。

(3) 堆码电线时，必须下垫枕木，并在枕木上铺上平板，最好也加两层防潮纸与地面隔开。在堆码时还要注意与墙壁保持一定距离，以保持通风良好，各种型号不同的电线应分开堆放。

3. 绝缘电线的养护方法

(1) 在保养过程中随时注意温度、湿度的变化，如库内温度超过 30℃时，应立即进行倒垛。如连续 3 天相对湿度超过 80%时，则应用干燥剂吸湿降湿。

(2) 电线怕重压，如电线承受过大的压力，就会变形，并使绝缘厚薄不均，甚至影响其绝缘性能。因此，储存较久的电线一般应 3 个月倒一次垛，将上下层调换堆放，以防下层受压变形，影响质量。

(3) 如发现电线外部包装受潮发霉，应立即用干布或毛刷擦除，通风干燥后，恢复包装。如包装内部电线受潮发霉时，可用绕线机，边绕边擦，用干布擦除霉迹后，重新包装。

(4) 橡胶受热会发黏，轻微者可进行通风干燥后，撒上一层滑石粉，并放在阴凉通风的地方，严重者应及时处理。

(5) 如电线外层发霉较严重，用布擦除而不能恢复原状，但里层尚好时，应送回生产厂重新浸漆涂腊。

4. 绝缘电线的保管期限

电线储存过久，其绝缘层容易老化变质，故保管期限最好不要超过两年。

本 章 小 结

水泥受潮有两种形式：一种是直接受潮；另一种是间接受潮。直接受潮是水泥和水直接接触而发生水化、凝结和硬化反应的结果；间接受潮是水泥和空气中水蒸气以及二氧化碳接触受到联合作用的结果。与袋装水泥相比，散装水泥的主要优点是节约包装费用、减少水泥损失、确保水泥质量、改善劳动条件。

根据理化特性及危险性划分，危险品共分为爆炸品、氧化剂、压缩(液化、溶解)气体、自燃物品、遇水燃烧物品、易燃液体、易燃固体、毒害品、腐蚀品及放射性物品 10 类。这 10 类危险品虽各有特点，但也有共同的危险性。总体上说，大都具有怕热、怕摩擦、怕水及有腐蚀性等危险特性。

金属锈蚀既有金属本身的原因，也有大气中各种因素的影响。由于金属锈蚀带来的危害很大，所以一定要做好金属的防锈工作，如为其提供适宜的储存场所，创造良好的储存条件，采用涂油、涂漆、造膜、气相等有效的防锈方法等。金属及其制品在储存期间，除了采用相应防锈措施外，还必须对已经发生锈蚀的金属及其制品进行必要的养护处理，主要采用手工、机械、化学药剂 3 种方法除锈。

在适宜的保管条件下，采用合理的码垛方法，做好保管期限内电缆电线的养护工作，可以使电线的绝缘层不因受潮、受热、受凉、受光作用变质而降低其绝缘性能。

关键术语

水泥受潮变质 Cement Damp Metamorphism
危险品 Hazardous Article
金属锈蚀 Corrosion of Metal

习 题

1. 单项选择题

(1) (　　)不是散装水泥的主要优点。
　　A. 节约包装费用　B. 改善劳动条件　C. 减少水泥损失　D. 储存方便

(2) 危险品堆码不宜过高过大，一般液体不超过(　　)，固体不超过3m。
　　A. 1m　　　　　B. 1.5m　　　　　C. 2m　　　　　D. 2.5m

(3) 炸药库与村落、工厂及住宅区的最小安全距离是(　　)。
　　A. 1 200 m　　　B. 1 300 m　　　C. 1 400 m　　　D. 1 500 m

(4) 利用具有挥发性的化学药品，在常温下迅速挥发，并使空间饱和。这是防止金属锈蚀方法中的(　　)。
　　A. 控制和改善储存条件　　　　B. 涂油防锈
　　C. 气相防锈　　　　　　　　　D. 分类堆放

(5) 电缆的保管期最好不要超过(　　)。
　　A. 半年　　　　B. 一年　　　　C. 一年半　　　　D. 两年

2. 判断题

(1) 水泥素有"建筑工业的粮食"之称。　　　　　　　　　　　　　　　(　　)
(2) 水泥在库保管时间不宜过久，一般水泥的储存期不宜超过两个月。　　(　　)
(3) 不同类的危险品性质各异，互相影响或抵触，必须分类分库隔离储存。同类危险品虽性质不抵触，但危险性大小和剧缓程度不同，也应分级分区存储。　　(　　)
(4) 硝化甘油类炸药和黑火药可以混存。　　　　　　　　　　　　　　　(　　)

3. 简述题

(1) 防止水泥受潮变质应采取哪些措施？
(2) 散装水泥有什么优点？
(3) 危险品分为哪几大类？各自有什么特性？
(4) 危险品的仓储有哪些基本要求？
(5) 危险品发生火灾应如何扑救？
(6) 金属锈蚀的原因有哪些？由此会给人们带来哪些危害？
(7) 如何做好金属的防锈和除锈工作？
(8) 如何做好电缆的保管与保养工作？

实务操作

条件具备的情况下，教师可以组织学生到工程局物资保管库实习参观，了解现场水泥、钢材、爆破器材、电缆电线等物资的保管情况，以加深对所学知识的理解和记忆，从而很好地应用到将来的工作中。

 案例阅读

物流公司仓库起火引燃居民楼

2008年12月22日上午8时许,南宁市某物流园仓库发生大火,大火吞噬了8间仓库、5间民房。火灾发生后,消防部门出动12辆消防车、61名消防员,先后采用水攻、泡沫灭火、土埋的方法,经过一个多小时扑救,终将大火扑灭,火灾没有造成人员伤亡。

起火的位置是物流园内最后一排门牌为B24号至B31号的8间仓库,过火面积约数百平方米。这8间连体的仓库是一家物流公司租用的,用来办公和堆放收发的货物。记者看到,大火已将仓库的屋顶烧穿,里面堆放的许多货物已经被大火吞噬。在起火最为猛烈的B29号仓库,消防官兵运用多支高压水枪喷射。但由于效果并不理想,消防人员转而采用泡沫水枪灭火。经多支泡沫水枪扑救,仓库内的大火慢慢被扑灭。但在B29号仓库,大火仍然烧得凶猛。原来,B29号仓库里面堆放的是铝粉,铝粉遇水产生氢气易发生爆燃。为了抢时间,消防官兵紧急调来两车砂土,用土埋的方法灭火。经砂土覆盖燃烧的铝粉,火势才慢慢得以控制。

大火被扑灭后,记者进入被烧毁的仓库,看到除了B29号仓库堆放的是铝粉外,另几间仓库里面堆放的物品是一些棉被、纤维物品、食品、药品等。一名仓库的工人说,起火的300多包铝粉是前一天拉来的,准备运送到玉林,8间仓库里的货物大都被烧毁,经济损失一时无法估算。

"火是从B29号仓库先燃起来的。"一名姓周的工人说,上午8时许,一些内宿的工人才刚刚起床,有人曾看见有电焊工人在B29号仓库旁边作业,在电焊工离开不久,B29号仓库就出现了火光。起初火势并不大,大家急忙用灭火器救火,无奈整个仓库内就只有两罐灭火器,根本控制不了火势,且仓库里堆放的多数货物都是易燃物品,火势迅速蔓延开来。

(资料来源: http://epaper.gxnews.com.cn.)

思考:
(1) 案例中仓库发生火灾的原因是什么?
(2) 针对案例,思考仓库如何做好危险品的储存管理工作?
(3) 根据你的理解,案例中的仓库在消防安全上有哪些环节需要加强?

第 8 章 货物出库管理

【教学目标与要求】
- 了解货物出库的依据、要求、方式和作业程序；
- 掌握两种基本拣货策略，理解它们的特点及适用范围；
- 熟悉货物出库发生的问题、原因及处理方法；
- 了解铁路办理货物托运的方式，熟悉各种方式货物托运的程序；
- 了解货物配送的特点和程序；
- 熟悉车辆配载及配送路线选择的方法；
- 了解退货的原因及退货的程序。

货物出库管理 第8章

 导入案例

花王川崎物流中心运用现代化手段高效率地进行配送

花王的大型广域物流配送中心——花王川崎物流中心,是花王构筑广域物流系统的第一阶段成果。它位于日本神奈川县川崎市,占地约为 24 000m²。商品储存在高层仓库里,高层仓库的货架高 30m,一共有 30 列、16 段,一列长 60m,仓库共拥有 28 800 个货架,可储存 100 万箱的货物(是花王川崎工厂的 3 倍)。

花王川崎物流中心的一天出货量为 6 万箱,其中 40%的小批量订货,直接送到各零售店铺,其余 60%用大型卡车送至其他客户处。零售店的订货量分为零星商品和整箱两种,一般设有最小订货单位,按最小订货单位的倍数发货。

花王川崎物流中心实行一天两次接单,截止时间分别是 12:00 和 17:00,要求在接单后的 24h 内把商品送到客户手中。首先,根据计算机的指示,从高层货架以托盘为单位,取出商品,进行拣选或分货;然后,按照计算机指示的配送路线、配送时间、地点,将分好的商品用传送带运至配货流水线上集中,按照配送的顺序进行相反的排列;接着,将集货流水线上的商品,用流水线按照不同分店汇集后装入集装箱,或是直接装入卡车;最后,按照计算机处理安排的配送时间表,用卡车在 24h 内将商品送到目的地。对于配送范围比较近的零售店,采用小型集装运货车直接送至店内;如地区较远,则先在夜间通过大型集装箱运货车送至中转站,再由小型车在白天依次配送。

简单地说,就是根据零售店和销售公司的订货信息,从高层货架自动地将货物提出,通过分拣设备,在流水线上,以箱为单位分拣完毕后,再由集货流水线将货物按照从各零售店发来的订单要求将货备齐,通过自动配送流水线,装入集装箱或是小型卡车。装货的顺序和要配送线路的顺序正好相反,最先送至零售店的货物最后装入,这样卡车司机,就可以按照预定的配送线路,高效率地进行配送。

(资料来源:http://blog.cntv.cn/12339810-1164782.html.)

货物出库是货物储存阶段的终止,也是仓库作业的最后一个环节。货物出库作业的开始,标志着货物保管与养护业务的结束。货物出库要做到出库的货物必须准确、及时、保质保量地发给收货单位,包装必须完整、牢固,标记要正确清楚,核对必须仔细。做好货物出库管理工作对于提高仓库经营管理、配送效率和服务质量具有重要作用。

8.1 货物出库

货物出库是指仓库根据业务部门或存货单位开出的货物出库凭证(提货单、调拨单),按其所列货物编号、名称、规格、型号、数量等项目,进行拣货、分货、发货检查、包装,直到把货物交给存货单位或发运部门的一系列作业过程。

8.1.1 货物出库的依据、要求和方式

1. 货物出库的依据

货物出库必须依据货主开的货物调拨通知单进行。货物调拨通知单的格式不尽相同,

不论采用哪种形式，都必须是符合财务制度要求的有法律效力的凭证。不论在任何情况下，仓库都不得擅自动用、变相动用或者外借货主的库存货物。要坚决杜绝凭信誉或无正式手续的发货。

2. 货物出库的要求

货物出库要求做到"三不三核五检查"。其中，"三不"是指未接单据不翻账，未经审单不备货，未经复核不出库；"三核"是指发货时，要核对凭证，核对账卡，核对实物；"五检查"是指对账卡、凭证和实物进行品名、规格、包装、件数和重量的检查。

3. 货物出库的方式

出库方式是指仓库用什么样的方式将货物交付收货人。选用哪种方式出库，要根据具体情况，由供需双方事先商定。货物出库的方式有以下几种。

(1) 送货。仓库根据货主单位预先送来的货物调拨通知单，通过发货作业，把应发货物委托运输部门(铁路、水运、空运、邮政等)运到车站、码头、机场，用户自行提取或仓库使用自有车辆直接将货物送达收货地点。这种发货形式就是通常所称的送货制。

(2) 自提。收货人或其代理人自派车辆和人员，持货物调拨通知单直接到仓库提货，仓库凭单发货。这种发货形式就是仓库通常所称的提货制。为划清交接责任，仓库发货人与提货人在仓库现场，对出库货物当面交接清楚并办理签收手续。

(3) 过户。过户是一种就地划拨的形式。货物虽未出库，但是所有权已从原存货户转移到新存货户。仓库必须根据原存货单位开出的正式过户凭证办理过户手续，而仓库管理人员只需要进行单据交割更换户名即可，无须进行实物转移。

(4) 取样。存货单位出于对货物质量检验、样品陈列等需要，到仓库提取货样(一般都要开箱拆包、分割，出库量小)，仓库也必须根据正式取样凭证才能发给样品，并做好账务记载。

(5) 转仓。存货单位为了业务方便或改变储存条件，需要将库存的货物从甲库移到乙库，这就是转仓的发货形式。因为出库量大，是以整批的方式出库的，所以要求仓库必须根据货主单位开出的正式转仓单办理转仓手续。

8.1.2 货物出库的业务程序

不同仓库在货物出库的操作程序上会有所不同，操作人员的分工也有粗有细，但就整个发货作业的过程而言，一般都是跟随着货物在库内的流向，或出库单的流转而构成各工种的衔接。

1. 出库前的准备

根据出库单或存货单位提出的出库计划，做好货物出库前的人员、设备、工具及货位安排工作。在确定货位后，依出库数量之多少可提前拆垛。对需要办理代运的货物，提前向承运部门提出货物运输计划。

2. 核对出库凭证

发放货物必须有正式的出库凭证，严禁无单或白条发料。仓库接到物资主管部门开出的出库凭证，如货物调拨单(见表8-1)、领料单(见表8-2)后，财务人员应仔细核对，这就是出库业务的核单工作。首先，审核出库凭证的合法性和真实性(如格式是否符合规定，签章是否齐全相符，字迹是否清楚、有无涂改等)；其次，核对货物品名、规格、单价、数量、用料单位、到站、银行账号等有无错开、漏开；再次，审核出库凭证是否超过了规定的提货有效期限等。如属自提货物，还须检查有无财务部门准许发货的签章。

表 8-1 货物调拨单

用料单位：　　　　　　地址：　　　　　　到站：　　　　　　收货人：
出库方式：　　　　　　结账方式：　　　　　银行账号：　　　　开单日期：　　　　　编号：

品 名	规 格	单 位	数 量	单 价	总 价	调拨原因

主管：　　　　　　财务：　　　　　　保管员：　　　　　　领料人：

表 8-2 领料单

用料单位：　　　　　　　　　　　登账日期：　　　　　　　　编号：
用途：　　　　　　　　　　　　　领料日期：

品 名	规 格	单 位	数 量		单 价	金 额
			分 配	实 发		

领料单位主管：　　　　　　领料人：　　　　　　保管员：

凡在证件核对中，有货物品名、规格型号不正确、印鉴不齐全、数量有涂改、手续不符合要求的，均不能发货出库。

3. 出库信息处理

出库凭证审核无误后，进行出库凭证信息的处理。采用人工处理信息方式时，记账员将凭证上的信息按规定手续登记入账，同时在凭证上批注出库货物的货号，及时核对发货后的结存数量。采用计算机进行库存管理时，将出库凭证的信息录入计算机后，由出库业务系统自动进行信息处理，并打印生成相应的拣货信息凭证，即拣货单(见表 8-3)作为备货的主要依据。

表 8-3 拣货单

拣货单编号					用户订单编号				
用户名称									
拣货时间					拣货人				
核查时间					核查人				
序 号	货物名称	货物编号	规格型号	储位编号	数量(包装单位)			备 注
					托盘	箱	单件	

4. 备货

保管员对货物出库凭证(拣货单)复核无误后,按其所列项目内容和凭证上的批注,依据"三出"原则,即"先进先出,易霉易坏先出,接近失效期先出"进行备货(拣货)。

5. 复核

为防止出库货物出现差错,备货后应立即进行复核。复核的主要内容包括:①货物的品名、规格、型号、数量是否同出库单一致;②货物(如机械设备等)的配件是否齐全;③所附证件、单据是否齐备;④外观质量和包装是否完好等。复核后保管员和复核员应在货物调拨通知单上签名,以示负责。

除此之外,在发货作业的各环节上,都贯穿着复核工作,如理货员要复核单据和出库货物是否相等;门卫凭票放行;保管会计根据账卡复核货物结存量等。这些分散的复核形式,起到分头把关的作用,有助于提高仓库发货业务的工作质量。

6. 包装

出库货物的包装因储存过程中堆垛挤压,或装卸操作不当,如有破损、潮湿、油迹、捆扎松散等不能保障货物运输途中安全的,应加固整理,做到破包破箱不出库。出库的货物如果没有符合运输方式所要求的包装,应进行包装。根据货物外形特点,选用适宜的包装材料,其重量和尺寸应便于装卸和搬运,以保证货物的在途安全。

7. 清点交接

货物经复核和包装后,如是用户自提,仓库保管员与提货人员当面进行货物和单据的交接;如需送货和托运,则与运输人员当面办理交接手续。交清后,相关人员在出库凭证上签字或盖章,以划清责任。得到接货人员的认可后,在出库凭证上加盖"货物付讫"印戳,同时给接货人员填发出门证,门卫按出门证核检无误后方可放行。

8. 登账

点交后,保管员应在出库单上填写实发数、发货日期等内容,并签名。然后将出库单连同有关证件资料,及时交给货主,以便货主办理货款结算。保管员把留存的一联出库凭证交实物明细账登记人员登记做账。

9. 现场及档案清理

经过出库的一系列工作程序之后,实物、账目和库存档案等都发生了变化,有的货垛被拆开,有的货位被打乱,有的库内还留有垃圾和杂物等,所以最后应对现场和档案进行清理,使保管工作重新趋于账卡、实物、凭证三者相符的状态。现场清理主要是对库存的货物进行并垛、挪位、整理货位,清扫发货场地、保持清洁卫生,检查相关设施设备和工具是否损坏、有无丢失等。货物出库后,还要整理该批货物的出入库情况和保管保养情况,清理并按规定传递出库凭证、出库单等,相关原始依据要存入货物保管档案,档案要妥善保管,以备查用。

整个货物出库作业流程中,复核和点交是最为关键的两个环节。复核是防止出差错的重要和必不可少的措施,而点交是划清仓库和提货方二者责任的必要手段。

8.1.3 拣货作业

1. 定义

拣货作业是指按照客户订单的要求或出货单的要求将货物从储存货位上取出,并放在指定位置的物流作业活动。

2. 拣货策略

(1) 按订单拣货。按订单拣货是指按照每一张订单的品种和数量的要求,作业员巡回于仓库内,依次将客户所需求的货物逐一由存放位置挑选出来集中的方式。

按订单拣货是较传统的逐个订单依次进行拣选处理的拣货方式。该方式的特点是储物的货位相对固定,而拣选人员或工具相对运动,所以又称作人到货前式拣货。形象地说,按订单拣货类似人们进入果园,在一棵树上摘下成熟了的果子后,再转到另一棵树前摘果,所以也称为摘取式拣货。按订单拣货的作业流程如图 8.1 所示。

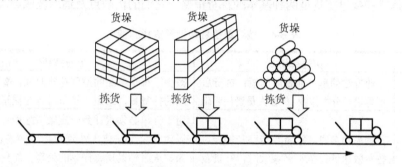

图 8.1 按订单拣货

(2) 批量拣货。批量拣货是指把多张订单汇集成一批,按货物类别及品种将数量分别相加后,先进行初次拣货,从储存点集中取出各个用户共同需要的一种货物,然后按照单一订单的要求将货物分配至每一张订单,再集中取出用户共同需要的第二种货物进行分配,如此反复进行,直至用户需要的所有货物都拣出分配完毕。

形象地说,批量拣货类似于一个播种者,一次取出几亩地所需的种子,在地中边巡回边播撒,所以又称为播种式拣货。播种式拣货的作业流程如图 8.2 所示。

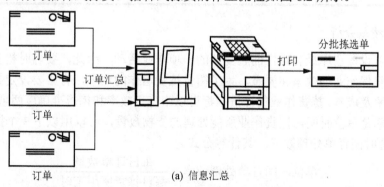

(a) 信息汇总

图 8.2 播种式拣货

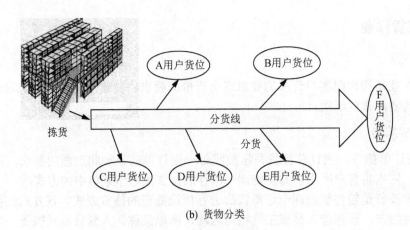

(b) 货物分类

图 8.2　播种式拣货(续)

按订单拣货和批量拣货是两种基本的拣货策略，它们的优缺点及适用范围如表 8-4 所示。

表 8-4　按订单拣货和批量拣货的特点

拣货策略	按订单拣货	批量拣货
优点	作业方法简单，前置时间短；拣货后不再进行分类作业；作业人员责任明确	减少了每个单品的巡回拣货时间，增加了单位时间的拣货量，缩短了拣货时行走搬运距离
缺点	货物品种多时，拣货行走路径加长，拣货效率低；拣货区域大时，补货及搬运系统设计困难	由于订单必须累计到一定数量才做一次处理，所以对订单无法作出快速反应，容易出现停滞现象，从而延误紧急订单的处理；前置时间长；批量拣选后还需按订单进行二次分货，增加人工搬运次数，且容易出现差错
适用范围	订货数量较多，但货物品种较少的单张订单；用户不稳定，波动较大；用户之间共同需求不是主要的，因而需求差异很大；用户配送时间要求不一，有紧急的，也有限定时间的	订单数量庞大的系统；品种较多、重量较轻、数量较少的货品；用户稳定且数量较多；用户的需求有很强的共同性，需求的差异较小；用户需求的种类有限，易于统计和不至于使分货时间太长；用户配送时间的要求没有严格限制，可以采取计划配送的方法

3. 拣货绩效分析

拣货可以说是仓库最有弹性而且复杂的一项作业活动，因此，要随时检查、跟踪其运作情况，以确保作业的效率和质量。为了衡量拣货运作的水平，有必要设定指标衡量和测评拣货的效率及成本。拣货作业的评价指标可以由拣货效率和拣货准确度两项指标来衡量。

拣货效率是单位时间内拣货作业所能处理的货物数量，可以用以下 3 个指标来衡量。

(1) 单位时间订单处理效率。其计算公式为

$$\text{单位时间订单处理效率} = \frac{\text{每日订单数量}}{\text{每日拣货所用工时}}$$

(2) 单位时间拣货品种数。其计算公式为

$$\text{单位时间拣货品种数} = \text{每日订单数量} \times \frac{\text{每张订单平均品种数}}{\text{每日拣货所用工时}}$$

(3) 单位时间拣货效率。其计算公式为

$$单位时间拣货效率=\frac{每日累计拣货总件数}{每日拣货所用工时}$$

拣货准确度可以用以下两个指标来衡量。
(1) 拣货差异率。其计算公式为

$$拣货差异率=\frac{拣货差异箱数}{拣货总数量}\times 100\%$$

(2) 订单准确率。其计算公式为

$$订单准确率=\frac{无差异订单数量}{总拣货处理订单数量}\times 100\%$$

4. 电子标签拣货系统

电子标签拣货系统(见图8.3)是一种计算机辅助的无纸化拣货系统,其原理是在每一个货位安装数字显示器,利用计算机的控制将订单信息传输到数字显示器,拣货人员根据数字显示器所显示的数字拣货,拣完货之后按"确认"按钮即完成拣货工作。电子标签设备主要包括电子标签货架、信息传送器、计算机辅助拣选台车、条码、无线通信设备等。

图8.3　电子标签拣货系统

在这种分拣方式中,电子标签取代拣选单,在货架上显示拣选信息,以减少"寻找货品"的时间。分拣的动作仍由人力完成。电子标签具有很好的人(拣选员)机(计算机)界面,让计算机负责烦琐的拣选顺序规划与记忆,拣选员只需依照计算机指示执行拣选作业。电子标签有一小灯,灯亮表示该货位的货品是待拣货品。电子标签中间有液晶显示器,可显示拣选数量。拣选员在货架通道行走,看到灯亮的电子标签就停下来,并按显示的数字(即所需数量)来拣取该货品。

此种拣货技术在1977年由美国研究开发而成,是在配送中心经常被应用的一种拣选方式。该拣选方式可以用于批量拣选,也可以应用于按订单拣选方式,但是货品种类太多时不太适合,因为成本太高,因此常被应用在ABC分类的A、B类货品上。另外,它是一种无纸化的拣货系统,可以即时处理,也可以按批次处理。电子标签的拣货能力约500件,拣货错误率约为0.01%,拣货的前置时间约为1小时。

8.1.4 出库单证的流转

出库单证主要包括送货单、提货单、过户单、取样单、转仓单等，这里只是就提货单的流转做一些介绍。自提货方式下货物出库一般采用先记账后发货方式，提货单的流转过程如图 8.4 所示。

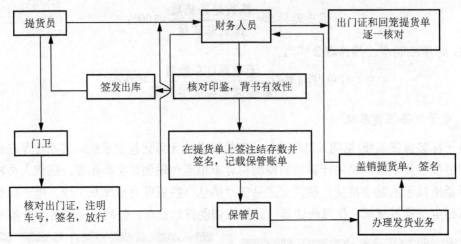

图 8.4 先记账后发货提货单流转

该过程包括以下 6 个步骤。

(1) 提货人把货主单位或仓储业务部门开具的提货单送交给仓库部门的业务会计，业务会计认真核对印鉴，背书提货单上的有效期及开列的各个项目，审核无误后，在提货单上签注结存数并签字，然后根据提货单登记保管账。

(2) 将提货单传送给发货业务员，当发货业务员接到经会计批注的提货单后，办理发货业务(如备料、复核、包装、点交等)。

(3) 发货业务员待发货业务结束后，在提货单上加盖货物收讫章并签名，将提货单返交给业务会计。

(4) 业务会计收到发货业务员注销的提货单后，向提货人开具出门证作为出库凭证。

(5) 出门时，提货人将出门证交给门卫，门卫验证无误后才能放行。

(6) 当日出库工作结束后，门卫将所有出门证交回业务会计，业务会计将出门证与已经回笼的提货单及时逐一核对。如果发现提货单或出门证不符，应该立即追查原因，进行妥善处理。

8.1.5 货物出库时存在的问题及处理方法

1. 出库凭证(提货单)的问题

(1) 凡出库凭证超过提货期限，用户前来提货，必须先办理手续，按规定缴足逾期仓储保管费后方可发货。任何非正式凭证(如白条子)都不能作为发货凭证。

(2) 提货时，发现规格、数量开错，保管员不得自行调换规格或调整数量发货，必须通过制票员重新开票方可发货。

(3) 凡发现出库凭证有疑点，或者情况不清楚，以及出库凭证发现有假冒、复制、涂改等情况时,应及时与仓库保卫部门以及出具出库单的单位或部门联系,妥善处理。

(4) 货物进库未验收或未到,一般暂缓发货,并通知货主,待货到并验收后再发货,提货期顺延。

(5) 如客户因各种原因将出库凭证遗失,客户应及时与仓库发货员和账务人员联系挂失;如果挂失时货已被提走,保管人员不承担责任,但要协助货主单位追回货物;如果货物还没有提走,经保管人员和账务人员查实后,做好挂失登记,将原凭证作废,缓期发货。

2. 提货数与实存数不符

货物出库过程中,有时会出现提货数与实存数不符的现象,一般情况是实存数小于提货数。造成这种情况包括以下原因及处理方法。

(1) 货物入库时错记账,签收数大于实到数,从而造成账面数大于实存数。此时,可以采用报出报入方法进行调整,即先按库存账面数开具货物出库单销账,然后再按实际库存数重新入库登账,并在入库单上签明情况。

(2) 仓库保管人员和发货人员在以前的发货过程中,因错发、串发等差错而形成实际货物库存量小于账面数。所谓错发、串发,指发货人对货物种类和规格不很熟悉,或工作疏漏,把错误规格和数量的货物发出仓库。如提货单开具某种货物的甲规格出库,而在发货时错把该种货物的乙规格发出,从而造成甲规格账面数小于实存数,乙规格账面数大于实存数。此时,应由仓库方面负责解决实存数与提货数不符的问题。如果货物尚未离库,应立即组织人力,重新发货。如果货物已经提出仓库,保管人员要根据实际库存情况,如实向本库主管部门和货主单位讲明错发和串发货的品名、规格、数量、提货单位等情况,会同货主单位和运输单位协商解决。

(3) 货主单位漏记账,没有及时核减开出的提货数,造成账面数大于实际存货数,从而开出的提货单提货数量过大。此时,应由货主单位出具新的提货单,重新组织提货和发货。

(4) 由于货物自身性质、自然条件、自然灾害、计量误差和人为因素(如保管保养不善、装卸搬运不当、管理制度不严)等因素影响,仓储过程中造成了货物的损耗。此时,需考虑该损耗数量是否在合理的范围之内,并与货主单位协商解决。合理范围内的损耗,应由货主单位承担;超过合理范围之外的损耗,则应由仓储部门负责赔偿。

在发货过程中,如果遇到提货数大于实际存货数时,不管是上述何种原因造成的,都必须及时和本库的主管部门及货主取得联系之后再做处理。取得联系后,除了出口、抢险等特殊的紧急需要物资外,一般情况下,要按照实际存货数发货,并按照实际发货数量签发出库回执单,而且事后必须查明原因,妥善处理。

3. 包装破漏

包装破漏是指发货过程中,因货物外包装破损引起的渗漏、裸露等问题。对此种问题,发货时应对其进行整理或更换包装方可出库,否则造成的损失应由仓储部门承担。

8.2 货物托运

货物托运是指托运人委托承运人运输货物,并按规定向承运人提交托运计划和运单的行为。

8.2.1 铁路办理货物托运的方式及办理条件

按运输方式不同,铁路办理货物托运可分为整车托运、零担托运及集装箱托运 3 种。

1. 整车托运

一批货物的重量、体积、形状和性质需要一辆或一辆以上的货车装运时,应按整车方式办理运输。就仓储企业来说,下述物资适宜整车来运送:①运到期限无特殊要求的钢材、木材、建材、一般的机电产品及其他货物;②超长、超重、集重和超限货物;③批量大、运距长的物资和限定必须按整车装运的危险品及有污染性的货物。

2. 零担托运

一批货物的重量、体积、形状和性质不需要一辆或一辆以上的货车装运(不够整车办理条件的成件包装)时,应按零担方式办理运输。按零担办理的货物,一件体积不得小于 $0.02m^3$,大于 $3m^3$,重量不得超过 2t,长度不得超过 9m,每批不得超过 300 件。

按照《铁路货物运输规程》的规定,下列货物不得按零担托运办理。

(1) 需要冷藏、保温或加温运输的货物。
(2) 规定限按整车办理的危险货物。
(3) 易于污染其他货物的污秽品(如未经消毒处理或未使用密封不漏包装的牲骨、湿毛皮、粪便、炭黑等)。
(4) 不易计算件数的货物。
(5) 蜜蜂。
(6) 未装容器的活动物(铁路局定有管内按零担运输的办法者除外)。
(7) 一批货物重量超过 2t、体积超过 $3m^3$ 或长度越过 9m 的货物(经发站确认不致影响中转站和到站装卸车作业的货物除外)。

3. 集装箱托运

一批货物符合集装箱运输条件的可按集装箱方式办理运输。适用集装箱装运的货物可以分为两大类:一类是在物理性质上适合集装箱运输的货物。除了长、大、笨重货物超过集装箱的技术标准之外,一般的成件普通货物都属于这个范围;另一类是本身价值高,对运费有较高负担能力的货物,如笨重、易碎、怕湿等货物。使用集装箱托运货物,要根据所运货物的重量、体积,充分利用集装箱的容积、载重,考虑节约费用,选择适宜的箱型。

上述 3 种货物托运方式都提到了"一批货物"。通常,按一批托运的货物,必须托运人、收货人、发站、到站和装卸地点相同。整车货物以每车为一批;跨装、爬装、使用游车的货物,以每一车组为一批;零担货物和使用集装箱运输的货物以每张货物运单为一批。使用集装箱运输的货物,每批必须是同一箱型,至少一箱,最多不得超过铁路一辆货车所能装运的箱数。一般一辆敞车能装 4 个 10t 箱,或 2 个 20ft 箱,或 1 个 40ft 箱。

8.2.2 整车货物托运程序

办理整车货物托运有两种形式,一种是在铁路车站办理托运,另一种是在专用线上办理托运。在这两种形式下进行货物托运的手续和程序大体相同,只是在组织货物上站、实物交接、请求装车、组织装车等环节有所不同。这里主要介绍在铁路车站办理整车货物托运手续的步骤。

1. 报要车计划

按照现行规定，凡经铁路运输的整车货物，物资生产、供应的基层单位必须向装车站或铁路局提出要车计划，计划中包括到站、收货人、货物名称及数量、车种及车数等。提出要车计划表的日期，不得迟于上月 13 日(2 月份提前两天)。铁路局根据各单位提报的要车计划进行审查核实，并根据铁路的运力进行综合平衡，然后下达批准的计划。

2. 填制货物运单和领货凭证

货物运单是托运人和承运人签订的确认运输过程中各方的权利、义务和责任的运输合同。"货物运单"的填写内容包括发站和到站名称、托运人和收货人名称、货物名称、件数、包装状况、重量、托运人记载事项以及托运人的签字和盖章等，如表 8-5 所示。如按一批托运的货物品名过多(如搬家货物)，不能在货物运单内逐一填记时，须提出一式三份物品清单。领货凭证是收货人在到站领取货物的唯一凭证，填写内容和货物运单内容相同。

表 8-5 货物运单

货物约定于 年 月 日 交接　　　　兰州铁路局		
货位号码　　　　　　　　　　　货 物 运 单		承运人/托运人装车
运到期限　　日　　托运人→发站→到站→收货人		承运人/托运人施封
	运单号：	货票号：

发站		专用线名称		专用线代码		车种	
到站(局)		专用线名称		专用线代码		车号	
托运人	名称					货车标重	
	地址			邮编			
	经办人姓名		经办人电话		E-mail	货车施封号码	
收货人	名称						
	地址			邮编		货车篷布号码	
	经办人姓名		经办人电话		E-mail		
选择服务	□门到门运输：□上门装车　　□上门卸车 □门到站运输：□上门装车 □站到门运输：□装载加固材料　□上门卸车 □站到站运输：□装载加固材料 □保价运输 □仓储				取货地址		
					取货联系人		电话
					送货地址		
					送货联系人		电话

货物名称	件数	包装	集装箱箱型	集装箱箱号	集装箱施封号	货物价格	托运人填报重量/千克	承运人确定重量/千克
合 计								
托运人记载事项				承运人记载事项				
托运人盖章或签字		发站承运日期戳		承运货运员签章		到站交付日期戳		交付货运员签章
年　月　日		年　月　日		年　月　日		年　月　日		年　月　日

注：本单不作为收款凭证，托运人签约须知和收货人领货须知见领货凭证背面。托运人自备运单的认为已确知签约须知内容。

3. 托运受理

托运人提出货物运单后，铁路发站应审查所填的内容是否符合铁路运输条件，是否有批准的铁路运输计划。经承运人审查，若符合运输条件，则在运单上盖章填写货物搬入日期或装车日期以及地点，表明铁路部门已受理该批货物的托运。

办理货物托运时，根据政府法令，需凭证明文件运输时，应将证明文件与货物运单同时提出，并在货物运单"托运人记载事项"栏注明文件的名称和号码。铁路受理站应在证明文件背面注明托运数量，退还发货人或留发站存查。托运人未按规定提出证明文件时，承运人应拒绝受理托运业务。

4. 进货验收

托运人按指定的时间将货物运送到指定的地点，凭货物运单与铁路发站进行实物交接。货物搬入车站后，铁路货运人员按照运单记载内容进行验货。

5. 保管

承运前货物要进行短期保管，由车站和托运人协商解决，可以由车站负责，也可由托运人负责保管。

6. 装车

空车推入装车地点对好货位后，车站组织人员和设备，将货物装入指定的货车。

7. 制票承运

整车货物装车完毕，托运人交纳运输费用后，发站将在货物运单上加盖车站承运日期戳(表明铁路部门开始承运该批货物了)，同时编制打印货票，如表8-6所示。货票是铁路清算运输费用、确定货物运到期限、统计铁路完成的工作量、确定货运进款和运送里程及计算有关货运工作指标的依据。货票一式四联，甲联发站存查，乙联发局存查，丙联货主报销凭证，丁联随货物到达目的站。

8.2.3 零担和集装箱货物托运程序

零担和集装箱货物托运程序与整车货物托运程序有相同之处，也有不同之处。相同处是以零担和集装箱的方式托运货物时按顺序需依次经历填制运单、托运受理、进货验收、制票承运、保管、装车6个环节，这几个环节也是整车货物托运要经历的。不同之处是零担和集装箱托运货物时不需要向铁路局提交要车计划，货物保管的时间长，从作业顺序看是"先买票再上车"，而整车托运货物则是"先上车再买票"。

表8-6 货票

兰州铁路局 货票　　B064427

甲联　发站存查

号码											
运单号码											
发站		专用线名称(代码)				车种车号		货车标重			
到站(局)		专用线名称(代码)				装车	费别	金额	费别	金额	
经由			施封或篷布号码								
运价里程					运到期限						
托运人	名称			经办人		电话					
	地址					邮编					
	取货地址			里程	联系人	电话					
收货人	名称			经办人		电话					
	地址					邮编					
	送货地址			里程	联系人	电话					
服务内容											
								费用合计			

货物名称	品名代码	件数	包装	保价金额	托运人填报重量	承运人确定重量	计费重量	运价号	运价率	集装箱箱型	集装箱箱号	集装箱施封号
合计												

记事	

发站承运日期戳　　经办人章

8.3 货物配送

配送是指在经济合理区域范围内,根据用户要求,对货物进行拣选、加工、包装、分割、组配等作业,并按时送达指定地点的物流活动。

8.3.1 配送的特点

与传统的仓储和运输相比较,配送有以下几个特点。

(1) 配送是从仓库至用户的一种特殊送货形式,它不单是送货,在活动内容中还有分拣、配货、配装等项工作。配送是送货、分拣、配货等活动的有机结合体,是"配"和"送"的有机结合形式。

(2) 从服务方式来讲,配送是一种"门到门"的服务,可以将货物从仓库一直送到用户的仓库、营业所、车间乃至生产线,中途没有进行货物的倒装。

(3) 配送在某一城市或区域内进行,是一种短程运送,因此选择公路用汽车进行货物的运送。

8.3.2 配送的程序

1. 编制配送计划

在组织配送时,首先应根据商流的要求制定配送计划,配送计划的制定是既经济又有效地完成配送任务的主要工作。配送计划中应包括所需配送货物的品种、规格和数量以及送达时间和地点、送货车辆和人员、运输要求、车辆行走路线与运送车辆趟次等。配送计划制订后,应将到货的时间、到货的品种、规格、数量通知用户和配送点,以使用户按计划准备接货,使配送点按计划发货。

2. 分拣与配货

在开展配送业务时,首先以一定的方式把要运送的货物从仓库中分拣出来,放到发货场指定的位置(配货区),这就是分拣和配货的过程。配货区是实行配送时每个仓库所必须设置的,它的规模大小根据仓库货物类别及每次配送的货物数量而定。同时,每个仓库也要设置一定的分拣、配货及配载的专业人员和专业运输设备。

3. 车辆安排

根据客户所需要的货物品种和数量,车辆安排要解决的问题是安排什么类型、吨位的配送车辆进行最后的送货。一般企业拥有的车辆种类有限,车辆数量也有限,当本公司车辆无法满足要求时,可使用外雇车辆。在保证配送运输质量的前提下,是组建自营车队,还是以外雇车辆为主,则需要视经营成本而定。

4. 车辆的配装

安排好车辆之后,要进行车辆的配装。由于配送货物品种的特性各异,为提高配送效率,确保货物质量,必须首先对特性差异大的货物进行分类,如按冷冻食品、速冻食品、散装货物、箱装货物等分类配载；其次，配送货物也有轻重缓急之分。因此，必须初步确定哪些货物可配于同一辆车，哪些货物不能配于同一辆车，以做好车辆的初步配装工作。

另外，由于配送的每种货物数量都不一定很大，而总数量较大，因此，一辆车装哪些品种的货物，每种货物装多少，还需综合的平衡和协调。通过满载满装，把所运的货物以最合理的方式安排到运输工具上，充分利用车辆的容积和载重量，以降低运输成本。

5. 配送运输路线的选择

合理配载以后，要根据运输工具上所载货物需要地点和需要时间的轻重缓急，运用数学的方法，选择适当的配送路线，按顺序把货物送到用户手中。其目标是要在保证生产供应的前提下，实现运输的距离最短，运输的费用最省。

6. 送达服务

配好的货物运到用户处后还不能视为配送工作的完结，这是因为送到的货物与用户的接货往往会出现不协调，从而使得前功尽弃。因此，要圆满完成运到货物的移交，方便有效地处理相关手续并完成结算，还应讲究卸货的地点、卸货的方式等。送达服务本身也是配送独具的特殊性。

8.3.3 车辆的配载

1. 定义

车辆的配载是指在单个客户配送数量不能达到一辆车的有效载重量或载重容积时，应与同一运输线路上其他客户的货物进行搭配装载，以提高车辆运力利用率，降低配送成本的装载方式。配载装车最理想状态是使车辆的体积和载重量两者同时达到最大，此时效率最高。

2. 配载装车的方法

仓库所配送的货物一般种类繁多，不仅表现在包装形态和储运性能不一，而且表现在容重等方面，往往相差甚远。因此，配载工作的合理组织也是一件复杂的工作。一般而言，配载品种数不同时采用不同的方法确定配载方案。

(1) 当货品种类低于两三种时，可以用列方程组求解的方式求得配装方案。如某仓库需配送 A、B 两种货物，货物 A 单件容重为 G_1，体积 V_1，货物 B 单件容重为 G_2，体积 V_2，配送时所选车辆载重量为 K，最大容积为 V，试计算最佳配载方案。

这里设 A、B 两种货物的配装数值分别为 X、Y，则可得联立方程组为

$$\begin{cases} X \cdot V_1 + Y \cdot V_2 = V \\ X \cdot G_1 \cdot V_1 + Y \cdot G_2 \cdot V_2 = K \end{cases}$$

通过联立方程组求解就可以求得合理的配载方案，其中所求得 X、Y 之值即为配装数值。

(2) 当货品种类繁多时，可以把每装入一件货物作为一个阶段，把配装问题转化为运筹学中的动态规划问题进行求解。

(3) 复杂的可由计算机系统完成。编制设计相应的运输组织软件，并将经常运送的货物数据和车辆的数据输入计算机，以后每次只需输入需要运送的各种货物量及运送地点，

即可找到最佳的配载结果。

3. 配载装车时注意事项

(1) 货与货之间、货与车之间应留有空隙并适当衬垫，防止货损。

(2) 包装不同的货物应分开装载，如板条箱货物不要与纸箱、袋装货物堆放在一起。

(3) 重不压轻，大不压小，轻货应放在重货上面，包装强度差的应该放在包装强度好的上面。

(4) 具有尖角或其他突出物的货物应和其他货物分开装载或用木板隔离，以免损伤其他货物。

(5) 为了减少或避免差错，尽量把外观相近、容易混淆的货物分开装载。

(6) 不将散发臭味的货物与具有吸收臭味的货物混装。

(7) 尽量不将散发粉尘的货物与清洁货物混装。

(8) 切勿将渗水货物与易受潮货物混装。

(9) 在装载易滚动的卷状、桶状货物时，要垂直摆放。

(10) 尽量做到"后送先装"，减少货物装卸次数。

(11) 装货完毕，应在门端采取适当的稳固措施，防止开门卸货时，货物倾倒造成货损或人身伤害。

8.3.4 配送路线的选择

1. 直送式配送

直送式配送也被称为一对一配送，即由一个供应点对一个客户的专门送货。直送式客户的基本条件是其需求量接近于或大于可用车辆的额定载重量，需专门派一辆或多辆车一次或多次送货。直送情况下，货物的配送追求的是多装快跑，选择最短配送线路，以节约时间、费用，提高配送效率。即直送式配送问题的物流优化，主要是寻找物流网络中的最短线路问题。目前解决该问题的方法很多，如 Dijkstra 算法、Floyd 算法和位势法等。

2. 分送式配送

分送式配送也被称为一对多配送，即一个供应点对多个客户的共同送货。又可分为单回路配送和多回路配送。

(1) 单回路配送。单回路配送的基本条件是服务对象少，所有客户的需求量总和不大于一辆车的额定载重量。此时，要求选择一条最佳的闭合回路，由这一辆车装着所有客户的货物，依次将货物送到各个客户手中，既能保证按时按量将客户需要的货物及时送到，又可使行驶距离最短，节省运输费用。

可采用分枝定界法、最近邻点法和最近插入法等方法解决此问题。由于篇幅有限，相关内容本书不再赘述，详细内容可参考《物流系统规划——建模及实例分析》(蔡临宁编著，机械工业出版社 2013 年版)。

(2) 多回路配送。多回路配送的基本条件是服务对象多，所有客户的需求量总和大于一辆车的额定载重量，需要多辆车、多条线路完成配送任务。此时，要求选择合适数量的合适车辆以合适的线路依次将货物送到各个客户手中，既能保证按时按量，又可节约车辆，节省费用，缓解交通压力，同时减少运输对环境的污染。

可采用节约法和扫描法等方法解决此问题。参考资料同单回路配送。

3. 配送式配送

配送式配送也被称为多对多配送,即多个供应点向多个客户运送货物。例如海尔公司在国内已建立 42 个配送中心,每天需要将 5 万多台成品配送给 1 550 个海尔专卖店和 9 000 多个营销点。

该问题的宗旨是将货物从多个供应点分别送到多个客户手中,既满足客户对货物的配送需要,又满足各供应点出货要求,并最终做到费用最省,所以此问题属于运输问题,可采用解决运输问题的一些常规算法,如表上作业法解决。由于篇幅有限,相关内容本书不再赘述,详细内容可参考《管理运筹学》(李引珍主编,科学出版社 2012 年版)。

8.3.5 配送信息系统的建立

1. 配送信息系统的功能

配送信息系统一般而言是由订单处理、库存管理、出货计划管理和配送管理等 4 个子系统所构成。其中,出货计划管理及配送管理两系统直接关系到配送业务的效率化问题,因而最好能具有以下功能。

(1) 最佳配送手段的自动检索。依交货配送时间、车辆最大装载量、客户的订货量、重量来选出一个最经济的配送方法。

(2) 配车计划的自动完成。依货物的形状、容积、重量及车辆的能力等,由计算机自动安排车辆,甚至装载方式。

(3) 配送路线的自动完成。在信息系统中输入每一客户点的位置,则计算机便会依最短距离找出最便捷路径。

2. 配送信息系统的决策项目

(1) 基本配送区域划分。为了让整个配送有一个可循的基础,仓库通常会先依客户所在地点的远近、关联状况作一区域上的基本划分,例如广州市的花都、番禺,或者是天河等。当然,若遇突发情况,此基本分区也应能做弹性调整。

(2) 配送批次决定。当仓库的货品性质差异很大,有必要分开配送时,则需依每份订单的货品特性作批次的划分,例如生鲜食品与一般食品的运送工具不同,需分批配送;还有化学物品与日常用品的配送条件有差异,也需要将它们分开配送。

(3) 配送先后次序暂定。信用是创造后续客源的法宝,因而能在客户要求的时间准时送货非常必要,所以在考虑其他因素作出确定的配送顺序前,仓库应先依"各客户的要货时间"将配送的先后次序作概略的掌握。

(4) 车辆安排。究竟安排什么形式、种类的配送车,是使用自用车好还是外雇车好,仓库需要以客户方面、车辆方面及成本方面来共同考虑。在客户方面,仓库必须知道客户的订货量、订货体积、重量,以及货物特性限制;在车辆方面,仓库要知道到底有哪些车辆可供调派,以及这些车辆的容积量与载重量限制;在成本方面,仓库必须根据自用车的成本结构及外雇车的计价方式来考虑选择哪种方式较经济。由此三方面的信息配合,才能作出最合适的车辆安排。

(5) 每辆车负责客户范围。既然已做好配送车辆的安排，对于每辆车所负责的客户数自然也已有了决定。

(6) 路径选择。知道了每辆车须负责的客户范围后，如何以最快的速度完成这些客户的配送成为首要问题，仓库可根据"各客户的位置关联性"及"交通状况"来作路径的选择。除此之外，对于有些客户或所在环境有其送达时间的限制也需要参与考虑，如有些客户不愿中午收货，或是有些道路在高峰时间不准卡车进入等，都必须尽量在选择路径时将之避开。

(7) 配送顺序。做好车辆的调配安排及配送路径的选择后，依据各车辆的配送路径确定客户的配送顺序。

(8) 车辆装载方式。决定了客户的配送顺序，接下来就是如何将货品装车，以什么次序上车。原则上，知道了客户的配送顺序之后，只要将货品依"后送达先上车"的顺序装车即可，但有时为妥善利用空间，可能还需要考虑货物的性质(怕震、怕撞、怕湿)、形状、容积及重量来作弹性置放。此外，这些出货品的装卸方式也有必要依货品的性质、形状等来作出决定。

8.4 退货管理

8.4.1 退货的含义和原因

退货是指仓库按订单或合同将货物发出后，由于某种原因，客户将货物退回仓库的一项业务。通常，发生退货或换货主要有以下原因。

(1) 协议退货。与仓库订有特别协议的季节性货物、试销货物、代销货物等，协议期满后，剩余货物仓库将给予退回。

(2) 有质量问题的退货。对于不符合质量要求的货物，接收单位提出退货，仓库也将给予退换。

(3) 搬运途中损坏货物。货物在搬运过程中造成产品包装破损或污染，仓库将给予退回。

(4) 货物过期退回。食品及有保质期的货物在送达接收单位时或销售过程中超过货物的有效保质期限，仓库予以退回。

(5) 货物送错退回。送达客户的货物不是订单所要求的货物，如货物条码、品项、规格、重量、数量等与订单不符，都必须退回。

无论哪种原因造成的退货业务，都应该及时填写退货单，如表8-7所示。

表8-7 退货单

退货单位：			收料库：		原发料单号：			退货日期：	
货物编号	货物名称	规格型号	计量单位	退货数量	计划单价	退货总额	退货原因

收料人：　　　　　　　　　退货人：　　　　　　　　　开单人：

8.4.2 退货作业流程

为规范退货工作，仓库要制定一套符合企业标准的退货作业流程，以保证退货业务的顺利进行。退货作业主要包括以下流程。

1. 接受退货

仓库接受客户退货要有严格的作业规范和标准，一般由专门业务部门来处理退货业务。仓库退货业务部门接到客户的退货信息，或客户来办理退货业务时，首先要严格按照退货规范和标准核实能否按规定进行退货处理，当确认可以进行退货处理后，要及时将退货信息传递给相关部门，由质量部门确认退货的原因并做好记录，仓库作业人员做好接收货物的准备，运输部门安排取回货物的时间和路线，财务部门做好费用结算准备。一般情况下，退货由送货车带回，直接入库。批量较大的退货，要经过审批程序。

2. 重新入库

对于客户退回的货物，仓库的业务部门要进行初步的审核。由于质量原因产生的退货，要放在为堆放不良品而准备的区域等待处理，以免和正常货物混淆造成二次退货作业。由于送错原因退回的货物要重新入库储存，同时进行严格的入库登记，及时输入企业的信息系统，核销客户应收账款，并通知货物的供应商退货信息。

3. 财务结算

退货发生后，给整个供应系统造成的影响是非常大的，如对客户端的影响、仓库在退货过程中发生的各种费用、货物供应商要承担货品的成本等。如果客户已经支付了货物费用，财务要将相应的费用退给客户。同时，由于销货和退货的时间不同，同一货物价格可能出现差异，同质不同价、同款不同价的问题时有发生，故仓库的财务部门在退货发生时要进行退回货物货款的估价，将退回货物的数量、销货时的货物单价以及退货时的货物单价信息输入企业的信息系统，并依据销货退回单办理扣款业务。

4. 跟踪处理

退货发生后，要跟踪处理客户提出的意见，统计退货发生的各种费用，通知供应商退货的原因并退回生产地或履行销毁程序。

由于退货所产生的货物短缺、对质量不满等客户端的问题是业务部门要重点解决的。退货发生后，首先要处理客户端提出的意见；问题解决后，还要加强对客户的后续服务，使客户对企业形成良好的印象；最后，质量管理部门还要对客户抱怨以及销货退回处理状况进行记录，作为今后配送工作改善及查核的参考。退货所产生的物流费用比正常送货高得多，所以要认真统计，及时总结，将此信息反馈给相应的管理部门，以便制定改进措施。退回仓库的货物的所有信息要及时传递给供应商，如退货原因、时间、数量、批号、费用、存放地点等等，以便供应商能将退回货物取回，并采取改进措施。

本 章 小 结

货物出库与发运是仓库作业的最后一个环节。货物出库时必须依据货主开的货物调拨通知单进行,要求做到"三不三核五检查"。货物出库的方式主要有送货、自提、过户、取样、转仓5种,其中,自提货方式下一般采用先记账后发货的方式。

货物出库业务程序一般包括出库前的准备、核对出库凭证、出库信息处理、备货(拣货)、复核、包装、清点交接、登账、现场及档案清理等过程。按订单拣货和批量拣货是两种最基本的拣货策略。货物出库过程中出现的问题是多方面的,如出库凭证(提货单)存在问题、提货数与实存数不符、包装破漏等,针对不同问题应分别对待处理。

按运输方式不同,铁路办理货物托运可分为整车托运、零担托运及集装箱托运3种。整车托运货物时,按顺序需经历报要车计划、填制货物运单、托运受理、进货验收、保管、装车、制票承运等7个作业环节。零担和集装箱托运货物的程序与整车托运程序有相同之处,也有不同之处,如从作业顺序看零担和集装箱托运货物是"先买票再上车",而整车托运货物则是"先上车再买票"。

配送是从仓库至用户的一种特殊送货形式。配送货物时按顺序依次经历编制配送计划、分拣与配货、车辆安排、车辆的配装、配送运输路线的选择及送达服务等环节。配载装车最理想状态是使车辆的体积和载重量两者同时达到最大。当货品种类低于两三种时,可以用列方程组求解的方式求得配装方案;当货品种类繁多时,可以把配装问题转化为运筹学中的动态规划问题进行求解;复杂的可由计算机系统完成。配送路线选择有直送式配送、分送式配送(又可分为单回路配送和多回路配送)和配送式配送三种,不同情况下采用不同方法进行路线的合理选择。

退货是仓库按订单或合同将货物发出后,由于某种原因,客户将货物退回仓库的一项业务。发生退货的主要原因有协议退货、有质量问题的退货、搬运途中损坏货物、货物过期退回、货物送错退回等。为规范货物的退货工作,仓库要制定一套符合企业标准的退货作业流程,以保证退货业务的顺利进行。

货物出库 Goods Outgoing

拣货 Picking

货物托运 Goods Consignment

配送 Distribution

退货 Return of Goods

习　题

1. 单项选择题

(1) 货物出库要求做到"三不三核五检查"，其中"三核"是指核对凭证、（　　）和核对实物。

  A. 核对规格　　B. 核对数量　　C. 核对账卡　　D. 核对品名

(2) 货物出库的形式有送货、自提、（　　）等。

  A. 取样　　　　B. 转仓　　　　C. 过户　　　　D. 三者皆是

(3) 由收货人或其代理人持取货凭证直接到库取货，仓库凭单发货的出库方式属于（　　）。

  A. 送货　　　　B. 自提　　　　C. 过户　　　　D. 转仓

(4) 按照客户订单或出库单的要求将货物从储存货位取出，并放在指定位置的物流作业活动是（　　）。

  A. 拣货作业　　B. 入库作业　　C. 盘点作业　　D. 流通加工

(5) 针对每一份订单，作业员巡回于仓库中，按照订单所列品种和数量，逐一将货物由仓库储位或其他作业区挑选出来集中的方式，这是（　　）。

  A. 摘取式拣货　B. 播种式拣货　C. 分货式拣货　D. 批量拣货

(6) （　　）不属于按订单拣货的优点。

  A. 作业人员责任明确　　　　B. 作业方法简单
  C. 可缩短行走距离　　　　　D. 前置时间短

(7) 铁路办理货物托运的方式有（　　）。

  A. 整车托运　　B. 零担托运　　C. 集装箱托运　D. 三者皆是

(8) 关于配载装车的注意事项，以下不正确的是（　　）。

  A. 货物与车辆之间应留有空隙并适当衬垫
  B. 尽量把外观相近、容易混淆的货物混合装载
  C. 轻货放在重货上面，包装强度差的放在强度好的上面
  D. 尽量做到"后送先装"

(9) （　　）不属于退货的原因。

  A. 协议退货　　　　　　　　B. 损坏退货
  C. 货物送错退回　　　　　　D. 变换货物外观退货

2. 判断题

(1) 按订单拣货适合于订货数量较少，但货物品种较多的单张订单。　　　　（　　）

(2) 整车货物装车完毕，托运人交纳运输费用后，发站将在货物运单上加盖车站承运日期戳，表明铁路部门已受理该批货物的托运。　　　　　　　　　　　　　　（　　）

(3) 以整车方式托运货物时，先制票承运，再装车；以零担方式托运货物时，先装车，再制票承运。　　　　　　　　　　　　　　　　　　　　　　　　　　　（　　）

(4) 配载装车时，应注意尽量做到"后送先装"，以减少货物装卸次数。　　（　　）

3. 简述题

(1) 简述货物出库的依据、要求及方式。
(2) 拣货有哪些基本策略？分别如何进行？各有什么特点？
(3) 绘图说明货物出库时先记账后发货方式的作业流程。
(4) 出库作业中会发生哪些问题？如何处理？
(5) 简述整车和集装箱托运货物的程序。
(6) 配载装车应注意什么问题？
(7) 分析配送运输线路选择问题，并指出解决的方法。
(8) 发生退货的原因有哪些？如何进行货物的退换？

实务操作

(1) 条件具备的情况下，操作仓储管理实验软件，进行出库单编制和其他出库操作。
(2) 利用业余时间进入仓储企业调研，分析企业现有的出库业务流程，提出再造流程，并撰写调研分析报告。

案例阅读

Y 物流公司的出库失误

J 贸易公司是 Y 物流公司的长期仓储客户，J 贸易公司存放了大量的不锈钢板等货物在 Y 物流公司的仓库。J 贸易公司和 Y 物流公司双方签订了仓储保管合同，约定 Y 物流公司凭 J 贸易公司盖有公司印章、销售主管签字的提货单发放库存的不锈钢板等货物，J 贸易公司留下公司印章式样和销售主管签字式样在 Y 物流公司的业务受理大厅，双方还约定 Y 物流公司若对 J 贸易公司的提货单有疑问，须暂缓发货并立即与贸易公司负责人或销售主管取得联系。

2012 年春节长假，大年初四这天，Y 物流公司业务受理大厅来了几位手持 J 贸易公司提货单提货的人员。这几位提货人员衣冠楚楚，对各位业务受理人员非常客气，连连致以新春的祝福，物流公司的业务受理员也非常热情地接待了他们。经办的业务受理员看到提货单上印章、签字齐全，而没有严格执行审核出库凭证流程去核对印鉴和签字，就向保管员开具了发货通知。大年初八，春节长假后上班的第一天，J 贸易公司与 Y 物流公司核对库存货物数量，发现仓库发出了库存货物，而春节期间 J 贸易公司并没有开出提货单。经公安部门侦查，这是一起伪造公章、模仿签名的诈骗案件。在这起诈骗案件中，犯罪嫌疑人提取不锈钢板 23.9t，价值 75 万元，给 J 贸易公司造成了巨大的经济损失。

(资料来源：欧阳振安，严石林. 仓储管理[M]. 北京：对外经济贸易大学出版社，2010.)

思考：

(1) 案例中 Y 物流公司犯了什么错误？
(2) 提货的流程是什么？
(3) 提货中应注意哪些问题？

第9章 库存管理

【教学目标与要求】
- 了解库存及其类别;
- 熟悉库存管理的目标及库存总成本的构成情况;
- 熟悉 ABC 分类管理法及其实施步骤;
- 掌握定量订货法中经济订货批量和订货点的确定;
- 了解 MRP 的基本原理,熟悉 MRP 的输入、运算与输出;
- 了解 JIT 采购的特点、意义、实施条件及步骤;
- 了解 DRP 的基本原理及运行步骤;
- 理解 DRP 和 DRPII 的区别。

仓储管理

戴尔——用信息代替库存

对于生产和流程的精益追求，是戴尔决胜千里的唯一秘诀，而非秘密，因为这个秘诀早已经外化到整个供应链的各个环节。

事实上，戴尔的运作模式并不神秘。通常情况下，客户通过 800 电话，也可以通过戴尔的网站下单，"这有点儿像给病人看病，开处方。"戴尔(中国)有限公司副总裁兼中国客户中心总经理李元钧这样解释，"销售人员依据客户的个性需求提供的配置就是配方，这些信息会被存储到戴尔的数据中心。"戴尔在厦门的客户中心永远是一片繁忙的景象，除了 1 000 多台 24 小时运转的服务器外，看起来和其他工厂并无太大的区别。每隔 1.5 个小时生产区的进货门会打开一次，物料进入后被分配到生产笔记本、PC 和服务器的生产线上，流水线前端的工人根据配方抓药——通过系统自动生成的配置清单选料，放进一个长方形的塑料盒子里，每一件物料再经过条码的扫描确认后，传送到装配工人那里。"戴尔并不是流水线生产，而是单元制生产。"戴尔中国的公关总监张飒英介绍说。而在生产区的楼上，就是销售中心，销售人员通过 800 电话不停地接电话，并不断地输入新的信息，这就是戴尔的销售生产流程图。数据中心每隔 1.5 个小时会运行一次，统计这段时间内的清单，并列出所需零部件的清单，采购部门会根据这张清单进行采购，同时，这张清单会直接转到一个由独立第三方物流公司管理的公共仓库，第三方物流公司会在一个小时之内把货配好，20 分钟后，所需的全部零配件将运抵戴尔的工厂。从理论上来说，在客户没有下单之前，戴尔工厂的车间里是没有工料的，而每个能被拉进来的零部件早就已经确定了买主，一旦整机组装完成后，马上可以发货运走。这就解释了戴尔为什么能做到成品零库存之外，零部件几乎也达到了零库存的水平。对于戴尔来说，如果非要找出库存的话，那只能是在公路上高速行驶的大型货车里。

事实上，戴尔快速反应的供应链中，零库存并不是终极目标，生产出零缺陷的产品才是戴尔和所有供应商的理想所在。而这要求，戴尔与它的供应商彼此忠诚。"戴尔会派出驻厂工程师进驻供应商的工厂，此外戴尔还有一个专门的团队负责全球供应商的质量监督报告，而当戴尔每开始研发一个新品时，戴尔会要求自己的供应商从实验室阶段就介入相关工作。"李元钧这样解释，"因为无论供应商有任何库存或是不精益的地方，最终影响的是整个供应链。"戴尔管理供应商有一个重要原则，就是"少数及密切配合供应商"，它把整体供应商的数量控制在一定范围内，并且在商品管理、质量和工艺管理等方面为供应商提供培训，帮他们改善内部流程。戴尔还把品质管理等工具分享给供应商，使其自身采购的管理水平也得到提高。每个季度戴尔会对供应商进行考核，优胜劣汰实现良性循环。这种模式的固化成果很明显，在最近 3 年中，戴尔遍布全球的 400 多家供应商中，最大的供应商只变动了两三家。

"我们围绕客户需求构架企业，而传统电脑公司则是围绕供货商和分销商构建企业。我们叫客户中心而不叫工厂，是因为戴尔从一开始就与传统工厂不一样。传统工厂努力完成工艺，客户中心的最终目的则是把符合客户的配置和质量要求并带有服务的产品及时送到客户那里。我们在全球市场上组织和配置资源，在产品和服务上选择全球最具竞争力的资源，而不在乎是否是戴尔自己做的。"李元钧举例说，"比如客户需要一台主机、一个显示器、一个照相机还有一个打印机。我不生产相机，但是我可以给客户提供一连串的名单，告诉他怎样和戴尔的产品相互兼容。如果客户在上海，显示器的供应商也在上海附近，我就没必要把显示器调到厦门再一起打包给客户。我会告诉我的物流商顾客的订单号，由它负责一起打包后运输给顾客。"在这个以认识顾客需求为起点、满足顾客需求为终点的闭环中，戴尔始终站在市场的最前沿，"所以戴尔是整个产业中最了解顾客的人。我们和顾客之间没有任何隔膜。在许多技术确定过程中，戴尔往往会成为行业标准的主席机构，就是这个原因。"张飒英说。

(资料来源：http://www.scetop.com/jpkc/View.aspx?id=005002003004008.)

库存作为储存的表现形态，是货物流通的暂时停滞，是货物运输的必需条件。它使采购、生产、销售等各个环节的独立的经济活动成为可能，并调节供应链各个环节间供求的不一致，起到了连接和润滑的作用。但库存商品占用了大量的流动资金，所以，减少库存、降低库存成本、尽量达到零库存的状态，这是库存管理的重点所在，也是企业挖掘第三利润源的重心。

9.1 库存管理的基本理论知识

9.1.1 库存的定义

库存是指暂时处于闲置或非生产状态的用于将来目的物品或货物。

由于人们无法预测未来的需求变化，为防止物品短缺，降低企业缺货率，而不得已采用库存的手段，以应付外界的变化。库存具有"蓄水"功能，库存物品就像水库里的水，当有消耗需求的时候，就及时取出，满足需求。库存不一定存放在仓库中，如汽车运输的货物处于运动状态，但这些货物暂时为未来需要而闲置，同样为库存，看作是一种在途库存。

9.1.2 库存的类别

1. 按其在生产加工中所处的状态分类

(1) 原材料库存。原材料库存是指等待进入生产作业的原料与组件。企业从供应商处购进原材料，首先要进行质量检查，然后入库，生产需要时，发货出库进入生产流程。原材料库存可以放在两个储存点：供应商或生产商。

(2) 在制品库存。原材料出库后，依次经过生产流程中的不同工序，每经过一道工序，附加价值都有所增加，在完成最后一道工序之前，都称为在制品。在制品在工序之间的暂存就是在制品库存。

(3) 产成品库存。在制品在完成最后一道工序后，成为产成品。产成品经质量检查后会入库等待出售，形成产成品库存。产成品库存可以有多个储存点：生产企业、配送中心、零售店等，最后转移到最终消费者手中。

2. 按功能分类

(1) 经常库存。经常库存又称周转性库存，是指在正常的经营环境下，企业为满足日常周转需要而建立的库存。即在前后两批货物正常到达之间，满足生产经营需要的储备。仓库一般通过经常库存保证一定时期的供应能力，这种库存随着陆续的出库需要不断地减少，当库存降低到某一水平时，就要通过订货来补充库存。

(2) 安全库存。安全库存又称保险库存，是指用于防止和减少因订货期间需求率增长或到货期延误所引起的缺货而设置的库存。当仓库中某种货物每月的出库需求没有波动时，库存容易控制，通常不必考虑设置安全库存。可是，在实际经营中，不测情况常有发生，消费需求多多少少会超过预计数量；而库存的补充也会因交通等方方面面的影响造成交货延期，甚至还会发生如火灾、水灾、供应商因生产设备故障停工等导致供应中断的异常事件。这些情况一旦发生,即造成企业经济上和信誉上的损失,而设立安全库存可作为经常库存的后备以防不时之需,所以,安全库存又称为后备库存或被动库存。

(3) 在途库存。在途库存是指企业已取得货物的所有权,但尚处于运输状态(在途)或为了运输的目的(待运)而暂时处于储存状态的物品。在仓库库存量的计算中,这部分物品均应计算在库存物品的范围内。

(4) 投机性库存。投机性库存又称屏障库存。投机性库存是指企业为了预防货物(或物料)涨价,在低价时进行额外数量的购进而形成的库存。例如,企业生产中使用的煤、石油、水泥或羊毛、谷类等价格易于波动的原材料,常常采取投机性库存,在价低时采购,以在高价时保证产品的价格稳定和销售利润。

(5) 季节性库存。季节性库存是指为了满足特定季节中出现的特定需要(如夏天对冷饮的需要)而建立的库存,或指季节性生产的物品(如大米、棉花、水果等农产品)在出产的季节大量收购所建立的库存。在某些季节的销售高峰期,产品会供不应求;在其他季节,产品则会滞销。因此,需要在高峰季节来临之前开始生产,并保持一定量的库存。

(6) 积压库存。积压库存是指因品质变坏不再有效用的货物的库存或因滞销而卖不出去的货物的库存。

3. 按客户的需求特性分类

(1) 独立需求库存。所谓独立需求,是指用户对某种物品的需求与其他种类的物品需求无关,表现出对这种物品需求的独立性。一般来自用户的对企业产成品和服务的需求为独立需求,如用户对汽车的需求就是独立需求。独立需求最明显的特征是需求的对象和数量不确定,只能通过预测方法粗略地估计。从库存管理的角度来说,独立需求库存是指那些随机的、企业自身不能控制而是由市场需求所决定的库存,这种库存与企业对其他库存产品所作的生产决策没有关系。

(2) 相关需求库存。所谓相关需求,是指用户对某种物品的需求与其他需求有内在的相关性,是由其他需求派生而来的。例如,用户订购一辆汽车之后,相应地企业要配置若干个轮胎、反光镜、车用坐椅等,它们是由汽车的需求状况所决定或派生出的需求,即为相关需求。通常,用户对企业产成品的需求一旦确定,根据产成品和零部件、原材料的相关性,企业可以精确地计算出相关需求的数量和时间,与该产品有关的零部件、原材料的需求也就随之确定了。由相关需求而形成的库存,就是相关需求库存。

9.1.3 库存的作用与弊端

1. 库存的作用

对于生产企业而言,为了保证生产活动的顺利进行,必须在各个生产阶段之间储备一定量的原材料、燃料、备件、工具、在制品和半成品等;对于销售商、物流公司等流通企业而言,为了能及时满足客户的订货需求,就必须经常储存一定数量的物资。如果企业的存货不足,就会发生停工待料、供货不及时、供应链断裂、丧失交易机会或利润减少等情况。所以,库存无论对制造业还是仓储业都是十分重要的。

2. 库存的弊端

诚然,库存在企业生产运作过程中是不可缺少的,但过高的库存量也给企业管理带来了很多问题。

(1) 占用大量资金。库存中每一个物品根据其价值的高低都会或多或少地占用资金。库存物品越多,满足客户需求的可能性就越大,但占用的资金也就越多。一般情况下,库存资金可能占流动资金的 40%,甚至达到 60%。因此,从占用资金的角度来看,由于库存的存在,使得资金的占用大量增加。如果没有库存或实现零库存,则可节省大量的资金占用。

(2) 增加库存成本。库存成本是指企业为持有库存所需花费的成本,如占用资金的利息、保管费、保险费、库存物品价值损失费等。库存量越高,库存成本就越高。

(3) 带来其他一些管理上的问题。由于库存的存在,使许多问题无法及时暴露,由于得不到及时暴露而无法得到及时解决,这样会带来一些管理上的问题。例如,库存掩盖了产品的制造质量问题。当废品率和返修率很高时,企业一种很自然的做法就是加大生产批量和在制品、产成品库存;库存掩盖了供应商所供应的原材料质量问题、交货不及时问题等。

9.1.4 库存管理的基本目标

库存管理也称库存控制,是指对制造业或服务业生产、经营全过程的各种物品、产成品及其他资源进行预测、计划、执行、控制和监督,使其储备保持在经济合理的水平上的行为。库存管理的目标就是确定一个合理的库存量,防止缺货和超储,在保障供给、满足客户需求、提高服务水平的前提下,使库存货物数量最少,库存总成本最低。

由此可见,库存管理的目标有两个:一是降低库存总成本;二是提高客户服务水平。这二者之间是一个相互制约、相互权衡的关系。降低库存,意味着企业有可能停工待料、销售下降,必定带来客户服务水平的下降;而保持高水平的客户服务水平,也就是使客户尽可能快地获得产品,这就需要维持一个较高水平的库存,致使库存总成本提高。库存控制就是要在这两者之间寻求平衡,以找到一个最佳的结合点。

9.1.5 库存总成本的构成

1. 购入成本

购入成本是指购货及进货时所发生的全部费用。所谓购货费,即购买货物的原价;所谓进货费,就是进货途中所付出的全部费用,包括运费、包装费、装卸费、租赁费、延时费、货损、货差等。购货费与进货费都与订货批量无关,批量订多订少都不会影响其总购货费和进货费。我们把这种与订货批量无关的费用称为固定费用,而把那些与订货批量有关的费用称作可变费用。因此,购货费与进货费是固定费用,而订货费、储存费、缺货费是可变费用。

设单位物资的进货费为 c_1,单价为 p,T 期间内的总需求量(也即 T 期间内的总订货量)为 D,则总进货费与购货费为

$$C_1 = (c_1 + p)D \tag{9-1}$$

为简化起见,可用 P 表示固定费用,则总进货费与购货费为

$$C_1 = (c_1 + p)D = PD \tag{9-2}$$

2. 订货成本

订货成本是指订货过程中发生的全部费用，包括差旅费、订货手续费、通信费、招待费以及订货人员有关费用等。每一次订货中订货费与订货量的多少无关，若干次订货的总订货费与订货次数有关。订货次数越多，总订货费用越多。

设一次订货费为 c_2，且每次订货费都相等，如在 T 期间内共订了 n 次货，每次订货量为 Q^*，则总订货费为

$$C_2 = n \cdot c_2 = \frac{D}{Q^*} \cdot c_2 \tag{9-3}$$

3. 储存成本

储存成本是指储存货物的过程中发生的一切费用。它包括：①出、入库时的装卸搬运、堆码、检验费用；②保管工具、用料费用；③仓库房租、水电费；④保管人员有关费用；⑤保管过程中的货损、货差；⑥保管物资资金的银行利息等。储存成本与储存数量的多少和时间的长短有关。被保管物资的数量越多，保管时间越长，所承担的储存费用也就越高。

设单位物资单位时间的储存费为 c_3，T 期间的平均库存量为 $\bar{Q}$，则总储存费为

$$C_3 = \bar{Q} \cdot T \cdot c_3 \tag{9-4}$$

对于瞬时到货(订货进货都能够在很短的时间内完成，而且所订货物一次全部到货。也就是说，进货速率无穷大、进货时间等于 0，库存量突然增加一个订货量 Q^*)的情况，如图 9.1 所示，则平均库存量为

$$\bar{Q} = \frac{Q^*}{2} \tag{9-5}$$

T 期间内的平均储存费为

$$\bar{C}_3 = \frac{C_3}{T} = \frac{Q^*}{2} \cdot c_3 \tag{9-6}$$

对于持时到货(订货进货需要一段时间，所订货物逐渐到货入库、库存逐渐升高。也就是进货速率 P 等于一个有限数、订货进货时间不等于 0)的情况(见图 9.2)，设进货的速率为 p，销售的速率为 R，订货量为 Q^*，则所能达到的最高库存量 $Q_{\max}$ 为

$$Q_{\max} = Q^* \cdot \left(1 - \frac{R}{p}\right) \tag{9-7}$$

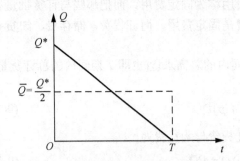

图 9.1 瞬时到货库存量随时间变化特征

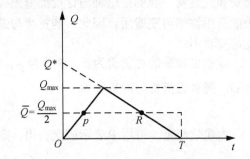

图 9.2 持时到货库存量随时间变化特征

T 时期的平均库存量为

$$\bar{Q} = \frac{Q_{\max}}{2} \tag{9-8}$$

所以，T 时期的平均储存费为

$$\bar{C}_3 = \frac{C_3}{T} = \frac{Q_{\max}}{2} \cdot c_3 = \frac{Q^*}{2} \cdot \left(1 - \frac{R}{p}\right) \cdot c_3 \tag{9-9}$$

4. 缺货成本

缺货成本是指由于库存不足，无法满足用户需要而产生的费用。它包括：①由于赶工处理误期任务而产生的生产与采购费用；②由于丢失用户而对企业的销售与信誉造成的损失；③误期的赔偿费。显然，缺货费随缺货量的增加而增加。

9.2 传统的库存管理方法

传统的库存管理方法是相对于近年来世界上先进的库存管理方法而言的，如 MRP、ERP、JIT、VMI、DRP 等。传统的库存管理方法通常是以单个企业为管理对象，对企业的库存物资进行分类、重点管理，确定最佳的订货方式、订货点、订货量，在基本满足顾客需要的前提下使库存总成本最小。

9.2.1 ABC 分类管理法

通常，仓库中所保管的货物品种繁多，有些货物的价值较高，对生产经营活动的影响较大，或者对保管的要求较高，属于重要物资；有些货物的价值较低，保管要求不是很高，属于不重要的物资。由于企业资源有限，对所有库存品种均给予相同程度的重视和管理是不可能的，也是不切实际的。为了使有限的时间、资金、人力等企业资源得到更有效的利用，企业应依据库存物资重要程度的不同进行分类管理，将管理的重点放在重要的库存物资上，这就是 ABC 分类管理法的基本思想。

1. 概念

ABC 分类管理法是指将库存货物按品种和耗用金额的多少分为特别重要的 A 类库存，一般重要的 B 类库存和不重要的 C 类库存 3 个等级，然后针对不同等级分别进行管理和控制。

一般来说，A 类是品种少、耗用金额多、采购较难的重要货物，应重点管理；B 类是品种较多、耗用金额一般的货物，只需一般管理；C 类是品种多、耗用金额少、采购较容易的次要货物，采用简便的管理方式即可。

2. 理论基础

ABC 分类管理法可追溯到 19 世纪(1879 年)意大利经济学家帕累托对社会财富的分析。通过收集许多国家的收入统计资料进行分析，根据社会收入与人口之间不平等的分布关系：占人口比重不大的少数人(20%)的收入占总收入的大部分(80%)，而大多数人(80%)的收入只占总收入的很小部分(20%)，帕累托提出一个理论——"关键的少数和次要的多数"，而这个理论就是 ABC 分类管理法产生的理论基础。事实上，在经济管理中，也存在许多类似上述的情况。例如，在企业的产品总量中，少数几种产品的产值却占了企业总产值的大部分；在百货公司的许多种商品销售中，为数不多的一些商品销售额却占总销售额的大部分等。

1951 年，美国通用电气公司董事长迪克首先在库存管理中倡导和应用了 ABC 分类法。他对该公司所属某厂的库存物品经过调查后发现，上述理论同样适用于库存管理。在许许多多库存物资中，一般只有少数几种物资的需求量大，因而占用较多的流动资金；从用户方面来看，只有少数几种物资对用户的需求起着举足轻重的作用，而种类数比较多的其他物资年需求量却较小，或者对于用户的重要性较低。由此，可以将库存物资分为 A、B、C 三类，并分别采取不同的管理办法和采购、储存策略，尤其是对重点物品实施重点管理。

3. 分类依据

在库存管理中，ABC 分类法一般以耗用金额为基础进行分类，但分类依据并不唯一。分类的目标是把重要的物品与不重要的物品分离开来，其他依据也同样可以用来对存货进行分类。其他分类有以下依据。

(1) 缺货后果。如果某些存货的供应中断将给其他运作带来严重干扰甚至延误的话，它们应该获得较高的优先级别。

(2) 供应的不确定性。某些存货尽管耗用金额较低，但是供应缺乏规律性或非常不确定，因此也应该得到更多的重视。

(3) 过期、变质的风险。如果存货很容易因过期或变质而失去价值，那么库存经理就必须对其给予更多的关注和监控。

4. 分类标准

分类标准就是分类前给 A、B、C 每一类货物的分类依据根据特点赋予一定的数值。具体划分依据及各类物资应占的比重并没有统一及严格的规定，要根据各企业、各仓库的库存品种的具体情况和企业经营者的意图来确定，一般来说遵循下面的规律(见表 9-1)。

表 9-1　库存物资 ABC 分类的标准

类　别	年平均耗用金额累积百分数	品目累积百分数
A	70%～80%	15%～20%
B	15%～30%	20%～30%
C	5%～15%	60%～70%

5. 实施步骤

1) 收集数据

根据 ABC 分类的目的、对象与内容，收集有关信息和数据，如每种库存物资的名称、单价及年平均耗用量。

2) 处理数据

对收集的数据资料进行整理、汇总，按要求计算出所需数据。例如以库存物资的年平均耗用量(或年平均库存量)乘以每种库存物资的单价，算出每种库存物资的年平均耗用金额(或年平均资金占用额)。

3) 绘制 ABC 分类表

ABC 分类表由 9 栏构成，如表 9-2 所示。

表 9-2 ABC 分类表

物资名称	品目数累积	物资单价	年平均库存量	年平均资金占用额	年平均资金占用额累积	品目累积百分数	年平均资金占用额累积百分数	分类结果
①	②	③	④	⑤=③×④	⑥	⑦	⑧	⑨
⋮	⋮	⋮	⋮	⋮				

制表需以下 4 个步骤。

(1) 将第二步中计算的各物资年平均资金占用额，按从大到小顺序进行排队，将排队数据按顺序依次填入表中第⑤栏。

(2) 以第⑤栏为准，依次填第①栏，第②栏，第③栏，第④栏内容，其中品目数累积是物资编号(即为 1，2，…，n。其中 n 是物资的总数目)。

(3) 计算各物资的年平均资金占用额累积，即

$$⑥_i = \sum_{j=1}^{i} ⑤_j$$

计算品目累积百分数，即

$$⑦_i = ②_i / n \times 100\%$$

计算年平均资金占用额累积百分数，即

$$⑧_i = ⑥_i / \sum_{i=1}^{n} ⑥_i \times 100\%$$

将结果依次填入第⑥栏、第⑦栏、第⑧栏。

(4) 根据第⑦栏、第⑧栏数据，依据分类标准，选择断点(某一物资年平均资金占用额累积百分数与下一物资相比差别较大且有明显分离，即为断点)对物资进行 A、B、C 分类，将结果填入第⑨栏。

4) 制作 ABC 分析图

以品目累积百分数为横坐标，年平均资金占用额累积百分数为纵坐标，按 ABC 分类表第 7 栏和第 8 栏提供的数据，在坐标图上取点，并连接各点，绘制如图 9.3 所示的 ABC 曲线。再按 ABC 分类表上确定的 A、B、C 三个类别，在图上标明 A、B、C 三类物品，则制成 ABC 分析图。

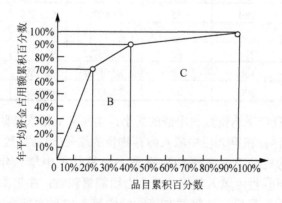

图 9.3 ABC 分析图

【例 9-1】 某公司仓库的库存物资共有 26 种,现在要对库存物资进行 ABC 分类管理,具体包括以下操作。

(1) 收集 26 种库存物资的名称、单价、年平均库存量等资料。
(2) 计算 26 种库存物资的年平均资金占用额。
(3) 绘制 26 种库存物资 ABC 分类表,如表 9-3 所示。

表 9-3 库存物资 ABC 分类表

物资名称	品目数累积	物资单价/元	年平均库存量/千克	年平均资金占用额/元	年平均资金占用额累积/元	品目累积百分数	年平均资金占用额累积百分数	分类结果
①	②	③	④	⑤=③×④	⑥	⑦	⑧	⑨
A	1	48	380	18 240	18 240	3.85%	48.02%	A
B	2	25	258	6 450	24 690	7.69%	64.99%	A
C	3	5	592	2 960	27 650	11.54%	72.79%	A
D	4	4.5	520	2 340	29 990	15.38%	78.95%	B
E	5	3	350	1 050	31 040	19.23%	81.71%	B
F	6	4.6	200	920	31 960	23.08%	84.13%	B
G	7	1.5	580	870	32 830	26.92%	86.42%	B
H	8	1.4	560	784	33 614	30.77%	88.49%	B
I	9	1.1	660	726	34 340	34.62%	90.40%	B
J	10	0.8	840	672	35 012	38.46%	92.17%	B
K	11	2.1	250	525	35 537	42.31%	93.55%	B
L	12	2.5	156	390	35 927	46.15%	94.58%	C
M	13	0.6	552	331.2	36 258.2	50.00%	95.45%	C
N	14	0.3	920	276	36 534.2	53.85%	96.17%	C
O	15	0.1	2620	262	36 796.2	57.69%	96.86%	C
P	16	0.4	530	212	37 008.2	61.54%	97.42%	C
Q	17	1.0	200	200	37 208.2	65.38%	97.95%	C
R	18	0.3	550	165	37 373.2	69.23%	98.38%	C
S	19	0.7	215	150.5	37 523.7	73.08%	98.78%	C
T	20	0.6	180	108	37 631.7	76.92%	99.06%	C
U	21	0.8	120	96	37 727.7	80.77%	99.32%	C
V	22	0.5	150	75	37 802.7	84.62%	99.52%	C
W	23	0.9	80	72	37 874.7	88.46%	99.70%	C
X	24	0.3	210	63	37 937.7	92.31%	99.87%	C
Y	25	0.2	150	30	37 967.7	96.15%	99.95%	C
Z	26	0.1	200	20	37 987.7	100%	100%	C

首先,按库存物资年平均资金占用额的大小,由高到低依次排队列表。其次,在第①栏中填入对应物资名称;在第②栏中填入库存物资的编号(即品目数累积);在第③栏中填入物资单价;在第④栏中填入年平均库存量;在第⑤栏中填入年平均资金占用额(如 48×380=18 240);在第⑥栏中填入年平均资金占用额累积数;在第⑦栏中填入品目累积百分数(如 1/26=3.85%)。最后,计算并在第⑧栏中填入年平均资金占用额累积百分数(如

18 240/37 987.7=48.02%，24 690/37 987.7=64.99%)。

根据库存物资 ABC 分类表中品目累积百分数和年平均资金占用额累积百分数,参考 A 类、B 类、C 类物资的分类标准及物资在生产、销售中的重要性,对 26 种库存物资进行分类:A～C 为 A 类物资(3 种);D～K 为 B 类物资(8 种);L～Z 为 C 类物资(15 种)。

(4) 绘制 ABC 分析图,如图 9.4 所示。

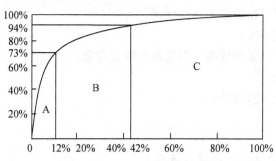

图 9.4 ABC 分析图

6. 库存物资的管理准则

采用 ABC 分类管理法分类后,各类库存物资管理需遵循以下准则。

1) A 类库存物资

A 类库存物资尽管在品种数量上仅占 15%左右,但如能管好它们,就等于管好了 70%左右耗用金额的库存,这是十分有意义的。为此,应从以下几个方面加强 A 类库存物资的管理。

(1) 每件货物都编号。
(2) 尽可能慎重、正确地预测其需求量大小。
(3) 勤进货少采购,尽可能在不影响需求的情况下减少其库存量,并提高其周转速度。
(4) 请客户配合,力求出货量平稳化,以减少需求变动,降低安全库存量。
(5) 与供应商协调,尽可能缩短订货的前置时间。
(6) 采用定量订货方式,对存货进行经常的、随时的检查。
(7) 严格执行盘点制度,每天或每周盘点一次,提高库存精确度。
(8) 货物应放在容易出库的位置。
(9) 恰当选择安全库存量大小,使安全库存量尽可能减少并设立恰当的缺货报警点,当库存量降低到报警点时,要立即行动。
(10) 采购需要高层主管的审核。

2) B 类库存物资

B 类库存物资的状况处于 A 类、C 类之间,因此,其管理方法也介于 A 类、C 类物资的管理方法之间,采用通常的方法管理,或称常规方法管理。主要包括以下几个方面。

(1) 采用定期订货方式,对存货必须作定期检查。
(2) 每两三周进行一次盘点。
(3) 中量采购。
(4) 采购需要中级主管核准。

3) C类库存物资

C类库存物资与A类库存物资相反，品种众多，所占的耗用金额却很少。因此，C类物资管理的原则恰好和A类相反，不应投入过多的管理力量，宁肯多储备一些，少报警，以便集中力量管理A类物资。C类库存物资的管理体现为以下几项准则。

(1) 采用定期订货方式，以求节省费用。
(2) 大量采购，便于在价格上获得优惠。
(3) 简化库存管理手段。
(4) 安全库存量可以保持较高，以免发生缺货现象。
(5) 每月盘点一次。
(6) 采购仅需基层主管核准。

9.2.2 定量订货法

1. 定量订货法的定义和需要解决的问题

1) 定义

定量订货法是一种随时检查库存，当库存量下降到预定的最低库存量(订货点)时，按规定数量(一般以经济订货批量为标准)进行订货补库的方法。

2) 需要解决的问题

从定义可知，定量订货法以库存总成本最低为原则，事先确定出相对固定的经济订货批量(Economic Order Quantity，EOQ，即使年库存总成本最低的最佳订货批量)和订货点，每当库存量降低到订货点时，即按预定的经济订货批量组织订货。所以，在实际应用中，该方法需要解决以下3个关键问题。

(1) 确定订货点 Q_K，即解决什么时候订货的问题。
(2) 确定经济订货批量 EOQ，即解决一次订货多少合适的问题。
(3) 确定订货如何具体实施，以及库存系统的安全库存问题。

2. 订货点的确定

在定量订货法中，发出订货时仓库里该货物现有的实际库存量称为订货点。

1) 影响订货点确定的主要因素

(1) 需求速率。需求速率就是货物需求的速率，用单位时间内的需求量 R 来描述。显然，需求速率越高，订货点也越高。

(2) 订货交纳周期。订货交纳周期也被称为订货提前期、采购提前期、前置期，是指从发出采购订单订货开始到所订货物到达入库为止间隔的时间长度，以 T_K 表示。T_K 越长，订货点就越高。T_K 值的大小取决于供货时间的长短，与运输路途的远近和运输工具速度的快慢有关。

2) 订货点 Q_K 的确定

根据影响因素的特性，订货点 Q_K 的确定分以下两种情况讨论。

(1) 当需求速率、订货交纳周期确定时，不需要设置安全库存。由图 9.5 可知，当需求速率、订货交纳周期确定时，订货点 Q_K 即等于订货交纳周期内客户的平均需求量 Q_L，也就是说订货点实际是订货交纳周期与客户单位时间需求量的乘积，则

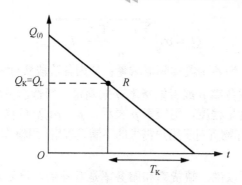

图9.5 需求速率、订货交纳周期确定

$$Q_K=T_K\times D/365$$

或

$$Q_K=T_K\times D/12 \qquad (9\text{-}10)$$

式中：D 为客户的年需求量。

【例 9-2】 某仓库每年出库货物业务量为 18 000 箱，每次出库量相等，每次订货交纳周期为 10 天，试计算该仓库的订货点。

解：已知 D=18 000 箱，T_K=10 天，则
$$Q_K=T_K\times D/365=10\times(18\,000/365)=493(箱)$$

(2) 当需求速率、订货交纳周期不确定时，需要设置安全库存。由图 9.6 可知，当需求速率、订货交纳周期不确定时，订货点应该是最大订货交纳周期内客户的平均需求量与安全库存量二者的和，则

$$Q_K=(T_{max}\times D/365)+Q_S$$

或

$$Q_K=(T_{max}\times D/12)+Q_S \qquad (9\text{-}11)$$

式中：T_{max} 为最大订货交纳周期；Q_S 为安全库存量。

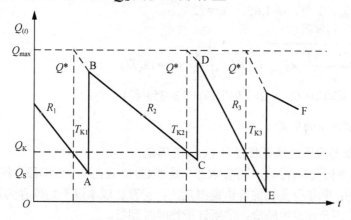

图9.6 需求速率、订货交纳周期不确定

在这里，安全库存量需要用概率统计的方法求出。假设总需求量的变化服从正态分布，则安全库存量

$$Q_S = \alpha\sqrt{\frac{\sum(y_i - \overline{y})^2}{n} \times T_{\max}} \tag{9-12}$$

式中：α 为安全系数；y_i 为各阶段实际需求量；$\overline{y}$ 为各阶段实际需求量均值；n 为阶段数。

安全系数 α 主要由服务率 p 或者缺货率 q 来确定。所谓服务率，即库存满足率，是库存物资对于用户需求的满足程度，用概率 p 表示：$p = p\{Q_L \leq Q_K\} = F(Q_K)$；所谓缺货率，即库存的不满足率，是库存物资对于用户需求的不满足程度，用概率 q 表示：$q = P\{D_L > Q_K\} = 1 - F(Q_K) = 1 - p$。

因为有 $p + q = 1$，所以说，缺货率和服务率是互补的，已知其中一个，另一个也就确定了。它们又和安全系数是一一对应的。由 p、q、α 的一一对应关系构成了一个安全系数表，如表9-4 所示。

表9-4 安全系数表

p	0.50	0.55	0.60	0.65	0.70	0.75	0.80	0.84	0.85	0.90
q	0.50	0.45	0.40	0.35	0.30	0.25	0.20	0.16	0.15	0.10
α	0	0.13	0.26	0.39	0.54	0.68	0.84	1.00	1.04	1.28
p	0.95	0.96	0.97	0.977	0.98	0.99	0.992	0.998 7	0.999 9	1.000 0
q	0.05	0.04	0.03	0.023	0.02	0.01	0.008	0.001 3	0.000 1	0.000 0
α	1.65	1.75	1.88	2.00	2.05	2.33	2.40	3.00	3.08	3.09

【例 9-3】 某仓库中 A 货物 2014 年各月份需求量见表 9-5，最大订货交纳周期为 2 个月，缺货率根据经验统计为 5%，通过查表可知安全系数为 1.65，试求 A 货物的订货点。

表 9-5 A 货物的月需求量资料表

月 份	一	二	三	四	五	六	七	八	九	十	十一	十二	合计
需求量	162	173	167	180	180	172	170	168	174	168	163	165	2 042

解：已知 $T_{\max} = 2$ 月，$\alpha = 1.65$，$n = 12$

$\overline{y} = 2\,042/12 = 170$(箱)

$Q_S = \alpha\sqrt{\dfrac{\sum(y_i - \overline{y})^2}{n} \times T_{\max}} = 1.65 \times \sqrt{\dfrac{484}{12} \times 2} = 13$(箱)

$Q_K = (T_{\max} \times D/12) + Q_S = (2 \times 2\,042/12) + 13 = 353$(箱)

3. 经济订货批量的确定

1) 瞬时到货情况下经济订货批量 EOQ 的确定

首先介绍以下假设条件：①库存需求速率是固定的，且在整个时间段内保持一致；②订货提前期是固定的；③单位货物的价格是固定的；④存储成本以平均库存为计算依据；⑤订货成本固定；⑥不允许发生缺货；⑦所订货物瞬时到货。

在上述假设条件下，仓库的年库存总成本主要由年购入成本、年订货成本和年储存成本构成，则年库存总成本为

$$C = DP + \frac{D}{Q^*} \cdot c_2 + \frac{Q^*}{2} \cdot c_3 \tag{9-13}$$

式中：P 为单位物资的购入成本；

c_3 为单位物资的年平均储存成本(其中 $c_3 = PF$，F 为单位物资的年平均储存费率)。

为了获得使库存总成本最低的订货批量，只需对式(9-13)两边求解关于订货量 Q^* 的一阶导数，并令其等于零，则

$$\frac{dC}{dQ^*} = \frac{c_3}{2} - \frac{c_2 D}{Q^{*2}} = 0 \tag{9-14}$$

对式(9-14)进行化简，得经济订货批量 EOQ 公式为

$$\text{EOQ} = \sqrt{\frac{2c_2 D}{c_3}} = \sqrt{\frac{2c_2 D}{PF}} \tag{9-15}$$

年订货次数 n、平均订货间隔时间 T 的公式为

$$n = \frac{D}{\text{EOQ}} = \sqrt{\frac{Dc_3}{2c_2}} \tag{9-16}$$

$$T = 365/n \tag{9-17}$$

将 EOQ 代入式(9-13)中替换订货量 Q^*，经过化简，则最低年库存总成本 C^* 的公式为

$$C^* = DP + c_3(\text{EOQ}) = DP + PF(\text{EOQ}) = \sqrt{2c_2 c_3 D} \tag{9-18}$$

【例9-4】 永昌机械制造公司根据计划每年需采购 B 零件 30 000 个。B 零件的单位购买价为 20 元，每次的订货成本是 240 元，每个零件每年的仓储保管成本为 10 元。试求该零件的经济订货批量、年库存总成本、年订货次数及平均订货间隔时间。

解：已知 $D=30\ 000$ 个/年，$P=20$ 元/个，$c_2=240$ 元/次，$c_3=10$ 元/年，则

经济订货批量 $\text{EOQ} = \sqrt{\dfrac{2c_2 D}{c_3}} = \sqrt{\dfrac{2\times 240\times 30\ 000}{10}} = 1\ 200$(个/次)

年订购次数 $n = \dfrac{D}{\text{EOQ}} = \dfrac{30\ 000}{1\ 200} = 25$(次/年)

平均订货间隔时间 $t = 365/n = 365/25 = 14.6 \approx 15$(天/次)

最低年库存总成本 $C^* = DP + c_3(\text{EOQ}) = 30\ 000\times 20 + 10\times 1\ 200 = 612\ 000$(元/年)

2) 持时到货情况下经济订货批量 EOQ 的确定

许多情况下，所订购的货物并不是一次完成到货，而是断断续续到货的。此时的假设条件，除包含上述条件之外，还需要每次进货持续一段时间这一假设。

在不允许缺货的情况下：

$$C = DP + \frac{D}{Q^*} \cdot c_2 + \frac{Q^*}{2} \cdot \left(1 - \frac{R}{p}\right) \cdot c_3 \tag{9-19}$$

等式两端同时对订货量 Q^* 求导数，并令导数为零，可以得到

$$\text{EOQ} = \sqrt{\frac{2c_2 D}{c_3\left(1 - \dfrac{R}{p}\right)}} \tag{9-20}$$

【例9-5】 某公司为了生产产品 A，需要外购零件 B。已知零件 B 的日使用率为 40 件，年需求量 10 000 件，日生产率 100 件，每次订货成本 50 元，单件年储存成本 0.5 元。求零件

B 的经济订货批量。

解：

$$EOQ = \sqrt{\dfrac{2c_2 D}{c_3\left(1-\dfrac{R}{p}\right)}} = \sqrt{\dfrac{2\times 50\times 10\,000}{0.5\times\left(1-\dfrac{40}{100}\right)}} = 1\,826(件)$$

4. 定量订货法的优缺点

1) 优点

(1) 经常检查和盘点库存，能及时了解和掌握库存动态。

(2) 每次订货数量相同，货物验收、入库、保管和出库变得简单，每次可利用现有器具和计算公式。

(3) 采用经济批量的订货方式，可降低库存总成本，节约费用。

2) 缺点

(1) 工作量大，占用大量人力、物力资源。

(2) 订货时间不确定，库存管理缺乏计划性，不利于人员、资金、工作安排。

(3) 一种货物的订货可能在任何时刻发生，这种情况就使之难以把若干种货物合并到同一次订货中，因此对每种货物单独进行订货，从而增加了订货成本。

9.2.3 定期订货法

1. 定义

定期订货法是按照预先确定的订货间隔期(也被称为订货周期，即相邻两次订货所间隔的时间)按期订购货物，以补充库存的一种库存管理方法。企业根据过去经验或经营目标预先确定一个订货间隔期 T，每经过一个订货间隔期就进行订货，每次订货数量根据实际情况而定，可以不同，但不能超过最高库存量 Q_{max}。其库存的变化情况如图9.7所示。

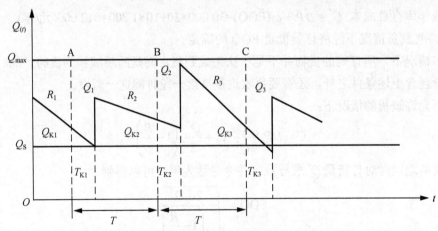

图9.7　定期订货时库存的变化情况

2. 订货周期的确定

定期订货法中，订货周期决定着订货的时机，相当于定量订货法的订货点。订货周期不能过长，否则会使库存水平过高；也不能过短，否则订货批次太多会增加订货费用。严格来说，定期订货法的订货周期的制定原则应该使得在采用该订货周期订货过程中发生的总费用最少，故可以在列出总费用函数的基础上，使其一阶导数等于 0，而求出经济订货周期 T，其公式为

$$T = \sqrt{\frac{2c_2}{Dc_3}} \tag{9-21}$$

式中各变量的含义同前文所述。

实际上，订货周期也可以根据具体情况进行调整，如根据企业的生产周期或供应周期进行调整。

3. 最高库存量的确定

定期订货法的最高库存量 $Q_{\max}$ 是以满足订货周期和平均订货交纳周期内用户的需求量为目的，即是以满足 $T+\bar{T}_K$ 期间的用户总需求量为目的的。此外，因为 $T+\bar{T}_K$ 期间的总需求量是随机变化的，是一个随机变量，所以 $Q_{\max}$ 的值由两部分构成，一部分是 $T+\bar{T}_K$ 期间的平均需求量，另外一部分是为预防随机性需求和延误而设置的安全库存量，其公式为

$$Q_{\max} = \bar{R}(T+\bar{T}_K) + Q_S \tag{9-22}$$

式中：$\bar{R}$ 为 $T+\bar{T}_K$ 期间的平均库存需求量；$\bar{T}_K$ 为平均订货交纳周期；$(T+\bar{T}_K)$ 为从本次订货开始到下次订货到达所间隔的时间。

4. 订货批量的确定

定期订货法的订货批量不是固定的，每个周期订货批量的大小都是按照当时实际的库存量大小确定的，等于当时的实际库存量与最高库存量的差值。实际库存量严格地说是指检查库存时仓库所实际具有的能够用于供应的全部货物的数量，涉及当时仓库中现存的货物数量 Q_{Ki}，已订未到的在途货物数量 Q_{Ni} 和已经销售而未发货的待出库货物数量 Q_{Mi}。Q_{Ki}、Q_{Ni}、Q_{Mi} 是检查库存时的实际所得数据，每次检查的值可能不一样，所以每次的订货批量也不一样。第 i 次检查库存发出订货的数量 Q_i 可以表示为

$$Q_i = Q_{\max} - Q_{Ki} - Q_{Ni} + Q_{Mi} \tag{9-23}$$

式中：Q_{Ki} 为第 i 次订货时的现存库存量；Q_{Ni} 为第 i 次订货时的在途到货量；Q_{Mi} 为第 i 次订货时的待出库货物量。

5. 定期订货法的优缺点

1) 优点

(1) 周期检查、盘点库存，比较彻底、精确，减少工作量，提高工作效率。

(2) 由于订货时间确定，库存管理计划性强，利于工作计划安排。

(3) 多种货物可同时进行采购，可降低订货成本。

2) 缺点

(1) 无法制定经济订货批量，运营成本高。

(2) 不需要经常检查和盘点库存，对库存动态不能及时掌握，遇到突发性大量需求时，易造成缺货现象，带来损失，企业为了对应，增大库存水平。

(3) 每次订货批量不固定，货物验收、入库、保管和出库复杂。

(4) 不论库存水平降得多还是少，都要按期发出订货请求，当库存水平很高时，订货量很少，按此订货不经济。

9.3 现代的库存管理方法

9.3.1 MRP

1. MRP 的概念

物料需求计划(Material Requirements Planning，MRP)是由美国著名的生产管理和计算机应用专家欧·威特和乔·伯劳士在 20 世纪 60 年代对 20 多家企业进行研究后提出来的。在制造企业，MRP 就是计算生产最终产品所用到的原材料、零件和组件的一个系统。它的基本形式是一个计算机程序，可以根据总生产进度计划中规定的最终产品的交货日期和数量，计算出在指定时间内生产指定数量的各种产品所需各种物料(构成最终产品的原材料、零件、组件)的数量和时间。

最终产品是独立需求的物料项目，原材料、零件和组件是相关需求的物料项目，由定义可知，MRP 主要是用来解决相关需求问题的，可以根据独立需求的数量和时间计算相关需求的数量和时间。决定需要多少相关需求物料是一个简单的乘法运算过程。如果生产一个产品 A 需要 5 个零件 B，那么生产 5 个产品 A 则需要 25 个零件 B。此时，零件 B 是一个相关需求的物料项目，它的使用情况取决于产品 A。

2. MRP 的基本原理

由图 9.8 可知，MRP 的基本原理是：通过市场预测和订单分析，了解客户的需求信息，明确"客户需要什么？"。为了满足客户需求，通过主生产计划明确"我们要制造什么？"。要制造必须有相应的物料，因此通过物料清单明确"我们需要什么？"。而需要的物料可能已经存放在仓库中，因此，要通过库存状态记录了解"我们有什么？"。最后，通过 MRP 的处理，可以得出零部件的生产作业计划和采购计划。

其中，如果零部件靠企业内部生产的，需要根据各自的生产时间长短来提前安排生产，形成零部件生产作业计划，规定每一项自制件的需求数量、开工日期和完工日期；如果零部件需要从企业外部采购的，则要根据各自的订货提前期来提前安排采购，形成零部件采购计划，规定每一项外购物料的需求数量、订货日期和到货日期。

3. MRP 系统的输入

1) 主生产计划

主生产计划(Master Production Schedule，MPS)是 MRP 的主要输入及运行的驱动力量，相当于产品出产进度计划，确定了最终产品(产成品)的出产时间和出产数量。

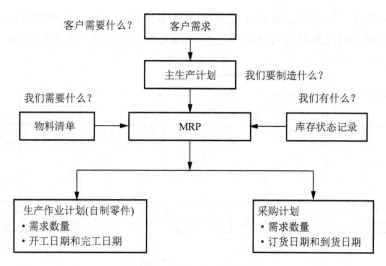

图9.8 MRP的基本原理

主生产计划的产成品数量来自企业制定的总生产计划，而总生产计划的数量来自顾客订单分析和市场需求预测。主生产计划体现的产品出产进度要求以周为计量单位，而总生产计划体现的产品出产进度要求以月为计量单位。通常，企业根据客户需求制定总生产计划后，将每个月的产量按周和产品型号进一步划分后，即得到主生产计划。例如某自行车厂根据客户需要制定的总生产计划和主生产计划如图9.9所示。

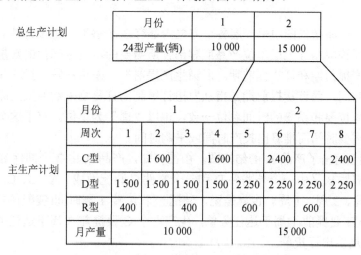

图9.9 某自行车厂的总生产计划与主生产计划

2) 物料清单

物料清单(Bill of Materials，BOM)也称产品结构文件，是生产某最终产品所需的零部件、辅助材料或材料的目录，说明了产品的构成情况和产品在制造过程中经历的各个加工阶段。产品结构文件可用产品结构图表示，也可用产品结构表来反映。

(1) 产品结构图。从表现形式看，产品结构图是一个具有层级结构的树形图，由若干层构成。构建时将各个零件处于不同的层次，每一层次表示制造最终产品过程中的一个阶段，每一层都要标明层号(也叫层码)。通常，最高层为0层，代表最终产品；1层代表组成最终产品的零部件，2 层代表组成 1 层零部件的零部件，……，以此类推，最后一级为 n 级，一般是最初级的原材料或者外购零配件。圆珠笔的结构图如图 9.10 所示。

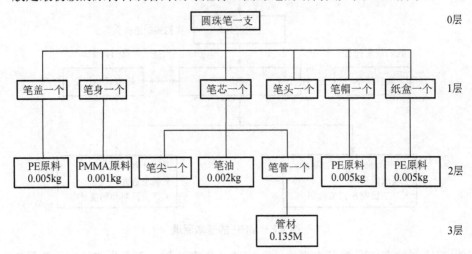

图 9.10　圆珠笔的结构图

产品结构图中，上一层零件被称为下一层零件的"母项"，下一层零件被称为上一层零件的"子项"，如果"母项"上面还有一层，被称为上一层的"子项"，"子项"下面还有一层，被称为下一层的"母项"。这种"母项"和"子项"的关系贯穿了整个产品结构图。

一般而言，产品结构图中每一层各个方框内都有 3 个参数：①零部件名称；②组成零部件的数量，即构成相连上层单位产品或零部件所需要的本层零部件的数量；③相应的提前期，包括生产提前期和订货提前期。所谓生产提前期，是指从发出投产任务单到产品生产出来所花的时间。而订货提前期是指从发出订单到所订货物采购回来入库所花的时间。提前期的时间单位要和系统的时间单位一致，也以"周"为单位。有了这个提前期，就可以由零部件的需要时间而推算出投产时间或采购时间。

例如图 9.11 给出了产品 A 的结构图。由图可知，产品 A 由 2 个部件 B 和 1 个零件 C 装配而成，而部件 B 又由一个外购件 D 和一个零件 C 装配而成。A、B、C、D 的提前期分别是 1 周、1 周、3 周、1 周。也就是说，装配一个 A 要 1 周时间(装配任务要提前一周下达)，装配一个 B 要提前 1 周下达任务单，生产一个 C 要提前 3 周下达任务单，而采购一个 D 要提前一周发出订货单。

图 9.11 所画的结构图虽然没有错，而且可以直观地看出产品 A 的结构层次，但是根据这个结构图，同样的零件 C 在不同的层次上要分别计算一次，容易造成混乱和重复计算，给计算机运行带来麻烦。为此 MRP 引入了"低层码"的概念，常常把在几个层次上都有的同样的零部件，都统一取其最低的层码，画到它所在的最低层上。如图 9.12 所示，零件 C 的层码均为 2。这也是画产品结构图的小技巧。

(2) 产品结构表。产品结构表也被称为错口式物料清单。构建错口式物料清单时要参见产品结构图，将图中某一层次的所有零件用它们的零件代码列在表中同一列，某一装配件的全部零件紧接着往后排列，并向下缩进一行表示它们所处的较低层次。同时，在表中填写零部件需要的数量及提前期。以产品 A 为例，其错口式物料清单如表 9-6 所示。

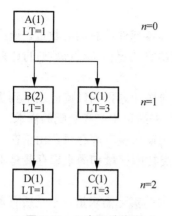

图 9.11 A 产品结构图

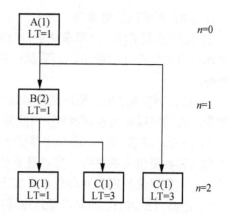

图 9.12 A 产品结构图调整

表 9-6 A 产品的错口式物料清单

零件代码及层次			需要的数量	提前期
0	1	2		
A			1	1
*	*	C	1	3
*	B		2	1
*	*	D	1	1
*	*	C	1	3

3) 库存状态记录

在 MRP 系统中，将原材料、零部件、在制品、产成品等统称为"物料"。库存状态记录(Inventory Status Records，ISR)的功能就是保存每一种物料相关的库存状态数据，如期初库存量、安全库存量、提前期、总需求量、净需求量、现有库存量、预计到货量、计划接受订货量、计划发出订货量等。库存状态记录的内容始终处于不断变化之中，MRP 每运行一次，它就发生一次大的变化。

4. MRP 系统的运算

MRP 系统的计算只涉及加、减和乘 3 种运算，一般利用表格进行。MRP 初始计算表如表 9-7 所示。

表 9-7 MRP 初始计算表

时期 t	0	1	2	3	4	5	6
总需求量 $G(t)$		已知	已知	已知	已知	已知	已知
预计到货量 $S(t)$		已知	已知	已知	已知	已知	已知
现有库存量 $H(t)$	已知						
净需求量 $N(t)$							
计划接受订货量 $P(t)$							
计划发出订货量 $R(t)$							

1) MRP系统的运算数据

(1) 总需求量 $G(t)$。总需求量是指时期 t 产成品及其零部件的总需要数量。最终产品的总需求量由主生产计划给出，而零部件的总需求量则由它的母体零件(母项)的计划发出订货量得出。

(2) 预计到货量 $S(t)$。预计到货量是指在时期 t 之前按计划预先订购但还未到货的在途货物量，它们可以并且会在时期 t 内实际到货入库，用来满足生产和装配的需求。

(3) 现有库存量 $H(t)$。现有库存量是指本期(时期 t)期末现有库存量。由于在一周中，随着到货和物资供应的进行，库存量是变化的，所以周初库存量和周末库存量是不同的。因此规定这里记录的现有库存量都是周末库存量。

(4) 净需求量 $N(t)$。净需求量是指零部件在时期 t 内的实际需求量。不是所有零部件每一周都有净需求量的，只有发生缺货的周才发生净需求量，也就是说某个品种某周的净需求量就是这个品种在这一周的缺货量。所谓缺货，就是上一周的期末库存量加上本周的预计到货量小于本周的总需求量。

MRP在实际运行中，不是所有的负库存量都有净需求量的。净需求量可以这样简单地确定：在现有库存量一栏中第一个出现的负库存量的周，其净需求量就等于其负库存量的绝对值。在其后连续出现的负库存量各周中，各周的净需求量等于本周的负库存量减去前一周的负库存量的差的绝对值。

(5) 计划接受订货量 $P(t)$。计划接受订货量是指为满足净需求量，零部件在时期 t 计划应接受的订货数量。它告诉人们，为了保证某种物资在某个时间的净需求量得到满足，人们提供的供应物资最迟应当在什么时候到达，到达多少。

(6) 计划发出订货量 $R(t)$。计划发出订货量是指发出采购订单进行采购或发出生产任务单进行生产的数量和时间。该数量应与 $P(t)$ 相同，但要按提前期前移。

另外，在开始运行MRP以前，仓库中可能还有库存量，叫期初库存量。MRP运行是在期初库存量的基础上进行的，所以各个品种的期初库存量作为系统运行的重要参数必须作为系统的初始数据要输入到系统之中。

库存量是满足各周需求量的物资资源。在有些情况下，为了防止意外情况造成的延误，还对某些关键物资设立了安全库存量，以减少因紧急情况而造成的缺货。在考虑安全库存的情况下，库存量中还应包含安全库存量。

2) MRP系统的运算流程

MRP系统的整个运算过程可以用图9.13所示的流程图表示。

图9.13中，L 为提前期，H_0 为期初库存量，Q_S 为安全库存量，Q_0 为订货批量，t 为时期，M 为计划期长度，n 为层码。整个运算过程可以分成以下几步。

(1) 准备。在运行MRP系统之前，要做好以下几项准备工作。

① 确定时间单位，确定计划期的长短。一般计划期可以取1年，时间单位取为周，则计划期就是52周。当然时间单位也可以取天，计划期可以取任意的天数。在这里，我们取时间单位为周，计划期长度为 M 周。

② 确定物料编码，包括产成品和零部件的编码。

③ 确定产成品出产进度计划MPS，它被表示成产成品各周的出产量。

④ 确定产成品的结构文件BOM，它被表示成具有层级结构的树形图。

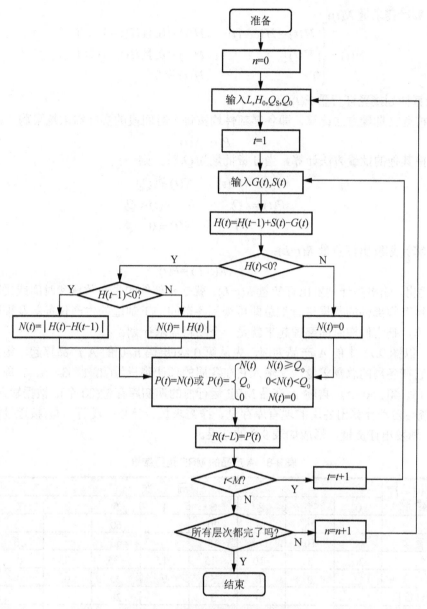

图 9.13 MRP 系统的运算流程图

⑤ 准备好产成品及其所有零部件的库存状态记录,特别是各自的期初库存量,预计到货量。有些物资,特别是长距离、难订货的物资还要考虑安全库存量、订货批量等。

(2) 运算。首先从层码等于 0 的产成品开始,依次取各级层码的各个零部件进行以下处理。

① 输入提前期 L、期初库存量 H_0(有些物资还要输入订货批量 Q_0、安全库存量 Q_s 等)。

② 对于每一个时期 t(周),输入或计算下列参数:

a. 输入或计算总需求量 $G(t)$;

b. 输入预计到货量 $S(t)$;

c. 计算现有库存量 $H(t)$:

$$H(t)=H(t-1)+S(t)-G(t) \tag{9-24}$$

d. 计算净需求量 $N(t)$：

$$N(t) = \begin{cases} |H(t)-H(t-1)| & H(t)<0, \text{且} H(t-1)<0 \\ |H(t)| & H(t)<0, \text{且} H(t-1)\geqslant 0 \\ 0 & H(t)\geqslant 0 \end{cases} \quad (9\text{-}25)$$

e. 计算计划接受订货量 $P(t)$：

如果按逐批批量方法计算，即各零部件均按每个时间段的实际需求量采购，则

$$P(t)=N(t) \quad (9\text{-}26)$$

如果按其他的批量方法计算，当订货批量为 Q_0 时，则

$$P(t) = \begin{cases} N(t) & N(t)\geqslant Q_0 \\ Q_0 & 0<N(t)<Q_0 \\ 0 & N(t)=0 \end{cases} \quad (9\text{-}27)$$

f. 计算计划发出订货量 $R(t-L)$：

$$R(t-L)=P(t) \quad (9\text{-}28)$$

(3) 输出。输出的计划发出订货量 $R(t-L)$，就是零部件的生产数量和时间或采购数量和时间。对所有零部件的数据进行汇总即可得到各车间加工制造的生产任务单及采购部门的采购订货单，把它们按时间整理起来就是一个物料需求计划。

【例 9-6】以图 9.11 中的 A 产品为例，先从第 0 级(层码 $n=0$)的 A 产品算起。根据主生产计划输入它在各周的总需求量，又输入它在各周的预计到货量(第 1、3、5、7 周分别预计到货 10、15、40、50 个)，再输 A 产品 MRP 运行前的期初库存量(20 个)。数据输入完毕后，MRP 系统会自动计算出各周的现有库存量、净需求量、计划接受订货量(按逐批批量方法计算)和计划发出订货量，形成如表 9-8 的结果。

表 9-8 A 产品的 MRP 运行结果

项目：A(0级) 提前期：1	周次								
	0	1	2	3	4	5	6	7	8
总需求量		25	15	20		60		15	
预计到货量		10		15		40		50	
现有库存量	20	5	-10	-15	-15	-35	-35	0	0
净需求量		0	10	5	0	20	0	0	0
计划接受订货量			10	5		20			
计划发出订货量		10	5		20				

A 产品的 MRP 运算包括以下过程。

首先，根据 MRP 输入的数据，利用式(9-24)计算出 A 产品各周的现有库存量。它可以为正数、负数和 0。

然后，利用式(9-25)计算和输出各周的净需求量。只有那些现有库存量为负数的周才有净需求量。净需求量的计算方法是：第一次出现的负库存量(-10)的周(第 2 周)的净需求量就等于其负库存量的绝对值(10)，其紧接在后面的负库存量的周(第 3 周)的净需求量就等于本周的负库存量(-15)减去上一周的负库存量(-10)所得结果的绝对值(5)。同样算出第 5 周净需求量为 20 个，第 4、6、7、8 周的净需求量为 0。

接着，利用式(9-26)计算和输出计划接受订货量。因为采用逐批批量方法计算，所以它

在数量和时间上都与净需求量相同，如表 9-8 所示，第 2 周接受 10 个，第 3 周接受 5 个，第 5 周接受 20 个。

最后，利用式(9-28)计算和输出计划发出订货量，它是把计划接受订货量在时间上提前一个提前期(这里是 1 周)、订货数量不变而形成的，如表 9-8 所示，第 1 周计划发出订货量 10 个，第 2 周计划发出订货量 5 个，第 4 周计划发出订货量 20 个。这就是 MRP 最后处理的结果。它给出了 A 产品应发出的生产任务单，具体内容见表 9-9。

表 9-9 A 产品的生产任务单

项目：A(0级) 提前期：1	周次							
	1	2	3	4	5	6	7	8
计划发出订货量	10	5		20				

算完第 0 级，再算第 1 级(层码 $n=1$)。1 个 A 产品由 2 个 B 零件和 1 个 C 零件构成。B 零件的期初库存量为 10 个，提前期为 1 周。

根据表 9-10，在第 1、2 和 4 周分别计划生产 10、5、20 个 A 产品，也就是说在 1、2、4 周分别需要 20、10、40 个 B 零件。由于 B 零件的期初库存量只有 10 个，而第 1 周总需求量为 20 个，且订货提前期要 1 周。所以来不及按正常订货来满足，只有采取紧急订货，通过第 1 周预计到货量 10 个，来满足第 1 周总需求量。之后，算出第 2、4 周的净需求量分别为 10 个和 40 个。第 1、3 周分别计划发出订货量 10 个和 40 个。计算结果如表 9-10 所示。

表 9-10 B 零件的 MRP 运行结果

项目：B(1级) 提前期：1		周次							
	0	1	2	3	4	5	6	7	8
总需求量		20	10		40				
预计到货量		10							
现有库存量	10	0	−10	−10	−50				
净需求量			10		40				
计划接受订货量			10		40				
计划发出订货量		10		40					

算完第 1 级，再算第 2 级(层码 $n=2$)。1 个 B 零件由 1 个 D 零件和 1 个 C 零件构成。D 零件的期初库存量为 5 个，提前期为 1 周。第 1 周预计到货量 10 个，同样计算得表 9-11。第 2 周计划发出订货量 35 个。

表 9-11 D 零件的 MRP 运行结果

项目：D(2级) 提前期：1		周次							
	0	1	2	3	4	5	6	7	8
总需求量		10		40					
预计到货量		10							
现有库存量	5	5	5	−35	−35	−35	−35	−35	−35
净需求量				35					
计划接受订货量				35					
计划发出订货量			35						

再算第 2 级的另一个 C 零件。其期初库存量为 0、提前期为 3 周。第 1 周预计到货量 70 个。由表 9-10 可知，第 1、3 周分别需要 B 零件 10 个和 40 个，因此需要 C 零件也为 10 个和 40 个。又由表 9-8 可知，A 产品 1、2、4 周分别需要生产 10、5、20 个，因而需要 C 零件也为 10、5、20 个。这样 C 零件的总需求量合起来为：第 1 周 20 个，第 2 周 5 个，第 3 周 40 个，第 4 周 20 个。同样计算的结果如表 9-12 所示。第 1 周计划发出订货量 15 个。

表 9-12　C 零件的 MRP 运行结果

项目：C(2 级)	周次								
提前期：3	0	1	2	3	4	5	6	7	8
总需求量		20	5	40	20				
预计到货量		70							
现有库存量	0	50	45	5	−15	−15	−15	−15	−15
净需求量					15				
计划接受订货量					15				
计划发出订货量		15							

根据以上运算，可以得出为了按计划生产 A 产品而需要的各种物料需求计划，如表 9-13 所示。

表 9-13　生产 A 产品所需的物料需求计划

物　料	周次							
	1	2	3	4	5	6	7	8
B	10		40					
C	15							
D		35						

5. MRP 系统的输出

MRP 系统的输出信息较多，其中关键的是生产和库存控制用的计划和报告。

(1) 零部件出产计划。零部件出产计划规定了每个零部件的生产数量和生产时间，以便生产部门组织生产。

(2) 原材料需求计划。原材料需求计划规定了每个零部件所需的原材料的种类、订货数量和订货时间，并按原材料的品种、型号、规格汇总，以便物资部门进行采购。

(3) 库存状态记录。库存状态记录主要记录了各种零部件、外购件以及原材料的库存状态数据，以便于计划与实际的对比，进行生产进度控制和采购计划控制。

9.3.2　JIT

1. JIT 的概念

准时生产制(Just in Time，JIT)是 20 世纪 70 年代日本创造的一种现代化的生产管理方式，在日本丰田汽车制造公司得到广泛实施，并取得巨大的成效。近年来，JIT 不仅作为一种生产方式，也作为一种通用管理模式在物流、营销等领域得到推广。

JIT 所遵循的原则可用一句话概括：只在需要的时候，按照所需要的数量，以完美的质量为顾客生产提供所需要的产品。这也是 JIT 的基本含义。具体而言，是指保证品种有效性，拒绝不需要的品种；保证数量有效性，拒绝多余的数量；保证所需的时间，拒绝不按时供应；保证产品质量，拒绝次品和废品。

JIT 实施时体现了一种"拉式"的生产思想。也就是说，产品生产出来的时间就是顾客所需要的时间。同样，原材料、零部件到达某一工序的时刻，正是该工序准备开始生产的时候。没有不需要的原材料被采购入库，也没有不需要的在制品及产成品被加工出来。

2. JIT 的目标

(1) 只在需要时才存在库存，实现零库存。
(2) 改进质量，实现零缺陷。
(3) 通过减少准备时间、等候时间和批量来缩短交货时间。
(4) 消除浪费。
(5) 以最小成本完成任务。

上述目标体现了 JIT 追求的是一种完美、理想的境界。尽管在实际中企业难以达到，但这些目标为企业提供了为之奋斗的方向，提供了努力进取、不断改进的氛围和环境。

3. JIT 在库存控制中的应用

JIT 生产方式作为一种管理思想，在库存控制方面主要应用在订货管理，即采购管理中，形成了一种先进的采购模式——准时化采购。它的基本思想是：在恰当的时间、恰当的地点以恰当的数量、恰当的质量提供恰当的物品。具体体现在以下几点：①用户需要什么就送什么，品种规格符合用户需要；②用户需要什么质量就送什么质量，品种质量符合用户需要；③用户需要多少就送多少，不少送也不多送；④用户什么时候需要就什么时候送货，不晚送也不早送，非常准时；⑤用户在什么地点需要，就送到什么地点。

1) JIT 采购的特点

(1) 采用较少供应商，甚至单源供应。单源供应是 JIT 采购的基本特点之一。传统的采购模式一般是多源供应，供应商的数目相对较多。从理论上看，采用单源供应比多源供应好。一方面，对供应商的管理方便，利于供应商获得规模效应，也利于降低采购成本；另一方面，有利于供需之间建立长期稳定的合作关系，供货质量上比较有保证。但是，单源供应也有风险，如供应商可能因意外原因中断货源，以及供应商缺乏竞争意识等。同时，单源供应会使企业对供应商依赖过重，不能形成竞争性采购价格。

(2) 对供应商的选择需综合进行评价。在传统采购模式中，供应商是通过价格竞争选择的，供应商与客户之间是短期合作关系，当发现供应商不适合时可以通过市场竞标的方式重新选择。但在 JIT 模式下，供应商和用户是长期合作关系，供应商的合作能力将影响企业的长期经济利益，因此对供应商的要求比较高。选择供应商时，需要对供应商进行综合的评价。评价供应商时价格不是最主要的因素，质量才是最重要的标准，这种质量不单指产品质量，还包括工作质量、交货质量、技术质量等。

(3) 对交货准时性的要求严格。JIT 采购的一个重要特点是要求交货准时，这是实施精确生产的前提条件。交货准时取决于供应商的生产与运输条件。作为供应商来说，交货准时可以从以下几个方面着手：一方面，提高生产的可靠性和稳定性，减少延迟交货或误点现象。而作为准时化供应链的一部分，供应商同样也采用 JIT 生产方式，以提高生产过程的准时性。另一方面，为提高交货准时性，运输问题不容忽视。在物流管理中，运输问题是一个重要的问题，它决定准时交货的可能性。特别是全球的供应链系统，运输过程长，且要经过不同运输方式的运输衔接和中转，因而有效的运输计划和管理是准时运输的保证。

(4) 对信息交流的需求更强。JIT 采购要求供需双方的信息高度共享，保证供应与需求信息的准确性和实时性。由于双方的战略合作关系，企业生产计划、库存、质量等各方面的信息都可以及时进行交流，以便出现问题时能够及时处理。同时，现代信息技术的发展为有效的信息交流提供了强有力的支持，使得信息交流变得更加方便、快捷、安全。

案例 9-1

> 由于物流技术和计算机信息管理的支持，目前通过海尔电子商务的 BBP 采购平台，所有的供应商均在网上接受订单，使下达订单的周期从原来的 7 天以上缩短为 1 小时内，而且准确率达 100%。除下达订单外，供应商还能通过网上查询库存、计划等信息，及时补货，实现 JIT 采购。
>
> (资料来源：http://doc.mbalib.com/view/6f5e34770c9d175859b2cef7daf09d05.html。)

(5) 采取小批量采购策略。小批量采购是 JIT 采购的一个基本特征。JIT 采购与传统采购模式的一个重要区别在于 JIT 生产方式需要减少生产批量，因此采购的物资也应该是小批量的。从另一个角度看，由于企业生产对原材料和外购件的需求是不确定的，而 JIT 采购又旨在消除原材料和外购件的库存，为保证准时，按质按量供应所需物资，小批量采购是必然的。当然，小批量采购会增加运输次数和成本，对供应商来说是困难的事情，特别是供应商在国外等远距离的情形下，实现准时化采购的难度更大。解决的办法可以通过混合运输、代理运输等方式，或尽可能使供应商靠近用户。

2) JIT 采购的意义

(1) 减少原材料和外购件的库存。根据国外一些实施 JIT 采购策略企业的测算，JIT 采购可以使原材料和外购件的库存降低 40%～85%。原材料和外购件库存的降低，有利于减少流动资金的占用，加速流动资金的周转，同时也有利于节省原材料和外购件库存占用的空间，从而降低库存成本。

(2) 提高原材料和外购件的质量。一般来说，实施 JIT 采购，可以使购买的原材料和外购件的质量提高 2～3 倍。而且，原材料和外购件质量的提高，又会引起质量成本的降低。据估计，推行 JIT 采购可使质量成本减少 26%～63%。

(3) 降低原材料和外购件的采购价格。由于供应商和制造商的密切合作以及内部规模效益与长期订货，再加上消除了采购过程中的一些浪费(如订货手续、装卸环节、检验手续等)，就使得购买的原材料和外购件的价格得以降低。例如，生产复印机的美国施乐公司，通过实施 JIT 采购策略，使其采购物资的价格下降了 40%～50%。

此外，推行 JIT 采购策略，不仅缩短了交货时间，节约了采购过程所需资源(包括人力、资金、设备等)，而且提高了企业的劳动生产率，增强了企业的适应能力。

3) JIT 采购的实施条件

(1) 距离越近越好。供应商和企业用户的空间距离要小，而且越近越好。太远了，操作不方便，发挥不了 JIT 采购的优越性，很难实现零库存。

(2) 制造商和供应商建立互利合作的战略伙伴关系。JIT 采购策略的推行，有赖于制造商和供应商之间建立起长期的、互利合作的新型关系,相互信任,相互支持,共同获益。

(3) 注重基础设施的建设。良好的交通运输和通信条件,是实施 JIT 采购策略的重要保证。企业的基础设施建设,对 JIT 采购的推行也至关重要。所以,要想成功实施 JIT 采购策略,制造商和供应商都应注重基础设施的建设。当然,这些条件的改善,不仅仅取决于制造商和供应商的努力,各级政府也须加大投入。

(4) 强调供应商的参与。JIT 采购不只是企业物资采购部门的事,它也离不开供应商的积极参与。供应商的参与,不仅体现在准时、按质、按量供应制造商所需的原材料和外购件上,而且体现在积极参与制造商的产品开发设计过程中。与此同时,制造商有义务帮助供应商改善产品质量,提高劳动生产率,降低供货成本。

(5) 建立实施 JIT 采购策略的组织。企业领导必须从战略高度来认识 JIT 采购的意义,并建立相应的组织来保证该采购策略的成功实施。这一组织的构成,不仅应有企业的物资采购部门,还应包括产品设计部门、生产部门、质量部门、财务部门等。其任务是,提出实施方案,具体组织实施,对实施效果进行评价,并进行连续不断的改进。

(6) 制造商向供应商提供综合的、稳定的生产计划和作业数据。综合的、稳定的生产计划和作业数据可以使供应商及早准备,精心安排其生产,确保准时、按质、按量交货。否则,供应商就不得不求助于缓冲库存,从而增加其供货成本。有些供应商在制造商工厂附近建立仓库以满足制造商的 JIT 采购要求,实质上这不是真正的 JIT 采购,而只是负担的转移。

(7) 着重教育与培训。通过教育和培训,使制造商和供应商充分认识到实施 JIT 采购的意义,并使他们掌握 JIT 采购的技术和标准,以便对 JIT 采购进行不断的改进。

(8) 加强信息技术的应用。JIT 采购是建立在有效信息交换的基础上的,信息技术的应用可以保证制造商和供应商之间的信息交换。因此,制造商和供应商都必须加大对信息技术,特别是电子数据交换(EDI)技术的应用投资,以便更加有效地推行 JIT 采购策略。

4) JIT 采购的步骤

(1) 创建 JIT 采购班组。准时化采购班组要由对 JIT 采购方法有充分了解和认识的人组成。其主要责任是寻找货源,商定价格,发展并不断改进与供应商的协作关系。通常,采购班组可分为两个部分,一部分专门负责处理有关供应商的事务,如认定和评估供应商的信誉、能力,与供应商谈判签订合同,向供应商发放免检签证等;另一部分专门协调本企业各个部门的 JIT 采购操作,制订作业流程,指导和培训操作人员,并且进行操作检验、监督和评估。

(2) 制定采购策略。这是实施准时化采购关键的一步,只有采购策略制定得合理,才能充分发挥准时化采购的优势。在这一过程中要结合企业现状,应用准时化采购策略的核心思想,制定新的适合本企业的采购策略,从而改进原有的采购方式;在这一过程中还要与供应商保持信息交流与沟通,一起商定目标和相关措施。

(3) 精选少数供应商,建立合作伙伴关系。要对供应商进行能力评估,尽量减少供应商的数量。选择供应商时要考虑产品质量、供货能力、应变能力、地理位置、企业规模、财务状况、技术、价格以及供应商的可替代性等。选定后要注意维护和供应商之间的战略联盟关系,建立良好的商业伙伴关系。

(4) 进行试点工作。选择一种或两种原材料,运用新制定的采购策略进行试点,观察运行结果，通过和预想结果进行对比，总结经验教训，待新策略能够顺畅运行时再正式对所有原材料实施 JIT 采购。

(5) 进行供应商的 JIT 培训，确定共同目标。JIT 采购是供需双方共同的业务活动，单靠采购部门的努力是不够的，需供应商配合和支持。只有供应商也对 JIT 采购的策略和运作方法有了认识和理解，企业才能获得这种支持和配合。因此，需要对供应商进行有关 JIT 采购策略和运作方法的培训，使供应商能够了解 JIT 采购的运作过程对供需双方的好处，让供需双方树立共同的目标，从而能够更好地协作开展 JIT 采购。

(6) 向供应商发放免检合格证。JIT 采购特点之一就是买方不需对供应商的产品进行频繁的检验，这就需要对供应商提供的产品进行质量检查和评定，向能够提供质量合格产品并且信誉好的供应商发放免检签证，这样就可以对拥有免检签证的企业产品省去烦琐的检验过程了。

(7) 实现配合节拍进度的交货方式。JIT 采购的最终目标是实现 JIT 生产方式，因此交货方式要从预测的交货向 JIT 方式转变，最终实现当需要某物资时，该物资刚好到达并被生产所利用。

(8) 继续改进，不断完善。JIT 采购是一个不断完善和改进的过程，需要在实施过程中不断总结经验教训，从降低运输成本，提高交货的准时性和产品的质量，降低供应商库存等各方面进行改进，从而不断提高准时化采购的运作绩效。

9.3.3 DRP

1. DRP 的概念

分销需求计划(Distribution Requirement Planning，DRP)是 MRP 原理和技术在流通领域中的应用，主要用于解决独立需求中产品的订货、进货以及送货的时间和数量问题。它的基本目标是合理进行分销资源的配置，达到既保证有效地满足市场需要，又使得配置费用最省的目的。DRP 主要应用于流通企业(如储运公司、物流中心、流通中心等)和自己具有销售网络及储运设施的生产企业。

一般含有物流业务的流通企业，不论是否从事产品的销售业务，它们都必然有储存和运输的业务，也就是有进货或送货的业务。这些企业或是接受一些生产企业的委托存货，或是自己从生产企业购进货物存放在自己的仓库里，然后为生产企业销售部门或订货用户送货。这些流通企业可能还有自己的下属仓库或配送中心，广泛分布在各个地区。在这种业务模式下，企业追求的目标一方面是要保证满足用户的需要，另一方面又要争取自己的总费用最省，使自己的资源(车辆、仓库等)利用率最高。

有的生产企业，特别是大型生产企业，有自己的销售网络和储运设施。自己生产出来的产品，或完全自己销售，或部分自己销售、部分交由流通企业销售。这样的生产企业是面对市场来生产、销售自己的产品的，它们既搞生产，又搞流通。它们的分销业务，通常由企业的流通部门承担，具体组织储、运、销活动。

2. DRP 的基本原理

DRP 的工作原理如图 9.14 所示。

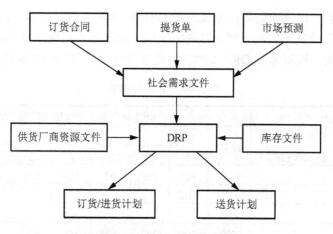

图 9.14　DRP 的工作原理

由图 9.14 可知，实施 DRP 时，需要输入 3 个文件，然后通过系统运行输出两个计划，即一个订货/进货计划，一个送货计划。

1) DRP 系统的输入

(1) 社会需求文件。社会需求文件是指将客户的订货合同或提货单，也包括下属子公司、各地区配送中心的订货单中的需求按品种、数量、时间进行统计构成一个文件，制定出社会需求文件。如果没有这些预先签订好的订货合同或提货单等，社会需求量就要靠预测来确定，即配送系统的人员根据过去的供货记录来预测用户未来每天(每周)的需求量，从而形成社会需求文件。

社会需求文件是进行 DRP 处理的依据，是 DRP 处理的最主要的文件，没有这个文件就不可能进行 DRP 处理，因此可将其称为社会需求主文件。

(2) 库存文件。流通企业仓库里所有货物品种和数量的列表称为库存文件。通过此列表，可以确定什么货物可从仓库里提货送货，送多少，什么货物需要订货进货。仓库里有的货物，应从仓库里提货送货，送货的数量不能超过现有的库存量；仓库里没有的货物则要立即订货进货。所以，库存文件也是制订 DRP 计划必需的文件。

(3) 供货厂商资源文件。这是货物生产厂或供应商的可供资源文件，包括可供的货物品种、数量、价格、供货厂商的地理位置等情况，地理位置的远近和订进货提前期有关。供货厂商资源文件主要是为 DRP 制订订货/进货计划使用。

2) DRP 系统的输出

(1) 订货/进货计划。订货计划是对于流通企业自己购买经营的货物而言的，所有权在流通企业，货物没了，需要重新订货。

进货计划是对于生产企业委托流通企业储运、经营的货物而言的，这些货物的所有权在生产方，流通企业只是代理经营，货物没有了，直接到生产企业进货即可。

(2) 送货计划。这是满足用户需求制定的送货计划，涉及送货时间、数量及方式。对于用户需求的物资，如果仓库里有，就直接提货送货。对于大批量需求实行直送，小批量需求实行配送。

3. DRP 处理表的内容与编制

输入基本信息完毕后，DRP 系统会自动计算出每个品种各计划期的计划库存量、到货计划、订进货计划、送货计划等，形成一张 DRP 处理表，如表 9-14 所示。因为在一张处理表中，既要制订送货计划，又要制订进货计划，因此必须和特定的供应商相联系，才能确定订进货提前期，所以每个 DRP 处理表只能涉及一个厂商的一个品种。

表 9-14 DRP 处理表

品种 A01		物流中心 A			订进货厂商 C01				
安全库存量 200 订货批量 300		期初	日						
订进货提前期 4 送货提前期 1			1	2	3	4	5	6	7	8
需求主计划			100	120	90	110	120	100	80	120
送货在途到货			100							
进货在途到货						300				
计划库存量		500	500	380	290	480	360	260	480	360
到货计划										300
订进货计划					300					
送货计划			120	90	110	120	100	80	120	

表 9-14 中，每个计划期的计划库存量是用现有库存量减去需求量得到的，即

本期期末库存量=本期期初库存量+进货在途到货量+计划到货量-本期需求量   (9-29)

其中：

本期需求量=本期需求计划量-送货在途到货量   (9-30)

DRP 包括以下处理过程。

(1) 在送货方面，将用户需求日期和需求量提前一个送货提前期，就得到送货日期和送货量，从而确定送货计划。

(2) 在订货/进货方面，当计划库存量下降到等于或者小于安全库存量的时候，应该有一个订货批量的订货量按计划到达，参与本期的使用，从而确定到货计划。然后根据供货方的订进货提前期，将到货计划中的到货日期和到货量提前一个订进货提前期，就得到供货方的订进日期和订进数量，从而确定订进货计划。

5. DRPⅡ

分销资源计划(Distribution Resource Planning，DRPⅡ)是一种企业内部物资配送计划系统管理模式。为了达到系统优化运作的目的，DRPⅡ是在 DRP 基础上发展而来的，对 DRP 的功能进行了扩充，增加了配送车辆的管理功能、仓储管理功能、成本核算功能，并且能够进行物流能力的平衡，制定出物流能力计划，实现成本、库存、产能、作业等的良好控制，达到客户满意。

1) DRPⅡ的主要特点

(1) 在功能方面，DRPⅡ除了对物资进、销、存管理外，还具有对车辆、仓库的配置利用以及成本、利润核算等功能。此外，还有物流优化、管理决策等功能。

(2) 在具体内容上，DRPⅡ增加了车辆管理(主要管理运输车队，包括运输任务的实施和考核)、仓储管理(主要是仓储货物的进发存的管理)、物流能力计划(主要包括车辆运输能力、仓储能力等计划，以保证送货计划和订进货计划实施)、物流优化辅助决策系统(主要是为了配置车辆、进行调运、辅助决策服务以及达到物流优化)和成本核算系统(根据各部

分的运作，以求出各项成本和利润)。

(3) DRPⅡ具有闭环性，是一个自我适应、自我发展的闭环系统。同时，也是一个闭环反馈系统，订货信息和送货信息都反馈到仓库和车队。

2) DRPⅡ的工作原理

DRPⅡ的工作原理如图9.15所示。

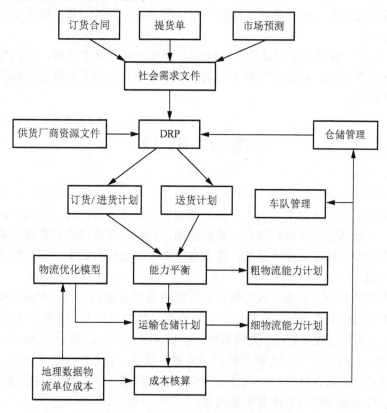

图 9.15　DRPⅡ的工作原理

图 9.15 中上半部分与 DRP 基本相同。企业所有的计划和决策，应当以实现主需求计划为前提。由于主需求计划没变，所以由 DRP 产生的送货计划和订货/进货计划也就不会变。因此，DRPⅡ的工作原理图的上半部分与 DRP 的工作原理图完全一致。DRPⅡ原理图下半部分是 DRPⅡ在 DRP 基础上新增的功能。

3) DRPⅡ的处理步骤

(1) 建立社会需求文件。根据用户订货单、提货单统计汇总得到，或者通过市场预测得到。

(2) 制订 DRP 计划。由需求主计划、仓储管理中的库存文件和供货厂商资源文件得出，包括送货计划和订货/进货计划。

(3) 制订粗物流能力计划。针对 DRP 制订出来的送货计划和订货/进货计划，确定每天(每周)的总运输任务。对于 DRP 计划给定的任务，落实车辆的拥有状况和仓储面积(下面统称为物流能力)，根据车队情况以及仓库情况进行能力平衡，如果物流能力不够就采取弥补措施，如多跑几趟或者调整任务量，可以外购或者外租，从而形成物流能力计划。这里所说的物流能力计划只是一个粗物流能力计划，主要是总量上的平衡。

(4) 制订细物流能力计划。粗能力计划制订后，对给定的运输、储存任务根据物流优化模型制定统一的运输计划和仓储计划，并根据这些计划制定细物流能力计划。细物流能力计划就是要落实所用的运输车辆、具体的运输路线以及入库货物的具体存放地点和存放方式等。这是 DRPII 系统中非常重要的一块，也是最难的一块。它的基本内容是根据运输任务运行物流优化模型，如直达调运模型、配送模型等，通过运算形成调运方案、配送方案和派车任务单。

(5) 成本核算。根据已经形成的运输计划、仓储计划计算工作量，并根据单位成本乘以工作量来计算总成本，从而实现成本利润核算。单位成本由车队和仓库根据实际情况或者价格政策来确定。

本 章 小 结

库存无论对制造业还是仓储业都是十分重要的，可以防止资源的短缺。但过高的库存会占用企业大量资金，增加库存成本，带来其他一些管理上的问题。所以，库存管理的目标就是确定一个合理的库存量，防止缺货和超储，在满足客户需求，提高服务水平的前提下，使库存量最少，库存总成本最低。库存总成本主要由购入成本、订货成本、储存成本和缺货成本构成。

为了使有限的时间、资金、人力等企业资源得到更有效的利用，企业应依据库存物资重要程度的不同进行分类管理，将管理的重点放在重要的物资上，这就是 ABC 分类管理法的基本思想。依次经过收集数据、处理数据、绘制 ABC 分类表和制作 ABC 分析图等步骤，可将货物分为 A、B、C 三类。A 类货物采用定量订货法，着重解决订货点和经济订货批量的问题，即解决什么时候订货，一次订货多少合适的问题。B 类和 C 类货物采用定期订货法，着重解决订货周期和最高库存量的问题。

MRP 主要是用来解决相关需求问题的一种现代的库存管理方法。该方法通过市场预测和订单分析，了解用户的需求信息后，根据主生产计划中规定的最终产品的交货日期和数量，计算出在指定时间内生产指定数量的各种产品所需各种物料的数量和时间。实施 MRP 时，需要输入主生产计划、物料清单和库存状态记录的相关信息，然后通过系统运行输出零部件的生产作业计划和采购计划。

近年来，JIT 不仅作为一种生产方式，也作为一种通用管理模式在物流、营销等领域得到推广。在库存控制方面主要应用在采购管理中，形成了一种先进的采购模式——准时化采购。它的基本思想是：在恰当的时间、恰当的地点以恰当的数量、恰当的质量提供恰当的物品。JIT 采购可以减少原材料和外购件的库存，提高采购物料的质量，降低物料的采购价格。

DRP 主要应用于流通企业和自己具有销售网络及储运设施的生产企业，解决独立需求中产品的订货、进货以及送货的时间和数量问题。实施 DRP 时，需要输入 3 个文件，分别是社会需求文件、供货厂商资源文件和库存文件，然后通过系统运行输出两个计划，即一个订货/进货计划，一个送货计划。

 关键术语

库存 Stock
库存管理 Management in Stock
ABC 分类管理法 ABC Classification
定量订货法 Fixed Quantity System (FQS)
定期订货法 Fixed Interval System (FIS)
物料需求计划 Material Requirements Planning (MRP)
准时生产制 Just in time (JIT)
分销需求计划 Distribution Requirement Planning(DRP)
分销资源计划 Distributed Resource Planning (DRPII)

习 题

1. 单项选择题

(1) 对企业库存(物料、在制品、产成品)按其重要程度、价值高低、资金占用或消耗数量等进行分类、排序，以分清主次、抓住重点、并分别采用不同的管理方法，这种库存管理法是(   )。

  A. 零库存技术 B. ABC 管理法 C. 定量订货 D. 定期订货

(2) 在 ABC 分类中，如果按照品种占总品种和耗用金额占总金额的不同进行分类，则 A 类物品的分类标准是(   )。

  A. 品种占 70%左右，金额占 10%左右
  B. 品种占 10%左右，金额占 70%左右
  C. 品种占 20%左右，金额占 20%左右
  D. 品种占 50%左右，金额占 50%左右

(3) 定量订货法主要用于(   )的库存控制。

  A. A 类物资 B. B 类物资 C. C 类物资 D. A、B、C 类物资

(4) 某企业配件甲年需求量为 6 000 箱，每次进货成本费用为 300 元，每箱年仓储成本为 10 元，经济订货批量是(   )箱。

  A. 200 B. 400 C. 600 D. 800

(5) MRP 是指(   )。

  A. 物料需求计划 B. 制造资源计划
  C. 企业资源计划 D. 准时化采购

(6) MRP 的输入有 3 个文件：主生产计划、(   )和库存状态记录。

  A. 产品控制文件 B. 产品生产计划
  C. 产品结构文件 D. 总生产计划

(7) 现有库存量是指周末库存量，可为(　　)。
   A. 正数　　　　B. 负数　　　　C. 零　　　　D. 三者皆可
(8) JIT 意为及时或准时，它在(　　)得到广泛实施，并取得巨大成效。
   A. 德国西门子　　　　　　　B. 美国通用集团
   C. 日本丰田集团　　　　　　D. 一汽大众集团
(9) 准时化采购是一种先进的采购模式，它的缩写是(　　)采购。
   A. JIT　　　　B. JOT　　　　C. JAT　　　　D. JET
(10) 准时化采购的意义之一是(　　)。
   A. 多源供应　　　　　　　　B. 获得最低价格
   C. 提高采购物资质量　　　　D. 短期合作

2. 判断题

(1) 汽车生产厂对轮胎、反光镜、车用座椅等物品的需求属于独立需求，由此设置的库存属于独立需求库存。(　　)
(2) 采用 ABC 分类管理法管理物资时，需要严格控制的是 B 类和 C 类。(　　)
(3) 在 ABC 分类中，如果按照品种占总品种和耗用金额占总金额的不同进行分类，则 B 类是指品种占 20%左右，金额占 20%左右的存货。(　　)
(4) 现有库存量是指周末库存量，其只可为正数。(　　)
(5) DRP 是分销需求计划的简称。(　　)
(6) 仓库存放的货物如果是自己购买经营的，缺货时需制订进货计划，直接从供应商处进货。(　　)

3. 简述题

(1) 库存管理的目标是什么？
(2) ABC 分类管理法具体的实施步骤是怎样的？
(3) 定量订货法和定期订货法各有哪些优缺点？
(4) 简述 MRP 的基本原理。
(5) JIT 采购的实施关键是什么？
(6) DRPⅡ的主要特点是什么？

4. 计算题

(1) 恒大公司 A 零件的年需求量为 24 000 个，每次需求量相等。该零件的单位购入成本为 15 元，每次订货成本为 132 元，年保管费率为 0.64，每次订货交纳周期为 10 日。试求：
① 恒大公司 A 零件的订货点，经济订购批量，最低年库存总成本，年订货次数及平均订购间隔时间。
② 假设因为运输原因，每次订货量变为 1 000 个，求在此情况下订货量的变动幅度及年库存总成本的变动幅度。

(2) 某生产企业生产产品时所需的零件 i 期初库存量为 22 单位，提前期为 2 周，订货批量为 15 单位，时段 1 的预计到货量为 30 单位，各时段的总需求量如表 9-15 所示(每个时段长为 1 周)。要求：通过 MRP 系统计算出各时段的计划发出订货量(写出计算结果表及前三周计算过程)。

表9-15 零件i各时段的总需求量

时段序号 t	1	2	3	4	5	6	7	8
总需求量 $G(t)$	19	32	14	2	28	9	18	5

(3) 产品 J 的错口式物料清单如表 9-16 所示，产品 J 及零件 M 的初始 MRP 计算表如表 9-17 和表 9-18 所示。假设产品 J 的订货批量无限制(以逐批批量方式订货)，零件 M 的订货批量为 30，请完成产品 J 和零件 M 的 MRP 系统计算(写出计算结果表及产品 J 前三周计算过程)。

表9-16 产品J的错口式物料清单

零件代码及层次		每一装配件需用的数量	提前期(L)
0	1		
J			1
*	M	1	1
*	P	2	4

表9-17 产品J初始MRP计算表

	0	1	2	3	4	5	6	7	8
总需求量 $G(t)$		0	50	80	10	0	60	10	25
预计到货量 $S(t)$		0	0	0	0	0	0	0	0
现有库存量 $H(t)$	15								

表9-18 零件M初始MRP计算表

	0	1	2	3	4	5	6	7	8
总需求量 $G(t)$									
预计到货量 $S(t)$		30	0	0	0	0	0	0	0
现有库存量 $H(t)$	225								

实务操作

波特产品公司正面临着库存控制问题。公司没有足够的人力和物力对所有物资进行相同的库存管理，表 9-19 是公司各种库存物资及其年平均资金占用额情况。

表9-19 波特公司库存物资及年平均资金占用额

物资编号	年平均资金占用额/元	物资编号	年平均资金占用额/元
A	8 000	K	7 000
B	400	L	1 000
C	1 100	M	14 000
D	3 000	N	2 000
E	1 900	O	24 000
F	800	P	68 000

续表

物资编号	年平均资金占用额/元	物资编号	年平均资金占用额/元
G	90 000	Q	17 000
H	12 000	R	900
I	3 000	S	1 700
J	32 000	T	2 300

要求:

(1) 你能提出适当的管理方案吗?

(2) 对表中的物资进行分类。

案例阅读

安科公司 ABC 分析法的应用

安科公司是一家专门经营进口医疗用品的公司,因为进口产品交货期较长,库存占用资金大,因此库存管理显得尤为重要。应用 ABC 分析法进行库存管理时,安科公司按销售额的大小,将其经营的 26 种产品排序,划分为 ABC 三类。排序在前 3 位的产品占总销售额的 97%,因此把它们归为 A 类产品;第 4、5、6、7 种产品每种产品的销售额占总销售额的 0.1%~0.5%,把它们归为 B 类;其余的 19 种产品占总销售额的 1%,将它们归为 C 类。

对于 A 类的 3 种产品,安科公司实行了连续性检查策略,每天检查库存情况,随时掌握正确的库存信息,进行严格地控制,在满足客户需要的前提下维持尽可能低的经常量和安全库存量。经过与国外供应商的协商,并且对运输时间作了认真的分析,算出该类产品的订货提前期为两个月(也就是从下订单到货物从安科公司的仓库发运出去,需要两个月的时间)。即如预测在 6 月份销售的产品,应该在 4 月 1 日下订单给供应商,才能保证在 6 月 1 日出库。由于该公司产品每个月的销售量不稳定,因此,每次订货的数量就不同,要按照实际的预测数量进行订货。为了预防预测的不准确性及交货的不准确,还要保持一定的安全库存,安科公司将安全库存定为下个月预测数量的 1/3。该公司对该类产品实行连续性检查的库存管理,即每天对库存进行检查,一旦手中的实际库存数量加上在途的产品数量等于下两个月的销售预测数量加上安全库存时,就下订单订货,订货数量为前第三个月的预测数量。因其实际的销售量可能大于或者小于预测值,所以,每次订货的间隔时间也不相同。这样进行管理后,这 3 种 A 类产品库存的状况基本达到了预期的效果。

对于 B 类产品的库存管理,该公司采用周期性检查策略。每个月检查库存并订货一次,目标是每月检查时库存数量不低于以后两个月的销售数量(其中一个月的用量视为安全库存),另外在途还有一个月的预测量。每月进货时,再根据当时剩余的实际库存数量决定需进货的数量。这样就会使 B 类产品的库存周转率低于 A 类。

对于 C 类产品,该公司则采用了定期订货的方法。根据历史销售数据,得出产品的半年销售量,为该种产品的最高库存量,并将其两个月的销售量作为最低库存量。一旦库存达到最低库存时,就订货,将其补充到最高库存量。这种方法比前两种更省时间,但是库存周转率更低。

该公司实行了产品库存的 ABC 管理以后,虽然 A 类产品占用了最多的时间、精力进行管理,但得到满意的库存周转率。而 B 和 C 类产品,虽然库存的周转较慢,但其对于很低的资金占用和很少的人力支出来说,这种管理方法也是最适宜的。

其中通过调查得知,该公司实行产品库存的 ABC 管理以后,其中 X 部件的年消耗量 1 500 件,订货费用每次 300 元，该部件单价为 200 元，单位库存费用为其单价的 5%。

在对产品进行 ABC 分类以后，该公司又对其客户按照购买量进行了分类。发现在 69 个客户中，前 5 位的客户购买量占全部购买量的 75%，将这 5 个客户定为 A 类客户；到第 25 位客户时，累计购买量已达到 95%。因此，把第 6 位到第 25 位客户归为 B 类，把第 26～69 位客户归为 C 类。对于 A 类客户，实行供应商管理库存，一直与他们保持密切的联系，随时掌握他们的库存状况；对于 B 类客户，基本上可以根据历史购买记录作出对他们需求的预测，作为订货的依据；而对于 C 类客户，有的是新客户，有的一年也只购买一次，因此，只在每次订货数量上多加一些，就可满足他们的零星需求，或者用安全库存进行调节。这样做，一方面可以提高库存周转率，同时也提高了对客户的服务水平，尤其是 A 类客户对此非常满意。

(资料来源：http://www.doc88.com/p-1874786558852.html。)

思考：
(1) 安科公司是怎样用 ABC 分类法达到库存管理的目标的？
(2) 除了 ABC 分类法，安科公司还使用了哪些库存管理方法？
(3) 根据材料提供的数据，求 X 部件的经济订货批量。

第10章 仓储安全管理

【教学目标与要求】
- 理解燃烧发生的条件;
- 熟悉常见的火灾隐患及消防安全管理措施;
- 掌握基本的灭火方法,熟悉常用的灭火剂和消防器材的特点;
- 了解如何做好库房建筑物、库区货场、地下仓库的排水工作;
- 了解仓库治安保卫管理的措施。

导入案例

如何兴利避害

安全是经济平稳发展的重要保障。苏联的切尔诺贝利核电站事故造成了10亿美元的直接经济损失。美国的专家对这件事评论最多。因为美国在搞核电站之前，他们先进行了仿真训练，花掉1 000万美元上了一套仿真系统。苏联人听说此事后嘲笑美国人：即使造一个真的核电站也不见得花那么多的钱。

其实这就是一个理念问题。苏联的切尔诺贝利核电站发生的事故不是不可避免。当时在运转过程中，控制室发现温度有点异常，这有两种可能，一种是常规现象，另外一种是出了问题。但工作人员认为是常规现象，没有处理，管理人员也没有认真检测，结果没过多久温度就升上去了，再控制已经来不及了。如果安全意识强一些，如果他们像美国人那样事先做一个仿真实验，也许不会出现这样的悲剧。

(资料来源：http://www.docin.com/p-753344970.html。)

现代仓储作业过程中存在的不安全因素很多，容易发生火灾、水灾、爆炸、盗窃、破坏等。此外，放射性物品、腐蚀性物品、有毒物品等也会对现代仓库管理人员的人身安全造成威胁。因此，只有采取有效的控制和防护措施，加强作业人员和管理者的安全意识，才能保证现代仓库的安全，从而使仓库的生产活动得以正常进行。

10.1 仓库的防火与灭火

仓库中储存着大量的货物，从不安全因素及危害程度来看，火灾极容易发生且造成的损失最大。它可以在很短的时间内，使整个仓库变成一片废墟，对国家财产和人民生命安危造成极大的损失。因此，仓库安全管理的首要工作是防火与灭火。

10.1.1 发生燃烧的条件

所谓燃烧，就是可燃物分解或挥发的可燃性气体，与空气中的氧剧烈化合，同时发光放热的反应。燃烧是有条件的，只有同时具备可燃物、助燃物及火源3个条件才能发生，一般称这3个条件为燃烧三要素，它构成燃烧三角形或三环形，如图10.1所示。

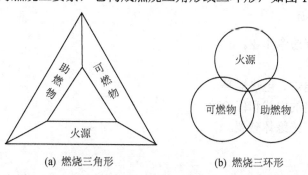

(a) 燃烧三角形　　(b) 燃烧三环形

图10.1　燃烧三要素

1. 可燃物

可燃物是指在常温条件下能燃烧的物质,如火柴、纸张、油品、草料、棉花、木材等。

2. 助燃物

助燃物是指支持燃烧的物质,包括空气中的氧气、释放氧离子的氧化剂。

3. 火源

火源是指在一定温度条件下,可以引起可燃物质燃烧的热能源,是引起火灾的罪魁祸首。在仓储过程中,能引起火灾的火源很多,一般来说可以分为直接火源和间接火源两大类。

(1) 直接火源。直接火源主要有以下 3 种:①明火。明火是指生产、生活中使用的炉火、灯火、焊接火花、打火机的火焰、未熄灭的烟头、车辆排烟管火星等。②电火花。由于电线短路、用电超负荷、漏电引起的电火花,电器设备产生的电火花,都能引起可燃物质起火。③雷电。瞬间的高压放电,也能引起可燃物质的燃烧。

(2) 间接火源。间接火源主要有以下两种:①加热引燃起火。这是由于外部热源的作用,把可燃物质加热到起火的温度而起火。如棉布、纸张等存放在电热设备、灯泡附近;木板、木器、塑料等存放在火炉、烟道附近,均容易被烤焦起火。②货物本身自燃起火。有些货物在既无明火又无外来热源的条件下,因本身的易燃性而自行发热、燃烧起火。如黄磷能在常温下与空气剧烈氧化和分解,引起自燃;煤炭、油污棉纱、棉花、干草易自燃等。

以上 3 个条件必须同时具备,并互相结合,相互作用,燃烧才能发生,所以防火的措施就是千方百计抑制甚至取消某一燃烧要素,从而达到防火的目的。从物资仓库的情况来看,可燃物是客观存在的,因为库存物资中有相当一部分可燃物、易燃物和自燃物,但不能因为它可燃、易燃就不储存保管。而助燃物主要是空气中的氧,它充斥在任何空间,物资仓库当然也不例外,而且这一因素难以控制和消除。火源在物资仓库虽然也存在,但可以控制。所以,归根结底,防火措施主要应从控制火源入手。

10.1.2 常见的火灾隐患

仓储过程中常见的火灾隐患主要存在以下几个方面。

1. 电器设备方面

(1) 电焊、气焊违章作业。
(2) 电力超负荷。
(3) 违章使用电炉、电热器等。
(4) 使用不合格的电线和保险丝。
(5) 电线陈旧,绝缘体破裂。

2. 储存方面

(1) 不执行分区分类储存货物的规定,将易燃、易爆品存入一般库房。
(2) 储存场所温湿度超过物品规定极限。

(3) 灯距不符合要求。
(4) 易燃液体挥发渗漏。
(5) 自燃物品堆码过高过实,通风、散热、散潮不好。

3. 机具方面

(1) 无防护罩的汽车、叉车、吊车进入库区或库房。
(2) 使用易产生火花的工具。
(3) 库内停放、修理汽车。
(4) 用汽油擦洗零部件。
(5) 叉车内部皮线破露、油管老化漏油。

4. 火种管理方面

(1) 外来火种和易燃品因检查不严带入库区。
(2) 在库区吸烟。
(3) 库内擅自使用明火。
(4) 炉火设置不当或管理不严。
(5) 易燃物未及时清理。

案例 10-1

2013 年 5 月 31 日下午,黑龙江省大庆市林甸县中储粮直属库发生火灾,储量 4.7 万 t 的 80 个露天储粮囤表面过火,直接经济损失 307.9 万元。最终查明,粮库作业过程中,皮带输送机在振动状态下电源导线与配电箱箱体孔洞边缘产生摩擦,致使导线绝缘皮破损漏电并打火,引燃配电箱附近可燃的苇席和麻袋,进而引发火灾。

(资料来源:http://www.safehoo.com/Case/Case/Blaze/201308/319217.shtml.)

案例 10-2

2013 年 12 月 28 日,某快递公司湖州物流中转车间发生火灾,烧毁大量快递物品,3 名员工在抢救物品时被浓烟呛晕,此事引发社会各界关注。事后,经调看现场监控视频和火灾现场勘验,由于堆放在地上的电线老化,又长期受到外力的挤压而造成绝缘层破损,电线发生短路引燃堆放的货物而引发此次火灾。

(资料来源:http://www.chinanews.com/df/2013/12-31/5684477.shtml.)

10.1.3 消防安全管理措施

在消防安全管理中,为了消除上述隐患,一定要注意做好电器设备管理、货物储存管理、装卸搬运管理以及火源管理工作,制定相应的管理措施,更好地杜绝火灾的发生。

1. 电器设备管理措施

(1) 仓库的电器设备必须符合国家现行的有关电器设计、施工、安装、验收标准规范的规定。必须符合货物性质的安全规定，禁止使用不合格的保险装置。

(2) 库房内不准设置移动式照明灯具，必须使用时需报消防部门批准，并有安全保护措施。

(3) 库房内的配电线路，需穿金属管或用非燃性硬塑料管保护。

(4) 库房内不准使用电炉、电烙铁、电熨斗、电热杯等电热器具和电视机、电冰箱等家用用品。对使用电刨、电焊、电锯、各种车床的部门要严格管理，必须制定安全操作规程和管理制度，并报消防部门批准，否则不得使用。

(5) 仓库电器设备的周围和架空线路的下方，严禁堆放货物。对输送机、升降机、吊车、叉车等机械设备易产生火花的部位以及电机、开关等受潮后易出现短路的部位要设置防护罩。

(6) 仓库必须按照国家有关防雷规定设置防雷装置，并定期检测，保证有效。对影响防雷装置效应的高大树木和障碍，要按规定及时清理。

(7) 仓库的电气设备必须由持合格证的电工进行安装、拆检、修理和保养。电工要遵守各项电气操作规程，严禁违章作业。

2. 货物储存管理措施

(1) 库存货物必须进行分区分类管理。严禁性质互抵货物、有污染或易感染货物、食品与毒品、容易引起化学反应的物品、灭火方法不同的物品相互混存。根据公安部《仓库防火安全规则》的规定，按照火灾危险程度的不同，货物可分为甲、乙、丙、丁、戊五大类。在分区分类储存的同时，还应在仓库的醒目处标明库存货物的名称、主要特性和灭火方法。

(2) 库存货物要进行合理的堆码苫垫，特别对能发生自燃的货物要堆通风垛，使之易散潮、散热，以防此类货物因紧压受潮而积热自燃。露天储存此类货物要苫严、垫好，防止水湿或阳光曝晒。

(3) 露天存放货物要留出必要的防火间距，总储存量和建筑物之间的距离必须符合建筑设计防火规范的规定。

(4) 对于有温湿度极限的货物，要严格按规定安排适宜的储存场所，并要安置专用仪器定时检测。

(5) 货物在入库前，要进行严格的检查和验收，确定无火种隐患后方可入库。

(6) 暖库均要采取水暖，其散热器、供暖管道与库存货物的距离不少于 0.3m。

3. 装卸搬运管理措施

(1) 进入库区的所有机动车辆必须安装防火罩，防止排气管喷射火花引起火灾。

(2) 汽油车、柴油车原则上一律不准进入库房。进入易燃、易爆库房的电瓶车、电瓶叉车必须是防爆型的，必须装有防火花溅出的安全装置。

(3) 各种机动车辆装卸货物后，不准在库区停放和修理。

(4) 各种搬运机械设备要有专人负责、专人操作，严禁非司机开车。库内固定装卸设备需要维修时，应采取安全措施，经主管领导批准后方可进行。

(5) 装卸作业结束后，应对库区、库房和操作现场进行检查，确认安全后方可离人。

4. 火源管理措施

(1) 仓库应当在各醒目部位设置"严禁烟火""禁止吸烟"等防火标志,提醒一切人员随时注意严禁烟火。

(2) 仓库的生活区和生产区要严格划分隔开,并在区分处设警卫,对外来人员要做好宣传和管理工作,动员他们交出火柴、打火机等火种,由门卫负责保管,防止把火种带入库区。

(3) 对外来提送货物的车辆要严格检查,防止汽油、柴油等易燃、易爆货物进入仓库。

(4) 库房内严禁使用明火。库房内动用明火作业时必须办理动火证,经单位防火负责人批准,并采取有效的安全措施。动火证应注明动火地点、时间、动火人、现场监护人、批准人和防火措施等内容。

(5) 库房内不准使用火炉取暖。仓库需要使用炉火取暖时,每个取暖点都要经过仓库防火负责人的批准,未经批准一律不许生火取暖。仓库要制定炉火管理制度,严格进行管理和检查,每个火炉也都要有专人负责。

10.1.4 灭火的基本方法

在物资仓库固然应把防火放在首位,但万一发生火险,必须有足够的准备和能力及时加以扑灭,控制其蔓延,减少损失。通常,物质燃烧及其延续必须同时具备可燃物、助燃物和火源3个基本条件,缺少一个就不会发生火灾,如果其中任何一个条件受到阻碍,火就会熄灭。基于这个道理,灭火的基本方法有以下几种。

1. 冷却法

任何可燃物的燃烧必须达到其燃点才能进行。当温度低于燃点温度时,燃烧就会终止。冷却法就是在灭火过程中,使用水、酸碱灭火器、二氧化碳灭火器等把可燃物温度降低到其燃点以下,使之不能燃烧。

> **小贴士**
> 气体、液体和固体可燃物与空气共存,当达到一定温度时,与火源接触即自行燃烧。火源移走后,仍能继续燃烧的最低温度,称为该物质的燃点或者火点。

2. 窒息法

减少或断绝氧气的供给,造成缺氧的环境,往往能使燃烧减缓和停止。窒息法就是使用水、沙土、湿棉被、湿麻袋或四氯化碳灭火器、泡沫灭火器等喷射出的气体、泡沫覆盖在燃烧物之上,使其周围氧气含量迅速减少,致使火熄灭的方法。

3. 隔离法

灭火过程中,为避免火势蔓延和扩大,在时间允许的情况下,通过拆除部分建筑或及时疏散火场周围的可燃物质,孤立火源,使火熄灭的方法,即为隔离法。在大面积的仓库中间建立防火隔断墙也是依据的这一道理。

4. 遮断法

在时间不允许的情况下，可将浸湿的麻袋、旧棉被等物遮盖在火场附近的其他易燃物和未燃物上，防止火势蔓延，即为遮断法。

5. 抑制法

抑制法是根据燃烧的连锁反应理论，将化学灭火剂喷入燃烧区，使之参与燃烧反应，中止链反应，直至燃烧停止。采用这种方法可使用的灭火剂有干粉和卤代烷灭火剂。灭火时，将足够数量的灭火剂准确地喷射到燃烧区内，使灭火剂阻止燃烧反应。同时还需采取必要的冷却降温措施，以防复燃。

10.1.5 常用的灭火剂和消防器材

1. 水

水是仓库消防的主要灭火剂，因此，仓库中应有足以保证消防用水的给水、蓄水、泵水设备，以及水塔、消防供水管道、消防车等。当仓库中无自来水设备、距自然水源又远时，则必须修建水池，以储备消防用水。有自来水设备的仓库，按面积大小，合理设置消火栓，应保证在每一个可能着火点上，至少有两个水龙头可进行灭火。

水在灭火时有显著的冷却和窒息作用；水能使某些物质的分解反应趋于缓和，并能降低某些爆炸物品的爆炸能力；当水在高压作用下形成柱状时，有一股冲击力能破坏燃烧结构，把火扑灭；水还可以冷却附近其他易燃物质，防止火势蔓延。但是水能导电，对未切断电源的电气设备不能用水来灭火；水更不能用于与水发生剧烈反应的化学危险品(如钾、钠、镁、电石、生石灰等)的灭火；也不能用于比水轻、不溶于水的易燃液体(如汽油、柴油、酒精、苯类物品等)的灭火；此外，粉末状固体、已经高度灼热的物体及其他过水能使质量变化或怕水的货物(如仪器、机电设备、纸张等)起火时，也不宜用水灭火。

2. 沙土

沙土是一种廉价的灭火物质，灭火原理是覆盖在可燃物上，隔绝空气，起窒息作用使火熄灭。它可用于扑救电气设备及液体燃料的初期火灾，也可用于扑灭酸碱化合物、过氧化物、遇水燃烧的液体和化学危险品的火灾。但要注意，爆炸品(如硫酸铵等)和容易产生气体的物质不能用沙土灭火，以免对人员和建筑物造成伤害和破坏。

3. 灭火器

灭火器是一种轻便、易用的消防器材。其种类较多，用途不同，灭火时应视具体情况正确选用。

(1) 泡沫灭火器。泡沫灭火器有化学泡沫和空气机械泡沫两种。化学泡沫是酸、碱水溶液接触发生化学反应生成大量气体和非燃烧物；空气机械泡沫是将动植物(豆饼、皂角、动物蹄角等)的蛋白质经水解制成泡沫液，在机械作用下和水混合形成。由于泡沫较轻，覆盖在可燃物表面，起到冷却和隔绝空气的双重作用，从而有效地阻止燃烧。泡沫灭火器适宜于扑救汽油、煤油、柴油、苯、香蕉水、松香水等易燃液体的火灾，但不能扑救带电设备和醇、酮、酯、醚等有机溶剂的火灾。在扑救电气火灾时，应先切断电源。

(2) 二氧化碳灭火器。二氧化碳灭火器喷出的高压、低温的二氧化碳能汽化吸热、冲淡燃烧区空气中的含氧量，从而达到灭火目的。因为二氧化碳不含水、不导电、无污染，二氧化碳灭火器对扑灭电器、精密仪器、电子设备、图书档案、小范围的油类等发生的火灾最适宜，但不宜用于遇湿易燃物品中的金属钾、钠、镁的灭火。

(3) "1211"灭火器。"1211"即二氟一氯一溴甲烷，是一种无色无味的气体，比空气重，在一定压力或-40℃以下液化，通过高压存储在高压钢瓶内，通过降温、隔绝空气、形成不燃覆盖层灭火。"1211"灭火器适用于扑灭油类、有机溶剂、精密仪器等火灾。它的绝缘性能好，灭火时不污损物品，灭火后不留痕迹，并有灭火效率高、速度快的优点，效率比二氧化碳灭火器高3~4倍。

(4) 干粉灭火器。干粉灭火器主要通过二氧化碳或干燥的压缩空气把粉状物(干燥的粉状化学颗粒，主要成分是碳酸钠、碳酸钾和磷酸铵等)喷射到燃烧区中断连锁反应，因吸热、稀释空气、隔绝可燃气体而使火熄灭。干粉灭火器具有无毒、无腐蚀、灭火速度快的优点，适用于扑灭油类、可燃气体、电气设备等的火灾。

10.1.6 火灾自动报警技术

火灾具有很大的危害性，尤其是仓库火灾，能在短时间内毁灭大量物质财富，并威胁人们的生命安全。因此，仓库防火更具有重要意义。火灾自动报警技术就是及早发现火情，以便及时扑救，避免蔓延成灾，或尽可能减小损失的有效手段。火灾自动报警装置由火灾探测器和火灾报警器两部分组成。探测器装在需要监视的场所，报警器装在有人看守的值班室，两者间用导线或无线方式连接。

1. 火灾探测器的类型

火灾探测器主要有烟感、温感和火焰(光辐射)3种类型。另外，由于可燃气体在空气中达到一定浓度时，遇明火便会燃烧或爆炸，因此，可燃气体浓度探测器也属于火灾探测器的一种。

(1) 离子烟感探测器。离子烟感火灾探测报警器是一种对烟雾非常敏感的电子元件，有烟雾产生时，产生相应的电信号，触发报警器报警。

(2) 光电烟感探测器。光电烟感火灾探测报警器是利用烟雾能改变光的传播特性而研制的，分遮光型和散光型两种。在一个多孔式暗箱中，装设一个光源，如果光敏元件正好位于光束照射位置上，烟雾进入后，光束被遮挡，因为光敏元件受光减弱而报警，称为遮光型；光敏元件不在光束照射位置，光束经烟雾散射使光敏元件受到光线照射而报警，称为散光型。

(3) 温感探测器。温感火灾探测报警器有定温式、差温式、差定温复合式3种。定温式是当环境温度达到某一特定温度时便感应报警；差温式是当环境温度上升的速率达到或超过某一数值时便感应报警；差定温复合式兼有两种功能，一种失效，另一种起作用，因此提高了探测的可靠性。

(4) 火焰探测器。可燃物燃烧时，由于剧烈化学反应，其火焰辐射出大量红外线和紫外线，火焰探测器是一种利用红外和紫外光敏感元件进行火灾探测的仪器。

(5) 可燃气体浓度探测器。在存放大量挥发可燃气体物资的场所，如石油库、煤气站等，属易燃易爆危险区，可设置可燃气体浓度探测器予以监控。当现场的可燃气体浓度达到一定数值时，探测器产生报警信号，提醒现场人员及时采取措施降低可燃气体浓度，防止火灾的发生。

2. 火灾探测器的选择

(1) 根据火灾的特点选择探测器。火灾初期会产生大量的烟和少量的热，很少或没有火焰辐射，应选用烟感探测器；火灾发展迅速，产生大量的热、烟和火焰辐射，可选用烟感探测器、温感探测器和火焰探测器的任意一种或其组合；火灾发展迅速，有强烈的火焰辐射和少量烟和热，应选用火焰探测器。火灾形成特点不可预料，可进行模拟试验，根据试验结果选择探测器。

(2) 根据安装场所环境特征选择探测器。相对湿度长期大于95%，气流速度大于5m/s，有大量粉尘和水雾滞留，可能产生腐蚀性气体，在正常情况下有烟滞留，产生醇类、醚类和酮类等有机物质的场所，不宜选用离子烟感探测器；发生火灾若不及早报警将造成重大损失的场所，不宜选用温感探测器；温度在0℃以下的场所，不宜选用定温探测器；正常情况下温度变化大的场所，不宜选用差温探测器。

(3) 有下列情形的场所，不宜选用火焰探测器：可能发生无焰火灾(如产生阴燃)；在火焰出现前有浓烟扩散；探测器的镜头易被污染；探测器的"视线"易被遮挡；探测器易被阳光或其他光源直接或间接照射；在正常情况下，有明火作业以及X射线、弧光等影响。

> **小贴士**
>
> 没有火焰的缓慢燃烧现象称为阴燃。很多固体物质，如纸张、锯末、纤维织物、纤维素板、胶乳橡胶以及某些多孔热固性塑料等，都有可能发生阴燃，特别是当它们堆积起来的时候。

(4) 根据库房高度选择探测器。不同种类探测器的使用与库房高度的关系，如表10-1所示。

表10-1 探测器的选择标准

库房高度/m	烟感探测器	温感探测器			火焰探测器
		I级	II级	III级	
$12<h\leq20$	不适合	不适合	不适合	不适合	适合
$8<h\leq12$	适合	不适合	不适合	不适合	适合
$6<h\leq8$	适合	适合	不适合	不适合	适合
$4<h\leq6$	适合	适合	适合	不适合	适合
$h\leq4$	适合	适合	适合	适合	适合

此外，在选择探测器时还应考虑具体的情况，如空间的大小，梁柱的高度与距离等。

3. 自动报警灭火系统

自动报警灭火系统就是将报警与灭火联动并加以控制的系统。火灾发生时，一般都有烟雾、高温和火光产生。一旦发生火灾，其所产生的烟雾、高温和光辐射，就会使烟感、温感、光辐射等火灾探测器将接收到的发生火灾的信号转变成电信号输入自动报警器，并立即以声、光信号向人们发出警报，同时指示火灾发生的部位。接着控制装置发出指令性动作，打开自动灭火设备的阀门喷出灭火剂，将火灾扑灭。

火灾的自动报警装置与自动灭火装置可分别设置，亦可合为一体。火灾自动报警装置的作用主要是将烟感、温感、光辐射等火灾探测器接收到的火灾信号，用灯光显示出火灾发生的部位，并以声响报警，召唤人们尽早、尽快采取灭火措施。火灾自动灭火装置，有喷水灭火系统、二氧化碳灭火系统、"1211"灭火系统、干粉灭火系统、泡沫灭火系统等。以二氧化碳自动报警灭火系统为例，其灭火原理如图10.2所示。

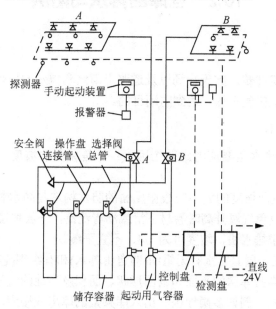

图 10.2　二氧化碳自动报警灭火系统原理图

由图 10.2 可知，整个系统是由二氧化碳容器、瓶头阀、管道、喷嘴、操作系统及附属装置等所组成。该系统的起动方式，有手动和自动两种。当采用自动方式时，探测器探测到发生火灾后，立即发出声响报警，并通过控制盘打开起动用气容器的瓶头阀，放出起动气体打开选择阀和二氧化碳储存容器的瓶头阀，从而喷射出二氧化碳进行灭火。

10.1.7　消防设施与器材的管理

(1) 每个库房配备的灭火器不得少于 2 个，消防水桶不得少于 4 个。应当设置在明显和便于取用的地点，周围不准堆放物品和杂物。远离取暖设备，防止日光直射。对灭火器每隔 15 天就应检查一次，注意药料的完整和出口的畅通。灭火器的部件每半年要检查一次，每年要换药一次。

(2) 消防水桶日常应保持存水满量，冬季防止结冰。

(3) 储存液体燃料库附近必须配有干燥、清洁的河沙，用木箱或桶装好，标明"消防用沙"。

(4) 消防设施应当由专人管理，负责检查、维修、保养、更换和添置，并保证完好、有效，严禁圈占、埋压和挪用。

(5) 专业大型仓库，应当安装相应的监视装置、自动报警和自动灭火装置。一旦发生火灾，能够迅速报警，以便及时组织扑救。

(6) 地处寒带的仓库，在冷冻季节要对消防池、消防缸、消防栓、灭火器等设备采取防冻措施，要保证随时能用。

(7) 库区的消防车通道、仓库的安全出口、疏散楼道、库房内门道、走道要保证畅通，严禁堆放物品。仓库周围应该按照建筑规定，预留 5m 的消防通道。

10.2 仓库的排水与防洪

10.2.1 仓库排水

仓库排水是指库房建筑、露天货场以及道路上雨水和雪水的排除，以及库房周围积水的排除。通过排水保证空气干燥，达到防潮目的。

1. 库房建筑物排水

单层库房建筑物排水主要应考虑两个因素：一是屋面的坡度；二是屋面排水方式的选择。

(1) 屋面坡度。屋面坡度的大小应根据屋面的防水构造与防水材料而定。如卷材防水屋面，坡度宜平缓，以免气温升高时卷材下滑或沥青流淌，一般坡度为 1/15～1/5；如是构件自防水屋面，则要求排水快，坡度可为 1/4，不宜平缓。

(2) 屋面排水方式。屋面排水有无组织(即自由落水)和有组织(包括外排水和内排水)两种方式。仓库应根据自身库房的平面和剖面形状、面积及当地的气候条件等因素，综合考虑选择哪一种排水方式。例如多雨地区、出入库频繁的库房或楼库，应采用天沟、雨水斗及雨水管组成的有组织排水系统；而少雨地区，一般中小型库房可采用无组织排水方式。

2. 库区货场排水

库区货场的排水主要包括露天货场排水和库区道路排水。露天货场排水直接影响着货物的保管，而库区道路排水则影响着装卸和搬运作业，因此必须有完善的排水设施。

库区货场的排水一般均由规划设置的沟渠利用高度差形成的水的自然落差排出。因此，在场区规划时就应考虑到排水条件，设计纵横交叉、大小不一的干、支排水沟渠网络。排水沟渠有明渠排水系统和地下排水管道(下水道)系统两种。明渠排水系统是在库区的适当部位，通常是道路两侧以及露天场地周围开挖露天明渠，这些明渠相互沟通，形成网络通往库区外部。明渠的断面通常采用矩形或梯形。矩形断面的明渠，内面为防止坍塌，必须用砖石或水泥铺砌；梯形断面的明渠，最好也作铺砌处理。

在日常的排水管理上，应及时地清除沟渠中的杂物，保证不堵塞、不淤积，这样才能在降水时利用排水沟渠，及时地将雨水(或雪水)排放出库区。由于年久可能会导致排水沟渠坍塌、漏、裂等不同形式和不同程度的损坏，因此，管理过程中要经常检查，及时维修排水沟渠系统，保证其完好和畅通。尤其是对加盖的暗沟、暗渠，应制订计划，合理地定期开启进行检查和维修。为方便管理和检查维修，库区的排水网络应准确地制备分布平面图，并在图上注明沟渠结构、排水量以及修筑日期等有关事项备查。

3. 地下仓库的排水补漏

1) 地下仓库的排水

地下仓库的排水管理就是要排除仓库被覆层外的积水和渗漏进库内的水。

在设计建筑地下仓库时,应考虑设置完善的排水和防水系统。除了根据历史的水文资料设计系统排水量外,还应根据地理或地貌条件设置必要的排水动力系统。日常管理中要密切注意被覆层外积水情况,监视库内渗漏情况,尤其是雨季,更应密切注意观测,并对地下水和库内渗漏情况详细记录建档。

被覆层外积水若不能及时排除,就可经被覆层的薄弱或破坏部位渗入或漏入库内,较严重者可出现滴水或流水现象。因此,地下库内保管的货物要做好防水苫盖工作,库内地面要相应设置排水沟渠和集中地下水的蓄水池,收集到的渗漏水一般可根据地形利用落差排放,对不能利用落差者应提供动力提水装置(抽水机)进行排放。

库内外排水沟渠系统要保证完好畅通,动力系统常年保持良好状态,可以随时启动进行提水排放作业。除此之外,从管理的角度还包括防水苫盖管理和地下库内排水动力供电管理。

2) 地下仓库裂缝漏水的处理

被覆层裂缝漏水是地下仓库漏水的一种主要情况,应及时采取措施进行补漏。常用的被覆层漏水处理方式有两类:一类是引水排漏方式,即将漏进的水引导到排水沟,集中排出;另一类是堵缝排漏方式,即堵塞裂缝,阻止地下水沿裂缝漏入库内。

(1) 引水排漏方式。在引水排漏时,可以沿裂缝开槽排水,这种方式亦称三角槽排水。做法是沿裂缝开凿三角形截面的沟槽,直达地下排水沟,将裂缝渗漏水沿三角沟槽引导至地下排水沟,集中排放。

若地下仓库中存放有易爆危险品,则禁止在库内用铁器敲击,故不能用开槽排水方式。为了符合安全规定,可采用粘槽排水。即沿渗水裂缝两侧用水泥做两道埂,然后粘上用铁皮做成的弧形槽板,形成沿裂缝的排水槽。铁皮外抹一层素灰,灰层一般小于 0.5cm,初凝后在素灰层外再加抹 5 层防水层,压实抹光即可。

(2) 堵缝排漏方式。这种方式是将有关的胶浆材料压注到被覆层裂缝中,使水不能漏出的补漏方法。补漏的胶浆材料一般有两种:一种是由环氧树脂、稀释剂、增塑剂、固化剂和填充料组成的环氧胶浆,这种压注修补方式补漏效果好、操作简单、材料消耗少且能防老化;另一种是用环氧焦油作粘结剂,将橡胶片或条粘贴在裂缝漏水处。

在使用环氧胶浆修补时,应根据气候条件、原料情况和施工条件,以及操作方法的不同,对环氧胶浆的配方进行适当的调整。另外,压注是利用压缩空气将浆罐中的胶浆,沿管道经压浆嘴压注到裂缝中,其后用环氧树脂封闭腻子将其封住。因此,管理工作还包括空压机的运行管理。

3) 地下仓库地坪出水和返水的处理

地下仓库地坪出水、冒水和渗水是管理中较多出现的现象,如发现应及时根据不同情况做出排水处理。

一般的出水或渗水处,处理方法是在地坪上凿孔,开沟至排水系统,将水排掉。然后回填小碎石块和水泥砂浆,再铺贴一层完整油毡,油毡上面再用防水砂浆找平抹光即可。

对于地坪严重的出水、冒水和渗水，应在出、冒、渗水的中心部位凿(钻)孔至毛石，并与排水系统沟通，将水排掉，然后将冒水处盖上混凝土预制板，用防水砂浆抹平。

返水、透潮是地下仓库管理过程中经常能够遇到的，这类现象产生的原因，主要是排水系统处理不好，或管理不善造成堵塞或淤积，地下水排放不畅造成的。因此，对返水、透潮首先应检查和处理排水系统，使之排放地下水通畅、有效。同时，对地坪也要相应地作出防潮处理。处理方法一般可对地坪覆盖一层沥青混凝土，或加垫沥青纱垫层。

除上述关于地下仓库排水补漏的措施外，对于被覆层的轻微渗漏，亦可用防水剂，配合水泥、沥青等填塞渗漏部位进行补漏。补漏作为管理的辅助措施势在必行，但从管理的角度应以防为主，因此排水管理是地下仓库防潮的根本，只有通过有效的管理，使被覆层外地下水不阻滞、不存留，那么即使被覆层或地坪略有缺陷或薄弱之处，也不会造成严重的渗漏或出水，当然补漏处理亦相应地简单些，所以仓库管理的要点在于处理好地下水的排放。

10.2.2 仓库防台防汛

在受台风、汛期影响比较多的仓库，应注意做好防台防汛工作。仓库防台防汛主要包括以下工作措施。

1. 建立组织，落实职责

如果仓库受台风、汛期的影响比较多，则一般应建立专门的防台防汛办公室或专业人员，负责防台防汛的日常工作，包括制定相关工作和防范计划、收听天气预报、组织防台防汛检查、管理相关文件等工作。

在台汛期间，应由企业领导、业务、行政、后勤等部门组成防台防汛指挥部或领导小组，认真贯彻执行上级有关防台防汛指示精神，保证防台防汛的货物供应，督促、检查防台防汛措施的落实，并组织、宣传、动员群众，负责与地区地段的联防，组织指挥各部门各岗位完成各项防台防汛任务。在防台防汛过程中，为了保证各项工作的协调进行，也可以建立通信联络、货物供应、紧急抢救、机修、排水、消防等必要的临时专业小组，保证防台防汛过程顺利安全地完成。

2. 积极防范

首先是要做好防台防汛宣传工作，提高职工对自然灾害的认识。防台防汛是一项季节性工作，台风和暴雨造成的灾害是有一定的时间性和范围性的，但是不能因为"年年防汛汛不大、年年防台台不来"的情况而产生麻痹思想和侥幸心理，这是很危险的。一旦出现险情，就会束手无策，给国家财产和人身安全带来严重后果。

仓储企业和部门平时要做到积极主动地与气象、电台联系了解汛情、台风动态，科学预见台汛情发展，克服盲目性，增强主动性。在汛期中，要加强值班防备工作，职工应轮流值班，职能机构定员驻库值班，领导现场坐镇，以便必要时统一指挥，积极组织抢救。值班人员要坚守岗位，尽职尽责，当出现台汛险情时，要全力以赴，积极抢险救险。值班车辆，一般不能挪作他用。

3. 有备无患

防汛所需的器材，如抽水泵、草(麻)袋、土(石)料等，应在台汛期到来之前，按预计需要,及早申请、调运、采购、备足,避免临时措手不及。另外,应完善排水系统,水沟设置不合理或不足的要提前修建或改造,对现有水沟、地沟、阴沟要做全面清理,保证台汛期畅通无阻。

4. 改善存储条件

在台汛期到来之前,应注意库房等建筑物的检查和维修,调整货位,加强苫垫,做到坚实牢固,风刮不开,雨打不透。如果可能,平房仓库中的货物要垫高地面 20~50cm。临时备货不能在露天过夜。

5. 积极组织防台防汛演习

如果条件允许,可以在台汛前或台汛期间,进行防台防汛演习。通过演习可以检验仓库防台防汛措施的落实情况,同时也可以检阅和增强防台防汛队伍的"实战"能力,演习中暴露出来的问题,也可以得到及时的改进。

6. 做好防台防汛工作的记录存档

防台防汛工作年年要做,企业不但要建立健全相关的组织机构,配备人员,落实职责,而且还要建立防台防汛文件资料档案,做好各种记录、记载和汇总工作,如年降雨量、一次最大降雨量、年刮风次数(六级以上)、最大风力、防范措施的效用如何、有无损失、存在什么问题、有什么重大事件等。这项工作将为以后的防台防汛提供宝贵的资料和经验。

10.3 仓库的安全保卫

仓库的安全保护工作是仓库管理工作中的首要任务。现代仓库应确定一位领导负责保卫工作,建立和健全警卫保卫制度,并建立专职的保卫组织,同时组建由库内人员及周围单位和居民群众参加的群众性的治安保卫组织。由这 3 种组织形成的现代仓库安全网络,将对仓库的治安保卫工作产生很重要的影响作用。

10.3.1 仓库保卫工作的主要任务

仓库保卫组织的形式、大小,应根据仓库的规模、性质及作业特点而定。一般情况下,现代仓库都设有保卫机构,如保卫股、保卫科、保卫处等,设有专职或兼职的保卫人员。仓库保卫工作主要包括以下任务。

(1) 对本仓库的货物、设施、人员的安全负全面的责任,消除各种不安全的隐患,确保仓库的安全。

(2) 负责开展法制教育、遵章守纪教育、安全生产教育、交通法规教育及安全行车教育等。

(3) 全面做好防火、防爆、防盗、防毒等工作。

(4) 负责对所有的安全员进行检查、考评。

(5) 负责调查和处理各类行车等事故。

(6) 会同有关部门做好职业病的防治和劳动保护工作。

(7) 配合消防干部进行消防训练和消防安全竞赛。

(8) 负责特种作业人员的安全技术培训、考核工作，负责对警卫人员的管理及业务指导。
(9) 全面落实防台、防汛、防暑降温、防寒防冻等工作。
(10) 积极完成上级领导和公安机关交办的各项治安保卫任务。

10.3.2 警卫工作的主要任务

警卫工作是仓库安全管理中必不可少的重要组成部分。现代仓库的警卫工作，主要是负责仓库的日常警戒和保卫，即守仓和护仓的工作。其主要任务包括：日夜轮流守卫仓库，防止盗窃和破坏；掌握进出库人员的情况，做好警卫和登记工作，阻止闲人入库；守护仓库大门，严禁将火种和易燃、易爆品等危险品带入仓库；核对出库凭证，检查出库货物与出库凭证是否相符；在现代仓库发生各种灾难时，负责仓库的保卫、警卫工作。

负责仓库警卫工作的人员一般有两大类：一类是守护员，或称为护仓员，由仓库负责人直接领导，通常为专职人员；另一类是警卫人员，接受仓库和公安部门双重领导，常配备一定的装备。在大型仓库和特种仓库，一般设有警卫员、警卫班，甚至警卫中队。

10.3.3 仓库的治安保卫管理措施

1. 人员管理

1) 对单位内部人员的管理

仓储企业或部门对单位内部人员的管理，通常是用严格的规章制度来进行约束的。同时，各级行政部门对本部门所辖人员应进行治安宣传和教育，一旦出现问题，则由保卫部门配合行政部门解决。

2) 对单位外部人员管理

仓储企业或部门对单位外部人员的管理，主要是指对驻库员、押运员、火车调车员、提送货人员、联系业务人员、临时工以及探亲访友等人员的管理。

(1) 驻库员是经仓库同意，由厂方或业务往来单位派驻仓库，处理日常业务事务的代表。仓库发给驻库员出入证，在治安管理方面视同仓库职工。

(2) 对于随火车进入仓库的铁路工作人员，每次进入都应通报人员数量，原则上要求这些人员只在铁路沿线范围内活动。火车押运员进入仓库后一般由仓库的铁路运输部门负责业务接洽和接待工作，业务手续交接完毕后应立即离开库区现场。

(3) 提送货人员要进库办理业务，必须向门卫出示提送货凭证，门卫要做好入库登记，收存火种，指明提送货地点。提送货人员一般不得进入库房，需要进入库房时，要经仓库保管员同意，并佩挂入库证，由保管员陪进陪出。业务办理完毕后，出库时要交还入库证，随身带出货物要向门卫递交出门证，经门卫查验无误后，方可放行。

(4) 来仓库联系业务的工作人员，须持身份证和单位介绍信，做好登记。

(5) 参观访问人员必须在相关人员的带领下进行参观访问，严禁随意进出，严禁未经相关部门批准的人员进行参观访问。

(6) 仓库临时工一般由劳动人事部门负责管理。临时工工作现场应由正式职工带领，并负责其安全。

(7) 严禁在仓库生产区接待来库探亲访友的人员。

2. 货物管理

1) 一般货物的安全管理

货物要分区分类储存，原则要求不同类型货物不能混存。货物在库储存，要有专人负责，保管员要经常检查。

2) 特殊货物的安全管理

特殊货物是指稀有贵重金属材料及其成品、珠宝玉器及其他贵重工艺品、贵重药品、仪器、设备、化工危险品、特需物品等。储存此类货物除要遵循一般货物的管理制度和公安部门的管理规定外，还要根据这些货物的性质、性能和特点制定专门的储存管理办法，其主要包括以下内容。

(1) 设专库(柜)储存。储存场所必须要符合防盗、防火、防爆、防破坏等条件。根据情况可以安装防盗门、监视器、报警器等装置。外部人员严禁进入库房。

(2) 保管特殊货物要指定有业务技术专长的人员负责，并必须是两人以上，一人无收发权。

(3) 要坚持严格的审批、收发、退货、交接、登账制度，预防在储存、运输、装卸、堆码、出入库等流转过程中发生丢失或错收、错发事故。

(4) 特殊货物要有特殊的保管措施，要经常进行盘点和检查，绝对保证账物相符。

(5) 对过期失效和报废的易燃、易爆、剧毒、腐蚀、污染、放射性等货物，要按照公安部门和环保部门有关规定进行处理和销毁，不得随意处置。

3. 仓库治安检查制度

仓储企业或部门的治安检查，通常与防火安全检查同步进行。一般大型仓库要求执行四级安全检查制度，而一般中小型仓库也应该执行三级检查。

仓库检查的形式有内部自查；上级检查下级；外部(公安部门、消防部门、街道联防等)抽查；内外部联合检查等多种形式。仓库检查时间有日常检查；定期检查；临时抽查；节假日(国庆节、春节、"五一"等)检查。凡是安全检查都要做好记录。发现问题和隐患要及时向上级报告，并要认真研究，积极采取措施解决，预防事态扩大或事故发生。

4. 治安防范责任制和奖惩制度

根据单位治安工作的需要，各级部门和人员都应建立治安防范责任制，并进行相应的考核。各级治安防范责任制的内容大致包括以下几个方面：治安工作范围、职责任务、工作标准、规范要求、工作程序、考核办法、奖惩规定等。

对于那些思想进步、工作积极、遵纪守法、成绩显著的保卫组织和人员要给予一定的表彰和奖励；对于那些工作消极、擅离职守、失职失误并造成不良影响和不良后果的部门和人员要给予一定的批评和惩罚；对于那些有偷盗扒窃、打架斗殴、扰乱治安、违法乱纪行为的人员，要给予批评教育、经济处罚、行政处分，直至报司法部门给予刑事处分。

具体奖惩标准和办法应视具体情节，并结合本单位情况而定，但要贯彻"精神鼓励与物质奖励相结合""批评教育和经济惩罚相结合"的原则。

本 章 小 结

仓库中储存着大量的货物,从不安全因素及危害程度来看,火灾极容易发生且造成的损失最大。因此,仓库安全管理的首要工作是防火与灭火。燃烧是有条件的,只有同时具备可燃物、助燃物以及火源 3 个条件才能发生,一般称这 3 个条件为燃烧三要素。

仓储过程中常见的火灾隐患主要存在电气设备、储存、机具、火种管理等方面,所以在消防安全管理中,要注意这几方面的管理工作,制定相应的管理措施,更好地杜绝火灾的发生。万一发生火险,必须采用冷却法、窒息法、隔离法、遮断法和抑制法等基本方法及时加以扑灭,控制其蔓延,减少损失。灭火时,常用的灭火剂和消防器材有水、沙土和各种灭火器,如泡沫灭火器、二氧化碳灭火器、干粉灭火器等。火灾发生时,一般都有烟雾、高温和火光产生,火灾自动探测报警装置往往能捕捉到这些信息发出警报,使人们及早发现火情,及时扑救。

单层库房建筑物排水主要应考虑两个因素:一是屋面的坡度;二是屋面排水方式的选择。库区货场的排水主要包括露天货场排水和库区道路排水。地下仓库的排水管理就是要排除仓库被覆层外的积水和渗漏进库内的水。在受台风、汛期影响比较多的仓库,应采取积极防范、改善存储条件、积极组织演习、做好工作的记录存档等措施,做好防台防汛工作。

根据单位治安工作的需要,仓库应采取具体的治安保卫管理措施做好人员、货物的安全管理工作,同时制定治安检查制度,建立治安防范责任制,并进行相应的考核。

 关键术语

燃烧 Burn
可燃物 Combustible Material
助燃物 Combustion-supporting Material
火源 Source of Ignition
仓库排水 Warehouse Drainage

习　　题

1. 单项选择题

(1) 火灾的发生,必须同时具备三个条件:可燃物、助燃物及火源。其中(　　)是引起火灾的罪魁祸首,是仓库防火管理的核心。

　　A. 可燃物　　　　B. 助燃物　　　　C. 火源　　　　D. 三者皆是

(2) (　　)是在灭火过程中,为避免火势蔓延和扩大,采取拆除部分建筑物或及时疏散火场周围的可燃物,孤立火源,从而达到灭火的目的。

  A. 冷却法   B. 窒息法   C. 隔离法   D. 抑制法

(3) 使用化学灭火剂喷入燃烧区去参与燃烧反应，中止链反应，直至燃烧停止，属于(　　)。

  A. 冷却法   B. 窒息法   C. 隔离法   D. 抑制法

(4) 精密仪器、图书档案、电气设备等应采用(　　)灭火。

  A. 干粉灭火器   B. 泡沫灭火器
  C. 二氧化碳灭火器   D. "1211"灭火器

(5) 二氧化碳灭火器具有不导电、不含水分、不污损等优点，可用于扑灭忌水物资的初起火灾，但(　　)不能用其灭火。

  A. 金属钾、钠、镁   B. 精密仪器
  C. 电子设备   D. 家用电器

(6) 灭火的正确方法是(　　)。

  A. 用沙土扑救电气设备及液体燃料的初期火灾
  B. 用沙土扑救爆炸性物品起火
  C. 用水扑灭钾、钠、镁的燃烧
  D. 用水扑灭油起火

(7) 大量存放能挥发可燃性气体物资的场所，如石油库、煤气站等，属于易燃易爆危险区，应设置(　　)予以监视。

  A. 烟感探测器   B. 温感探测器
  C. 火焰探测器   D. 可燃气体浓度探测器

(8) 库房高度介于 4m 和 6m(包括 6m)之间时，不适合选用(　　)。

  A. 烟感探测器   B. 温感Ⅰ级探测器
  C. 温感Ⅲ级探测器   D. 火焰探测器

2. 判断题

(1) 泡沫灭火器可用于电气设备灭火，扑救汽油、煤油等。　　　　　　(　　)
(2) 用泡沫作为灭火剂时，既有隔绝空气的作用，又有一定的冷却作用。(　　)
(3) 灭火器的部件每半年要检查一次，每年要换药一次。　　　　　　　(　　)
(4) 仓库周围应该按照建筑规定，预留 5m 的消防通道。　　　　　　　(　　)
(5) 火灾探测器主要有烟感、温感两种类型。　　　　　　　　　　　　(　　)

3. 简述题

(1) 常见的火灾隐患主要存在哪几个方面？
(2) 如何有效防范火灾？
(3) 仓库防台防汛的工作措施有哪些？
(4) 警卫工作的主要任务是什么？
(5) 如何做好仓库内人员与货物的安全管理工作？

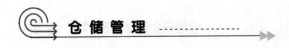

实务操作

(1) 实地考察所在地的仓库，发现仓库安全管理中存在的不足，并提出合理化的意见和建议。
(2) 条件具备情况下，进行常见灭火器的使用、灭火演练与火灾逃生演练。

"12·23"成都传化物流基地火灾事件

2012年12月23日16时左右，位于成都市新都区的某仓储配送中心发生火灾，火势较大，大火形成的浓烟超过100m。大火燃烧面积达4 000m^2，燃烧持续5个多小时，损失超过千万元的商家至少超过7家，损失超500万元的大概20家。事故发生后，14个消防中队出动、40辆消防车，共200余名消防官兵参与灭火、救援。

部分目击者称，起火原因可能是汽配城D区的一名商户在烤火或是使用电焊时，火星溅到了一个密封不严密的机油桶内，引发火灾。大火燃起15分钟后，火势开始蔓延到了整个D区仓库。因为商户在仓库中存储有大量的机油、油漆等易燃品，这些易燃品助长火势迅速扩散，并波及C区仓库。一个小时以后，C区、D区两个区域仓库全部引燃。燃烧过程中还发生了爆炸，钢架结构的库房局部变形和坍塌。未被火势波及的B区、A区商户开始紧张转移汽配用品，警方的警戒线扩大到了距离火场约500m处。

在救火的过程中，一些机油、润滑油等四处流淌，流到哪里火就烧到哪里，因此火势蔓延极快。为控制火势，消防官兵赶到现场后，立即调来工程车拖运沙土来对流淌火进行拦截，防止了火势向周边仓库的蔓延。此外，消防队员还使用了沙土埋火、高压水龙头喷射等多种灭火方式。截至21:15，经消防、公安等部门努力，火势得到了有效控制。因为所有的商家及时撤离了火灾现场，所以无人员伤亡。

(资料来源：http://baike.baidu.com/view/9833471.htm?fr=aladdin.)

思考：
(1) 仓储过程中常见的火灾隐患有哪些？
(2) 仓库遭遇火灾时常规的灭火方法有哪些？
(3) 常用的灭火剂和消防器材有哪些？

第11章 仓储成本管理与绩效评价

【教学目标与要求】
- 熟悉仓储成本的构成情况；
- 了解降低仓储成本的措施；
- 熟悉仓储管理绩效评价指标体系的构成；
- 了解仓储管理绩效评价指标分析的方法。

> **导入案例**
>
> **莱钢棒材厂优化仓储管理降低成本**
>
> 面对钢材价格继续震荡下滑、市场需求持续低迷的不利形势,山东莱钢棒材厂从细节入手,优化仓储管理流程,大力营造勤俭节约良好氛围。
>
> (1) 通过开展"优化仓储物流管理"主题活动降低管理成本。要求物资管理"账目清晰,账物一致,精细管理,日清日结"。
>
> (2) 采取物资日盘点、旬盘点、月盘点的"三盘点"法,使业务员对所管理的物资了如指掌。还实行了审核员制度,对重要数据进行二次审核,防止出现管理纰漏,做到数据准确、账物一致。
>
> (3) 进一步加强对仓库的管理力度。一改过去仓库只存放供应方物资的传统,对各类机动备品备件统一管理,建立健全了各类台账,实行"合理库存法"。
>
> (4) 对于低值易耗品和贵重物资,制定了不同的库存方式和政策。对于通用物资制定了最少存量标准,既保障了物资及时供应又降低了不必要的大量库存积压。
>
> 该厂对仓储管理细节的改进,优化了库存结构,提高了物资的合理利用率,大大降低了仓储成本。
>
> (资料来源:涂淑丽.仓储管理[M].南昌:江西人民出版社,2011.)

仓储成本管理的任务是对企业物流运作进行经济分析,了解物流过程中的经济现象,以期以最低的物流成本创造最大的经济效益。在许多企业中,仓储成本是物流成本的重要组成部分,对物流成本的高低有直接影响。因此,仓储成本管理成为仓储管理的重要内容,也是最困难的管理。

11.1 仓储成本的构成

仓储成本是指仓储企业在开展仓储业务活动中各种要素投入的以货币计算的总和。不同仓储企业的服务范围和运作模式不同,其内容和组成部分也各不相同,控制仓储成本的方法也多种多样。这里将仓储成本分为仓储运作成本、仓储存货成本、缺货成本和在途库存持有成本。

11.1.1 仓储运作成本

仓储运作成本是发生在仓储过程中,为保证货物合理储存,正常出入库而发生的与储存货物运作有关的费用。该成本可以分为固定成本和变动成本两部分。

1. 固定成本

仓库固定成本是在一定的仓储存量范围内,不随货物出入库量变化的成本。它主要包括:①库房折旧;②设备折旧;③库房租金;④库房固定人工工资和福利费等。

2. 变动成本

仓库变动成本是仓库运作过程中与货物出入库量有关的成本。它主要包括:①水、电、气费用；②设备维修费用；③工人加班费用；④货品损坏成本等。

11.1.2 仓储存货成本

仓储存货成本是由于存货而发生的除运作成本以外的各种成本，包括订货成本、资金占用成本、存货风险成本。

1. 订货成本

订货成本是指企业为了实现一次订货而进行的各种活动的费用，包括处理订货的差旅费、办公费、通信费等支出。

2. 资金占用成本

资金占用成本是为购买货物和保证存货而使用的资金的成本，是仓储成本的隐含费用。资金占用成本反映失去的盈利能力，因为如果资金投入其他方面，就可能会取得投资回报。资金占用成本可以用公司投资的机会成本或投资期望值来衡量，也可以用资金实际来源的发生成本来计算。为了简化和方便，资金占用成本通常用银行贷款利息来计算。

3. 存货风险成本

存货风险成本是发生在货物持有期间的，由于市场变化、价格变化、货物质量变化所造成的企业无法控制的货物贬值、损坏、丢失、变质等成本。

11.1.3 缺货成本

由于外部和内部中断供应所产生的成本即为缺货成本。当企业的客户得不到全部订货时，称为外部缺货。而当企业内部某个部门得不到全部订货时，称为内部缺货。如果发生内部缺货，则可能导致生产损失(机器设备和人员闲置)和交货期的延误。如果由于某项物品短缺而引起整个生产线停工，这时的缺货成本可能非常高，尤其对于采用 JIT 管理方式的企业来说更是灾难性的。如果发生外部缺货，将导致以下情况发生。

1. 延期交货

延期交货有两种形式：一种是缺货物品可以在下次订货时得到补充，另一种是利用快递延期交货。如果客户愿意等到下一次订货，那么企业实际上没有什么损失。如果缺货物品需要快速延期交货，由于特殊订单处理费用要比普通处理费用高，而且快速延期交货经常是小规模装运，或者需要利用速度快、收费较高的运输方式运送，那么就会发生特殊订单处理费用和额外运输费用，从而提高了物流成本。一般而言，延期交货成本可根据额外订单处理费用和额外运费来计算。

2. 失销

许多公司都有生产替代产品的竞争者，当一个供应商没有客户所需的货物时，客户就会从其他供应商那里订货，在这种情况下，缺货导致失销，对于企业来说，直接损失就是这种货物的利润损失。因此，可以通过计算这批货物的利润来确定直接损失。

除了利润的损失，失销还包括负责相关销售业务的销售人员所付出的努力的损失，这就是机会损失。需要指出的是，很难确定在一些情况下失销的总损失。例如，许多客户习惯用电话订货，在这种情况下，客户只是询问是否有货，而未说明要订货多少，如果这种产品没货，那么，客户就不会说明需要多少，企业也就不会知道损失的总量是多少了。

3. 失去客户

失去客户也就是客户永远转向另一个供应商。如果失去了客户，企业就失去了未来一系列收入，这种缺货造成的损失很难估计，需要用管理科学的技术及市场营销的研究方法来分析和计算。除了利润损失，还包括由于缺货造成的商誉损失。

11.1.4　在途存货成本

在途存货成本与运输方式有关。如果企业以目的地交货价销售货物，就意味着企业要负责将货物运达客户，当客户收到订购货物时，货物的所有权才转移。从财务的角度来看，在途运输货物仍是销售方的库存，因为这种在途货物在交给客户之前仍然属于企业所有。一般来说，在途存货成本要比仓库中的存货成本小，在实际中，需要对每一项成本进行仔细分析，才能准确计算出实际成本。

11.2　仓储成本的管理

11.2.1　降低仓储成本的措施

降低仓储成本要在保证物流总成本最低和不降低企业的总体服务质量和目标水平的前提下进行，常见的措施有以下几项。

1. 采用"先进先出"方式，减少仓储物的保管风险

有效的"先进先出"主要包括以下 3 种方式。

(1) 贯通式货架系统。利用货架的每层形成贯通的通道，从一端存入物品，另一端取出物品，物品在通道中自行按先后顺序排队，不会出现越位等现象。贯通式货架系统能非常有效地保证"先进先出"。

(2) "双仓法"储存。给每种仓储物都准备两个仓位或货位，轮换进行存取，再配以必须在一个货位的仓储物出清后才可以补充的规定，则可以保证实现"先进先出"。

(3) 计算机存取系统。采用计算机管理，在存货时向计算机输入时间记录，编入一个简单地按时间顺序输出的程序，取货时计算机就能按时间给予指示，以保证"先进先出"。这种计算机存取系统还能将"先进先出"保证不做超长时间的储存和"快进快出"结合起来，即在保证一定"先进先出"的前提下，将周转快的物资随机存放在便于存储之处，以加快周转，减少劳动消耗。

2. 提高储存密度和仓容利用率

这样做的主要目的是减少储存设施的投资，提高单位存储面积的利用率，以降低成本，减少土地占用。具体有以下 3 种方法。

(1) 采取高垛的方法，增加储存的高度。具体方法有采用高层货架、集装箱等方式存放货物，都可以比一般堆存方法大大增加储存高度。

(2) 缩小库内通道宽度以增加有效储存面积。具体方法是采用窄巷道式通道，配以轨道式装卸车辆，以减小车辆运行宽度要求；采用侧叉车、推拉式叉车，以减少叉车转弯所需的宽度。

(3) 减少库内通道数量以增加有效储存面积。具体方法有采用密集型、不依靠通道进行作业的货架，如贯通式货架；采用不依靠通道的桥式起重机装卸技术等。

3. 采用有效的储存定位系统，提高仓储作业效率

储存定位的含义是被储存物位置的确定。如果定位系统有效，能大大节约寻找、存放、取出物料的时间，节约不少物化劳动及活劳动，而且能防止差错，便于清点及实行订货点等的管理方式。储存定位系统可采取先进的计算机管理，也可采取一般人工管理。行之有效的方式主要有以下两种。

(1) "四号定位"方式。"四号定位"是用一组4位数字来确定货物存取位置的固定货位方法，是我国手工管理中采用的科学方法。这4个号码分别是库号、架号、层号、位号。这就使每一个货位都有一个组号，在货物入库时，按规划要求对货物编号，记录在账卡上；提货时按4位数字的指示，很容易将货物拣选出来。这种定位方式可对仓库存货区事先作出规划，并能很快地存取货物，有利于提高速度，减少差错。

(2) 电子计算机定位系统。电子计算机定位系统是利用电子计算机储存容量大、检索迅速的优势，在入库时将存放货位输入计算机；出库时向计算机发出指令，并按计算机的指示人工或自动寻址，找到存放的货物，拣选取货的方式。一般采取自由货位方式，计算机指示入库货物存放在就近易于存取之处，或根据入库货物的存放时间和特点，指示合适的货位，取货时也可就近就便。这种方式可以充分利用每一个货位，而不需要专位待货，有利于提高仓库的储存能力。当吞吐量相同时，可比一般仓库减少建筑面积。

4. 采用有效的监测清点方式，提高仓储作业的准确程度

在实际工作中稍有差错，就会使账物不符。所以，必须及时且准确地掌握实际储存情况，经常与账卡核对，确保仓储物资的完好无损。这是人工管理或计算机管理必不可少的。此外，经常性的监测也是掌握被存物资数量状况的重要工作。监测清点的有效方式主要有以下3种。

(1) "五五化"堆码。"五五化"堆码是我国手工管理中采用的一种科学方法。储存物堆垛时，以五为基本计数单位，堆成总量为"五"的倍数的垛形。堆码后，有经验者可过目成数，大大加快了人工点数的速度，而且很少出现差错。

(2) 光电识别系统。在货位上设置光电识别装置，通过该装置对被存物的条码或其他识别装置(如芯片等)扫描，并将准确数目自动显示出来。这种方式不需要人工清点就能准确掌握库存的实有数量。

(3) 电子计算机监控系统。用电子计算机指示存取，可以避免人工存取容易出现差错的弊端。如果在储存物上采用条码技术，使识别计数和计算机连接，每次存、取一件货物时，识别装置自动识别条码并将其输入计算机，计算机会自动作出存取记录。这样，只需向计算机查询，就可了解所存货物的准确情况，因而不用再建立一套对仓储物实有数的监测系统，减少了查货、清点工作。

5. 加速周转，提高单位仓容产出

储存现代化的重要课题是将静态储存变为动态储存。周转速度一快，会带来一系列好处：资金周转快、资本效益高、货损货差小、仓库吞吐能力增加、成本下降等。具体做法诸如采用单元集装存储、建立快速分拣系统，都有利于实现快进快出，大进大出。

6. 采取多种经营，盘活资产

仓储设施和设备的巨大投入，只有在充分利用的情况下才能获得收益。如果不能投入使用或者只是低效率使用，只会造成成本的加大。仓储企业应及时决策，采取出租、借用、出售等多种经营方式盘活这些资产，提高资产设备的利用率。

7. 加强劳动管理

工资是仓储成本的重要组成部分，劳动力的合理使用是控制人员工资的基本原则。我国是具有劳动力优势的国家，劳动力成本较为低廉，使用较多的劳动力是合理的选择。但是，对劳动力进行有效管理，避免人浮于事、出工不出力或者效率低下也是成本管理的重要方面。

8. 降低经营管理成本

经营管理成本是企业经营活动和管理活动的费用和成本支出，包括管理费、业务费、交易成本等。加强该类成本管理，减少不必要的支出，也能实现成本降低。当然，经营管理成本费用的支出时常不能产生直接的收益和回报，但也不能完全取消。因此，加强管理是很有必要的。

11.2.2 降低仓储成本的对策

1. 降低存货发生成本

(1) 排除无用的库存。定期核查仓库中的货物，将长期不用、过期、过时的货物及时上报清理。无用的库存既占用空间，又浪费库房运作费用，要建立制度对无用库存货物进行及时处理。

(2) 减少库存量。仓储费用的发生与库存数量成正比例的关系，在满足存货保证功能的前提下，将存货数量减到最低，无疑是减少仓储成本的最直接办法。库存数量的减少既要靠存货控制部门合理的计划、与客户和供应商的良好沟通，也要依靠仓储部门的良好管理。仓储部门快速的信息传递、账物的准确，都能为降低库存提供良好的帮助。

(3) 重新配置库存时，有效、灵活地运用库存量。

2. 降低包装成本

降低包装成本要求使用价格低的包装材料，使包装作业机械化、包装简单化以及采用大尺寸的包装。

3. 降低装卸成本

降低装卸成本要求使用集装箱和托盘，通过机械化来实现省力化，以及减少装卸次数。

11.3 仓储管理绩效评价

绩效评价是对业绩和效率的一种事后的评价与度量以及事前的控制与指导,从而判断完成预定任务的情况、完成的水平、取得的效益和所付出的代价。

仓储管理绩效评价是指在一定的经营期间内,仓储企业利用指标对经营效益和经营业绩以及服务水平进行考核,以加强仓储管理工作、提高管理的业务和技术水平。

11.3.1 仓储管理绩效评价指标体系

仓储管理绩效评价指标是仓储管理成果的集中反映,是衡量仓储管理水平高低的尺度,也是考核、评估仓库各方面工作和各作业环节工作成绩的重要手段。利用指标考核仓库经营的意义就在于对内加强管理,降低仓储成本,对外进行市场开发,接受客户的定期评价。

仓储管理绩效评价指标体系主要由货物储存的数量、货物储存的质量、货物储存的效率、货物储存的经济性和货物储存的安全性等一级指标及相应的二级指标组成,如表11-1所示。

表 11-1 仓储管理绩效评价指标体系

一级指标	二级指标
货物储存的数量指标	① 计划期货物吞吐量; ② 单位面积储存量
货物储存的质量指标	① 账货相符率; ② 收发货差错率; ③ 货物损耗率; ④ 平均保管损失; ⑤ 平均收发货时间; ⑥ 货物及时验收率; ⑦ 设备完好率
货物储存的效率指标	① 仓库利用率; ② 设备利用率; ③ 劳动生产率; ④ 资金使用效率; ⑤ 货物周转速度
货物储存的经济指标	① 平均储存费用; ② 利润总额; ③ 资金利润率; ④ 收入利润率; ⑤ 人均实现利润; ⑥ 每吨货物保管利润
货物储存的安全指标	① 人身伤亡事故; ② 仓库失火、爆炸和被盗事故; ③ 机械损坏事故

1. 货物储存的数量指标

这是反映仓库容量和能力的指标。核算这一类指标的作用在于从总量上掌握仓储管理水平，衡量仓容的能力，促进保管人员挖掘潜力、提高仓库使用效能。这类指标包括以下几个方面。

(1) 计划期货物吞吐量。计划期货物吞吐量是反映仓库工作的数量指标，是仓储工作考核中的主要指标，也是计算其他指标的基础和依据。其计算公式为

$$计划期货物吞吐量 = 计划期货物总进库量 + 计划期货物总出库量 + 计划期货物直拨量 \tag{11-1}$$

式中：总进库量指验收后入库的货物数量；总出库量指按调拨计划、销售计划发出的货物数量；直拨量指从港口、车站直接拨给用户或到专用线未经卸车直拨给用户的货物数量。

货物吞吐量也叫货物周转量，是指计划期内进出库货物的总量，一般以吨或者箱表示。计划期货物吞吐量指标常以年吞吐量计算。

(2) 单位面积储存量。单位面积储存量反映的是仓库的平面利用效率。它一方面与仓库规划有关，另一方面也与货物的储位规划和堆放方式有关。其计算公式为

$$单位面积储存量 = \frac{日平均储存量}{库房或货场使用面积} \tag{11-2}$$

式中：

$$库房使用面积 = 库房墙内面积 - 墙、柱、楼(电)梯等固定建筑物面积$$

$$货场使用面积 = 货场总面积 - 排水明沟、灯塔、水塔等固定建筑物面积$$

2. 货物储存的质量指标

这是一类反映货物储存工作质量的指标。通过这类指标的核算，可以全面反映储存工作质量、货品损耗情况、费用高低和仓储经济效益。这类指标包括以下几个方面。

(1) 账货相符率。账货相符率是指在货物盘点时，仓库货物保管账面上的储存数量与相应库存实有数量的相互符合程度，也称为盘点准确率。一般在对仓储货物进行盘点时，要求逐笔与保管账面数字相核对。账货相符率的计算公式为

$$账货相符率 = \frac{账货相符笔数}{储存货物总笔数} \times 100\% \tag{11-3}$$

或

$$账货相符率 = \frac{账货相符件数（重量）}{账面储存总件数（重量）} \times 100\% \tag{11-4}$$

通过此项指标的核算，可以衡量仓库账面与货物的真实差异程度，反映保管工作的管理水平，是避免货物遭受损失的重要手段。

(2) 收发货差错率。收发货差错率是以收发货所发生差错的累计笔数占收发货总笔数的百分比来计算的，此项指标反映收发货的准确程度。其计算公式为

$$收发货差错率 = \frac{收发货差错累计笔数}{收发货累计总笔数} \times 100\% \tag{11-5}$$

或

$$收发货差错率 = \frac{账货差错件数（重量）}{期内储存总件数（重量）} \times 100\% \tag{11-6}$$

这是仓储管理的重要质量指标，可用于衡量收发货的准确性，以保证仓储的服务质量。仓库的收发货差错率应控制在 0.005% 以下。

(3) 货物损耗率。货物损耗率是指保管期间，货物自然减少的数量占原来入库数量的比率，该指标主要可用于反映货物保管与养护的实际状况。其计算公式为

$$货物损耗率 = \frac{货物损耗额}{货物保管总额} \times 100\% \tag{11-7}$$

或

$$货物损耗率 = \frac{货物损耗量}{期内货物库存总量} \times 100\% \tag{11-8}$$

货物损耗率指标主要针对那些易挥发、失重或破碎的货物，制定一个相应的损耗限度，通过损耗率与货物损耗限度相比较，凡是超过限度的意味着无谓损失。为了提高仓库管理的成效，应使货物的自然损耗率降到最低点。

(4) 平均保管损失。平均保管损失是按货物储存量中平均每吨货物的保管损失金额来计算的。其计算公式为

$$平均保管损失 = \frac{保管损失金额}{平均储存量} \tag{11-9}$$

货物保管损失是仓库的一项直接损失。保管损失的计算范围包括因保管养护不善造成的霉变残损，丢失短少，超定额损耗及不按规定验收、错收、错付而发生的损失等。有保管期的货物，经仓库预先催办调拨，但存货部门未及时调拨出库而导致的损失，不算作仓库的保管损失。通过核算保管损失，可以进一步追查损失的事故原因，核实经济责任，使损失减少到最低。

(5) 平均收发货时间。该指标是指仓库收发每笔货物(即每张出入库货单上的货物)平均所用的时间。它既能反映仓储服务质量，同时也能反映仓库的劳动效率。其计算公式为

$$平均收发货时间 = \frac{收发货时间总和}{收发货总笔数} \tag{11-10}$$

收发货时间的一般界定标准为：收货时间指自单证和货物到齐后开始计算，经验收入库后，到把入库单送交会计登账为止；发货时间自仓库接到发货单(调拨单)开始，经备货、包装、填单等，到办妥出库手续为止。一般不把在库待运时间列为发货时间计算。一般来说，仓库的收发货时间应控制在一个工作日之内，而对于大批量的、难以验收的收发货业务可适当延长时间。

(6) 货物及时验收率。货物及时验收率表明仓库按照规定的时限执行验收货物的情况，其计算公式为

$$货物及时验收率 = \frac{期内及时验收笔数}{期内收货总笔数} \times 100\% \tag{11-11}$$

(7) 设备完好率。设备完好率是指处于良好状态并能随时投入使用的设备占全部设备的百分比。其计算公式为

$$设备完好率 = \frac{完好设备台日数}{设备总台日数} \times 100\% \tag{11-12}$$

完好设备台日数是指设备处于良好状态的累计台日数，其中不包括正在修理或待修理设备的台日数。处于良好状态设备的标准：①设备的各项性能良好；②设备运转正常，零部件齐全，磨损腐蚀程度不超过技术规定的标准，计量仪器仪表和润滑系统正常；③原料、燃料和油料消耗正常。

3. 货物储存的效率指标

(1) 仓库利用率。仓库利用率是衡量和考核仓库利用程度的指标，可以用仓库面积利用率和库房容积利用率来表示。其计算公式为

$$仓库面积利用率 = \frac{仓库的有效堆放面积}{仓库总面积} \times 100\% \tag{11-13}$$

$$仓库容积利用率 = \frac{报告期平均库存量}{库房总容量} \times 100\% \tag{11-14}$$

仓库面积利用率越大，表明仓库面积的有效使用情况越好。库房容积利用率越大，表明仓库的利用效率越高。

仓库利用率是反映仓库管理工作水平的主要经济指标之一。考核这项指标，可以反映仓库的利用是否合理，也可以为挖潜多储、提高仓库的有效利用率提供依据。

(2) 设备利用率。设备利用率包括设备能力利用率和设备时间利用率两个方面，可以分别用计算公式表示为

$$设备能力利用率 = \frac{报告期设备实际载荷量}{报告期设备额定载荷量} \times 100\% \tag{11-15}$$

$$设备时间利用率 = \frac{报告期设备实际作业时数}{报告期设备额定作业时数} \times 100\% \tag{11-16}$$

其中，报告期设备额定载荷量和额定作业时数可以由设备的性能情况和报告期时间长短计算得出。例如，报告期设备额定作业时数可以用报告期天数减去节假日停工天数再乘以每天的工作时间而定。

对于仓库来说，设备利用率主要考核的是起重运输和搬运设备的利用效率。对于多台设备而言，设备利用率可以用加权平均数来计算。

(3) 劳动生产率。仓库的劳动生产率可以用平均每人每天完成的出入库货物量来表示。出入库量是指吞吐量减去直拨量。仓库劳动生产率的计算公式为

$$劳动生产率 = \frac{全年货物出入库总量}{仓库全员年工日总数} \tag{11-17}$$

当然，考核仓库劳动生产率也可以用仓库员工平均每日收发货物的笔数、员工平均保管货物的吨数等指标来评价。

(4) 资金使用效率。资金使用效率主要用于考核仓库资金的使用情况，反映资金的利用水平、资金的周转以及资金使用的经济效果。这类指标包括单位货物固定资产平均占用量、单位货物流动资金平均占用量、流动资金周转次数和周转天数等，计算公式分别为

$$单位货物固定资产平均占用量 = \frac{报告期固定资产平均占用量}{报告期平均货物储存量} \tag{11-18}$$

$$\text{单位货物流动资金平均占用量} = \frac{\text{报告期流动资金平均占用量}}{\text{报告期平均货物储存量}} \qquad (11\text{-}19)$$

其中，报告期固定资产和流动资金平均占用量可以用期初数和期末数的平均数计算得出。相关计算公式为

$$\text{流动资金周转次数} = \frac{\text{年仓储业务收入总额}}{\text{全年流动资金平均占用额}} \qquad (11\text{-}20)$$

$$\text{流动资金周转天数} = \frac{360}{\text{流动资金周转次数}} \qquad (11\text{-}21)$$

或

$$\text{流动资金周转天数} = \frac{\text{全年流动资金平均占用额} \times 360}{\text{年仓储业务收入总额}} \qquad (11\text{-}22)$$

当然，这里的流动资金周转天数和周转次数指标主要是针对进行独立核算的仓储企业或要求进行独立核算收入和支出的企业仓储部门。若不能单独核算仓库的业务收入，则无法计算这两项指标。

(5) 货物周转速度。库存货物的周转速度是反映仓储工作水平的重要效率指标。在货物的总需求量一定的情况下，如果能降低仓库的货物储备量，则其周转的速度就会加快。从降低流动资金占用和提高仓储利用效率的要求出发，就应当减少仓库的货物储备量。但是，若一味地减少库存，就有可能影响到货物的供应。因此，仓库的货物储备量应建立在保证供应需求的前提下，尽量地降低库存量，从而加快货物的周转速度，提高资金和仓储效率。

货物的周转速度可以用周转次数和周转天数两个指标来反映，两者的计算公式为

$$\text{货物年周转次数} = \frac{\text{全年货物消耗总量}}{\text{全年货物平均储存量}} \qquad (11\text{-}23)$$

$$\text{货物周转天数} = \frac{360}{\text{货物年周转次数}} \qquad (11\text{-}24)$$

或

$$\text{货物周转天数} = \frac{\text{全年货物平均储存量}}{\text{货物平均日消耗量}} \qquad (11\text{-}25)$$

式中，全年货物消耗总量是指报告年度仓库中发出货物的总量；全年货物平均储存量常采用每月月初货物储存量的平均数。如果货物周转次数越少，那么周转天数越多，表明货物的周转越慢，周转的效率就越低；反之，则越好。

4. 货物储存的经济指标

货物储存的经济指标主要是指有关货物储存的成本和效益指标，它可以综合反映仓库经济效益水平。具体来说，包括以下一些指标。

(1) 平均储存费用。平均储存费用是指保管每吨货物一个月平均所需的费用开支。货物保管过程中消耗的一定数量的活劳动和物化劳动的货币形式即为各项仓储费用。这些费用包括在货物出入库、验收、存储和搬运过程中消耗的材料、燃料、人工工资和福利费、固定资产折旧、修理费、照明费、租赁费以及应分摊的管理费等。这些费用的总和构成仓库总的费用。平均储存费用的计算公式为

$$平均储存费用 = \frac{每月储存费用总额}{月平均储存量} \tag{11-26}$$

平均储存费用是仓库经济核算的主要经济指标之一。它可以综合地反映仓库的经济成果、劳动生产率、技术设备利用率、材料和燃料节约情况和管理水平等。

(2) 利润总额。利润是企业追求的目标，仓储企业也不例外。利润总额是利润核算的主要指标，它表明利润的实现情况，是企业经济效益的综合指标。其计算公式为

$$利润总额 = 报告期仓库总收入额 - 同期仓库总支出额 \tag{11-27}$$

或

$$利润总额 = 仓库营业收入 - 储存成本和费用 - 税金 + 其他业务利润 \pm 营业外收支净额 \tag{11-28}$$

(3) 资金利润率。资金利润率是指仓库所得利润与全部资金占用之比，它可以用来反映仓库的资金利用效果。其计算公式为

$$资金利润率 = \frac{利润总额}{固定资产平均占用 + 流动资金平均占用} \times 100\% \tag{11-29}$$

(4) 收入利润率。该指标是指仓库实现的利润总额与营业收入之比。其计算公式为

$$收入利润率 = \frac{利润总额}{仓库营业收入} \times 100\% \tag{11-30}$$

(5) 人均实现利润。该指标是指报告年度实现的利润总额与仓库中的全员人数之比。其计算公式为

$$人均实现利润 = \frac{报告期利润总额}{报告期平均全员人数} \tag{11-31}$$

(6) 每吨货物保管利润。其计算公式为

$$每吨货物保管利润 = \frac{报告期利润总额}{报告期货物储存总量} \tag{11-32}$$

这里的报告期货物储存总量一般可以用报告期间出库的货物总量来衡量。

5. 货物储存的安全指标

货物储存的安全指标主要用来反映仓库作业的安全程度。它可以用发生的各种事故的大小和次数来表示，如人身伤亡事故、仓库失火、爆炸、被盗事故、机械损坏事故等。这类指标一般不需计算，只是根据损失的大小来划分不同等级，以便于考核。

以上五大类指标构成了仓储管理的比较完整的指标体系，从多个方面反映了仓储部门经营管理、工作质量以及经济效益的水平。

11.3.2 仓储管理绩效评价的意义

1. 对内加强管理、降低仓储成本

仓库可以利用仓储管理绩效考核指标对内考核仓库各个环节的计划执行情况，纠正运作过程中出现的偏差，有以下具体表现。

(1) 有利于提高仓库的经营管理水平。对仓储管理绩效的评价需要利用一系列指标，每一个指标都反映仓库管理某部分工作或全部工作的一个侧面，通过对指标的对比和分析，能发现工作中存在的问题。特别是对几个指标的综合分析，能发现彼此间联系，找出问题

的关键所在。通过指标的对比分析，能激发仓库管理人员自觉地钻研业务，提高业务能力以及管理工作水平。

(2) 有利于落实仓库管理的经济责任制。仓储管理绩效评价的经济性指标是实行经济核算的根据，也是衡量仓库工作好坏的尺度。要推行仓库管理的经济责任制，实行按劳取酬和各种奖励的评定，都离不开经济性指标的考核。

(3) 有利于推动仓库装备的现代化改造。仓储活动必须依靠技术设备才能正常进行，而在仓库里，如果装备落后，利用率低，那么通过对指标的考核，就会找出仓库作业的薄弱环节，对消耗高、效率低、质量差的设备，进行挖潜、革新、改造，并有计划、有步骤地采用先进技术，提高仓库机械化、自动化水平，逐步实现现代化。

(4) 有利于提高仓库的经济效益。经济效益是衡量仓储工作的重要指标，通过指标的考核，可以对仓库的各项活动进行全面的测定、比较、分析，选择合理的储备定额和仓库设备、最优的劳动组合、先进的作业定额，提高储存能力、作业速度和收发保养工作质量，降低费用开支，加速资金周转，以尽可能少的劳动消耗获取尽可能大的经济效益。

2. 对外进行市场开发、接受客户评价

仓库还可以充分利用仓储管理绩效考核指标对外进行市场开发和客户关系维护，给货主企业提供相对应的质量评价指标和参考数据，有以下具体表现。

(1) 有利于说服客户和扩大市场占有率。货主企业在仓储市场中寻找供应商的时候，在同等价格的基础上，服务水平通常是最重要的因素。这时，如果仓库能提供令客户信服的服务指标体系和数据，那将会在竞争中获得有利地位。

(2) 有利于稳定客户关系。在我国目前的物流市场中，以供应链方式确定下来的供需关系并不太多，供需双方的合作通常以1年为期，到期客户将对物流供应商进行评价，以决定今后是否继续合作。这时，如果客户评价指标反映不好，那么将使物流供应商失去这一合作伙伴。

案例 11-1

> 摩托罗拉公司大约每3个月要对其物流供应商进行绩效考核，如果某物流供应商的服务差错率、准时交货率等不能达到摩托罗拉公司所要求的水平，那么该供应商就会收到来自摩托罗拉公司的限期整改通知。如果逾期不能整改，那么该供应商就会被摩托罗拉公司从供应链中清除。
>
> (资料来源：http://wenku.baidu.com。)

11.3.3 仓储管理绩效评价指标的分析方法

仓储管理绩效评价指标的分析方法有很多，常用的有对比分析法、因素分析法等。

1. 对比分析法

对比分析法是将两个或两个以上有内在联系的、可比的指标(或数量)进行对比，从对比中寻差距、查原因。对比分析法是指标分析法中使用最普遍、最简单和最有效的方法。根据分析问题的需要，主要有以下几种对比方法。

(1) 横向对比分析。横向对比分析是将仓储的有关指标在同一时期相同类型的不同空间条件下进行对比分析。对比单位的选择一般是同类企业中的先进企业,它可以是国内的,也可以是国外的。通过横向对比,能够找出差距,采取措施,赶超先进。

案例 11-2

施乐公司和绩效标杆法

> 在北美,绩效标杆法(Benchmarking)这个术语是和施乐公司同义的。以往 15 年,有 100 多家企业去施乐公司学习它在这个领域的专门知识。施乐公司创立绩效标杆法开始于 1979 年,当时日本的竞争对手在复印行业中取胜,他们以高质量、低价格的产品,使施乐公司的市场占有率在几年时间里从 49%减少到 22%。为了迎接挑战,施乐公司的高级经理们引进了若干质量和生产率计划的创意,其中绩效标杆法就是最有代表性的一项。
>
> 所谓绩效标杆法,就是对照最强的竞争对手,或著名的顶级企业的有关指标而对自己的产品、服务和实施过程进行连续不断的衡量。
>
> (资料来源:http://edu.21cn.com/qy/Learn/14063.htm。)

(2) 纵向动态对比分析。纵向动态对比分析是将仓储的同类有关指标在不同时间上对比,如本期与上期比、与历史平均水平比、与历史最高水平比等。这种对比,反映事物的发展方向和速度,表明是增长或是降低,然后再进一步分析产生这一结果的原因,提出改进措施。

(3) 结构对比分析。结构对比分析是将总体分为不同性质的各部分,然后以部分数值与总体数值之比来反映事物内部构成的情况,一般用百分数表示。例如,在货物保管损失中,可以计算分析因保管养护不善造成的霉变残损,丢失短少,不按规定验收、错收、错付而发生的损失等各占的比例为多少。通过指标的结构对比,可以研究各组成部分的比例及变化情况,从而进一步认识到仓储工作中各个部分存在的问题及其对总体的影响。

(4) 计划完成情况的对比分析。计划完成情况的对比分析是将同类指标的实际完成数或预计完成数与计划数进行对比分析,从而反映计划完成的程度。

某仓库计划完成情况的对比分析、纵向动态对比分析和横向对比分析如表 11-2 所示。

表 11-2 某仓库计划完成情况的对比分析、纵向动态对比分析和横向对比分析

指标	本期		上年实际	同行先进	差距(增+)(减-)		
	实际	计划			比计划	比上年	比先进
计划期货物吞吐量							
单位面积储存量							
收发货差错率							
平均收发货时间							
仓库利用率							
货物周转次数							
设备利用率							
平均储存费用							
利润总额							
资金利润率							
……							

应用对比分析法进行对比分析时，需要注意以下事项。

首先，注意所对比的指标或现象之间的可比性。在进行纵向动态对比时，主要是要考虑指标所包括的范围、内容、计算方法、计量单位、所属时间等是否相互适应、彼此协调；在进行横向对比时，要考虑对比单位的经济职能或经济活动性质、经营规模必须基本相同，否则就缺乏可比性。

其次，结合使用各种对比分析方法。每个对比指标只能从一个侧面来反映情况，只作单项指标的对比，会出现片面、甚至是误导性的分析结果。把有联系的对比指标综合起来加以运用，有利于全面、深入地研究分析问题。

最后，正确选择对比的基数。对比基数的选择，应根据不同的分析和目的进行，一般应选择具有代表性的基数。例如在进行指标的纵向动态对比分析时，应选择企业发展比较稳定的年份作为基数，这样的对比分析才更具有现实意义，否则与过高或过低的年份作比较，都达不到预期的目的和效果。

2. 因素分析法

用来分析影响指标变化的各个因素以及它们对指标各自的影响程度的方法叫作因素分析法。因素分析法的基本做法是，假定影响指标变化的诸因素之中，在分析某一因素变动对总指标变动的影响时，假定只有这一个因素在变动，而其余因素都必须是同度量因素(固定因素)，然后逐个进行替代某一项因素单独变化，从而得到每项因素对该指标的影响程度。

在采用因素分析法时，应注意各因素按合理的顺序排列，并注意前后因素按合乎逻辑的衔接原则处理。如果顺序改变，各因素变动影响程度之积(或之和)虽仍等于总指标的变动数，但各因素的影响值就会发生变化，得出不同的答案。

在进行两因素分析时，一般是数量因素在前，质量因素在后。在分析数量指标时，另一质量指标的同度量因素固定在基期(或计划)指标；在分析质量指标时，另一数量指标的同度量因素固定在报告期(或实际)指标。在进行多因素分析时，同度量因素的选择，要按顺序依次进行。也就是说，当分析第一个因素时，其他因素均以基期(或计划)指标作为同度量因素，而在分析第二个因素时，则是在第一个因素已经改变的基础上进行，即第一个因素以报告期(或实际)指标作为同度量因素，其他以此类推。

本 章 小 结

仓储成本是物流成本的重要组成部分，对物流成本的高低有直接影响。因此，仓储成本管理成为仓储管理的重要内容，也是最困难的管理。仓储成本主要由仓储运作成本、仓储存货成本、缺货成本和在途存货成本构成。其中，仓储运作成本又分为固定成本和变动成本两部分；仓储存货成本又包括订货成本、资金占用成本和存货风险成本。日常，进行仓储成本管理时，可以通过降低存货发生成本、包装成本、装卸成本等对策达到降低仓储成本的目的。

仓储管理绩效评价是指在一定的经营期间内，仓储企业利用指标对经营效益和经营业绩以及服务水平进行考核，以加强仓储管理工作，提高管理的业务和技术水平。仓储管理绩效评价指标是仓储管理成果的集中反映，是衡量仓储管理水平高低的尺度，也是考核、评估仓库各方面工作和各作业环节工作成绩的重要手段。利用指标考核仓库经营的意义就在于对内加强管理，降低仓储成本，对外进行市场开发，接受客户的定期评价。仓储管理绩效评价指标体系主要由货物储存的数量、货物储存的质量、货物储存的效率、货物储存的经济性和货物储存的安全性等一级指标及相应的二级指标组成，可以采用对比分析法、因素分析法等方法对这些指标进行分析。

关键术语

仓储成本 Warehousing Costs
仓储管理绩效评价 Warehouse Management Performance Evaluation

习 题

1. 选择题

(1) 企业由于缺货带来的损失属于( )。
　　A. 订货成本　　　B. 生产准备成本　C. 缺货成本　　　D. 库存持有成本
(2) 属于固定成本的是( )。
　　A. 水、电、气费用　　　　　　　B. 设备维修费用
　　C. 设备折旧　　　　　　　　　　D. 货品损坏成本
(3) 发生在货品持有期间，因市场变化造成的货物贬值属于( )。
　　A. 订货成本　　　B. 资金占用成本　C. 缺货成本　　　D. 存货风险成本
(4) 客户同意在下一次订货时补充所缺货物，属于缺货损失中的( )。
　　A. 失销　　　　　B. 失去客户　　　C. 失去商誉　　　D. 延期交货
(5) 不属于仓储存货成本的是( )。
　　A. 订货成本　　　　　　　　　　B. 缺货成本
　　C. 资金占用成本　　　　　　　　D. 存货风险成本
(6) 与运输方式相关的成本是( )。
　　A. 仓储运作成本　　　　　　　　B. 仓储存货成本
　　C. 缺货成本　　　　　　　　　　D. 在途存货成本
(7) 综合反映仓库经济效益水平的是( )。
　　A. 货物储存效益指标　　　　　　B. 货物储存质量指标
　　C. 货物储存效率指标　　　　　　D. 货物储存经济指标
(8) 不属于货物储存的效率指标的是( )。
　　A. 仓库利用率　　　　　　　　　B. 货物及时验收率
　　C. 资金使用效率　　　　　　　　D. 货物年周转次数
(9) 能反映仓库平面利用效率的是( )。
　　A. 期间货物直拨量　　　　　　　B. 期间货物吞吐量
　　C. 单位面积储存量　　　　　　　D. 日平均储存量

(10) 货物损耗率指标的计算公式为( )。

A. 货物损耗率 = $\dfrac{货物损耗额}{货物保管总额} \times 100\%$ B. 货物损耗率 = $\dfrac{货物损耗额}{周转量} \times 100\%$

C. 货物损耗率 = $\dfrac{货物损耗额}{周转率} \times 100\%$ D. 货物损耗率 = $\dfrac{货物损耗额}{销售利润} \times 100\%$

2. 判断题

(1) 工人加班费属于仓储运作变动成本。( )
(2) 设备利用率包括设备能力利用率和设备时间利用率两种。( )
(3) 仓库利用率属于货物储存的质量指标。( )
(4) 由于库存供应中断而造成的损失属于缺货成本。( )
(5) 反映仓库容量、能力及货物储存数量的指标称为货物储存的效率指标。( )

3. 简述题

(1) 简述仓储企业仓储成本的构成情况。
(2) 仓储管理绩效考核有哪些指标?
(3) 简述仓储管理绩效评价指标的分析方法。

实务操作

(1) 学生深入某仓储公司了解仓储成本的构成及核算方法。
(2) 学生根据所提供的仓库台账、出入库记录、财务账目和其他有关单据,收集信息,并处理有关数据,分别计算各项费用并汇总成库存成本。

案例阅读

美国某机械公司仓库数量决策

美国某机械公司是一家以机械制造为主的企业,该企业长期以来一直以满足顾客需求为宗旨。为了保证供货,该公司在美国本土建立了 500 多个仓库。但是仓库管理成本一直居高不下,每年大约有 2000 万美元。所以,该公司聘请一家调查公司进行了一项详细调查,结果为:以目前情况,如果减少 202 个仓库,则会使仓库管理总成本下降 200 万~300 万美元,但是由此可能会造成供货紧张,销售收入会下降 18%。

(资料来源:黄中鼎. 仓储管理实务[M]. 武汉:华中科技大学出版社,2009.)

思考:
(1) 如果你是企业总裁,你是否会根据调查公司调查的结果来减少仓库数量?为什么?
(2) 如果不这样做,你有什么对策?
(3) 如果不这样做,企业可以采取哪些措施降低仓储成本?

北大版·物流专业规划教材

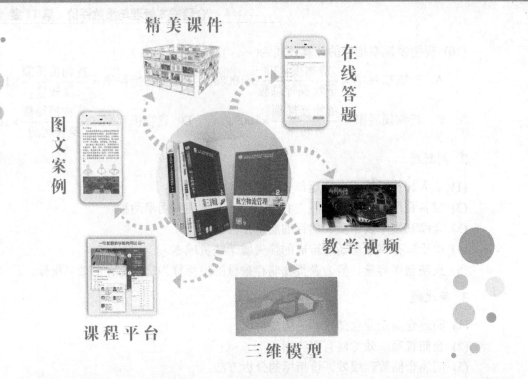

本科物流

高职物流

 扫码进入电子书架查看更多专业教材，如需申请样书、获取配套教学资源或在使用过程中遇到任何问题，请添加客服咨询。